Christian Immler

Dein Samsung Galaxy S6 und S6 edge

Einfach alles können

Markt+Technik

ISBN 978-3-945384-45-9

© 2015 by Markt+Technik Verlag GmbH
    Espenpark 1a
    90559 Burgthann

Produktmanagement Christian Braun
Lektorat, Herstellung Jutta Brunemann, j.brunemann@mut.de
Einbandgestaltung David Haberkamp
Coverfoto © Samsung Electronics GmbH
Satz Thorsten Schlosser, Kreuztal (www.buchsetzer.de)
Druck Media-Print, Paderborn
Printed in Germany

Inhaltsverzeichnis

4. Online mit dem Samsung Galaxy S6........................ 125

5. Kommunikation mit dem Smartphone................... 147

6. Unterwegs mit dem Samsung Galaxy S6 191

7. Fotos und Multimedia 205

8. Coole Apps 239

9. Insidertipps zur Bedienung 257

KAPITEL 1

Samsung Galaxy S6 – ein Android-Smartphone der Extraklasse

Das Samsung Galaxy S6 ist weit mehr als nur ein Handy. Aktuelle Smartphones sind Computer, die man wirklich immer bei sich haben kann, und aus dem Alltag vieler Menschen kaum noch wegzudenken. Sie werden schon lange nicht mehr im Wesentlichen zum Telefonieren verwendet. Wer heute im Rahmen eines auslaufenden Handyvertrags über neue Hardware nachdenkt, wird fast immer ein Smartphone wählen. Klassische Handys gibt es so gut wie gar nicht mehr.

Samsung Galaxy S6 edge und Samsung Galaxy S6 (Foto: Samsung).

Daten und Fakten zum Galaxy S6

Das Samsung Galaxy S6, das auch als SM-G920F bezeichnet wird, gehört zur Topklasse aktueller Smartphones. Die technischen Daten – Bildschirm von 5,1 Zoll (12,92 cm) mit Quad-HD-Auflösung von 1.440 x 2.560 Pixeln, 64-Bit-Octa-Core-Exynos-7420-Prozessor, 32–128 GByte interner Speicher, 16-Megapixel-Hauptkamera (5.312 x 2.988 Pixel) und 5-Megapixel-Frontkamera – liegen am oberen Rand dessen, was Smartphones zurzeit bieten können.

Mit (theoretisch) bis zu 300 MBit/s Download im LTE-Netz sowie HSDPA, UMTS, EDGE und GPRS werden alle Mobilfunkstandards für Internet in schnellster Übertragungsrate unterstützt. Für den Zugang zu Hause oder in öffentlichen WLANs bietet das Samsung Galaxy S6 neben den bekannten Standards 802.11a, b, g, n auch den neusten über 6 GBit/s schnellen Standard 802.11ac. Auch bei der drahtlosen Datenübertragung unabhängig vom Internet setzt das Samsung Galaxy S6 Maßstäbe mit DLNA, NFC und dem aktuellen Bluetooth 4.1.

Im bekannten AnTuTu-Benchmark erreicht das Samsung Galaxy S6 in der Werbung 69.524 Punkte, unser Testgerät erreichte 67.125 Punkte. Zum Vergleich: Das Vorgängermodell Samsung Galaxy S5 schafft nur 35.827 Punkte und das Samsung Galaxy S4 sogar nur 29.090 Punkte.

Der Fingerabdruckscanner (Kapitel 9) soll die Sicherheit verbessern, dient aber eher dem Marketing, als dass er wirklich nützlich wäre. Wesentlich innovativer und unter Umständen sogar lebensrettend ist der Notfallmodus (Kapitel 9), mit dem das Samsung Galaxy S6 in kritischen Situationen lange einsatzbereit bleibt.

Das Samsung Galaxy S6 (Foto: Samsung).

Dieses Buch zeigt, was das Samsung Galaxy S6 alles bietet, und liefert auch nützliche Tipps zu zusätzlichen Apps, um sich den Smartphone-Alltag noch weiter zu erleichtern und natürlich auch Spaß damit zu haben.

Samsung Galaxy S6 und Galaxy S6 edge

Das Samsung Galaxy S6 ist in zwei unterschiedlichen Varianten erschienen. Das »normale« Samsung Galaxy S6 in der Bauform eines klassischen Samsung-Smartphones unterscheidet sich optisch auf den ersten Blick von seinem Vorgänger durch das wesentlich hochwertiger wirkende Metallgehäuse und die Glasrückseite.

Die Frontscheibe des Samsung Galaxy S6 edge, das auch als SM-G925F bezeichnet wird, ist auf beiden Längsseiten nach hinten gewölbt. Das sieht nicht nur gut aus, sondern bietet auch noch interessante Zusatzfunktionen. Die Seitenbildschirme sind auch sichtbar, wenn das Gerät mit der Bildschirmseite auf dem Tisch liegt, und sie zeigen in auffälligen Farben an, wenn eine als VIP gespeicherte Person anruft.

Die Neuheiten im Überblick

Der neuartige gewölbte Bildschirm, der allerdings dem Samsung Galaxy S6 edge vorbehalten ist, wurde bereits erwähnt. Folgende Eigenschaften sind gegenüber dem Vorgängermodell Samsung Galaxy S5 neu oder wurden erheblich verbessert:

- Quad-HD-Bildschirmauflösung,
- 64-Bit-Octa-Core-Prozessor,
- Metallgehäuse,
- 5-Megapixel-Frontkamera,
- Echtzeit-HDR-Funktion der Hauptkamera,
- optische Bildstabilisation der Hauptkamera,
- Schnellstart der Kamera durch doppeltes Drücken der Home-Taste,
- Schnellladefunktion mit mitgeliefertem Ladegerät,
- drahtloses Aufladen und
- Infrarotsender zur Steuerung von Unterhaltungsgeräten.

Weitere neue Funktionen kommen durch die neue Android-Version 5.0.2 Lollipop sowie die neue Version von Samsungs TouchWiz-Oberfläche hinzu.

Microsoft-Apps

Es ist noch nicht lange her, da waren Microsoft und Android zwei Welten, die möglichst wenige Verbindungspunkte miteinander haben wollten. Das hat sich inzwischen deutlich geändert, und Microsoft bietet mittlerweile für einige seiner Dienste eigene Android-Apps an. Auf dem Samsung Galaxy S6 sind die Apps für den Cloud-Speicherdienst OneDrive sowie OneNote und Skype vorinstalliert.

Das fehlt gegenüber dem Samsung Galaxy S5

Neue Geräte bringen nicht immer nur neue Funktionen mit. Gegenüber den Vorgängern fällt auch immer mal wieder etwas weg – was natürlich in der Werbung verschwiegen wird. Über folgende Eigenschaften des Samsung Galaxy S5 verfügt das Samsung Galaxy S6 nicht mehr:

- Der Akku ist nicht mehr wechselbar.

- Es gibt keinen Steckplatz für Speicherkarten.

- Samsung Galaxy S6 und das Samsung Galaxy S6 edge sind nicht wasser- und staubdicht.

- Einige Steuerungsgesten wurden weggelassen: Smart Scroll, Smart Pause, Air Browse, Air View.

Android – was ist das?

Android, das im Wesentlichen von Google entwickelt wird, gehört zusammen mit Apples iOS und Windows Phone von Microsoft zu den drei derzeit wichtigsten Smartphone-Plattformen.

INFO: Jeden Tag werden über 1.500.000 neue Android-Handys auf der Welt neu aktiviert – fast viermal so viel, wie an einem Tag Menschen auf der Welt geboren werden. Mit Android 5 Lollipop werden jetzt 68 Sprachen unterstützt. Neu hinzugekommen sind Baskisch, Bengalisch, Burmesisch, Chinesisch (Hongkong), Galizisch, Isländisch, Kannada, Kirgisisch, Mazedonisch, Malayalam, Marathi, Nepalesisch, Singhalesisch, Tamilisch, Telugu.

Nach einer Studie des Marktforschungsunternehmens Strategy Analytics aus dem Juli 2014 hält Android mit einem Marktanteil von fast 85 % inzwischen die Spitze unter den Smartphone-Betriebssystemen weltweit, Tendenz steigend. Apples Anteil mit iOS ist auf 11,9 % gesunken, BlackBerry sogar auf

0,6 % eingebrochen. Die Nokia-Plattform Symbian, ehemaliger Marktführer, ist komplett verschwunden, seit Nokia auf Windows Phone umgestiegen ist.

Android läuft nicht nur auf Smartphones und Tablets, sondern auch auf Armbanduhren, Fernsehern und Bordcomputern in Autos.

Was macht Android so besonders?

Android ist nicht nur eine elegante Oberfläche für Touchscreen-Smartphones, sondern ein echtes Betriebssystem wie auf einem PC, mit dem man das Handy für noch viel mehr als nur zum Telefonieren nutzen kann. Natürlich hat Android diese Art von Mobilität nicht erfunden, es gibt parallel noch diverse andere Systeme, allen voran Apples iOS mit dem iPhone, das erstmals Smartphones alltagstauglich machte.

Google gibt Softwareentwicklern wie auch Geräteherstellern viele Freiheiten – deutlich mehr als die Hersteller der anderen Plattformen, sodass in kurzer Zeit jede Menge Apps entstanden sind, der größte Teil davon für den Nutzer kostenlos.

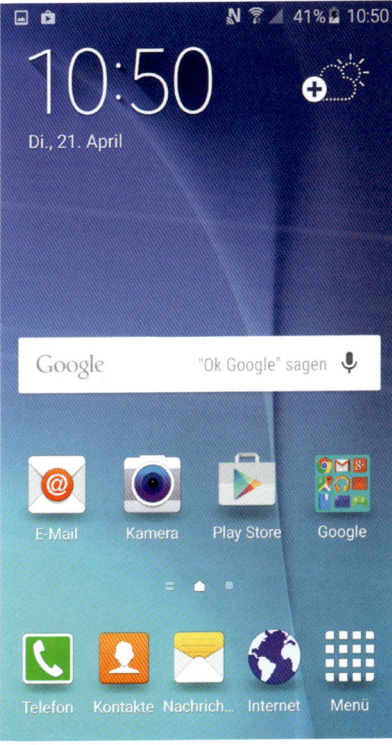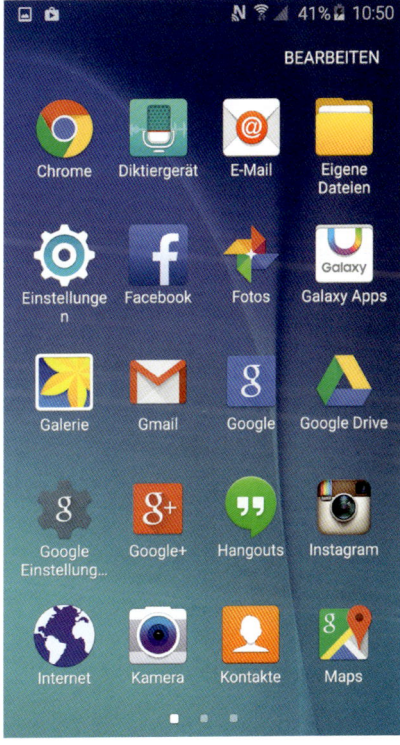

Die Samsung-Benutzeroberfläche TouchWiz auf dem Samsung Galaxy S6.

Samsung hat an der Benutzeroberfläche von Android einige Anpassungen vorgenommen, um die Bedienung noch leichter und intuitiver zu gestalten. Alle Screenshots und Tipps in diesem Buch beziehen sich auf Samsungs TouchWiz-Oberfläche in der aktuellen Version, die auf dem Samsung Galaxy S6 vorinstalliert ist. Auf anderen Android-Handys sehen die meisten Systemfunktionen und Apps anders aus. Besonders im Bereich der Einstellungen wurden auch gegenüber den Vorgängermodellen S5 und S4 deutliche Veränderungen vorgenommen.

Was ist neu in Android 5?

Die neue, auf dem Samsung Galaxy S6 vorinstallierte Android-Version 5.0.2 Lollipop bringt zahlreiche Verbesserungen, vor allem an der Benutzeroberfläche:

- Neues »Material Design« mit klaren Farben und Symbolen lenkt die Konzentration auf das Wesentliche (Kapitel 2).

- Neues Benachrichtigungssystem, das deutlich mehr Möglichkeiten bietet, selbst zu entscheiden, wann und von wem man unterbrochen werden möchte (Kapitel 2).

- Neue Schnelleinstellungen am oberen Bildschirmrand (Kapitel 2).

- Verbesserte Übersicht der gerade laufenden Apps (Kapitel 2).

- Vereinfachte Geräteeinrichtung (Kapitel 2).

- Erweiterte Sprachsteuerung OK Google (Kapitel 9).

- Verbesserte Audio-, Video- und Kamerafunktionen (Kapitel 7).

- Verbesserter Schutz mit Androids Smart Lock durch Pairing mit einem vertrauenswürdigen Gerät (Kapitel 10).

- Bildschirmfixierung ermöglicht Zugriff auf einen Inhalt, ohne auf andere private Inhalte zuzugreifen (Kapitel 10).

- Energiesparfunktionen und verbesserte Ladeanzeige für den Akku (Kapitel 9).

KAPITEL 2

Alltag mit dem Samsung Galaxy S6

In diesem Kapitel werden die wichtigsten Grundlagen der Bedienung des Samsung Galaxy S6 erklärt, die Sie in den folgenden Kapiteln sicher gebrauchen werden. Selbst wer schon einige Zeit mit einem Android-Smartphone herumgespielt hat, wird noch das ein oder andere Interessante finden, besonders was die Samsung-eigene Benutzeroberfläche TouchWiz betrifft, die in der neusten Version nochmals deutlich überarbeitet wurde.

Die wichtigsten Fingergesten zur Touchscreen-Steuerung

Um den Touchscreen fehlerfrei zu bedienen, noch ein wenig technischer Hintergrund: Fast alle Android-Smartphones verwenden kapazitive Touchscreens, die auf das Energiefeld der Hand reagieren und nicht auf mechanischen Druck wie ältere Handys. Ein moderner Touchscreen lässt sich ausschließlich mit dem Finger bedienen, Stifte oder andere mechanische Hilfsmittel sowie auch Handschuhe sind wirkungslos. Wassertropfen auf dem Bildschirm beeinträchtigen ebenfalls die Funktion.

Berühren Sie den Touchscreen am besten nur mit einem Finger. Die anderen Finger der Hand können, selbst wenn sie das Glas nicht direkt berühren, schon eine ungewollte Reaktion auslösen. Nur ganz wenige Gesten, etwa das Zoomen sowie Spezialgesten bei Google Earth, benötigen zwei Finger.

Die grundlegenden Fingergesten auf dem Bildschirm werden im Buch mit Handsymbolen in den jeweiligen Abbildungen erklärt, sodass Sie sofort sehen, wo Sie hintippen oder von wo nach wo Sie mit dem Finger über den Bildschirm streichen, um eine bestimmte Aktion auszulösen.

Einfaches Antippen – Tippen Sie mit einem Finger kurz auf die angegebene Stelle auf dem Bildschirm.

Halten/Langes Antippen – Halten Sie einen Finger länger auf die angegebene Stelle auf dem Bildschirm. Das angetippte Bildschirmelement zeigt eine Reaktion, z. B. leuchtet auf oder lässt sich auf dem Bildschirm verschieben. Beim Loslassen erscheint oft ein Auswahlmenü.

Fingerstrich – Streichen Sie mit dem Finger über den Bildschirm – in die Richtung, die der Pfeil angibt. Das bedeutet: Berühren Sie den Bildschirm am Fußpunkt des Pfeils und streichen Sie mit dem Finger, ohne loszulassen, zur Spitze des Pfeils, erst dort lassen Sie los.

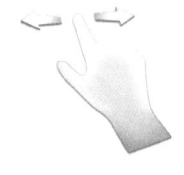

Wischen – Beim Wischen oder Scrollen streichen Sie mit dem Finger vertikal oder horizontal über den Bildschirm, ohne eine genaue Position beachten zu müssen. Damit verschieben Sie den gesamten Bildschirminhalt nach oben oder unten bzw. nach links oder rechts. Fotos, Landkarten und auch einige Webseiten lassen sich auch in andere Richtungen über den Bildschirm verschieben.

Benachrichtigungsleiste nach unten ziehen – Erscheinen Benachrichtigungen über neue E-Mails, entgangene Anrufe oder heruntergeladene Apps in der Benachrichtigungsleiste am oberen Bildschirmrand, können Sie diese anzeigen lassen, indem Sie die Benachrichtigungsleiste nach unten ziehen. Tippen Sie dazu an den oberen Bildschirmrand und streichen Sie mit dem Finger, ohne loszulassen, bis zum unteren Rand.

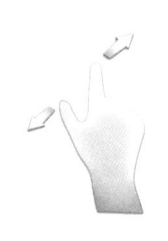

Zoom – Berühren Sie den Bildschirm mit zwei Fingern dicht nebeneinander und spreizen Sie dann die Finger, ohne den Bildschirm loszulassen, auseinander. Damit zoomen Sie in ein Foto, eine Landkarte oder eine Webseite hinein. Die umgekehrte Bewegung zoomt wieder zurück. Die genaue Position, an der Sie dazu den Bildschirm berühren, spielt keine Rolle.

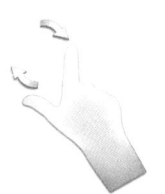

Drehen – Berühren Sie den Bildschirm mit zwei Fingern und führen Sie dann, ohne den Bildschirm loszulassen, eine bogenförmige Bewegung aus. Damit drehen Sie in ein Foto oder eine Landkarte. Die genaue Position, an der Sie dazu den Bildschirm berühren, spielt keine Rolle.

Die Ersteinrichtung des Samsung Galaxy S6

Zuerst müssen Sie den Akku und die SIM-Karte in das Samsung Galaxy S6 einbauen. Aufgrund internationaler Sicherheitsvorschriften dürfen Akkus im Gerät nicht in voll geladenem Zustand verschickt werden. Der Akku fabrikneuer Smartphones ist bei Auslieferung nur zu etwa 50 % aufgeladen, was aber ausreicht, um das Gerät sofort in Betrieb nehmen und einrichten zu können. Im Gegensatz zu früheren Samsung-Smartphones kann der Akku des Galaxy S6 nicht herausgenommen werden.

Akku laden

Das Samsung Galaxy S6 verwendet wie alle aktuellen Android-Smartphones ein Micro-USB-Ladegerät. Diese sind beliebig zwischen den Handys austauschbar. Wer mehrere Geräte nutzt, braucht nicht immer verschiedene Ladegeräte mit sich herumzutragen. Seit der Vereinheitlichung der Ladegeräte für alle Smartphones außer dem iPhone kann man bequem ein Ladegerät fest am Schreibtisch oder in der Küche deponieren, ein weiteres am Arbeitsplatz etc.

Zum Aufladen des Samsung Galaxy S6 sollte nach Möglichkeit trotzdem das mitgelieferte Ladegerät verwendet werden, da dieses die Schnellladefunktion unterstützt. Alternativ können Sie auch ein Quick-Charge-2.0-kompatibles Ladegerät verwenden. Bereits nach 10 Minuten ist ein zuvor komplett leerer Akku so weit aufgeladen, dass sich das Smartphone einige Stunden lang nutzen lässt. Diese Schnellademöglichkeit funktioniert nur, wenn der Bildschirm ausgeschaltet ist. Nach etwa 1:30 Stunden ist der Akku dann voll geladen.

Das alte Gerücht, ein Akku sollte vor jedem Aufladen erst komplett leer sein, gilt bei modernen Akkus nicht mehr. Sorgen Sie im Gegenteil lieber dafür, dass der Akku nie ganz leer ist, sondern laden Sie ihn lieber schon spätestens bei 30 % Kapazität wieder auf.

Akku kabellos aufladen

Das Samsung Galaxy S6 unterstützt das kabellose Aufladen mit einem speziellen induktiven Ladegerät. Das Smartphone muss mittig und mit dem Bildschirm nach oben auf das Ladegerät gelegt werden. Eine ungültige Ladeposition erkennt man daran, dass die LED des Ladegerätes blinkt.

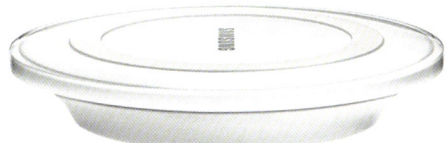

Die induktive Ladestation für das Samsung Galaxy S6 (Foto: Samsung).

> **ACHTUNG:** Das kabellose Ladegerät erzeugt ein induktives Feld, das magnetische Datenträger wie z. B. Kreditkarten beschädigen kann. Legen Sie diese also nicht auf oder direkt neben das Ladegerät. Weiterhin beeinträchtigt dieses Feld den Mobilfunkempfang. Wenn Sie sich an einem Ort aufhalten, an dem die Mobilfunknetzqualität ohnehin schwach ist, kann der Empfang während des kabellosen Aufladens ganz ausfallen.

SIM-Karte einstecken

Das Samsung Galaxy S6 verwendet Nano-SIM-Karten und nicht wie die meisten Android-Smartphones die typischen Mini-SIM- oder Micro-SIM-Karten. Wer sein Samsung Galaxy S6 nicht direkt mit einem Mobilfunkvertrag kauft, muss also darauf achten, von seinem Provider eine Nano-SIM-Karte zu bekommen. Viele Netzbetreiber und Mobilfunkdiscounter bieten inzwischen wahlweise verschiedene Größen von SIM-Karten an. Einige Provider bieten sogenannte Kombi-SIM-Karten an: Mehrere Stanzlinien ermöglichen es, den SIM-Chip in unterschiedlichen SIM-Kartenformen aus dem Kartenträger herauszudrücken. Die Nano-SIM-Karten sind einfach nur kleiner, die Kontakte aber gleich angeordnet und elektronisch voll kompatibel zu Mini-SIM- und Micro-SIM-Karten.

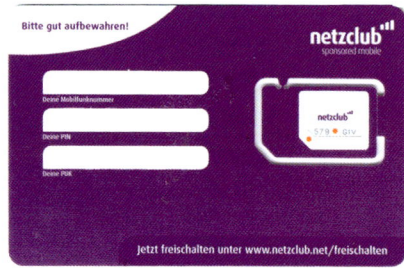 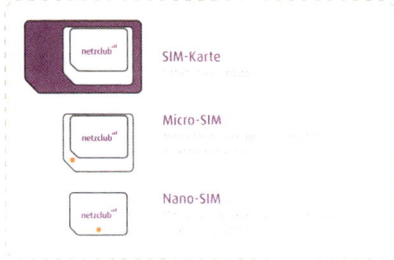

Kombi-SIM-Karte mit Bedienungsanleitung (Foto: netzclub SIM-Karte).

> **netzclub**
>
> netzclub (*www.netzclub.net*) ist ein Mobilfunkdiscounter im O2-Netz, bei dem man 100 MByte Datenvolumen jeden Monat geschenkt bekommt, wenn man zustimmt, Werbung per E-Mail und SMS zu erhalten. Die Werbung hält sich in vertretbaren Grenzen, alle paar Tage kommt mal eine E-Mail oder SMS. Guthaben für Gespräche oder größere Datenpakete lässt sich bequem per Prepaid ohne Vertragspflichten aufladen. Dieser Tarif ist ideal für alle, die ihr Smartphone im Wesentlichen im WLAN nutzen und nur sehr wenig damit telefonieren.

Der Steckplatz für die SIM-Karte ist beim Samsung Galaxy S6 an der rechten Seite von außen zugänglich. Im Gegensatz zu vielen anderen Smartphones braucht man nicht den Akku herauszunehmen, was beim Samsung Galaxy S6 auch gar nicht geht. Beim Samsung Galaxy S6 edge befindet sich der SIM-Kartensteckplatz an der oberen Seite.

1. Drücken Sie das mitgelieferte Werkzeug vorsichtig in das runde Loch des SIM-Kartenträgers. Dieser springt dann automatisch heraus.

2. Legen Sie die Nano-SIM-Karte mit den Kontaktflächen nach unten in den SIM-Kartenträger und schieben Sie diesen in das Smartphone zurück.

Nano-SIM selbst basteln

Obwohl dies offiziell nicht empfohlen wird, findet man im Internet Anleitungen und Schneidevorlagen, um normale Mini-SIM-Karten auf die Größe einer Nano-SIM zurechtzustutzen. Der eigentliche Chip in den SIM-Karten liegt genau unter der Kontaktfläche und kann, sofern man mit einem scharfen Messer sauber schneidet und die SIM-Karte dabei nicht zerspringt, nicht beschädigt werden. Also am besten einmal mit einer abgelaufenen oder einer kostenlosen Promo-SIM-Karte üben, bevor man das Messer an der echten SIM-Karte ansetzt. Für weniger Mutige gibt es im Zubehörhandel einfache Stanzmaschinen für unter 10 Euro, mit denen man kaum etwas falsch machen kann.

Samsung Galaxy S6 erstmals einschalten

Das Samsung Galaxy S6 zeigt beim ersten Start wie alle Android-Smartphones einen Einrichtungsassistenten, der die Ersteinrichtung des Gerätes in wenigen Schritten erledigt.

1. Drücken Sie zum Erststart länger (etwa eine Sekunde) auf den Einschalter. Der Bildschirm wird leicht heller, und nach kurzer Zeit erscheinen ein Logo von Samsung sowie ein Android-Logo.

2. Nach dem Einschalten müssen Sie als Erstes wie auf jedem Handy die PIN Ihrer SIM-Karte eingeben. Ist die PIN-Abfrage auf der SIM-Karte deaktiviert, entfällt dieser Schritt natürlich.

3. Die meisten Funktionen von Android-Smartphones lassen sich im WLAN auch ohne SIM-Karte nutzen. Ist keine SIM-Karte eingelegt, wird die PIN-Eingabe übersprungen. Anhand der SIM-Karte wird bei der Ersteinrichtung automatisch auch ein Internetzugang über diese SIM-Karte eingerichtet, der allein durch Hintergrunddienste schon Kosten verursachen

kann. Wenn Sie keinen Internettarif auf Ihrer SIM-Karte haben oder sich nicht sicher sind, führen Sie die Erstinstallation am besten per WLAN durch und stecken dazu keine SIM-Karte in das Gerät.

4. Wählen Sie im nächsten Schritt als Sprache *Deutsch* aus. So bekommen Sie sämtliche Menüs und Systemdialoge in deutscher Sprache angezeigt.

> **ACHTUNG:** Immer wieder behaupten besonders schlaue Nutzer in Internetforen, moderne Elektronik ließe sich nur auf Englisch richtig bedienen und manche Funktionen blieben in der deutschen Oberfläche verborgen. Das ist natürlich völliger Quatsch und galt vielleicht vor 20 Jahren. Heute ist der deutsche Markt einer der wichtigsten Märkte für Elektronikhersteller weltweit.

WLAN als schneller Internetzugang zu Hause

Zu Hause bietet das eigene WLAN eine schnelle, zuverlässige Internetverbindung auch für Smartphones. Hinzu kommt, dass dieser Internetzugang kostenlos ist, das übertragene Datenvolumen also nicht auf das wertvolle Datenvolumen der Mobilfunkflatrate angerechnet wird.

Aus diesen Gründen bietet das Samsung Galaxy S6 gleich bei der Ersteinrichtung – noch vor der datenintensiven Synchronisation mit dem Google-Konto – an, eine WLAN-Verbindung einzurichten.

> **INFO:** Wi-Fi ist die englische Bezeichnung für WLAN. Der in Deutschland gebräuchliche Begriff WLAN (**W**ireless **L**ocal **A**rea **N**etwork) für drahtloses Netzwerk ist nur ein deutscher Anglizismus und wird von englischen oder amerikanischen Muttersprachlern nie verwendet. Diese sprechen immer von Wi-Fi.

1. Automatisch erscheint ein Bildschirm für die WLAN-Einstellungen. Wählen Sie in der Liste das Netzwerk aus, mit dem Sie sich verbinden möchten. Ist dieses WLAN verschlüsselt, wird es in der Liste mit einem Schlosssymbol dargestellt und Sie müssen bei der ersten Verbindung den Schlüssel eingeben.

2. Wenn Sie in der Abfrage den intelligenten Netzwechsel bestätigen, schaltet das Samsung Galaxy S6 bei instabilem oder sehr schwachem WLAN automatisch auf die Mobilfunkverbindung um. In den meisten Fällen empfiehlt es sich, diese Einstellung aus Kostengründen ausgeschaltet zu lassen.

3. Android unterstützt alle gängigen Verschlüsselungsverfahren, WEP, WPA und WPA2. Klicken Sie anschließend auf *Verbinden*. Danach wird diese Verbindung gespeichert, es ist keine weitere Schlüsseleingabe mehr nötig.

WPS statt WLAN-Schlüssel

Haben Sie einen Router mit einer WPS-Taste, können Sie die Verbindung mit einem Knopfdruck einrichten. Drücken Sie dann einfach, wenn auf dem Smartphone die entsprechende Meldung erscheint, die WPS-Taste auf dem Router.

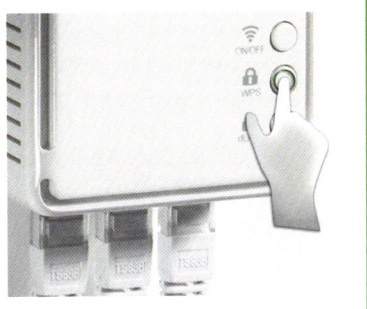

WPS-Taste (Foto: devolo AG).

4. Eine aktive WLAN-Verbindung wird mit einem Symbol in der Benachrichtigungsleiste am oberen Bildschirmrand angezeigt. Dieses zeigt auch die ungefähre Signalstärke.

5. Nachdem die Verbindung erfolgreich hergestellt wurde, tippen Sie auf *Weiter*, um mit der Ersteinrichtung des Smartphones fortzufahren. Jetzt müssen Sie noch den Lizenzvertrag von Google bestätigen.

Haben Sie bereits ein NFC-fähiges Android-Handy, können Sie die dort installierten Google-Konten und gesicherten Apps direkt auf das neue Samsung Galaxy S6 übertragen. Halten Sie dazu die beiden Geräte einfach mit der Rückseite aneinander, bis Sie einen kurzen Signalton hören. Folgen Sie dann den Anweisungen auf dem Bildschirm. Um das Samsung Galaxy S6 neu einzurichten, überspringen Sie den Bildschirm *Per NFC übertragen* einfach.

Im nächsten Schritt möchte das Samsung Galaxy S6 wie alle Android-Smartphones ein Google-Konto einrichten.

Das Google-Konto

Wer seine Adressen, E-Mails und andere Daten online speichert, kann sie mit jedem neuen Computer, Smartphone oder Tablet synchronisieren, ohne Adressbücher zu importieren oder gar Daten abzutippen.

Google bietet dazu jedem Anwender kostenlos ein persönliches Google-Konto an, in dem man seine Daten speichern kann. Diese Daten stehen dann auf jedem internetfähigen Gerät, das mit Google-Diensten synchronisiert werden kann, zur Verfügung. Welche Daten man bei Google ablegt, bleibt jedem selbst überlassen. Besonders beliebt ist es, seinen Kalender, das Adressbuch sowie die persönliche Lesezeichensammlung bei Google abzulegen, um sie automatisch auf jedem PC, Smartphone oder Tablet zur Verfügung zu haben.

Android-Smartphones sind sehr eng mit Google-Konten verbunden, viele Funktionen können aber auch ohne diese – mit Einschränkungen – verwendet werden. Zur Nutzung von Google Play (früher: Android Market) ist ein Google-Konto allerdings zwingend nötig.

Wer bereits ein Google-Konto hat, wird dieses natürlich auch auf dem Smartphone weiternutzen. Wer noch kein Google-Konto besitzt, kann jetzt eines anlegen. Es ist auch möglich, ein Android-Smartphone mit mehreren Google-Konten zu synchronisieren.

1. Wählen Sie im ersten Schritt des Assistenten, ob Sie ein neues Google-Konto auf dem Smartphone anlegen oder sich mit einem vorhandenen Google-Konto anmelden möchten.

2. Wenn Sie bereits ein Google-Konto haben, geben Sie Ihre E-Mail-Adresse und das Passwort ein.

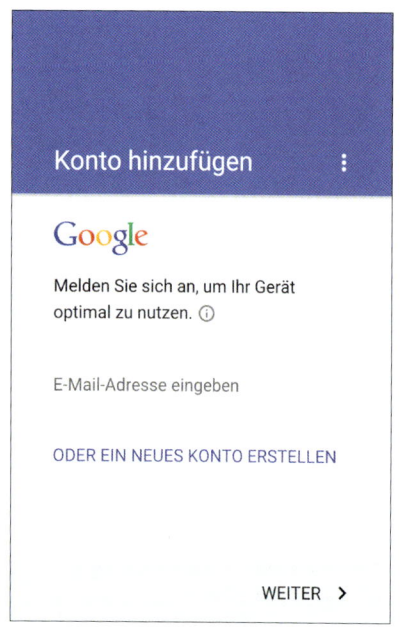 

Die ersten Schritte bei der Anmeldung mit einem vorhandenen Google-Konto auf dem Samsung Galaxy S6.

3. Die folgende Option *Google-Dienste* sollten Sie auf jeden Fall eingeschaltet lassen. So werden Ihre Apps und Einstellungen im Google-Konto gesichert und lassen sich im Notfall oder bei einem Hard-Reset leicht wiederherstellen. Mit dieser Einstellung können Sie auch Daten von früheren Android-Smartphones, die im Google-Konto gesichert wurden, auf dem neuen Smartphone wiederherstellen.

4. Weiter unten müssen Sie noch zustimmen, dass Google anonyme Standort-daten Ihres Gerätes nutzen darf. Viele Apps werden dadurch erst sinnvoll, dass Informationen aus der näheren Umgebung angezeigt werden können. Wer sich unbedingt verstecken möchte und dafür bereit ist, diverse Ein-schränkungen bei Apps in Kauf zu nehmen, kann die Standorterfassung hier abschalten. Die Einstellung kann später jederzeit wieder geändert werden.

5. Haben Sie die Option *Wiederherstellung* eingeschaltet, werden jetzt auto-matisch die auf Ihrem bisherigen Smartphone installierten Apps auf dem neuen Gerät installiert, was einige Zeit dauern kann. Auch Kontakte und Termine stehen möglicherweise erst nach ein paar Minuten zur Verfügung.

Neues Google-Konto anlegen

Haben Sie noch kein Google-Konto, können Sie es direkt auf dem Smartphone auch ohne PC einrichten, wie es im Folgenden beschrieben wird. Alternativ können Sie das Google-Konto auf dem PC anlegen. Klicken Sie dazu auf einer beliebigen Google-Seite oben rechts auf *Anmelden*. Auf der Anmeldeseite fin-den Sie den Link *Erstellen Sie ein kostenloses Konto*.

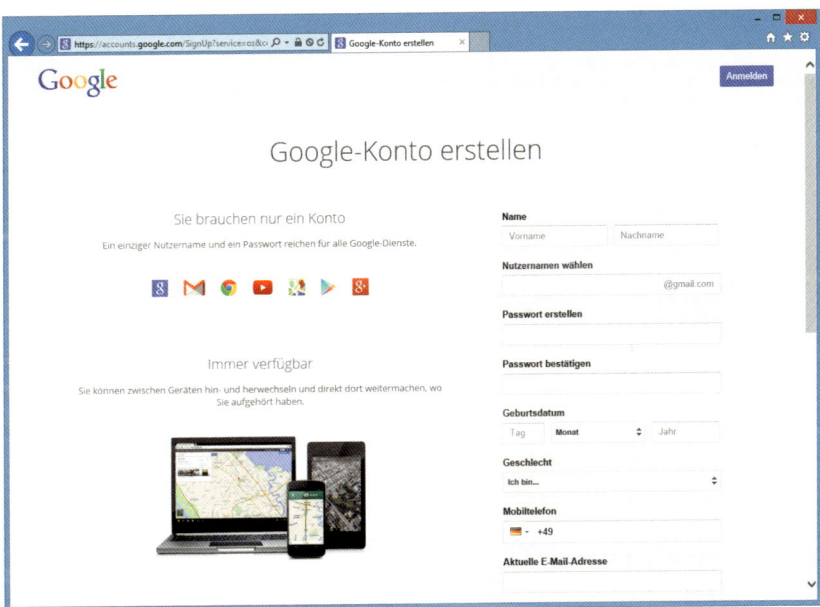

Google-Konto auf dem PC erstellen.

1. Wenn Sie im ersten Schritt des Assistenten auf dem Smartphone die Op-tion auswählen, ein neues Google-Konto zu erstellen, erscheinen weitere Bildschirmseiten, auf denen Sie zuerst Ihren Namen und danach die ge-wünschte E-Mail-Adresse für das neue Google-Konto angeben müssen.

Die ersten Schritte beim Anlegen eines neuen Google-Kontos.

INFO: Bei gängigen Namen wird die E-Mail-Adresse *vorname.nachname@gmail.com* möglicherweise nicht mehr verfügbar sein. Bei Google sind weltweit etwa 1.150 Millionen Nutzer registriert. Sollte die Adresse bereits vergeben sein, werden automatisch Alternativvorschläge angezeigt. Hier können Sie einen auswählen oder sich auch eine ganz andere E-Mail-Adresse ausdenken.

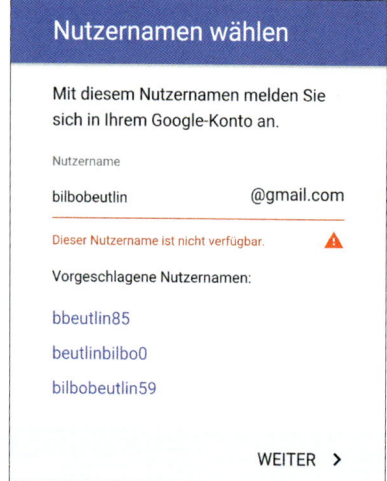

Den Nutzernamen ändern, falls dieser bereits vergeben ist.

2. Legen Sie im nächsten Schritt ein Passwort fest. Um sicherzustellen, dass Sie sich nicht vertippt haben, muss dieses Passwort ein zweites Mal eingegeben werden. Ein integrierter Passwortprüfer prüft nach verschiedenen Kriterien (z. B. ob Ziffern enthalten sind oder das Passwort einem gängigen Begriff entspricht) die Passwortqualität.

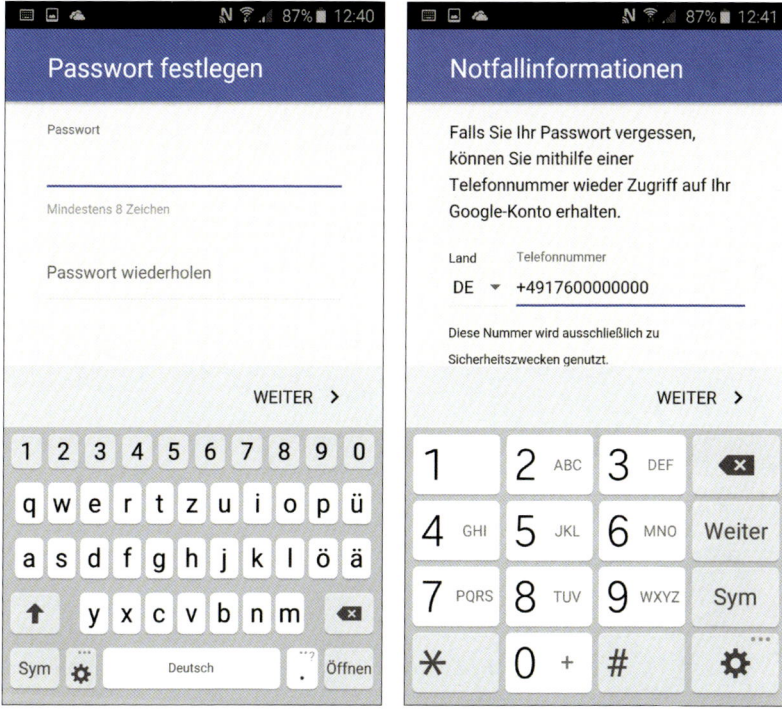

Passwort für das neue Google-Konto anlegen und Daten zum Wiederherstellen eines vergessenen Passworts eingeben.

3. Sollten Sie Ihr Passwort vergessen, können Sie es wiedererlangen, indem Sie sich an eine Mobilfunknummer einen Wiederherstellungscode schicken lassen. Geben Sie dazu die entsprechenden Daten an. Die Telefonnummer der SIM-Karte im Smartphone wird automatisch vorgeschlagen.

4. Zur endgültigen Einrichtung des Google-Kontos müssen Sie noch die Nutzungsbedingungen und die Datenschutzerklärung bestätigen.

5. Nach der Einrichtung des Google-Kontos folgen weitere Schritte, um die Google-Dienste einzurichten. Die zusätzliche Anmeldung bei Google+ aus früheren Android-Versionen gibt es nicht mehr. Google+ steht jetzt automatisch zur Verfügung.

Datenschutzerklärung und Nutzungsbedingungen

Indem Sie fortfahren, stimmen Sie den Nutzungsbedingungen zu und bestätigen, dass Sie die Datenschutzerklärung gelesen haben.

ZUSTIMMEN >

Ihr Google-Konto

Ihr Google-Konto steht bereit.

Bilbo Beutlin
bilbobeutlin575@gmail.com

WEITER >

Einrichtung des Google-Kontos abschließen.

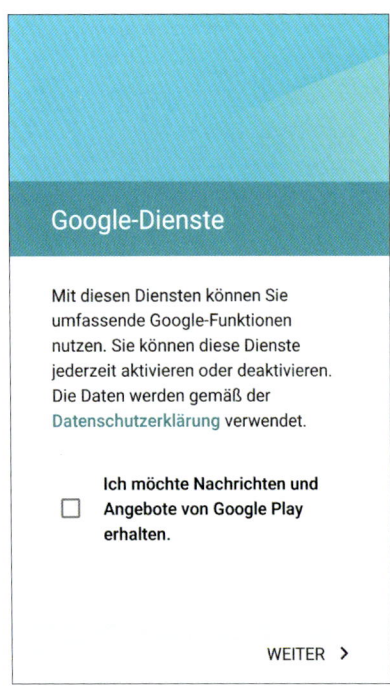

Google-Dienste

Mit diesen Diensten können Sie umfassende Google-Funktionen nutzen. Sie können diese Dienste jederzeit aktivieren oder deaktivieren. Die Daten werden gemäß der Datenschutzerklärung verwendet.

☐ **Ich möchte Nachrichten und Angebote von Google Play erhalten.**

WEITER >

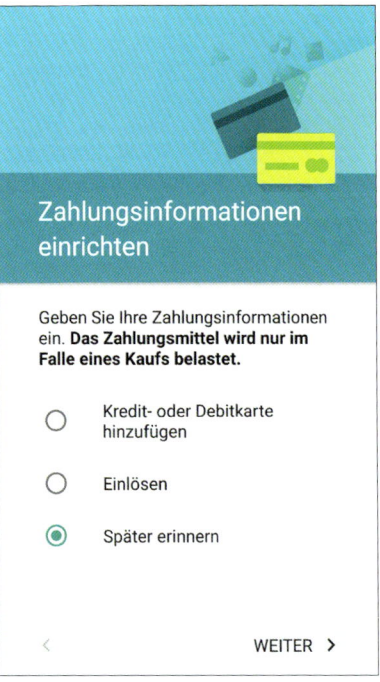

Zahlungsinformationen einrichten

Geben Sie Ihre Zahlungsinformationen ein. **Das Zahlungsmittel wird nur im Falle eines Kaufs belastet.**

○ Kredit- oder Debitkarte hinzufügen

○ Einlösen

◉ Später erinnern

< WEITER >

Google-Dienste einrichten.

6. Damit Sie auf dem Smartphone im Google Play Store Apps, E-Books oder Musik kaufen können, müssen im Google-Konto Kreditkartendaten hinterlegt werden. Alternativ können Sie auch die Abrechnung über Ihre Mobilfunkrechnung einrichten, wenn Ihr Netzbetreiber es unterstützt, eine Google-Play-Guthabenkarte einlösen oder ein PayPal-Konto hinterlegen. Diesen Schritt können Sie zunächst am einfachsten überspringen, wenn Sie in nächster Zeit nicht planen, bei Google Play einzukaufen. Kostenlose Apps können auch ohne Angabe einer Kreditkartennummer bei Google Play heruntergeladen werden. Bei der ersten kostenpflichtigen App ist immer noch Gelegenheit, Zahlungsinformationen anzugeben.

7. Viele Nutzer von Google-Konten verwenden diese zwar für Mail und Kalender, aber noch nicht für diverse weitere Google-Dienste. Bei der Einrichtung auf dem Smartphone erscheint jetzt eine Liste mit Elementen, die mit dem Google-Konto automatisch synchronisiert werden können. Lassen Sie am besten alles eingeschaltet.

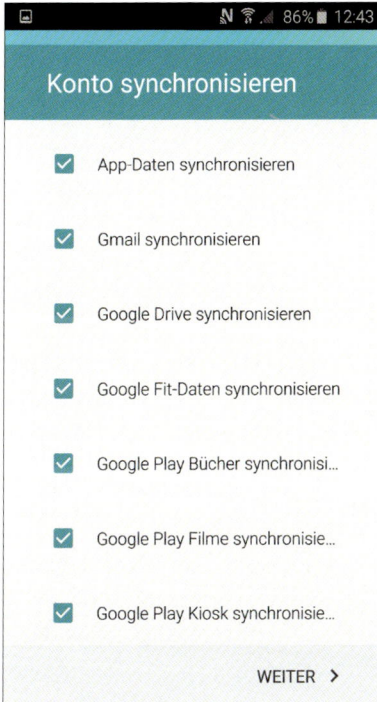 

Synchronisation in einem neuen Google-Konto einrichten.

8. Im nächsten Schritt wird Google Now eingerichtet. Dieser Google-Dienst zeigt auf einer eigenen Startbildschirmseite das aktuelle Wetter sowie ortsabhängige Verkehrsinformationen und wichtige Nachrichten passend

zu Ihrem Suchverlauf bei Google an. Die notwendigen Einstellungen im Google-Konto können in einem Schritt automatisch vorgenommen werden. Weitere Informationen zu Google Now finden Sie in Kapitel 6.

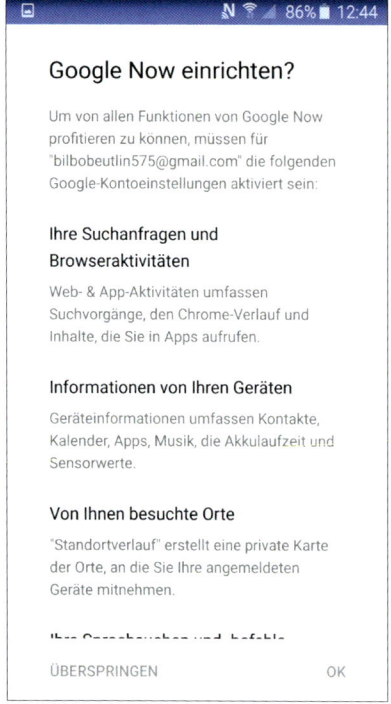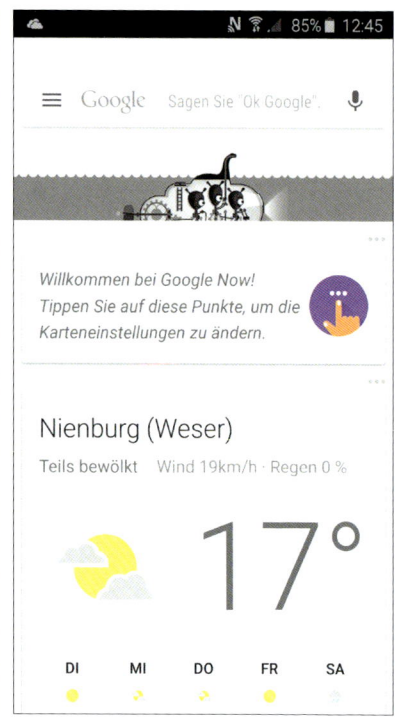

Google Now einrichten.

9. Zum Abschluss meldet sich das neue Google-Konto auf dem Smartphone an. Jetzt dauert es nur noch wenige Sekunden, dann ist das Samsung Galaxy S6 mit dem neuen Google-Konto einsatzbereit.

Google-Konto auf dem PC nutzen

Mit denselben Kontodaten können Sie sich auch auf dem PC bei Google anmelden, um Gmail, Google-Kalender, Google+-Webalben, persönliche Webeinstellungen oder ein eigenes YouTube-Profil zu nutzen. Klicken Sie dazu auf einer beliebigen Google-Seite oben rechts auf *Anmelden*.

Anmelden auf einer Google-Seite.

Hier erscheint ein Anmeldeformular, in dem Sie Ihre Google-Mailadresse und das Passwort eingeben müssen.

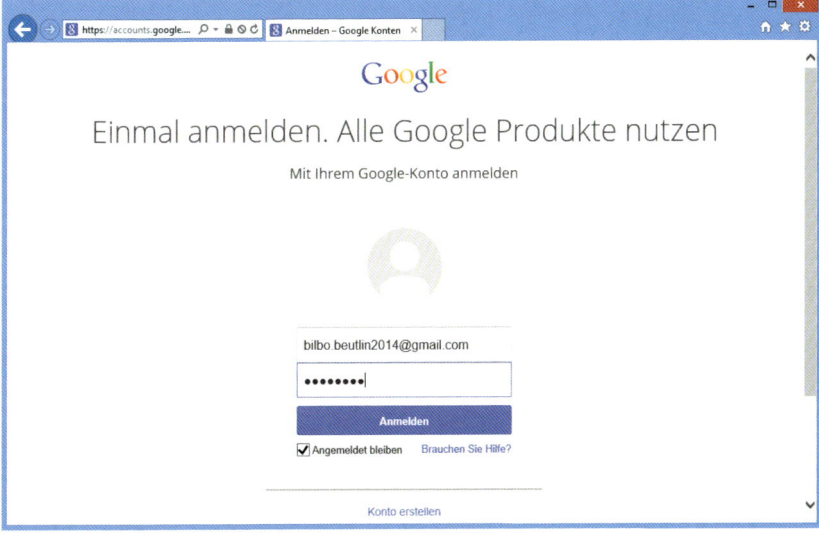

Anmeldung mit dem Google-Konto auf dem PC.

In den Kontoeinstellungen des Google-Profils auf dem PC können Sie jederzeit das Passwort und die Wiederherstellungsoptionen ändern. Hier lassen sich auch weitere mit dem Konto verknüpfte E-Mail- sowie Datenschutzeinstellungen festlegen.

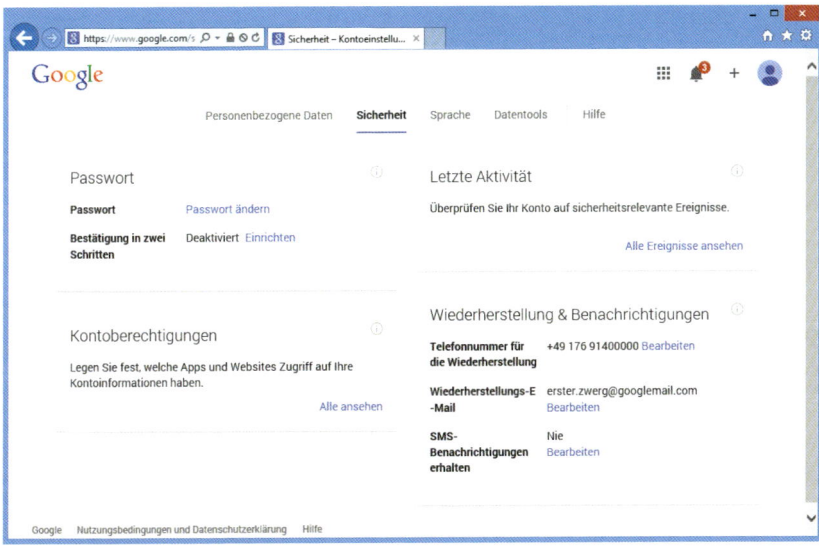

Kontoeinstellungen des eigenen Google-Kontos.

Geänderte Einstellungen werden automatisch auch auf das Smartphone übernommen. Wenn Sie das Passwort des Google-Kontos am PC ändern, müssen Sie dieses natürlich auf dem Smartphone neu eingeben.

Das Samsung-Konto

Nach der Einrichtung des Google-Kontos fordert Sie das Samsung Galaxy S6 bei der Ersteinrichtung auf, ein Samsung-Konto einzurichten.

Samsung bietet einige spezielle Dienste an, unter anderem eine Onlinedatensicherung sowie die Möglichkeit, ein verlorenes oder gestohlenes Handy zu orten. Dafür ist ein Samsung-Konto erforderlich. Außerdem gibt es von Zeit zu Zeit speziell für Nutzer von Galaxy-Smartphones Apps kostenlos, die im Google Play Store kostenpflichtig sind.

1. Wenn Sie bereits ein Samsung-Konto haben, weil Sie früher schon ein Samsung-Smartphone genutzt haben, tippen Sie auf *Anmelden* und geben Ihre Benutzerdaten ein.

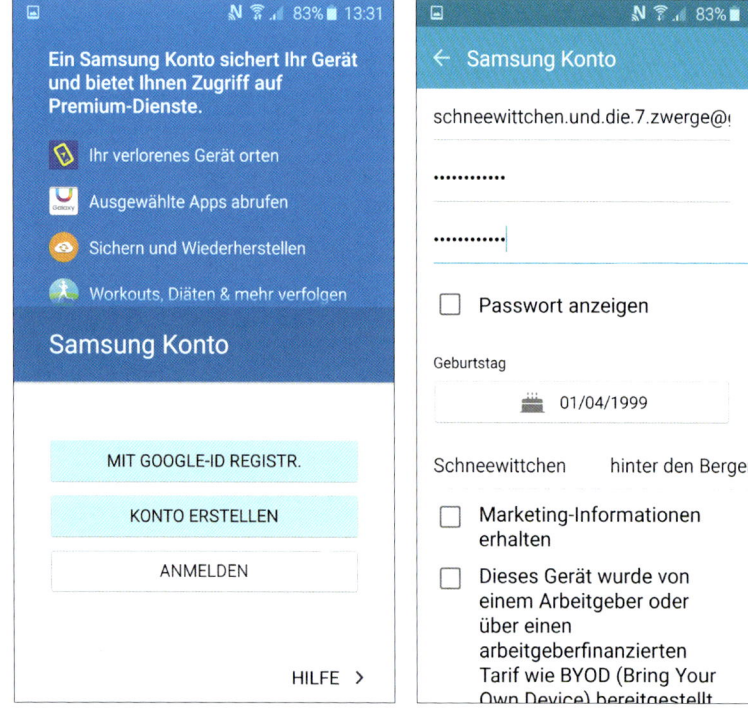

Samsung-Konto einrichten.

2. Haben Sie noch kein Samsung-Konto, tippen Sie auf *Konto erstellen*. Danach sind einige persönliche Daten einzugeben. Alternativ können Sie sich

auch mit Ihrer Google-ID registrieren. Sie müssen dann nur noch ein eigenes Passwort für das Samsung-Konto festlegen.

3. Sollten Sie Daten eines früheren Samsung-Smartphones im Samsung-Konto gespeichert haben, können Sie diese auf dem Samsung Galaxy S6 auf dem nächsten Einrichtungsbildschirm wiederherstellen.

4. Außerdem können Sie gleich an dieser Stelle die automatische Onlinesicherung des neuen Gerätes aktivieren. Schalten Sie dazu den Schalter *Sichern und Synchronisieren* ein. Bedenken Sie dabei, dass hier erhebliches Datenvolumen entstehen kann. Sie können diese Sicherung auch später noch jederzeit aktivieren.

5. Die nächsten Schritte des Einrichtungsassistenten, *Aktivierungsbefehl festlegen*, *Fingerabdruck hinzufügen* und *Einfacher Modus*, können Sie zunächst überspringen. Je nach persönlichem Nutzerverhalten empfiehlt es sich, diese Einstellungen später noch vorzunehmen oder auch nicht.

Die Benutzeroberfläche des Samsung Galaxy S6

Nachdem Sie den letzten Schritt der Ersteinrichtung durchlaufen haben, zeigt das Samsung Galaxy S6 seinen Startbildschirm, der in Zukunft die alltägliche Oberfläche Ihres neuen Smartphones sein wird. Samsung hat diesen Startbildschirm gegenüber dem Standard-Android und auch gegenüber früheren Samsung-Smartphone-Modellen erweitert und mit zusätzlichen Funktionen ausgestattet, die in den folgenden Abschnitten beschrieben werden.

Die Benutzeroberfläche von Android-Smartphones wird über den Touchscreen bedient und zeigt für jede Funktion wie auch für jede App klare Symbole an, sodass Sie sich nicht wie auf dem PC unter Windows durch verschachtelte Menüs klicken müssen.

Samsung verwendet eine eigene Android-Oberfläche mit dem Namen TouchWiz auf allen aktuellen Smartphones der Galaxy-Serie. Diese wurde auf dem Samsung Galaxy S6 deutlich »entschlackt«. Selten genutzte Funktionen wurden weiter in den Hintergrund verschoben oder ganz entfernt. Die neue Oberfläche sieht dem original Android wieder ähnlicher, bietet aber auch neue Funktionen, beispielsweise die Rastergröße und damit die Anzahl gleichzeitig darstellbarer App-Symbole auf dem Startbildschirm zu ändern oder Bildschirmthemen auszuwählen (siehe Kapitel 9).

Samsung hat sich damit – bis auf das Hintergrundbild – dem sogenannten Material Design von Android 5 Lollipop angenähert. Dieses setzt auf klare Farben und gute Kontraste ohne verspielte Farbverläufe und Transparenzeffekte, die früher gerne genutzt wurden.

Startbildschirm und Apps-Liste auf dem Samsung Galaxy S6.

Automatisches Update beim ersten Start

Bereits direkt nach dem Start meldet das Samsung Galaxy S6, dass Updates zur Verfügung stehen. Dabei handelt es sich um einige Google-Apps, die inzwischen in einer neueren Version angeboten werden als der, mit der die Geräte im Herstellerwerk vorkonfiguriert wurden. Tippen Sie einfach auf die Meldung, um diese Updates automatisch zu installieren.

Kurz danach wird noch ein Betriebssystem-Update angeboten. Dieses sollten Sie ebenfalls installieren, da es diverse kleine Verbesserungen gegenüber dem vorinstallierten Betriebssystem enthält. Zur Installation brauchen Sie wegen der großen Datenmenge eine WLAN-Verbindung. Während der Installation, die ein paar Minuten dauert, kann das Smartphone nicht genutzt werden. Hängen Sie es während des Updates am besten ans Ladegerät, da ein automatisches Ausschalten wegen zu geringer Akkukapazität das Gerät in einen instabilen Zustand versetzen kann.

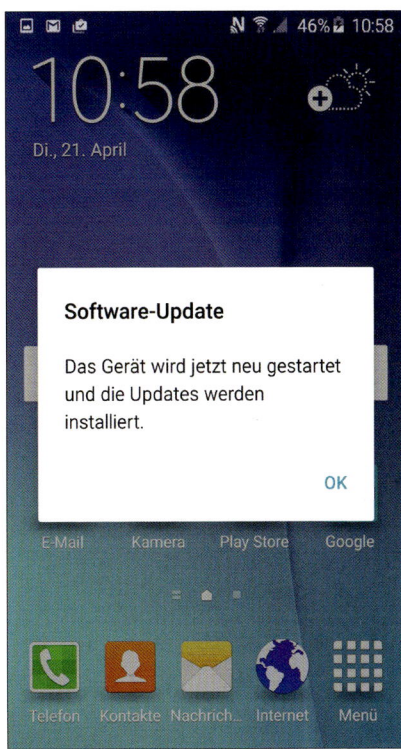

Betriebssystemupdate installieren.

Startbildschirm und Apps

In der Grundeinstellung zeigt der Startbildschirm eine Uhr, das Wetter, ein Google-Suchfeld und ein paar vordefinierte App-Symbole an. Als Benutzer kann man seine wichtigsten Apps und Widgets auf dem Startbildschirm zum schnellen Zugriff ablegen.

Der Startbildschirm auf dem Samsung Galaxy S6 besteht standardmäßig aus insgesamt drei Bildschirmseiten, die persönlich konfigurierbar sind. Zwischen diesen können Sie mit einer horizontalen Fingerbewegung auf dem Touchscreen hin- und herschalten. Auf welchem der Bildschirme man sich gerade befindet, zeigt der leuchtende Punkt in der Reihe im unteren Bildschirmbereich. Das kleine Haussymbol bezeichnet den Standard-Startbildschirm.

Samsungs TouchWiz-Oberfläche zeigt am unteren Bildschirmrand des Startbildschirms fünf feststehende Symbole, die auf jeder Startbildschirmseite zu sehen sind. Das *Menü*-Symbol mit dem Punktraster ganz rechts öffnet eine Liste aller installierten Apps. Von hier aus lässt sich jede App durch Antippen ihres Symbols starten.

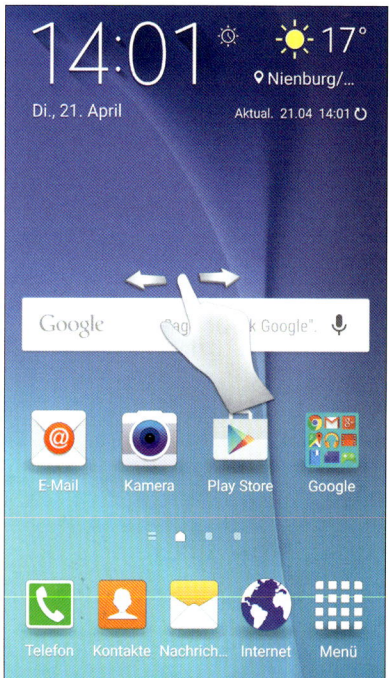 

Eine horizontale Wischgeste schaltet zwischen den Bildschirmseiten um.

Die Apps-Liste auf dem Samsung Galaxy S6.

Füllt die Liste mehr als einen Bildschirm, kann man wie auf dem Startbildschirm mit einer horizontalen Fingerbewegung zwischen mehreren Seiten wechseln.

Apps, die Sie häufig benötigen, können Sie direkt auf dem Startbildschirm ablegen. Halten Sie dazu den Finger länger auf einer App in der Liste. Der Startbildschirm erscheint in etwas verkleinerter Größe. Schieben Sie das App-Symbol an die gewünschte Position und lassen Sie es dort wieder los. Schon ist die App auf dem Startbildschirm.

App auf dem Startbildschirm ablegen.

Genauso einfach können Sie Apps auf eine andere Position oder eine andere Bildschirmseite auf dem Startbildschirm ziehen. Tippen Sie länger auf die zu verschiebende App, bis der verkleinerte Startbildschirm erscheint. Schieben Sie jetzt die App auf die neue Position und lassen Sie wieder los.

Am rechten Bildschirmrand erscheint der angedeutete Rand einer weiteren Startbildschirmseite. Schieben Sie ein App-Symbol über den Rand hinaus, wird eine neue Startbildschirmseite angelegt, auf der Sie dieses Symbol platzieren können.

Um eine App vom Startbildschirm wieder zu entfernen, ziehen Sie sie an den oberen Bildschirmrand auf das *Entfernen*-Symbol. Beim Loslassen wird sie vom Startbildschirm gelöscht, aber nicht deinstalliert. In der Liste der Apps bleibt sie weiterhin verfügbar und kann auch jederzeit wieder auf den Startbildschirm geholt werden.

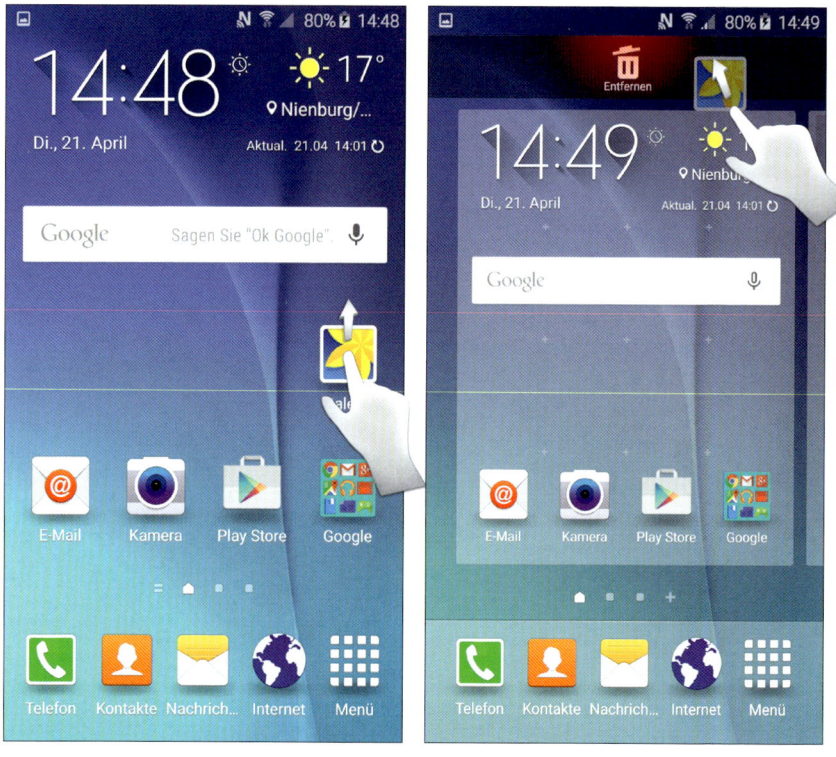

App vom Startbildschirm entfernen.

Startbildschirmseiten anordnen

Die Seiten des Startbildschirms lassen sich frei anordnen. Halten Sie den Finger länger auf einer freien Stelle auf dem Startbildschirm, um in den Bearbeitungsmodus zu gelangen. Hier können Sie die Seiten in die gewünschte Reihenfolge ziehen.

Um eine Startbildschirmseite zu löschen, ziehen Sie sie auf das Papierkorbsymbol am oberen Bildschirmrand. Um eine neue Seite anzulegen, tippen Sie auf das Vorschaubild der Seite ganz rechts außen mit dem Pluszeichen.

Tippen Sie in einer Seitenvorschau oben auf das Haussymbol, um diese Seite als Startseite festzulegen, die aufgerufen wird, wenn man auf die Home-Taste drückt.

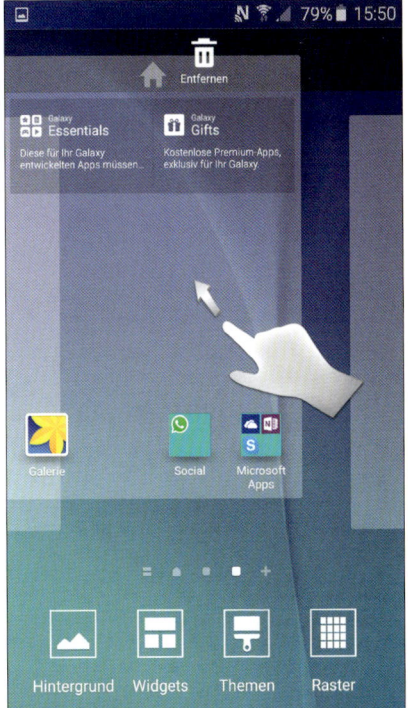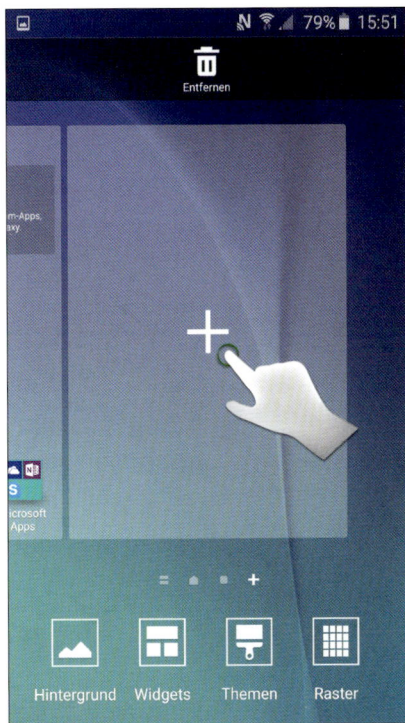

Startbildschirmseiten verschieben und neu anlegen.

Ordner für Apps

Bei vielen installierten Apps verliert man schnell die Übersicht auf dem Start-
bildschirm. Ordner für Apps bringen Ordnung auf den Startbildschirm. Diese
Ordner sind Symbole mit den automatisch darin gestapelten Symbolen der
Apps, die in dem Ordner liegen. Ein Ordner mit Google-Apps ist auf dem
Samsung Galaxy S6 – wie auf den meisten Android-5-Smartphones – bereits
vorinstalliert.

Ordner können mehr Apps aufnehmen, als auf eine Bildschirmseite passen.
Weitere Apps erreichen Sie mit einer senkrechten Wischbewegung im Ordner.
Die Anordnung der Apps im Ordner lässt sich durch Ziehen der App-Symbole
verändern.

1. Ziehen Sie zunächst eine App auf den Startbildschirm.

2. Ziehen Sie eine zweite App aus der Apps-Liste auf ein vorhandenes App-
    Symbol, wird automatisch ein Ordner erstellt.

3. Tippen Sie auf einen Ordner, werden die darin enthaltenen Apps ange-
    zeigt und können durch Antippen gestartet werden.

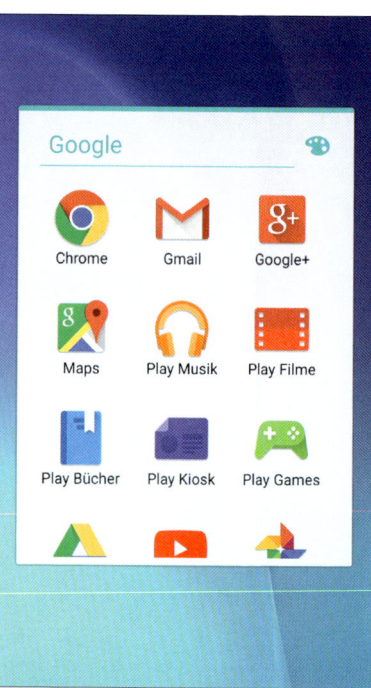

Der Ordner mit den Google-Apps auf dem Startbildschirm.

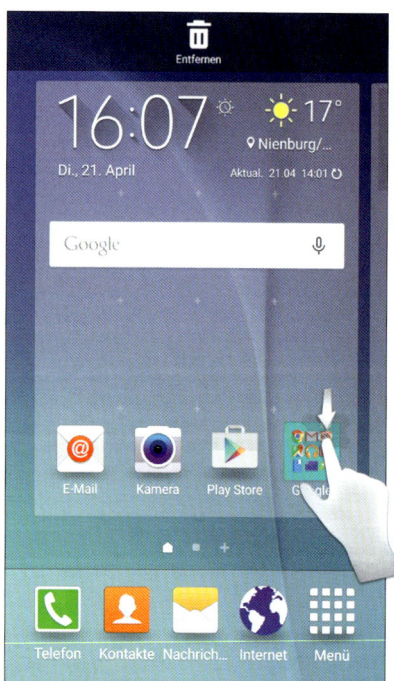
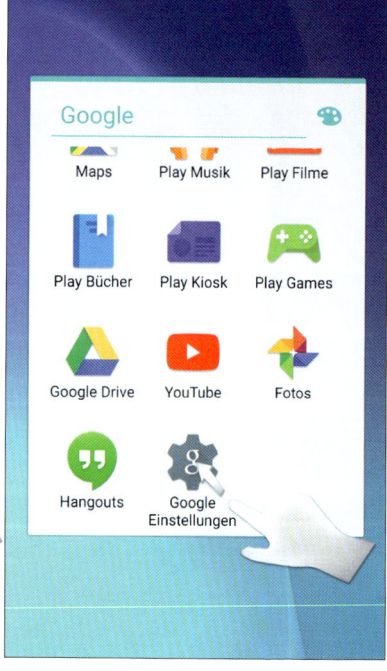

Neue App in einen Ordner ziehen.

4. Weitere Apps können einfach auf das Ordnersymbol gezogen und dann im Ordner an eine beliebige Position geschoben werden.

5. Tippen Sie auf die Bezeichnung *Unbenannter Ordner* und geben Sie dem Ordner einen Namen.

6. Tippen Sie auf die Farbpalette oben rechts neben dem Ordnernamen, um dem Ordnersymbol eine Hintergrundfarbe zuzuweisen.

Ziehen Sie den Ordner an den oberen Bildschirmrand auf die mit *Entfernen* gekennzeichnete Fläche. Beim Loslassen wird der Ordner vom Startbildschirm entfernt. Die Apps bleiben installiert. Auf die gleiche Weise können Sie auch einzelne Apps aus einem Ordner herausnehmen.

Ordner auch in der Apps-Liste

Bei einigen Varianten des Samsung Galaxy S6 ist es auch möglich – auf die gleiche Weise wie auf dem Startbildschirm –, in der Apps-Liste Ordner anzulegen. Tippen Sie dazu auf das Symbol *Bearbeiten* oben rechts in der Apps-Liste und ziehen Sie dann eine App auf eine andere. Diese Funktion steht aber nicht auf allen Geräten zur Verfügung.

Die Schnellstartleiste für wichtige Apps

Vier besonders wichtige Apps sind in der sogenannten Schnellstartleiste auf jeder Seite des Startbildschirms am unteren Rand immer zu sehen. In der Grundeinstellung sind das die Apps *Telefon*, *Kontakte*, *Nachrichten* (SMS) und *Internet* (Browser) sowie das *Menü*-Symbol.

Die Schnellstartleiste mit vier wichtigen Apps.

Auf den vier Positionen außer dem *Menü*-Symbol können Sie statt der vorgegebenen Apps auch andere platzieren, die Sie häufig benötigen. Und so platzieren Sie eine andere App in der Schnellstartleiste:

1. Tippen Sie länger auf eine nicht mehr benötigte App in der Schnellstartleiste und ziehen Sie diese auf eine freie Stelle auf dem Startbildschirm oder auf das *Entfernen*-Symbol oben.

2. Ziehen Sie jetzt die gewünschte App vom Startbildschirm oder aus der Apps-Liste auf die freie Position in der Schnellstartleiste.

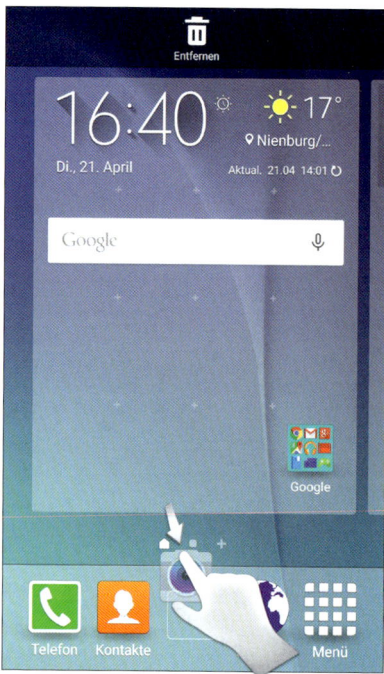 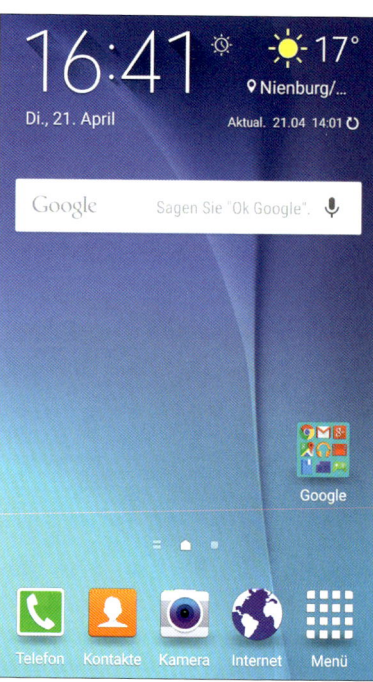

App in die Schnellstartleiste ziehen.

So können Sie einfach den Startbildschirm aufräumen. Die SMS-App wird heute kaum noch gebraucht, die E-Mail-App auch nicht, seit man mit der Gmail-App auch Mailkonten anderer Anbieter nutzen kann. Google gibt Geräteherstellern vor, das Play-Store-Symbol auf der ersten Seite des Startbildschirms vorzuinstallieren. Natürlich können Sie es wegschieben, zum Beispiel in den vorgegebenen Ordner *Google*. Danach ist in der Schnellstartleiste ein Platz frei, um zum Beispiel die Kamera-App abzulegen, damit diese jederzeit schnell erreichbar ist.

Die Tasten auf dem Samsung Galaxy S6

Außer dem Einschalter und der Lautstärketaste verfügt das Samsung Galaxy S6 nur über eine einzige wirkliche Taste in der Mitte unterhalb des Bildschirms, die sogenannte Home-Taste. Dazu kommen noch zwei Sensortasten für *App-Übersicht* und *Zurück*, die aufleuchten, wenn man den unteren Bereich des Smartphones unterhalb des Bildschirms berührt. Zwei der Tasten haben jeweils zwei Funktionen, je nachdem, ob man sie kurz drückt oder etwas länger gedrückt hält.

Die Tasten auf dem Samsung Galaxy S6.

Home-Taste

Die Home-Taste führt immer zurück zum Startbildschirm, egal, in welcher Anwendung man gerade ist. Diese Taste kann auch zum Einschalten des Handys genutzt werden, wenn es sich im Ruhezustand befindet. Ist das Handy tatsächlich ausgeschaltet, lässt es sich nur mit dem Einschalter wieder einschalten.

Drückt man länger auf die Home-Taste, erscheint Google Now, eine neuartige Google-Suche, die viele Informationen anhand des persönlichen Verhaltens findet, ohne dass man bewusst danach suchen muss. Unterhalb des Google-Suchfeldes erscheint der aktuelle Wetterbericht am eigenen Standort. Je nach persönlichem Nutzerverhalten erscheinen weitere Karten mit Google-Now-Informationen. Über das Symbol mit den drei Punkten rechts oberhalb jeder Karte legen Sie fest, ob diese Karte in Zukunft weiterhin erscheinen soll. Einige Karten bieten auch noch zusätzliche Einstellungen.

Google Now erscheint bei langem Druck auf die Home-Taste.

Home-Taste doppelt drücken

Drücken Sie die Home-Taste zweimal kurz hintereinander, wird die Kamera gestartet.

App-Übersicht-Taste (links)

Die Taste unten links hat auf dem Samsung Galaxy S6 die Funktion *App-Über-sicht*. Hier wird eine Liste der zuletzt verwendeten Apps eingeblendet. Auf diesem Weg können Sie schnell zu einer der angezeigten Apps wechseln, in-dem Sie durch die Liste scrollen. Der 3D-Effekt zeigt die zuletzt verwendeten Apps ganz oben auf dem Stapel. Tippen Sie auf das *x*-Symbol im Titelbalken einer der angezeigten Apps, wird diese aus der Liste entfernt.

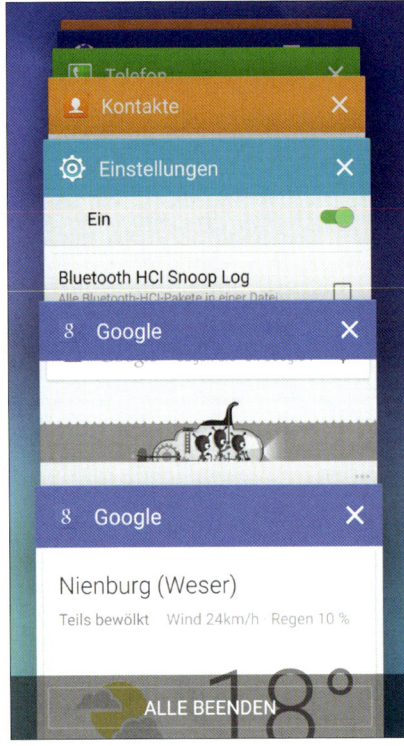

Die Liste aktuell verwendeter Apps (kurzes Drücken) und Bildschirmteilung (langes Drücken).

Langes Drücken dieser Taste ermöglicht es, den Bildschirm zu teilen und zwei Apps gleichzeitig anzuzeigen. Dies funktioniert nicht mit allen Apps. Befinden Sie sich in einer App, die diese Funktion unterstützt, reduziert sie sich auf die obere Bildschirmhälfte. In der unteren Hälfte können Sie dann eine weitere App auswählen.

Zurück-Taste (rechts)

Mit der Zurück-Taste geht man immer einen Schritt zurück. Die meisten Apps unterstützen diese Taste auf eigene Weise. So gelangt man zum Beispiel im Browser damit auf die zuletzt angezeigte Webseite zurück. In einigen Dateimanagern kommt man damit eine Ordnerebene nach oben. Langes Drücken der Zurück-Taste kann ebenfalls von jeder App anders genutzt werden. Das entscheiden die App-Entwickler, hier gibt es keinen Standard.

Die Benachrichtigungsleiste

Kommt eine E-Mail oder eine SMS an oder möchte der Kalender an einen Termin erinnern, geschieht dies über die Benachrichtigungsleiste am oberen Bildschirmrand, ohne dass Meldungen mitten auf dem Bildschirm die Nutzung des Smartphones einschränken. In den meisten Fällen ertönt zusätzlich ein Signalton. Auch wenn eine Datei aus dem Internet heruntergeladen oder eine App aus Google Play installiert wurde, wird dies in der Benachrichtigungsleiste angezeigt. Am oberen Bildschirmrand links erscheinen entsprechende Benachrichtigungssymbole.

Die Leiste oben bleibt immer eingeblendet, egal, in welcher App man sich gerade befindet. Nur die Kamera und einige Spiele im Vollbildmodus blenden diese Leiste aus. Tippen Sie auf den oberen Bildschirmrand und ziehen Sie die Benachrichtigungsleiste nach unten, um die einzelnen Benachrichtigungen zu sehen.

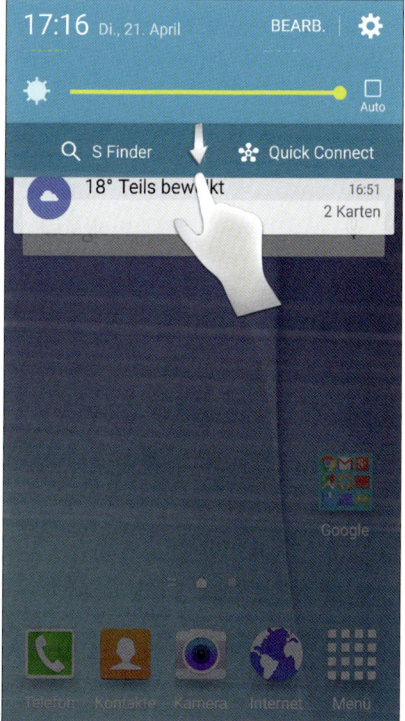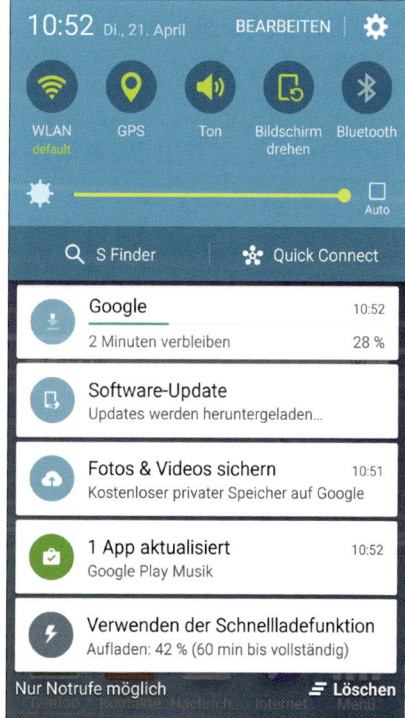

Benachrichtigungsleiste nach unten ziehen.

Eine umgekehrte Wischbewegung nach oben klappt die Benachrichtigungsleiste wieder zu.

Jetzt können Sie einzelne Benachrichtigungen direkt antippen, um zum Beispiel eine E-Mail zu lesen oder eine heruntergeladene Datei zu öffnen. Möchten Sie einzelne Benachrichtigungen entfernen, ohne die entsprechende App
zu öffnen, halten Sie den Finger darauf und ziehen Sie die Benachrichtigung
nach links oder rechts aus dem Bildschirm heraus.

> **TIPP:** In vielen Apps können Sie einstellen, ob die App den Benutzer über die
> Benachrichtigungsleiste auf neue Informationen hinweisen soll oder nicht.

Schnelleinstellungen

Die Statusleiste, der rechte Teil der Benachrichtigungsleiste am oberen Bildschirmrand, zeigt Informationen zur WLAN- und Mobilfunk-Signalstärke, den
Akkuladestand sowie die aktuelle Uhrzeit an.

In den *Einstellungen* auf dem Samsung Galaxy S6 können Sie diverse System-
parameter nach persönlichen Nutzergewohnheiten anpassen. Allerdings sind
es nur wenige Einstellungen, die man im Alltag regelmäßig braucht. Diese
sind auf dem Samsung Galaxy S6 besonders schnell erreichbar.

Ziehen Sie die Benachrichtigungsleiste nach unten, erscheint ganz oben
eine Symbolleiste, in der Sie wichtige Systemkomponenten wie *WLAN*, *GPS*,
Ton, *Bildschirm drehen* oder den Energiesparmodus einfach ein- und ausschalten können. Leuchtet ein Symbol grün, ist die jeweilige Funktion eingeschaltet.

Auf diese Weise können Sie die größten Stromfresser im Smartphone, WLAN
und GPS, wenn Sie diese nicht benötigen, einfach abschalten.

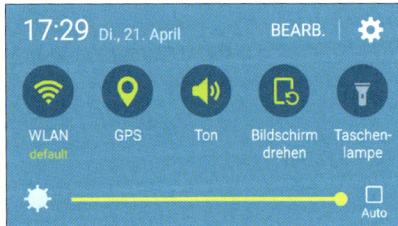 

*Systemkomponenten über die Schnelleinstellungen in der heruntergezogenen Benachrichti-
gungsleiste ein- und ausschalten.*

Schieben Sie die Symbolleiste nach links, erscheinen rechts weitere Symbole für wichtige Systemkomponenten. Halten Sie den Finger länger auf einem Symbol, kommen Sie zu den jeweiligen Einstellungen dieser Komponente.

Samsung hat das Design und auch die Funktionalität dieser Schnelleinstellungen gegenüber dem Standard-Android erheblich verändert.

Die Bildschirmhelligkeit kann mit einem Schieberegler stufenlos eingestellt werden.  In dunklen Räumen reicht die geringste Stufe fast immer aus, im Freien bei Tageslicht braucht man häufig die höchste Stufe, die allerdings auch den meisten Strom verbraucht. Der Schalter *Auto* regelt die Bildschirmhelligkeit automatisch anhand der Umgebungshelligkeit.

Das *WLAN*-Symbol zeigt den Namen des verbundenen WLANs.  Tippen Sie einfach auf das Symbol, um das WLAN aus- oder einzuschalten. Auf diese Weise können Sie unterwegs ohne WLAN deutlich Strom sparen.

Halten Sie den Finger länger darauf, kommen Sie zu den WLAN-Einstellungen, über die Sie ein anderes WLAN auswählen oder einen Schlüssel eingeben können.

Das Symbol *GPS* schaltet GPS und die Standortdienste ein oder aus.  Viele Apps können erst dann sinnvoll genutzt werden, wenn sie wissen, wo Sie sich aktuell aufhalten. Dies gilt nicht nur für Navigationssysteme, auch die Suche ist mit Standortangabe deutlich hilfreicher, wenn es z. B. darum geht, Läden, Restaurants, Haltestellen oder Geldautomaten zu finden. Foto-Apps können den Standort in Bilder eintragen, um diese in Onlinegalerien auf Landkarten zu positionieren.

Allerdings verbrauchen die Standortdienste, die im Hintergrund GPS- und WLAN-Daten auswerten, auch einiges an Strom und können, wenn sie nicht genutzt werden, ausgeschaltet werden. Halten Sie den Finger länger auf diesem Symbol, können Sie festlegen, welche Dienste zur Standortermittlung genutzt werden sollen.

> **TIPP:** Überlegen Sie sich genau, ob Sie die Standortdaten wirklich ausschalten. Sie helfen nämlich auch dabei, ein verlorenes oder gestohlenes Handy zu orten und eventuell wiederzufinden. Nähere Informationen dazu finden Sie in Kapitel 10.

Das Symbol *Ton* schaltet auf Vibrationsalarm oder komplett lautlos. Die Lautstärke lässt sich mit den Lautstärketasten an der linken Geräteseite einstellen. Halten Sie den Finger länger auf diesem Symbol, kommen Sie in den *Einstellungen*-Bildschirm zur Auswahl von Klingeltönen, Benachrichtigungen und Soundeffekten.

Da Bluetooth extrem viel Strom verbraucht, sollten Sie es nur einschalten, wenn Sie es wirklich benötigen. Halten Sie den Finger länger auf diesem Symbol, erscheint bei eingeschaltetem Bluetooth die Liste der sichtbaren Bluetooth-Geräte in der Umgebung. Hier können Sie ein Gerät zur Verbindung auswählen.

Über das Symbol *Mobile Daten* lässt sich die Datenübertragung über eine Mobilfunkverbindung abschalten, wenn Sie zum Beispiel im Ausland teure Roamingkosten vermeiden möchten oder um zu verhindern, dass zu Hause, wo das Smartphone normalerweise WLAN-Empfang haben sollte, versehentlich große Datenmengen über Mobilfunk übertragen werden.

Das Symbol *Offline-Modus* schaltet alle Funkverbindungen aus, WLAN, Bluetooth, NFC und natürlich auch das Mobilfunknetz. In diesem Modus, auch als Flugmodus bezeichnet, kann das Smartphone im Flugzeug oder an anderen Orten verwendet werden, an denen keine Funksignale zulässig sind, wie z. B. auch in einigen wissenschaftlichen Labors oder Intensivstationen von Krankenhäusern. Im Alltag empfiehlt sich der Flugmodus, um Strom zu sparen, wenn man unterwegs in schnell fahrenden Zügen, in Kellern oder abgelegenen Regionen ohnehin keine Internetverbindung hat.

Schnelleinstellungen anpassen

Tippen Sie auf *BEARB.* ganz oben rechts, erscheint eine Palette mit weiteren Schnelleinstellungssymbolen, die Sie hier sofort verwenden können.

Benötigen Sie bestimmte Schnelleinstellungen häufiger, haben Sie die Möglichkeit, die Symbole, die beim Herunterziehen der Benachrichtigungsleiste erscheinen, auszutauschen. Ziehen Sie durch längeres Antippen Symbole aus dem unteren Bereich nach oben in den etwas helleren Bereich.

Dort können Sie per Drag-and-drop auch die Reihenfolge verändern. Tippen Sie zum Schluss auf *FERTIG*, um diesen Bildschirm zu verlassen und die Änderungen zu speichern.

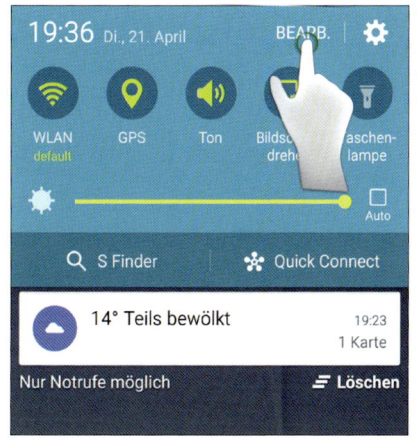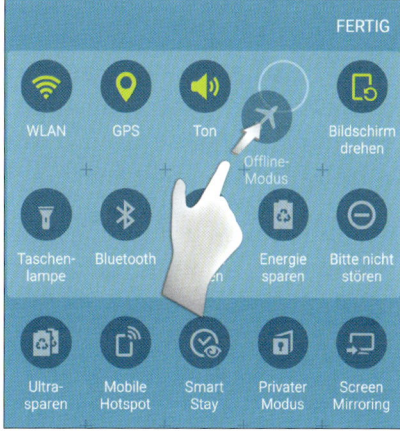

Symbolleiste der Schnelleinstellungen anpassen.

Alle Einstellungen schnell zugänglich

Android enthält seit der ersten Version eine System-App, in der Sie alle Einstellungen des Smartphones finden. Auf dem Samsung Galaxy S6 brauchen Sie diese App nicht mehr aus der Apps-Liste starten – tippen Sie einfach auf das *Einstellungen*-Symbol ganz oben in den Schnelleinstellungen.

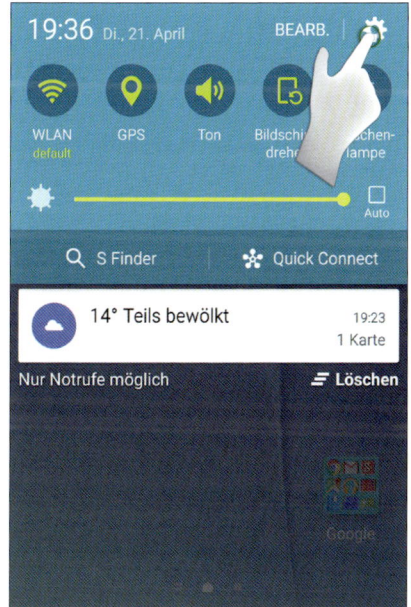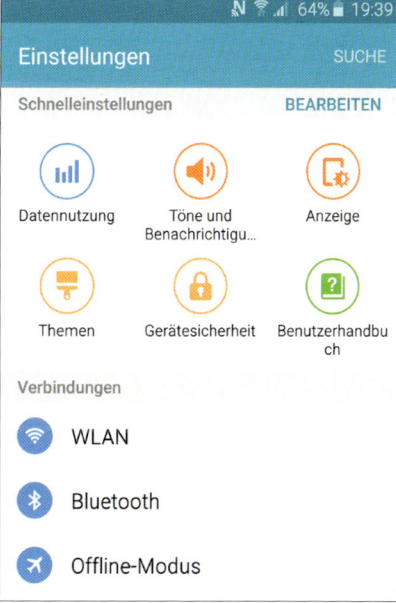

Einstellungen über das Schnelleinstellungen-Symbol aufrufen.

Datum und Uhrzeit richtig einstellen

Prüfen Sie bei dieser Gelegenheit gleich, ob Datum und Uhrzeit auf dem Smartphone richtig eingestellt sind. Eine falsch gehende Uhr ist nicht nur lästig, sondern kann auch zu Fehlern mit Zeitstempeln bei internationalen Onlinediensten und beim E-Mail-Versand führen.

1. Wischen Sie in den *Einstellungen* nach unten in den Bereich *System* und tippen Sie dort auf *Datum und Uhrzeit*.

2. Das Samsung Galaxy S6 ist so vorkonfiguriert, dass es Datum, Uhrzeit und Zeitzone aus dem Netzwerk bezieht. Leider kommt es immer wieder vor, dass Netzbetreiber hier falsche oder gar keine Informationen übertragen.

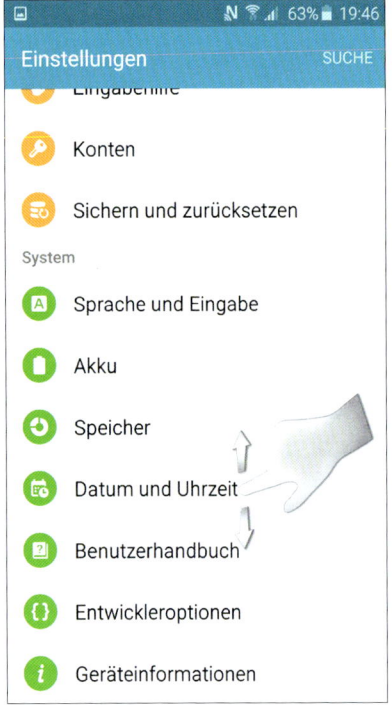 

Datum und Uhrzeit in den Einstellungen.

3. Sollte die angezeigte Zeit oder das Datum falsch sein, tippen Sie oben auf *Automatisch Datum und Uhrzeit*, um die Automatik auszuschalten. Tippen Sie dann auf die Zeile *Uhrzeit einstellen*. Auf dem nächsten Bildschirm können Sie die Stunden und Minuten richtig einstellen. Tippen Sie dazu entweder auf die Pfeilsymbole oberhalb und unterhalb der Zahlen oder blenden Sie mit dem Symbol *Tasten* eine Tastatur zur Eingabe ein.

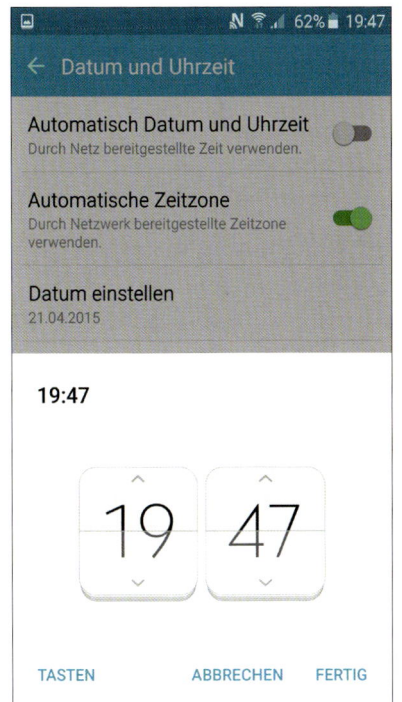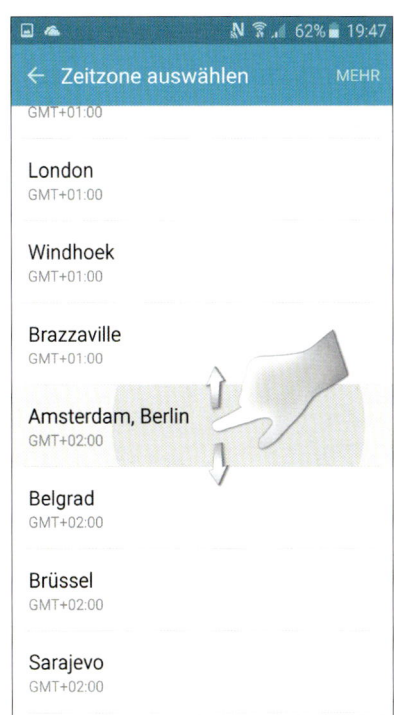

Uhrzeit und Zeitzone auf dem Samsung Galaxy S6 einstellen.

4. Auf die gleiche Weise legen Sie auch das Datum fest, wenn es nicht automatisch richtig übernommen wurde.

5. Wählen Sie in jedem Fall auch die richtige Zeitzone *Amsterdam, Berlin* aus. Im Winter gilt hier die Zeit *GMT+01:00*, im Sommer *GMT+02:00*.

6. Legen Sie an dieser Stelle auch das 24-Stunden-Format zur Anzeige der Uhrzeit fest, sonst würde z. B. *16:00* als *04:00* angezeigt, sowie das hierzulande übliche Datumsformat. Diese Einstellungen gelten überall auf dem Smartphone, wo Datum und Uhrzeit angezeigt werden.

Der neue Sperrbildschirm

Um ein versehentliches Aktivieren durch Berührung zu verhindern, wird beim Drücken der Einschalttaste im gesperrten Zustand zunächst der Sperrbildschirm eingeblendet. Dieser zeigt Uhrzeit, Datum, Wetter und Akkuladestand sowie eventuelle Benachrichtigungen über eingegangene E-Mails und andere Nachrichten an.

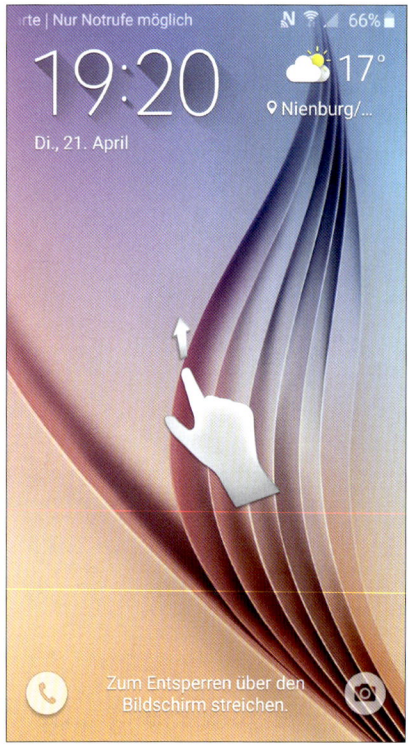

Sperrbildschirm freigeben oder Telefon starten.

Um den Bildschirm freizugeben und das Smartphone normal benutzen zu können, wischen Sie auf dem Sperrbildschirm mit dem Finger. Wischen Sie auf dem Sperrbildschirm von links unten nach rechts, öffnet sich die Telefon-App. Wischen Sie von rechts unten nach links, öffnet sich die Kamera.

In Kapitel 10 »Die Sicherheitsfrage bei Android« finden Sie weitergehende Tipps, wie Sie den Sperrbildschirm auch als tatsächliche Sicherheitssperre gegen unbefugten Zugriff auf Ihr Smartphone einrichten können.

Die neuen Benachrichtigungen

Kommt ein Anruf oder eine Nachricht an oder hat eine App etwas Wichtiges zu melden, erscheinen Benachrichtigungen, wenn man die Benachrichtigungsleiste herunterzieht. Benachrichtigungen können sogar auf dem Sperrbildschirm erscheinen. In Android 5 Lollipop wurden dieses Benachrichtigungssystem sowie die Einstellungen, welche App wann und wie benachrichtigen darf, deutlich verbessert.

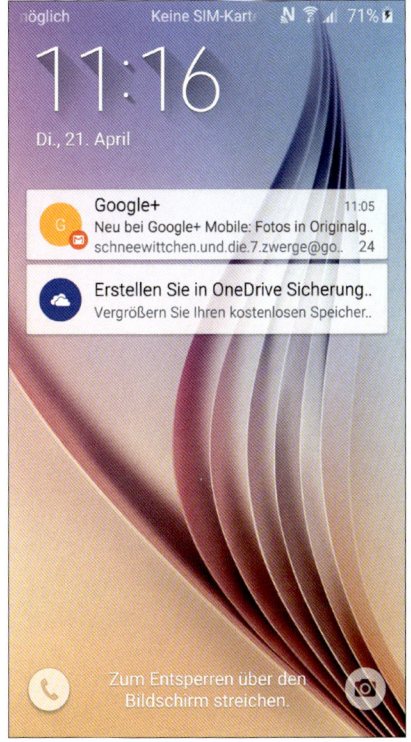 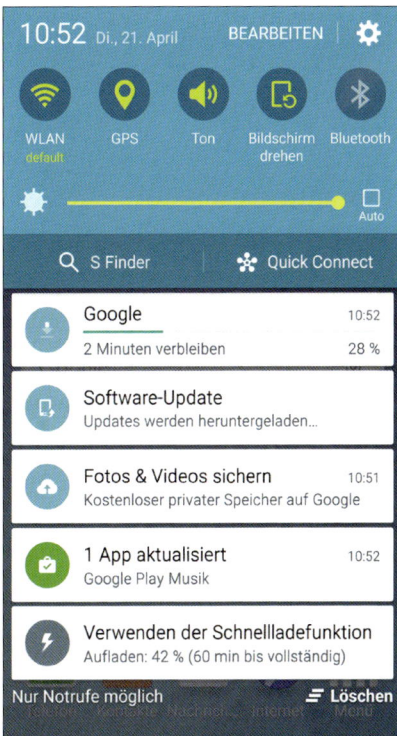

*Benachrichtigungen auf dem Sperrbildschirm und bei heruntergezogener Benachrichtigungs-
leiste.*

Benachrichtigungen beantworten

In der heruntergezogenen Benachrichtigungsleiste können Sie einfach auf
eine Benachrichtigung tippen, um sie zu öffnen und bei Bedarf darauf zu antworten. Auf dem Sperrbildschirm müssen Sie die Benachrichtigung ein Stück
nach unten ziehen, um sie zu öffnen.

Halten Sie den Finger länger auf das Schnelleinstellungssymbol
Ton. Damit kommen Sie zum Einstellungsbildschirm für Töne und
Benachrichtigungen. Denselben Bildschirm erreichen Sie auch in
der Einstellungen-App über das Symbol *Töne und Benachrichtigungen*.

Hier legen Sie fest, ob Benachrichtigungen auch auf dem Sperrbildschirm erscheinen sollen. Außerdem können Sie entscheiden, ob bei einer eingehenden Benachrichtigung die LED des Samsung Galaxy S6 aufleuchten soll, damit
Sie diese Benachrichtigung auch bemerken, wenn der Bildschirm aus ist.

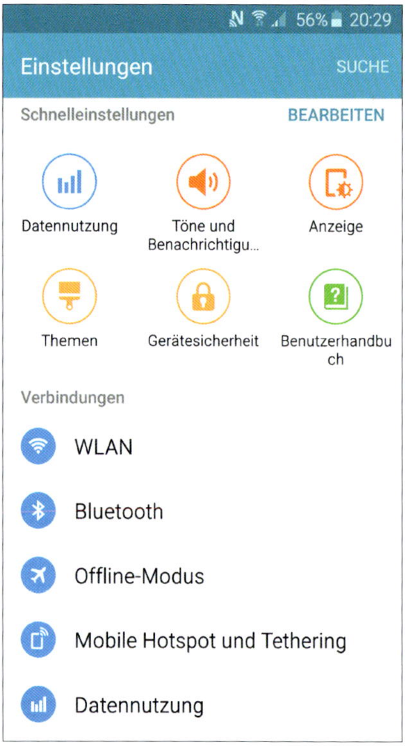

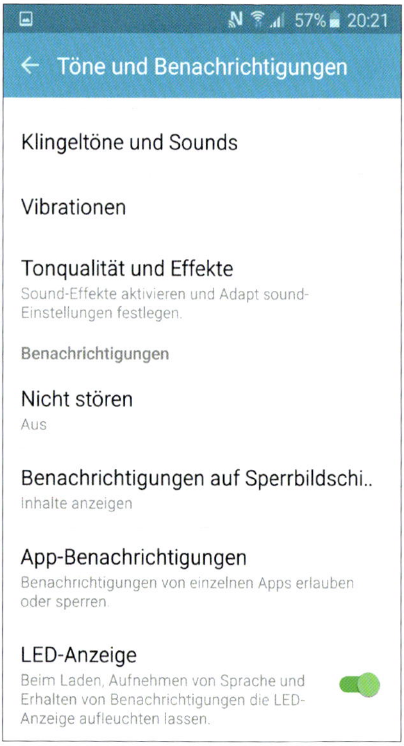

Einstellungen für Töne und Benachrichtigungen.

Ruhe vor dem Handy – Bitte nicht stören

Benachrichtigungen auf dem Smartphone können interessant, aber auch lästig sein. Nicht immer möchte man ständig durch Nachrichten unterbrochen werden. Nachts oder auch beim Betrachten eines Films oder beim Spielen sollen nur wirklich wichtige Unterbrechungen erscheinen.

Über das Symbol *Bitte nicht stören* in den Schnelleinstellungen lässt sich das Samsung Galaxy S6 in einen Ruhemodus versetzen, in dem nur noch wichtige oder auch gar keine Benachrichtigungen mehr auf dem Display erscheinen. Halten Sie den Finger länger auf dieses Symbol, kommen Sie zu den Einstellungen für den Nicht-stören-Modus.

Zur Erinnerung, dass der Nicht-stören-Modus aktiv ist, befindet sich in der Symbolleiste am oberen Bildschirmrand ein Nicht-stören-Symbol und es erscheint eine Benachrichtigung, in der sich dieser Modus jederzeit wieder deaktivieren lässt.

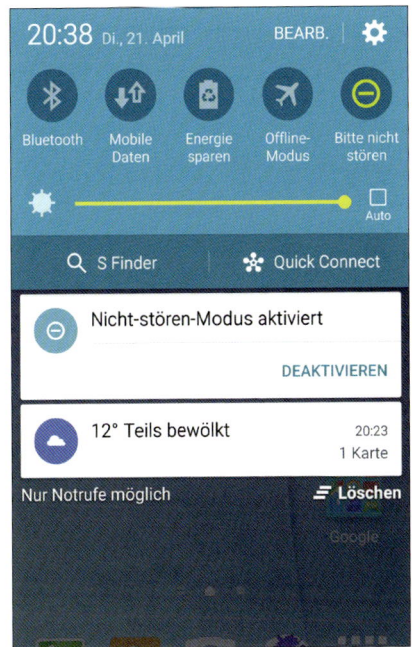 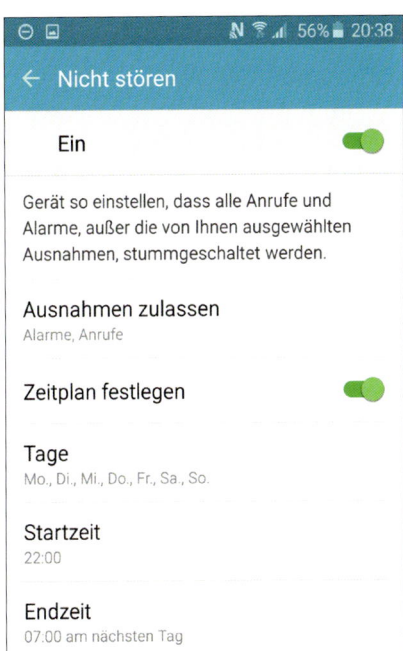

Einstellungen für den Nicht-stören-Modus.

Der Nicht-stören-Modus kann manuell oder auch automatisch zeitgesteuert aktiviert werden. Legen Sie dazu einen Zeitplan fest, an welchen Wochentagen und zu welchen Zeiten das Handy nicht stören soll.

Im Nicht-stören-Modus können Sie Ausnahmen festlegen, dass zum Beispiel Anrufe und Alarme weiterhin klingeln dürfen, die zahlreichen Benachrichtigungen von Apps und E-Mails aber wegfallen. Bei Anrufen und Nachrichten haben Sie die Wahl, ob alle Anrufe von Kontakten im Adressbuch oder nur von den mit einem Sternchen als wichtig markierten Kontakten Unterbrechungen anzeigen dürfen.

Ruhig schlafen und Wecker hören

Im Gegensatz zum Standard-Android gelten Alarme des Weckers auf dem Samsung Galaxy S6 nicht automatisch als Ausnahme. Schalten Sie für die Uhr die Priorität immer ein. Dann können Sie in der Nacht den Nicht-stören-Modus aktivieren und alle Benachrichtigungen abschalten, aber trotzdem morgens den Wecker hören. Auch ein persönlicher Weckruf der Freundin ist möglich. Schalten Sie dazu *Anrufe* als Ausnahme ein, wählen Sie dann aber unter *Anrufe/Nachrichten von* die Option *Nur markierte Kontakte*. Wenn Sie jetzt im Adressbuch nur eine einzige Person als Favoriten markieren, kann niemand anderes Sie morgens aus dem Schlaf reißen.

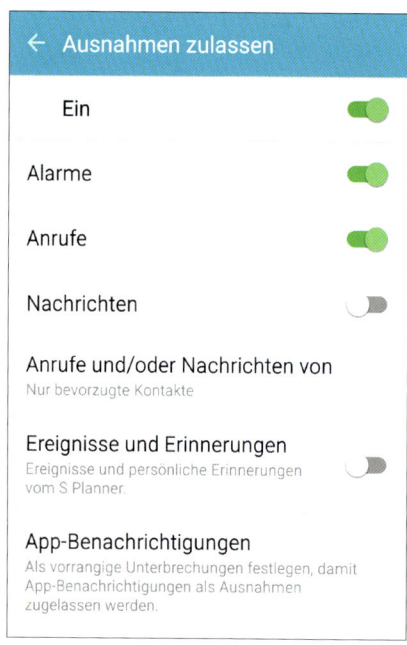

Wichtige Ausnahmen für den Nicht-stören-Modus festlegen.

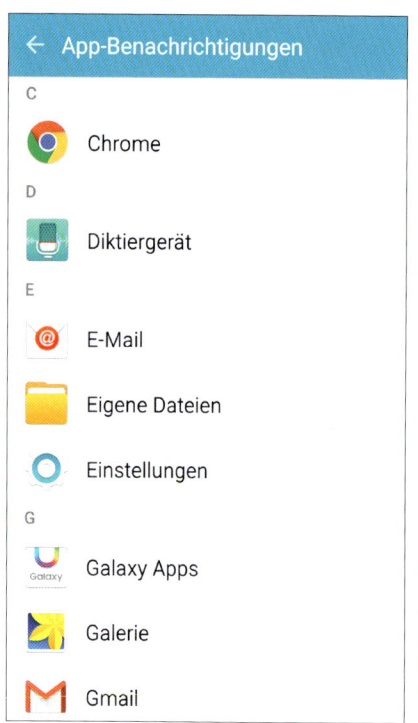

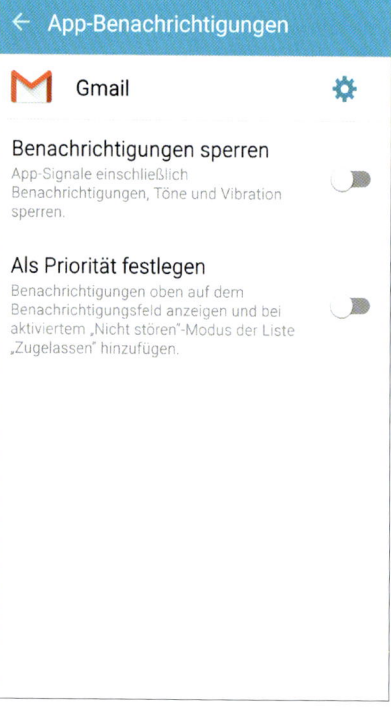

Benachrichtigungseinstellungen für einzelne Apps festlegen.

Unter *App-Benachrichtigungen* können Sie für jede App einzeln festlegen, ob diese App Benachrichtigungen ausgeben darf oder nicht. Auf diese Weise können Sie lästige Werbebenachrichtigungen von Spielen oder anderen Freeware-Apps unterbinden. Apps, die als Priorität festgelegt sind, können auch im Nicht-stören-Modus Benachrichtigungen ausgeben.

Tipps zur Bildschirmtastatur

Das Samsung Galaxy S6 hat wie die meisten Android-Smartphones keine wirkliche Tastatur. Beim Antippen eines Texteingabefeldes erscheint dafür automatisch eine Bildschirmtastatur, auf der Buchstaben, Ziffern und auch Sonderzeichen eingegeben werden können.

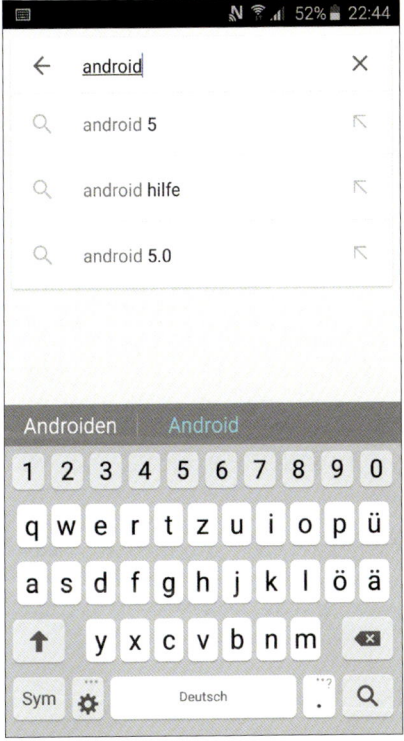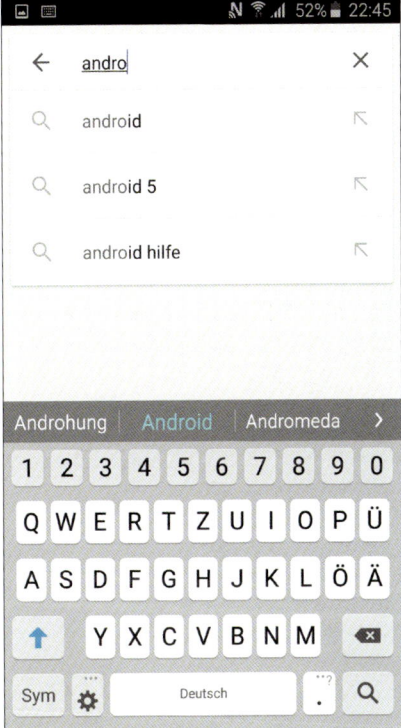

Bildschirmtastatur für Klein- und Großbuchstaben.

Ein angetippter Buchstabe wird vor dem Loslassen deutlich hervorgehoben, um Tippfehler zu vermeiden.

Oberhalb der Tastatur werden beim Tippen Wortvorschläge gemacht, die Sie antippen und damit übernehmen können. Hat man sich an diese Vorschläge einmal gewöhnt, schreibt es sich deutlich schneller, da längst nicht mehr jedes Wort vollständig eingegeben werden muss.

Zur Eingabe von Großbuchstaben muss zuerst die ⬆-Taste links unten angetippt werden, die die Bildschirmtastatur für den nächsten Buchstaben auf Großbuchstaben umschaltet.

Tippt man zweimal auf die ⬆-Taste, wird diese farbig hervorgehoben und die Großschreibung wird festgestellt, bis man sie mit einem weiteren Antippen wieder löst. Auf dem PC bezeichnet man die gleiche Funktion als Feststelltaste oder Caps Lock.

Zur Eingabe von Umlauten oder Buchstaben mit Akzent halten Sie den Finger länger auf dem jeweiligen Buchstaben. Es erscheint ein Zusatzfeld mit einer Auswahl von Varianten dieses Buchstabens. Auf diese Weise finden Sie auch das ß auf der Taste Ⓢ. Bei einer Auswahl mehrerer Zeichen wird das eingegeben, auf dem Sie den Finger vom Bildschirm loslassen.

Umlaute und Sonderzeichen auf der Bildschirmtastatur eingeben.

Die Taste Sym schaltet auf ein Tastaturlayout zur Eingabe mathematischer und grafischer Sonderzeichen um. Dort bietet die Taste 1/2 eine weitere Sonderzeichentastatur mit selteneren Zeichen an.

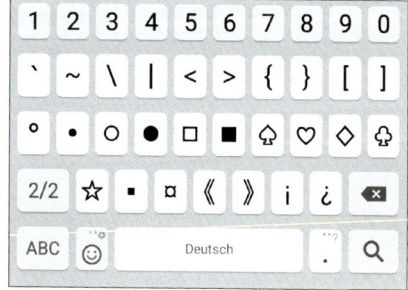

Bildschirmtastatur für Sonderzeichen.

Von der Sonderzeichentastatur kommt man mit der Taste ABC links unten wieder zurück zur normalen Buchstabentastatur.

Tippt man auf eine Stelle auf dem Bildschirm, an der keine Texteingabe möglich ist, verschwindet die Bildschirmtastatur automatisch wieder. Sie können diese auch jederzeit mit einem Druck auf das Zurück-Symbol ausblenden, wenn sie wichtige Bildschirmteile verdeckt.

Hoch- und Querformat

Beim Betrachten von Fotos oder Videos, in der Kamera-App und bei bestimmten Spielen ist der Querformatmodus nützlich. Halten Sie das Smartphone quer, schalten die meisten Apps auf eine Querformatdarstellung um. Einige Apps zeigen im Querformat andere Inhalte oder verwenden ein anderes Layout. So zeigt zum Beispiel der Taschenrechner im Querformat eine wissenschaftliche Tastatur. Andere Apps oder auch der Startbildschirm unterstützen die Umschaltung auf das Querformat dagegen nicht.

Zum flüssigen Schreiben von Texten ist die Bildschirmtastatur sehr klein. Hinzu kommt, dass man im Hochformat kaum mit zwei Fingern gleichzeitig auf dem Smartphone tippen kann. Halten Sie das Smartphone beim Schreiben quer, dreht sich der Bildschirminhalt automatisch und die Tastatur füllt die gesamte Bildschirmbreite, dafür verdeckt sie aber noch größere Teile des Bildschirms.

Die Bildschirmtastatur im Querformat.

Wenn Sie das automatische Drehen des Bildschirms beim Halten des Smartphones – z. B. beim Lesen im Bett – stört, tippen Sie auf das Symbol *Bildschirm drehen* und schalten die Bildschirmdrehung aus.

Telefonieren mit dem Samsung Galaxy S6

Wundern Sie sich nicht, dass erst an dieser Stelle im Buch erwähnt wird, dass man mit dem Samsung Galaxy S6 auch telefonieren kann. Telefonieren ist längst nicht mehr die wichtigste Funktion eines Smartphones, das heute als persönlicher, jederzeit verfügbarer Begleiter auch noch ganz andere Aufgaben erfüllt.

Die klassische grüne und rote Taste, die man von früheren Handys zum Telefonieren kennt, sind auf aktuellen Smartphones längst verschwunden. Der Startbildschirm zeigt – solange vom Benutzer nicht verändert – unten links ein Telefonsymbol an, das die Telefonfunktion des Samsung Galaxy S6 aufruft.

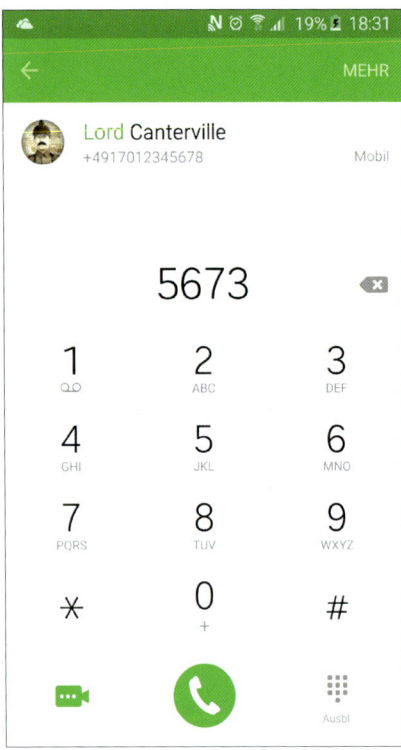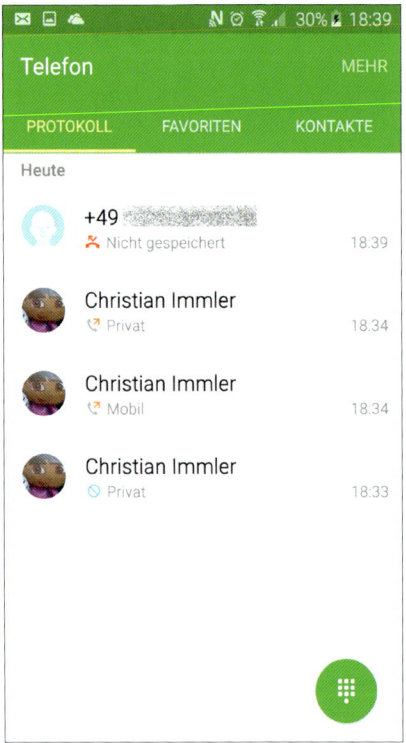

Die Telefonfunktion auf dem Samsung Galaxy S6 beim Wählen und Anrufliste.

Jetzt können Sie über eine Zifferntastatur auf dem Touchscreen wählen. Nach dem Tippen einiger Ziffern wird eine Liste mit Kontakten aus dem Adressbuch angezeigt, deren Telefonnummer die eingegebene Ziffernfolge enthält.

Haben Sie mit der Person, die Sie anrufen möchten, schon einmal gesprochen, können Sie die Anrufliste auf dem Smartphone verwenden. Tippen Sie dazu oben in der Telefon-App auf *Protokoll*. Dann erscheint eine Liste der zuletzt gewählten Nummern und der eingegangenen Anrufe, in der Sie einfach nur auf einen Anruf zu tippen brauchen, um die betreffende Person wieder anzurufen.

Tippen Sie anschließend auf das Telefonsymbol, um die Verbindung aufzubauen. Noch einfacher geht es, wenn Sie mit dem Finger von links nach rechts über einen Eintrag im Anrufprotokoll streifen. Damit rufen Sie die Person an, ohne noch eine weitere Taste drücken zu müssen.

Statt eine Nummer zu wählen, können Sie auch über das Symbol *Kontakte* rechts oben in der Telefon-App eine Person im Adressbuch suchen und anrufen.

> **TIPP:** Kennen Sie die Telefonnummer einer Person nicht auswendig, verwenden Sie die Buchstaben auf der Zifferntastatur und tippen damit den Namen ein. Auch hier werden sofort passende Kontakte angezeigt.

Neue Kurzwahl mit Bildern

Bei den meisten Menschen beschränkt sich die alltägliche Kommunikation auf weniger als zehn Personen, obwohl im Adressbuch des Telefons Hunderte gespeichert sind. Der neue Kurzwahlbildschirm *Favoriten* in der Telefon-App macht sich diese Tatsache zunutze und zeigt wichtige Kontaktpersonen übersichtlich auf dem Bildschirm an. Tippen Sie auf eines der Bilder, um die jeweilige Person anzurufen.

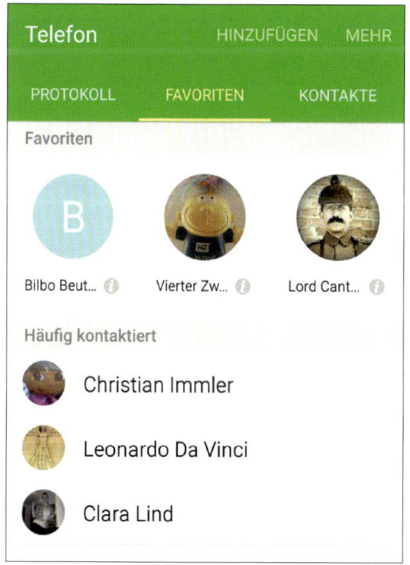 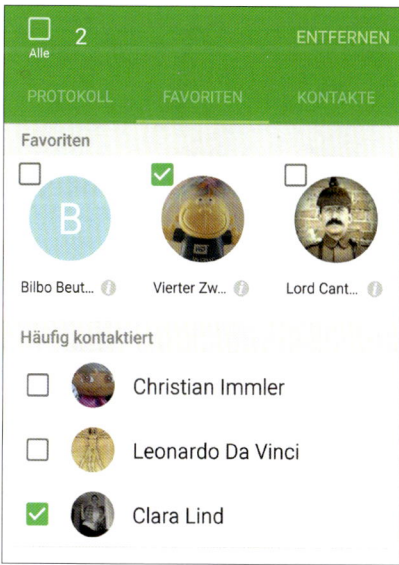

Links: der Kurzwahlbildschirm, rechts: Kurzwahlbildschirm bearbeiten.

Möchten Sie eine neue Person auf den Kurzwahlbildschirm legen, tippen Sie oben rechts auf *Hinzufügen* und suchen dort die gewünschte Person. Stattdessen können Sie auch in der Kontakte-App auf das Sternchen oben rechts im Kontaktbild der Person tippen. Jetzt erscheint diese Person automatisch auf dem Kurzwahlbildschirm. Im unteren Bereich des Bildschirms werden häufig kontaktierte Personen automatisch aufgelistet.

Tippen Sie länger auf ein Bild, können Sie einzelne Bilder vom Kurzwahlbildschirm entfernen. Das gilt auch für Personen aus der Liste *Häufig kontaktiert*. Die entfernten Personen bleiben aber weiterhin im Adressbuch eingetragen.

Das Telefon klingelt

Klingelt das Telefon, weil jemand anruft, erscheinen automatisch Kontaktbild und Name der Person, soweit diese im Adressbuch gespeichert sind, sowie die Telefonnummer auf dem Bildschirm.

Ziehen Sie das grüne Telefonsymbol in Richtung Mitte des Bildschirms, um das Gespräch anzunehmen, oder ziehen Sie das rote Telefonsymbol in die Mitte, um das Gespräch abzulehnen.

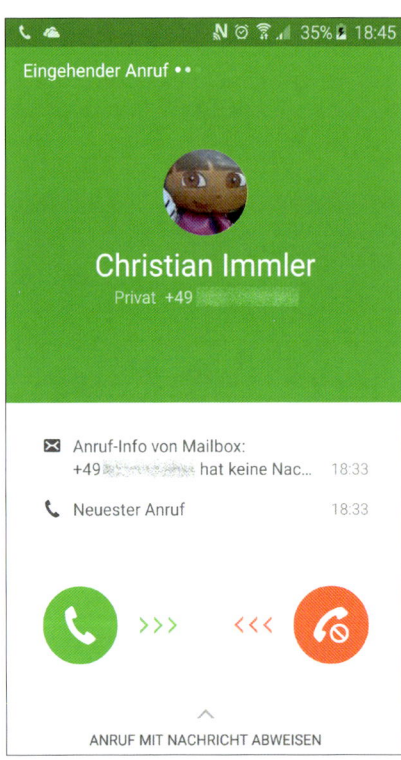 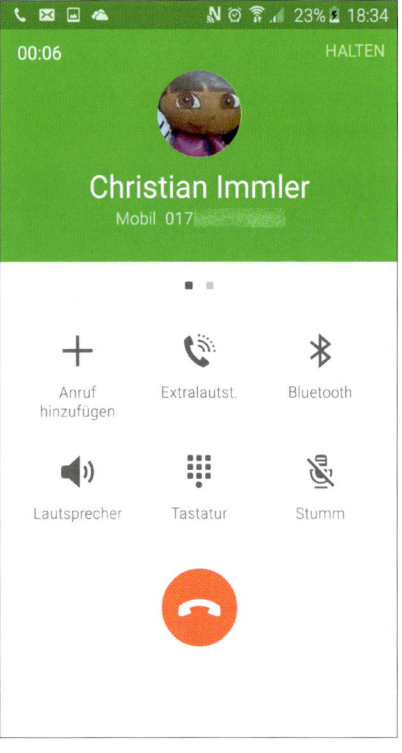

Eingehender Anruf und Bildschirm während eines Anrufs.

Funktionen während des Gesprächs

Während des Gesprächs werden Telefonnummer und Gesprächsdauer angezeigt. Ist zu der angerufenen Person ein Foto im Adressbuch hinterlegt, erscheint dieses ebenfalls auf dem Bildschirm. Tippen Sie nach dem Gespräch auf das rote Symbol unten, um die Verbindung zu trennen, »den Hörer aufzulegen«, wie es früher hieß.

> **INFO:** Das Samsung Galaxy S6 verfügt über einen Annäherungssensor, der den Bildschirm automatisch ausschaltet, sobald man das Gerät ans Ohr hält. Dies spart nicht nur Strom, sondern verhindert auch, dass man versehentlich durch Berührung mit dem Ohr eine Aktion auf dem Touchscreen auslöst. Nehmen Sie das Smartphone vom Ohr, wird der Bildschirm wieder benutzbar.

Die Symbole auf dem Anrufbildschirm stellen einige nützliche Funktionen während eines Telefongesprächs zur Verfügung.

Lautsprecher – schaltet den Lautsprecher ein, dann kann man das Smartphone auf den Tisch legen und frei sprechen, auch mit mehreren Personen im Raum.

Lautsprecher

Extralautst. – schaltet das Telefon extra laut, um den Gesprächspartner auch in lauter Umgebung zu verstehen.

Extralautst.

Stumm – schaltet das Mikrofon stumm, um Rückfragen zu stellen, die der Gesprächspartner nicht hört.

Stumm

Tastatur – blendet eine Zifferntastatur ein, um zum Beispiel Sprachcomputer oder Mailboxen per Tonwahl zu steuern oder um bei Callthrough-Anbietern während des Gesprächs eine weitere Telefonnummer zu wählen.

Tastatur

Anruf hinzufügen – startet eine Telefonkonferenz. Jetzt können Sie weitere Personen zum Gespräch hinzufügen.

Anruf
hinzufügen

Bluetooth – verbindet mit einem Bluetooth-Headset.

Bluetooth

Schieben Sie den Anrufbildschirm nach links, erscheint rechts daneben eine zweite Bildschirmseite, auf der Sie schnellen Zugriff auf Apps haben, die man während des Gesprächs gebrauchen kann: E-Mail, SMS, Internetbrowser, Kontakte, Kalender und Memo.

Nach dem Gespräch erscheint ein Bildschirm, der ebenfalls Symbole wichtiger Apps zeigt, die man häufig nach einem Telefongespräch braucht.

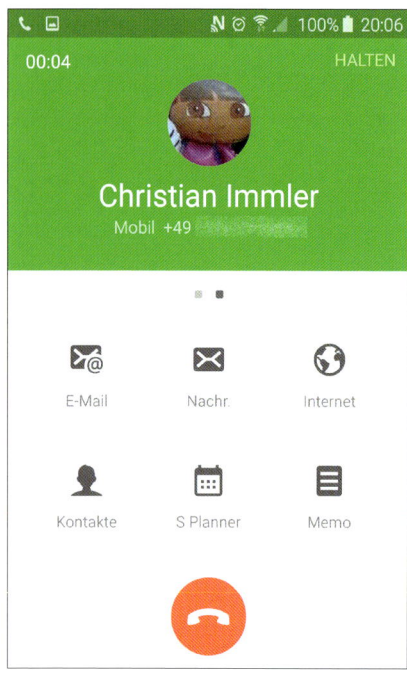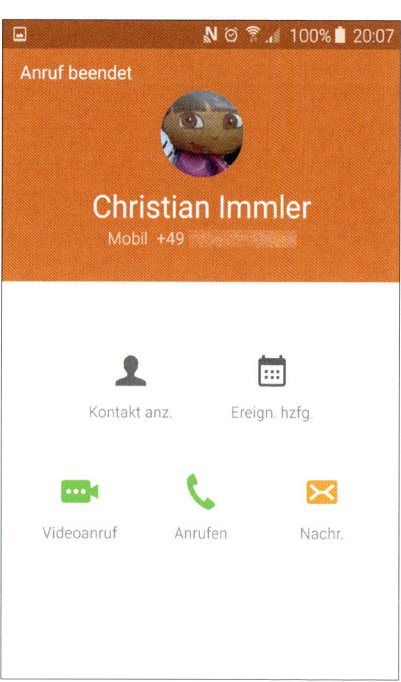

Links: Apps während des Gesprächs starten, rechts: Bildschirm nach dem Gespräch.

Entgangene Anrufe

Haben Sie einen Anruf auf dem Smartphone verpasst, wird dies in der Benachrichtigungsleiste und auch auf dem Sperrbildschirm angezeigt. So sehen
Sie sofort, ob und wann jemand in Abwesenheit angerufen hat.

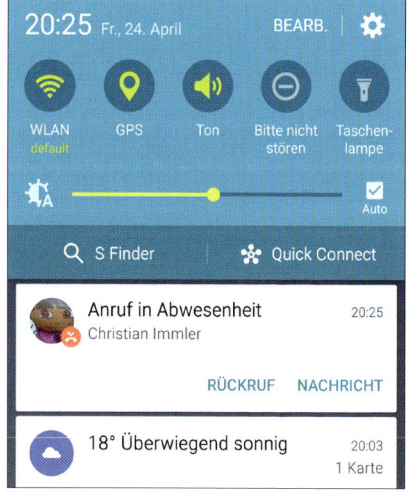

Entgangene Anrufe auf dem Sperrbildschirm und in der Benachrichtigungsleiste.

Wenn oben links ein Symbol für entgangene Anrufe erscheint, ziehen Sie diese Leiste herunter. In der Benachrichtigung können Sie direkt zurückrufen oder dem Anrufer eine SMS schreiben.

Klingelton auswählen

Klingeltöne auf dem Handy sind für viele etwas ganz Persönliches und müssen je nach Tagesstimmung geändert werden. Anderen kommt es eher darauf an, einen im Alltag deutlich hörbaren Klingelton zu verwenden, oder einen, mit dem nicht 100 andere Handys in der Umgebung klingeln. Früher gab es sogar Leute – und nicht gerade wenige –, die für Klingeltöne Geld ausgegeben haben. Das Samsung Galaxy S6 liefert diverse Klingeltöne mit.

Tippen Sie in den *Einstellungen* oben auf das Schnelleinstellungssymbol *Töne und Benachrichtigungen*. Wählen Sie auf dem nächsten Bildschirm *Klingeltöne und Sounds*. Tippen Sie auf *Klingelton*, um einen Klingelton auszuwählen.

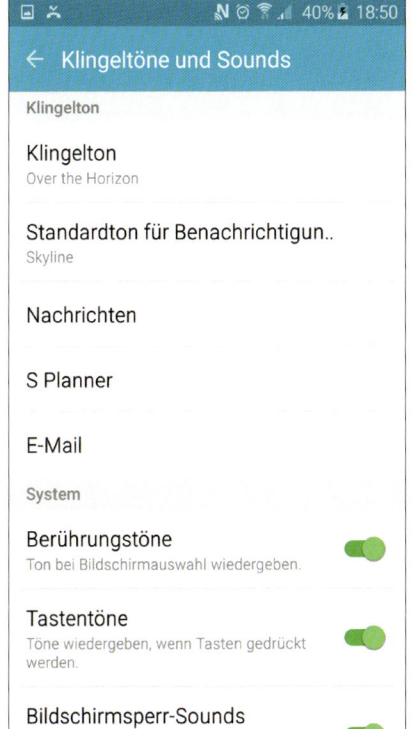
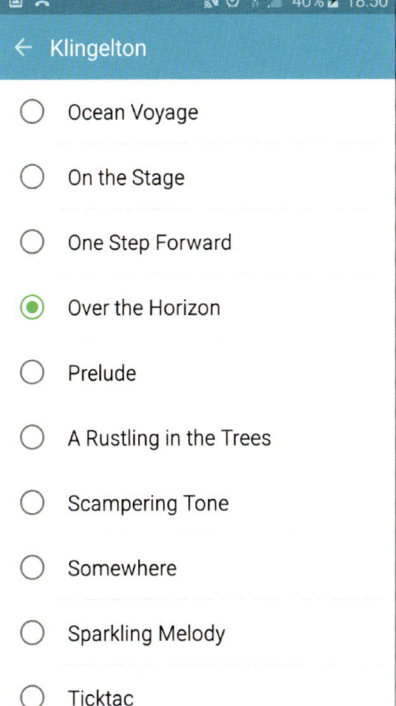

Klingelton aussuchen.

Die Klingeltonlautstärke stellen Sie mit den Lautstärketasten an der Seite des Smartphones ein. Dazu müssen Sie sich in der Telefon-App oder auf dem Startbildschirm befinden, da Android zwischen Klingeltonlautstärke und Medienlautstärke unterscheidet. Im Musikplayer oder in einem Spiel regeln diese Tasten die Medienlautstärke.

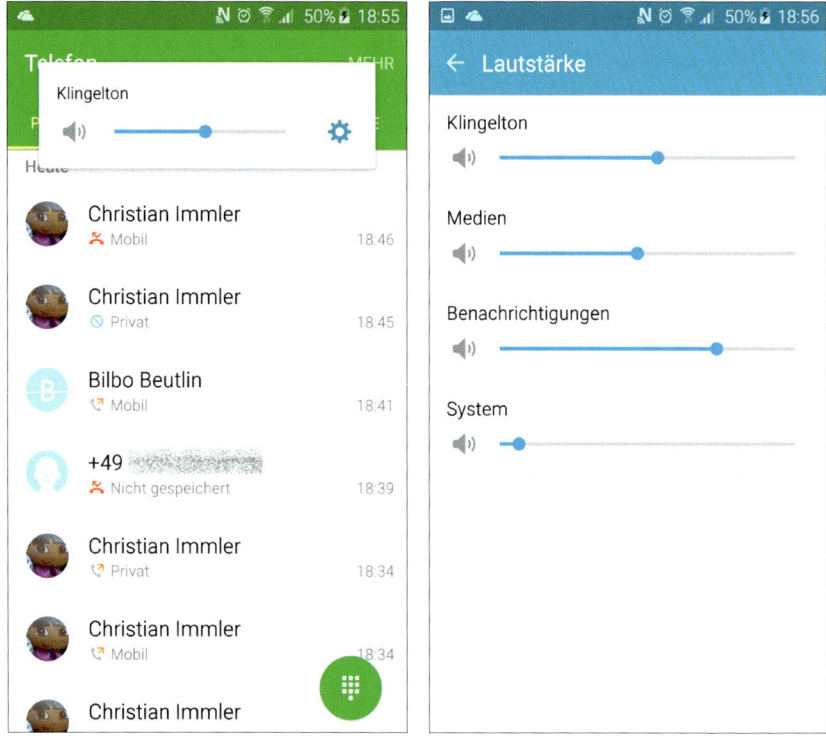

Lautstärke über die Einstellungen oder über die Lautstärketasten regeln.

Beim Drücken einer Lautstärketaste wird oben ein Schieberegler eingeblendet, der die aktuelle Lautstärke anzeigt. Tippen Sie ganz links auf die Glocke, wird das Klingeln ausgeschaltet und auf Vibrationsalarm umgeschaltet.

Automatische SMS bei unpassenden Anrufen

Das Handy klingelt oft in unpassenden Momenten. Wenn man gerade in einer Konferenz ist oder beim Essen sitzt, möchte man zwar nicht gestört werden, den Anrufer aber auch nicht einfach »wegdrücken«. Das Samsung Galaxy S6 bietet hier Kurzantworten an, die mit einem Fingerstrich per SMS an einen Anrufer geschickt werden können. Allerdings sollten Sie diese Funktion nur bei Anrufen von Handys nutzen. SMS-Antworten an Festnetztelefone werden von den meisten Anrufern nicht verstanden.

Tippen Sie in der Telefon-App auf *Mehr* und wählen Sie im Menü nacheinander die Menüpunkte *Einstellungen/Anruf ablehnen/Abweisungsnachrichten*. Hier sind einige Kurzantworten vordefiniert, die Sie ändern und ergänzen können.

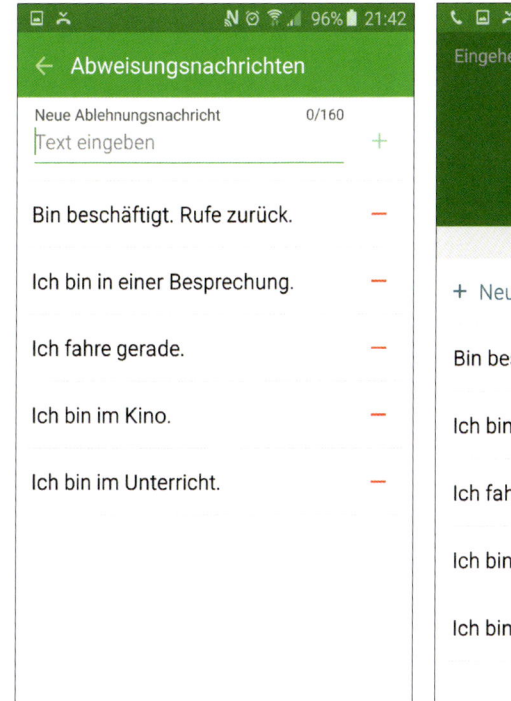 

Links: Kurzantworten bearbeiten, rechts: eingehenden Anruf mit Kurzantwort beantworten.

Wenn das Telefon klingelt, erscheint auf dem Bildschirm die Nummer oder der Name des Anrufers. Mit einer Wischgeste vom unteren Bildschirmrand nach oben erscheint eine Liste der vordefinierten Kurzantworten. Wählen Sie eine Kurzantwort aus, wird diese automatisch per SMS an den Anrufer geschickt. Über den Punkt *Neue Nachricht verfassen* können Sie selbst eine kurze SMS an den Anrufer tippen.

Rufumleitungen einrichten

Die von einfachen Handys bekannten Einstellungen zur Rufweiterleitung auf die Mailbox finden Sie über den Menüpunkt *Einstellungen* in der Telefon-App. Wählen Sie hier *Weitere Einstellungen/Rufumleitung/Sprachanruf*.

Jetzt können Sie für *besetzt*, *keine Antwort* oder *nicht erreichbar* unterschiedliche Rufumleitungen festlegen. Bei den meisten SIM-Karten sind standardmäßig Umleitungen auf die Mailbox voreingestellt.

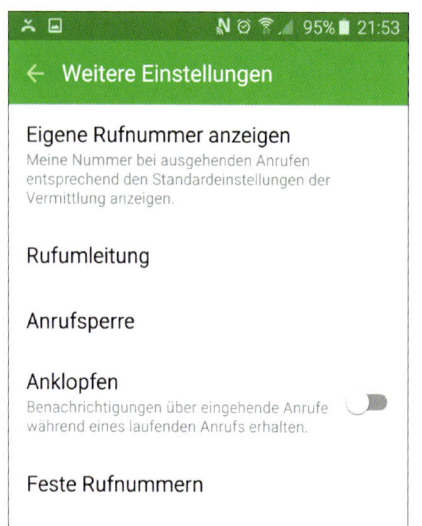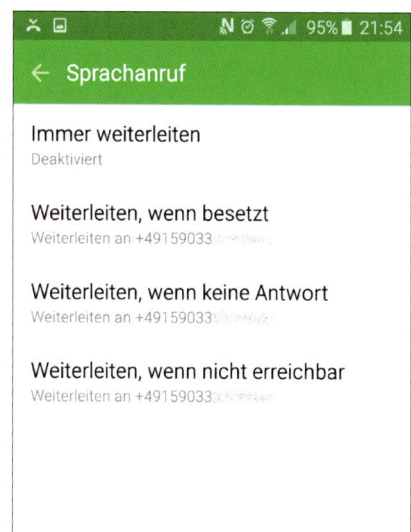

Einstellungen zur automatischen Rufumleitung.

> **ACHTUNG:** Für Rufumleitungen können je nach Mobilfunkvertrag teilweise erhebliche Kosten entstehen. Viele Anbieter schließen umgeleitete Gespräche von der Flatrate aus, sodass die Weiterleitungen im teuren Minutentakt bezahlt werden müssen, obwohl Sie selbst gar nicht telefonieren.
>
> Die Rufumleitung wird direkt im Mobilfunknetz eingerichtet und ist nicht nur eine Einstellung auf dem Handy selbst. Das bedeutet, zur Einrichtung muss ausreichender Empfang vorhanden sein und der eigene Handyvertrag muss Rufumleitungen zulassen.

Unerwünschte Anrufer blockieren

Das Samsung Galaxy S6 bietet in der Telefon-App die Möglichkeit, bestimmte Anrufer oder solche, die ihre Nummer nicht übertragen, standardmäßig abzuweisen. Android bietet diese Möglichkeit standardmäßig nicht. Hier hat Samsung die Funktionen erweitert.

Tippen Sie in der Telefon-App auf *Mehr* und wählen Sie im Menü nacheinander die Menüpunkte *Einstellungen/Anruf ablehnen/Liste für automatisches Abweisen*.

Tragen Sie hier die Telefonnummern ein, die automatisch abgewiesen werden sollen. Sie können die Nummern auch aus dem Anrufprotokoll oder aus der Kontaktliste auswählen. Aktivieren Sie noch den Schalter *Unbekannt*, um alle Anrufer automatisch abzuweisen, die ihre Rufnummer unterdrücken.

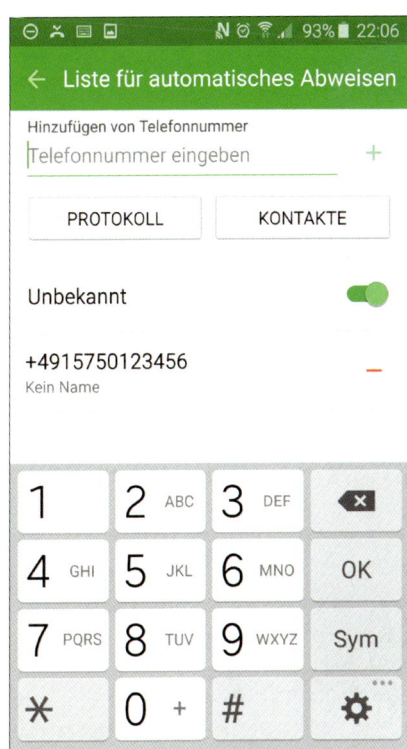

Unerwünschte Anrufer automatisch abweisen.

Rufnummernunterdrückung

In den Telefoneinstellungen können Sie unter *Weitere Einstellungen/Eigene Rufnummer anzeigen* bei Bedarf die Anzeige Ihrer Rufnummer bei der angerufenen Person unterdrücken.

Kein Freibrief für illegale Aktivitäten

Eine ausgeschaltete Rufnummer ist kein Freibrief für kriminelle Aktivitäten am Telefon. Die Rufnummer wird bei jedem Gespräch übertragen, bei abgeschalteter Anrufer-ID wird nur zusätzlich ein spezielles Signal gesendet, das das Telefon des Gesprächspartners anweist, die Nummer nicht zu zeigen. Die Notrufzentralen von Feuerwehr, Rettungsdiensten und Polizei sehen die Nummer trotzdem. Auch in den Anrufprotokollen der Telefongesellschaften taucht die Nummer weiterhin auf. Nach dem *Gesetz zur Bekämpfung unlauterer Telefonwerbung und zur Verbesserung des Verbraucherschutzes* sind Anrufe von Firmen und Geschäftstreibenden mit unterdrückter Rufnummer aus Deutschland nicht mehr zulässig.

Eigene Telefonnummer herausfinden

Seit man alle Telefonnummern nur noch in Kontaktlisten speichert und kaum noch eine Nummer eintippt, wissen viele Anwender nicht einmal mehr ihre eigene Handynummer auswendig. Wer mehrere SIM-Karten und mehrere Handys hat, kommt schnell durcheinander. Früher war es oft der einfachste Weg, mit einem Handy das andere anzurufen, um die Nummer zu erfahren, da die Geräte selbst oft keine Möglichkeit boten, die Telefonnummer der eingesteckten SIM-Karte anzuzeigen. Das Samsung Galaxy S6 zeigt in den *Einstellungen* ganz unten unter *Geräteinformationen/Status* die eigene Telefonnummer an.

Tipps zur Wahl eines Tarifs für Android-Smartphones

Wer sich noch an die Mobilfunktarife vor einigen Jahren erinnert, kommt bei dem Gedanken, mit einem Smartphone permanent online zu sein, schnell ins Schwitzen. Heute ist mobiles Internet mit dem geeigneten Tarif aber für jeden erschwinglich.

Der mobile Internetzugang per UMTS, HSPA und auch LTE wird heute fast überall nach verbrauchtem Datenvolumen abgerechnet und nicht mehr nach Onlinezeit, wie es früher bei den ersten Handys der Fall war.

Zur Ermittlung des Datenverbrauchs spielt es keine Rolle, ob Daten aus dem Internet heruntergeladen oder vom Handy gesendet werden, wie z. B. E-Mails oder Fotos, die man bei Facebook hochlädt. Jedes MByte zählt. Bei den typischen 24 Cent/MByte ist die sporadische Internetnutzung eines einfachen Handys, mit dem man mal kurz E-Mails abruft oder sich eine Fahrplanauskunft holt, kein großes finanzielles Problem. Hier kommen bei durchschnittlicher Nutzung im Monat meist nicht einmal 10 MByte zusammen. Bei Smartphones, die permanent im Internet sind und allein für reine Hintergrundaktivitäten jeden Monat etwa 100–200 MByte Datenvolumen verbrauchen, kann es allerdings schnell sehr teuer werden – zumal Smartphone-Apps darauf ausgelegt sind, ihre Daten aus dem Netz zu holen oder auch in der Cloud abzulegen.

Datenpakete mit 200 MByte, 500 MByte oder gar 1 GByte, die bei den meisten Prepaid-Anbietern zum Handytarif dazugebucht werden können, bieten bei Vorabbezahlung einen deutlich günstigeren Preis pro MByte als der Standardtarif.

Heute werden die meisten Tarife nach dem Verbrauch des Inklusivvolumens nicht mehr gestoppt, sondern auf GPRS-Geschwindigkeit gebremst, sodass man nicht komplett vom Internet abgeschnitten ist, da viele Funktionen des

Samsung Galaxy S6 ohne Internetanbindung gar nicht mehr funktionieren. Man kann das Freivolumen zwar ohne zusätzliche Kosten überschreiten, wird dann aber vom flotten UMTS/HSDPA auf GPRS-Niveau heruntergebremst, was die Nutzung für den Rest des Monats unattraktiv macht und höchstens noch für E-Mails ohne Anhang und den aktuellen Wetterbericht reicht. Denn es handelt sich dabei nicht um eine Bremse von wenigen Prozent, sondern eher um ein »vor die Wand fahren« von theoretisch bis zu 150 Mbit/s bei LTE (vergleichbar DSL 32.000) auf 64 Kbit/s (vergleichbar ISDN), also einen Geschwindigkeitsverlust von mehr als 99 %!

Seit die Internetverbindung nicht mehr komplett getrennt, sondern nur noch drastisch abgebremst wird, bezeichnen fast alle Anbieter ihre Datentarife als Internetflatrate. Entscheidend für die Preisunterschiede ist das Datenvolumen, bei dem die Bremse zuschlägt.

Bis vor wenigen Jahren musste man die Datentarife zum Telefontarif dazukaufen oder Telefonminuten oder Flatrates zu einem Datentarif. Dabei war bei den meisten Anbietern nur die eine Tarifkomponente wirklich günstig, bei der anderen zahlte man deutlich mehr als bei anderen Anbietern. In letzter Zeit bieten fast alle Mobilfunknetzbetreiber spezielle Smartphone-Tarife an, die günstige Minutenpakete oder Flatrates zum Telefonieren mit einer Internetflatrate mit meist 200–300 MByte Inklusivvolumen kombinieren.

Diese Tarife sind ideal für alle, die ihr Smartphone eher durchschnittlich sowohl zum Telefonieren als auch fürs Internet nutzen, und auch für alle, die von einem einfachen Handy auf ein Smartphone umsteigen und nicht allein durch dessen Hintergrundaktivität in eine Kostenfalle tappen wollen. Wer überdurchschnittlich viel Internet nutzt oder sein Smartphone auch als Internetzugang fürs Notebook einsetzt, dafür aber wenig telefoniert, kommt mit einem speziellen Datentarif möglicherweise noch besser weg.

Tariftipp

Der derzeit (Mai 2015) günstigste Smartphone-Tarif kostet mit 500 MByte Datenvolumen, 100 Freiminuten und 100 Frei-SMS 4,95 Euro im Monat: *bit.ly/DeutschlandSIM500*. Für Wenignutzer gibt es eine noch preisgünstigere Variante mit 200 MByte Datenvolumen, 50 Freiminuten und 50 Frei-SMS für 2,95 Euro im Monat: *bit.ly/DeutschlandSIM200*. Leider sind beide Tarife zwischenzeitlich immer mal wieder ausverkauft. Für alle, die sehr wenig telefonieren und das Smartphone vorrangig im WLAN nutzen, ist der werbefinanzierte Smartphone-Tarif von netzclub (*www.netzclub.net*) eine interessante Alternative. Weitere Informationen dazu am Anfang dieses Kapitels im Abschnitt »SIM-Karte einstecken«.

Ein weiteres wichtiges Auswahlkriterium für einen Internettarif ist neben dem Preis die Netzqualität bzw. Verfügbarkeit in der Region, in der man das Smartphone vorrangig nutzen möchte. Telefonieren kann man inzwischen in Deutschland fast überall, mit dem Internetzugang über schnelles HSPA sieht es jedoch ganz anders aus.

Während die D-Netze von Vodafone und Telekom fast flächendeckend UMTS/ HSDPA oder auch LTE mit bis zu 50 Mbit/s, in Ballungszentren bis zu 150 Mbit/s bieten, hängen die E-Netze von E-Plus und O2 noch deutlich hinterher. Hier stehen HSDPA und auch UMTS nur in den großen Ballungsräumen zur Verfügung, in Kleinstädten muss man sich häufig mit GPRS zufriedengeben.

Auf dem flachen Land gibt es noch große Versorgungslücken, wo mobiles Internet überhaupt nicht möglich ist. Auf diesen weißen Flecken der deutschen Landkarte bieten die D-Netze zumindest noch GPRS-Anbindung.

Die Netzbetreiber werben zwar mit sehr hohen Prozentzahlen, wie viele Einwohner Deutschlands mittlerweile schnelles Internet über HSDPA nutzen können, allerdings beziehen sich diese auf die Bevölkerung und deren Wohnorte, nicht auf die Fläche Deutschlands. 80 % der Deutschen wohnen auf 20 % der Landesfläche. Demnach blieben selbst bei 80 % UMTS-Versorgung der Bevölkerung theoretisch 80 % der Fläche unterversorgt

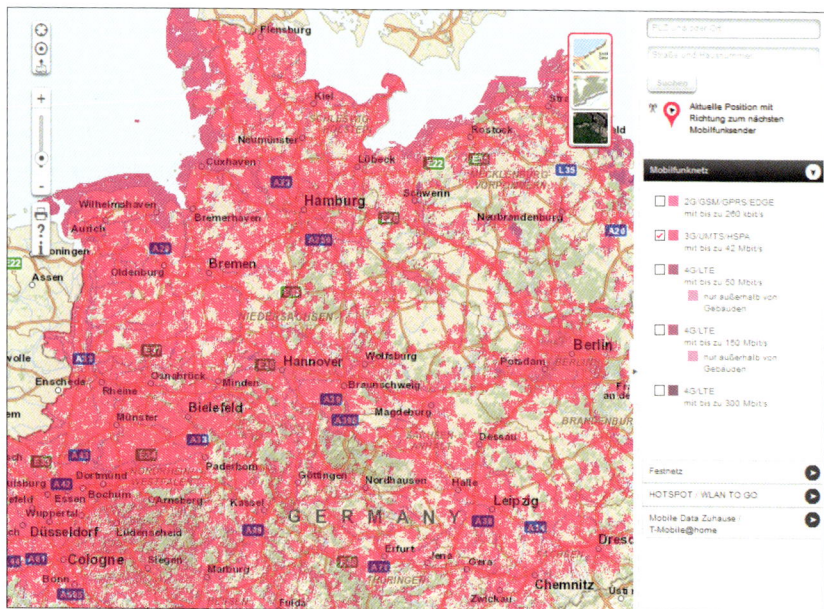

UMTS-Netzausbau der Telekom (Grafik: Telekom, Stand: Mai 2015).

In ländlichen Regionen und Mittelgebirgen sowie im Osten und äußersten Süden Deutschlands haben alle Mobilfunkprovider noch erhebliche Versorgungslücken im UMTS-Netz. In großstädtischen Ballungsräumen und den Tourismusregionen entlang der Küsten sind die Netze hingegen sehr gut ausgebaut.

Alle deutschen Netzbetreiber bieten interaktive Landkarten an, auf denen man die Netzabdeckung für GSM/GPRS, EDGE, UMTS, HSDPA und – wenn angeboten – auch LTE ablesen kann. Diese Angaben gelten natürlich immer unter optimalen Bedingungen im Freien ohne Verschattung durch Gebäude und ohne schnelle Bewegung.

INFO: Interaktive Karten zur Netzabdeckung der großen deutschen Mobilfunkanbieter:

Vodafone	*goo.gl/lR2oF*	E-Plus	*goo.gl/BU8WT4*
Telekom	*goo.gl/gp8ADp*	O2	*goo.gl/mbG1k*

LTE

Mit dem neuen Mobilfunkstandard LTE (**L**ong **T**erm **E**volution = langfristige Entwicklung), auch als Mobilfunk der vierten Generation bezeichnet, sollen in erster Linie ländliche Regionen versorgt werden, in denen bisher keine DSL-Festnetzanschlüsse zur Verfügung standen. Anstatt über ein Telefonkabel kommt das Internetsignal dabei über Funk ins Haus und das mit theoretisch bis zu 150 Mbit/s. LTE wird zwar von den Netzbetreibern als Festnetzersatz vermarktet, basiert aber wie UMTS auf Mobilfunktechnik und kann sogar die vorhandene UMTS-Mobilfunk-Infrastruktur in Teilen mit verwenden.

INFO: LTE

Die Mobilfunktechnologie LTE war in Deutschland ursprünglich als Ersatz für das fehlende DSL-Festnetz in ländlichen Regionen geplant und wurde am Anfang auch so beworben. Mittlerweile wird die Technik bei den Netzbetreibern auch als mobiles Internet für jedermann immer beliebter. Nach dem Willen der Bundesregierung werden zwar weiterhin vorrangig ländliche Regionen mit neuen LTE-Funkmasten versorgt, aber auch der Ausbau in den Ballungszentren schreitet schnell voran. Niedersachsen war als erstes Bundesland bereits flächendeckend mit LTE versorgt, weitere Bundesländer folgten kurz danach. Bereits im Jahr 2015, und nicht erst wie ursprünglich vorgesehen 2016, ist Deutschland bis auf wenige abgelegene Gebirgsregionen komplett mit LTE abgedeckt.

Natürlich eignet sich diese Technik auch für den schnellen Internetzugang bei entsprechend ausgestatteten Smartphones. Voraussetzung ist, dass das Smartphone LTE unterstützt.

Datennutzung ermitteln

Wegen der oft knapp begrenzten Flatrates in günstigen Mobilfunkverträgen ist die Anzeige der Datennutzung für viele User sehr interessant.

In den *Einstellungen* unter *Datennutzung* können Sie rechtzeitig abschätzen, wann das Freivolumen Ihrer Flatrate aufgebraucht ist und welche Apps den größten Datenverkehr verursachen. Damit diese Anzeige optimal nutzbar ist, stellen Sie den Tag des Monats ein, an dem Ihr Mobilfunkanbieter das monatliche Datenvolumen der Flatrate zurücksetzt. Diesen Tag finden Sie üblicherweise auf Ihrer Mobilfunkrechnung.

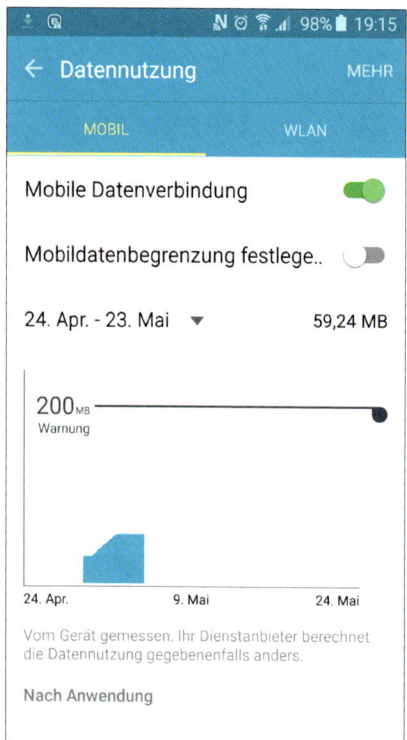
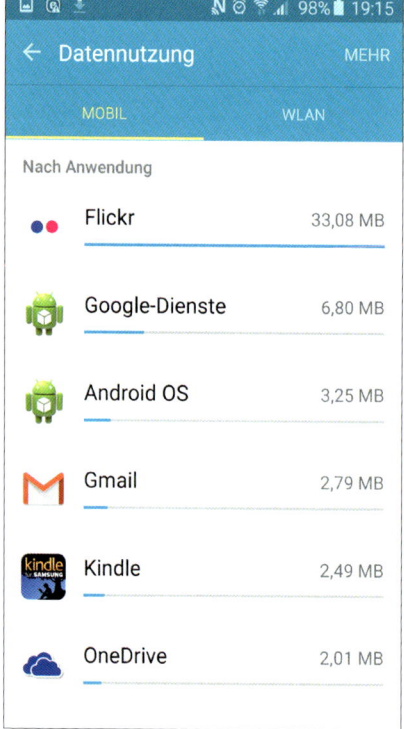

Datenverbrauch anzeigen.

Zum Vergleich können Sie über das Menü auch den Datenverbrauch im WLAN anzeigen lassen.

Adressbuch – Kontakte

Seit den ersten Handys kann man dort seine wichtigsten Telefonnummern mit Namen speichern. Die Zeiten, in denen man beim Wechsel auf ein neues Handy Termine und Telefonnummern abtippen musste, sind lange vorbei. Heute synchronisiert man seine Daten mit PCs und anderen Geräten in der Cloud.

Auf dem Samsung Galaxy S6 ist eine komplette Kontakteverwaltung enthalten, mit der Sie Ihr Adressbuch nicht nur auf dem Smartphone, sondern auch auf dem PC über ein Google-Konto verwalten können. Die Kontakte-App synchronisiert automatisch die Adressen, die in dem Google-Konto gespeichert sind, das bei der Einrichtung des Smartphones festgelegt wurde. Damit haben Sie die gleiche Kontaktliste auf dem Smartphone, auf dem PC und jedem anderen Gerät, das mit einem Google-Konto synchronisieren kann, zur Verfügung.

Datenschutz

Immer wieder hört man die Medien gegen Google wettern. Tatsächlich ist aber kein Fall bekannt, dass Google mit den anvertrauten Daten irgendetwas Vertragswidriges gemacht hätte. Auch ist die Wahrscheinlichkeit, ein fremder Hacker könnte bei Google einbrechen und die persönlichen Daten stehlen, dank erhöhter Sicherheit der Großrechenzentren deutlich geringer, als dass ein Hacker per Trojaner auf dem eigenen Computer Daten stiehlt oder ein ganz simpler Dieb einfach das Smartphone samt Daten klaut.

Alternativ lassen sich Kontakte auch ganz klassisch auf dem Telefon oder auf der SIM-Karte speichern. Das Samsung-Konto bietet ebenfalls die Möglichkeit, Kontakte zu speichern.

Mit einer vertikalen Fingerbewegung auf dem Touchscreen blättern Sie schnell durch das Adressbuch. Bewegen Sie den Finger ganz rechts außen auf der Buchstabenleiste, wird der aktuelle Anfangsbuchstabe großflächig angezeigt, damit Sie im richtigen Moment stoppen können. Außerdem finden Sie bestimmte Personen schnell im Adressbuch, indem Sie oben im Suchfeld einige Buchstaben des Namens eintippen. Das Adressbuch filtert die Liste immer genauer, je mehr Buchstaben bereits eingegeben sind.

Tippen Sie auf einen Eintrag, werden alle zu dieser Person gespeicherten Daten angezeigt. Diese sind automatisch mit der passenden App verknüpft. Tippen Sie also auf das Telefonsymbol bei einer Telefonnummer, ruft das Smartphone die Person an, tippen Sie auf eine E-Mail-Adresse, öffnet sich die Mail-App.

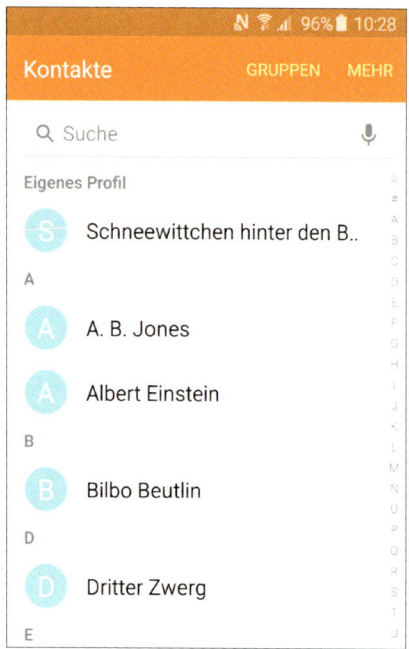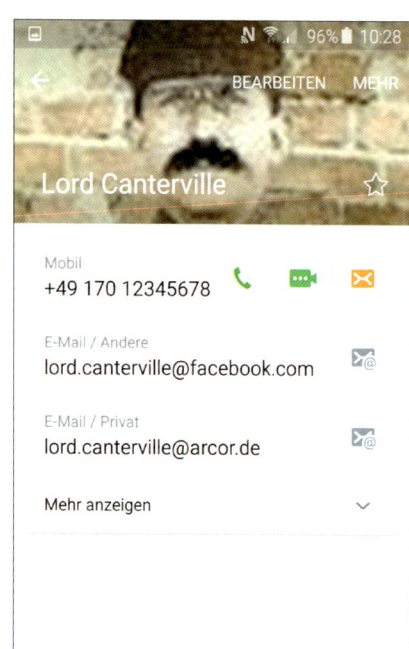

Das Adressbuch auf dem Samsung Galaxy S6.

> **TIPP:** Samsung hat die Kontakte-App von Android um eine nützliche Funktion erweitert, mit deren Hilfe Sie direkt aus der Liste Anrufe tätigen oder SMS verschicken können. Streichen Sie mit dem Finger von links nach rechts über einen Namen, wird die Person angerufen, streichen Sie von rechts nach links über einen Namen, öffnet sich die SMS-App. Sind bei einer Person mehrere Telefonnummern eingetragen, können Sie für diese Funktion eine Standardnummer festlegen. Halten Sie dazu in der Detailansicht dieser Person den Finger länger auf die gewünschte Telefonnummer und wählen Sie dann in der Auswahlliste *Als Standard markieren*.

Kontakte sortieren

Die App *Kontakte* bietet verschiedene Möglichkeiten zur Darstellung und Sortierung von Namen. So können Sie entweder die in Westeuropa übliche Schreibweise mit Vor- und Nachname verwenden – *Hans Müller* – oder die sogenannte bayerische Schreibweise – *Müller, Hans*. Unabhängig von der Darstellung lassen sich die Kontakte nach Vorname oder Nachname in der Liste sortieren.

Um die Einstellungen zu ändern, tippen Sie in der Kontaktliste oben rechts auf *Mehr* und wählen im Menü *Einstellungen*. Hier finden Sie die Optionen *Sortieren nach* und *Namensformat*.

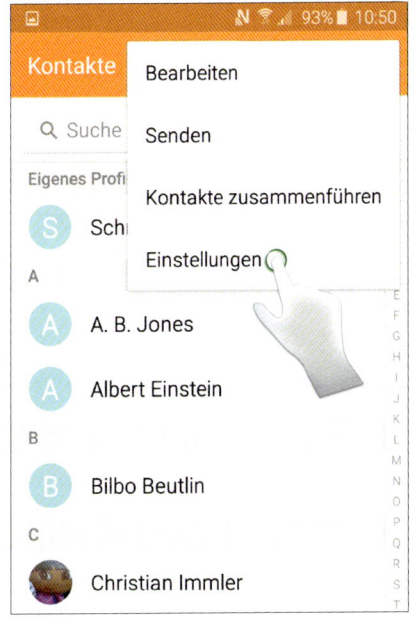
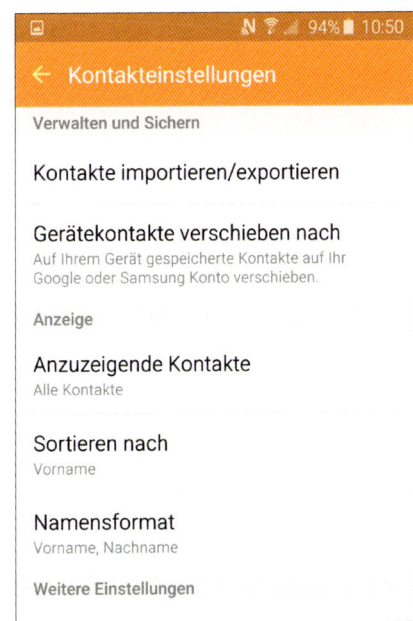

Sortieroptionen und Namensformat einstellen.

Neue Adresse eintragen

In der App *Kontakte* können Sie jederzeit einen neuen Eintrag hinzufügen. Tippen Sie dazu in der Liste auf das orangefarbene Symbol mit dem Pluszeichen unten rechts in der Namensliste.

Es öffnet sich ein Formular zur Eingabe der Kontaktdaten einer neuen Person. Mit einer vertikalen Fingerbewegung auf dem Touchscreen können Sie nach oben und unten zwischen den Feldern hin- und herblättern. Geben Sie hier die jeweiligen Daten ein. Sie brauchen nicht alle Felder auszufüllen.

Das Namensfeld können Sie rechts mit dem kleinen Pfeil aufklappen, um zweite Vornamen oder Namenszusätze einzutragen. Vorname und Nachname werden bei der Eingabe automatisch erkannt. In den Feldern für die Telefonnummer und E-Mail-Adresse können Sie noch weitere Telefonnummern und Mailadressen hinzufügen. Zur Eingabe von Telefonnummern erscheint automatisch eine Zifferntastatur. Nach der Eingabe einer Telefonnummer oder E-Mail-Adresse erscheint darunter das Wort *Hinzufügen*. Tippen Sie darauf, wird sofort ein weiteres Eingabefeld angelegt.

Wählen Sie die Art der Telefonnummer sowie der E-Mail-Adresse aus, indem Sie auf das Feld rechts daneben tippen. Hier erscheint eine Liste verschiedener Typen von Telefonnummern: *Privat, Mobil, Geschäftlich* etc.

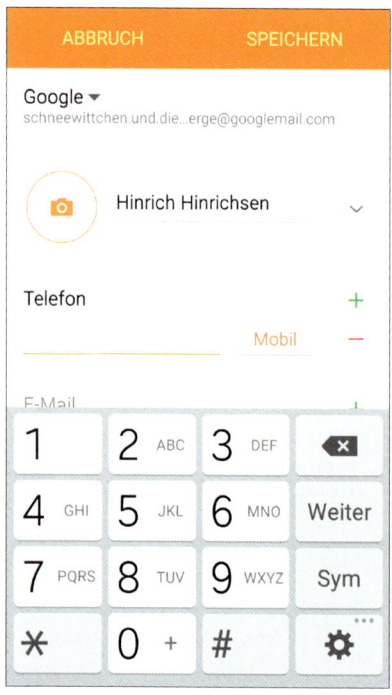

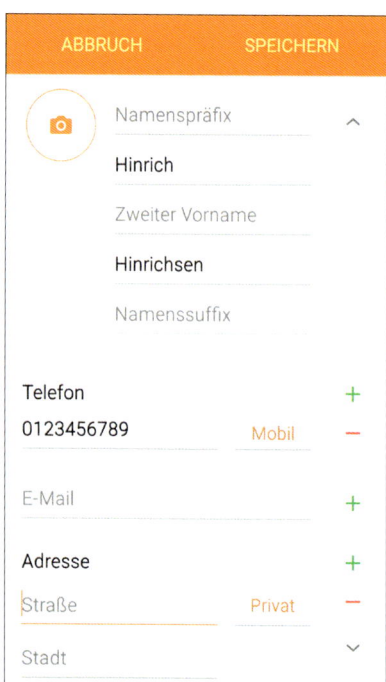

Neuen Kontakt hinzufügen.

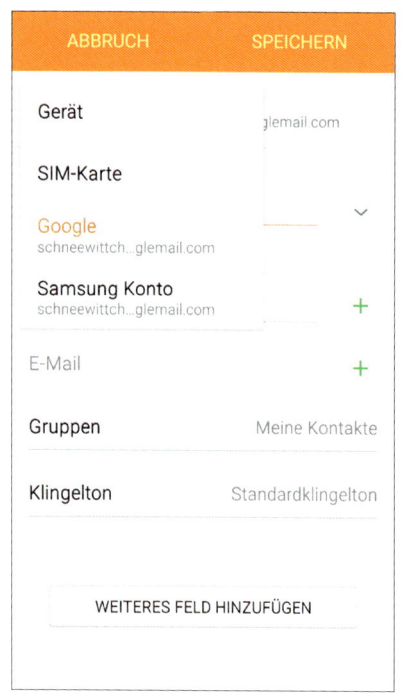

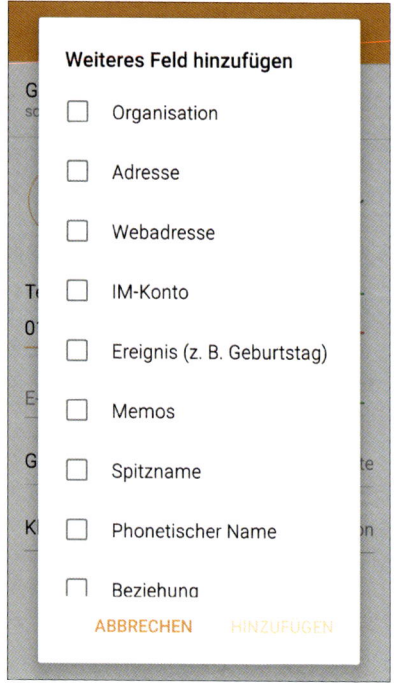

Weitere Felder bei der Eingabe von Kontakten.

Ganz oben wählen Sie aus, wo der neue Kontakt gespeichert werden soll, am besten im Google-Konto, aber auch auf dem Gerät, auf der SIM-Karte oder im Samsung-Konto können Kontakte gespeichert werden.

Spezielle, selten gebrauchte Felder werden standardmäßig nicht zur Eingabe angeboten, dazu zählen auch Felder für die Adresse des Wohnorts bzw. der Firma. Diese können Sie über die Schaltfläche *Weiteres Feld hinzufügen* einblenden.

Adresse bearbeiten

Natürlich können Sie einen gespeicherten Adressbucheintrag auch nachträglich bearbeiten. Tippen Sie dazu in der Anzeige des jeweiligen Eintrags auf *Bearbeiten* oben rechts. Sie haben dann die gleichen Funktionen zur Verfügung wie beim Anlegen eines neuen Eintrags im Adressbuch.

Kontaktfotos

Hat eine Person in ihrem persönlichen Google-Konto ein persönliches Foto abgelegt, erscheint dieses bei jedem, der diese Person in seinem Adressbuch hat, automatisch als Kontaktfoto. Alternativ können Sie selbst den Personen in Ihrem Adressbuch eigene Fotos zuordnen, die Sie dann aber nur selbst sehen.

Kontaktfoto fotografieren und bearbeiten.

Tippen Sie im Bearbeitungsbildschirm für eine Kontaktperson oben links auf das graue Personen- bzw. Kamerasymbol. Hier können Sie direkt mit der Kamera ein Foto machen oder ein auf dem Smartphone gespeichertes Bild auswählen. Bei gespeicherten Fotos haben Sie noch die Möglichkeit, Farbeffekte anzuwenden.

> **ACHTUNG:** Kontakten, die auf der SIM-Karte gespeichert sind, können keine Kontaktfotos und auch keine Adresse und weiteren Felder zugeordnet werden.

Eigenes Profil einrichten

Der erste Eintrag in der Kontaktliste heißt *Eigenes Profil*. Hier können Sie ein eigenes Profil mit Ihrer Adresse und Telefonnummer anlegen.

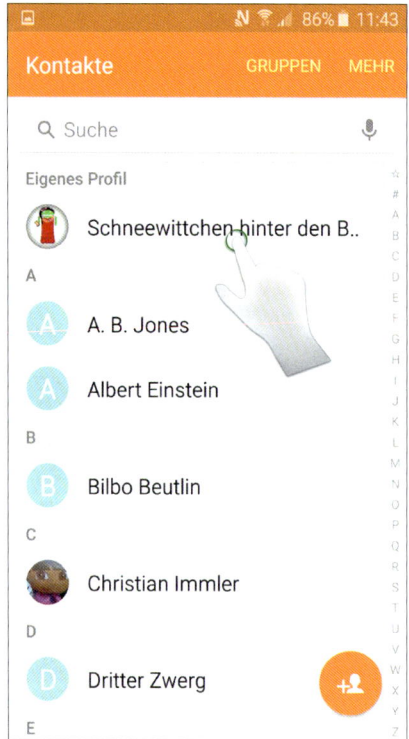
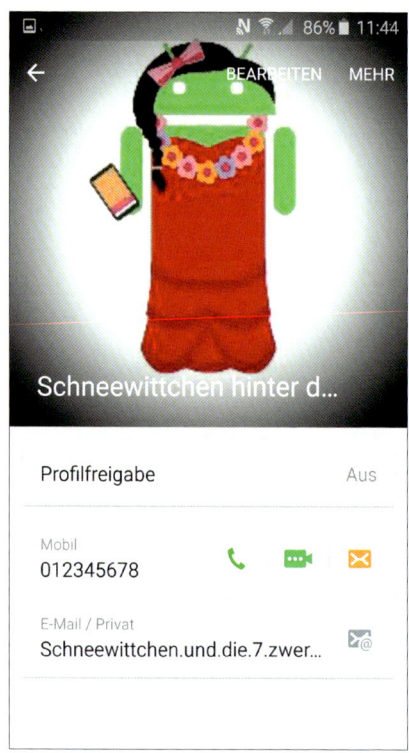

Persönliches Profil auf dem Smartphone speichern.

Diese Daten auf dem Smartphone schnell greifbar zu haben, hat viele Vorteile:

▪ Möchten Sie Ihre Daten wie eine Visitenkarte an eine andere Person weitergeben, brauchen Sie nicht lange im Adressbuch zu suchen.

- Ein ehrlicher Finder kann ein verloren gegangenes Smartphone leichter zurückgeben, wenn er weiß, wem es gehört.

- Sollte das Smartphone in einem Notfall bei Ihnen gefunden werden, können Sie leichter identifiziert werden.

Tragen Sie Ihre persönlichen Daten, je nachdem, was Sie zur Verfügung stellen möchten, wie einen normalen Adressbucheintrag an dieser Stelle ein. Das eigene Profil wird immer auf dem Gerät gespeichert.

Profilfreigabe

Die neue Profilfreigabe bietet eine einfache Möglichkeit, Profildaten an Kontakte weiterzugeben. Dies funktioniert allerdings nur zwischen Nutzern aktueller Samsung-Smartphones, die die Profilfreigabe ebenfalls aktiviert haben. Zur Verwendung der Profilfreigabe muss eine SIM-Karte im Smartphone sein, da dieser Dienst die Daten über die Telefonnummer auf einem Server speichert.

Schalten Sie im eigenen Profil die *Profilfreigabe* ein. Hier können Sie Profilbild, Name, E-Mail-Adresse, Telefonnummer und weitere Daten eintragen, die an Kontakte freigegeben werden sollen. Tippen Sie auf *Senden via*, um Kontakte auszuwählen, denen das Profil freigegeben werden soll.

Einstellungen zur Profilfreigabe.

Visitenkarten drahtlos übertragen

Viel einfacher als über klassische Visitenkarten auf Papier lassen sich Kontaktdaten drahtlos von einem Smartphone auf ein anderes übertragen und beim
Empfänger direkt ins Adressbuch übernehmen.

1. Wählen Sie den Kontakt, den Sie als Visitenkarte versenden möchten, im
   Adressbuch aus, tippen Sie oben rechts auf *Mehr* und wählen Sie im Menü
   Visitenkarte freigeben.

2. Wählen Sie in der Liste installierter Kommunikations-Apps die gewünschte
   Versandart aus. Schieben Sie die Apps-Liste auf dem Bildschirm nach links,
   erscheinen weitere Apps zum Teilen.

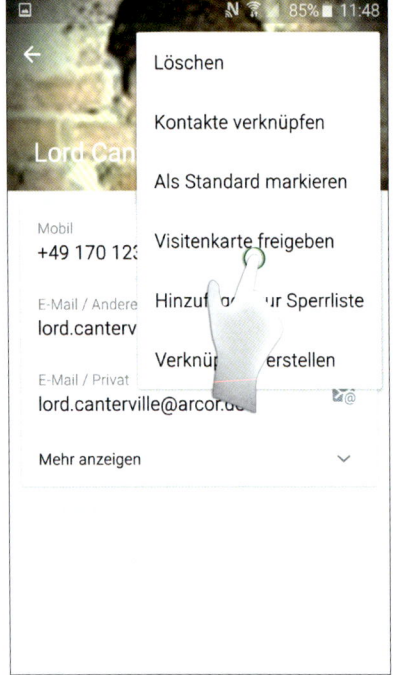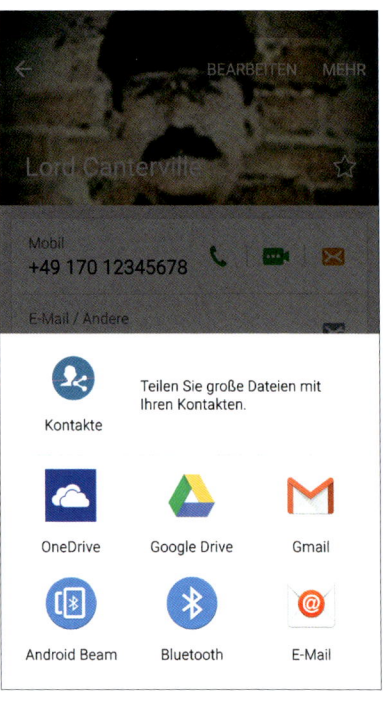

Kontaktdaten aus dem Adressbuch versenden.

3. Bei E-Mail oder Gmail öffnet sich eine neue Mail. Hier brauchen Sie nur
   noch den Empfänger und einen kurzen Text einzutragen. Die Kontaktdaten sind bereits angehängt.

4. Der Empfänger kann den Kontakt direkt in sein Adressbuch auf dem
   Smartphone importieren, indem er den Mailanhang öffnet. Vor dem Importieren muss allerdings das Konto gewählt werden, wenn mehrere Konten auf dem Smartphone eingerichtet sind.

Kontakte an PCs und einfache Handys verschicken

Android verwendet zum Teilen von Kontakten das Format VCF (vCard). Diese Dateien können auch auf dem PC von verschiedenen Anwendungen, wie z. B. Microsoft Outlook, importiert werden. Da es sich um ein reines Textformat handelt, lassen sich Kontakte sogar per SMS auf ganz einfache Handys schicken. Über die Option *Kontakte importieren/exportieren* in den Einstellungen der Kontakte-App können Sie auch direkt VCF-Dateien einlesen oder erstellen, um sie weiterzugeben.

Einfache Freigabe

Tippen Sie beim Freigeben auf das *Kontakte*-Symbol, können Sie Kontakte aus dem Adressbuch auswählen, denen die Visitenkarte freigegeben werden soll. In diesem Fall werden die Profildaten auf einen Server hochgeladen und die ausgewählten Kontakte erhalten eine SMS mit einem Downloadlink.

Adressbuch auf dem PC bearbeiten

Wesentlich komfortabler als auf dem Smartphone kann man das Adressbuch auf dem PC mit Gmail bearbeiten. Melden Sie sich mit den gleichen Zugangsdaten bei *mail.google.com* an, die Sie auch auf dem Smartphone verwenden. Unter *Kontakte* finden Sie dort das komplette Adressbuch des Smartphones und können alle Daten direkt bearbeiten sowie auch neue Kontakte hinzufügen.

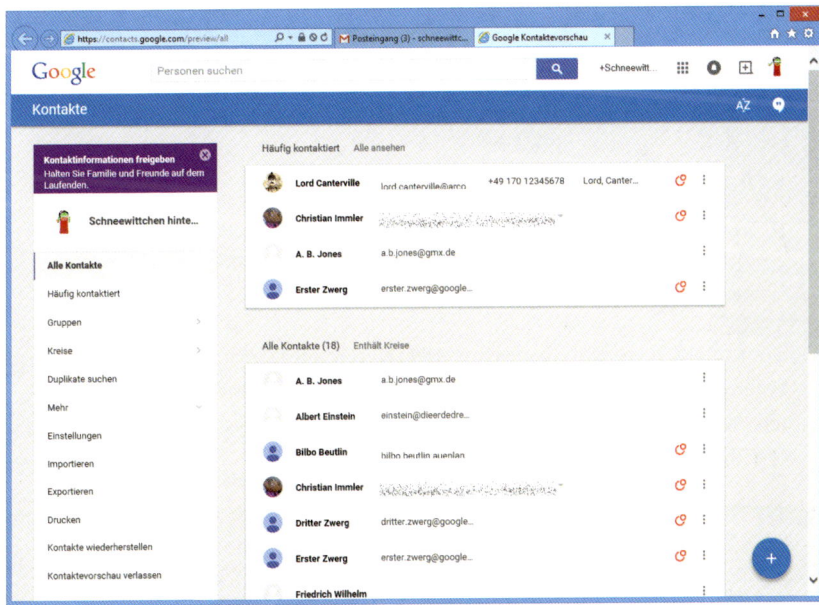

Kontakte vom Smartphone im Google-Konto auf dem PC bearbeiten.

Haben Sie früher Ihre Adressen auf dem PC mit Outlook oder einem anderen Programm verwaltet, können Sie sie nun ins Google-Konto einlesen.

1. Suchen Sie dazu in Ihrer bisherigen Adressverwaltung eine Funktion zum Export im CSV-Format. Dabei handelt es sich um ein einfaches Textformat, das sogar mit einem Texteditor bearbeitet werden kann. In Outlook heißt der Menüpunkt *Datei/Importieren/Exportieren/ Exportieren*. Wählen Sie dort *Kommagetrennte Werte (Windows)* und *Kontakte*. In Outlook Express heißt es *Datei/Exportieren/Adressbuch* und im nächsten Schritt *Textdatei (mit Kommas als Trennzeichen)*.

2. Klicken Sie in der Liste aller Kontakte im Google-Konto auf dem PC links auf *Mehr* und wählen Sie dann den Menüpunkt *Kontakte importieren*. Zurzeit wird dabei noch auf die alte Google-Kontaktansicht gewechselt.

3. Wählen Sie jetzt die CSV-Datei aus, die Sie aus Ihrer alten Adressverwaltung exportiert haben, und klicken Sie auf *Importieren*.

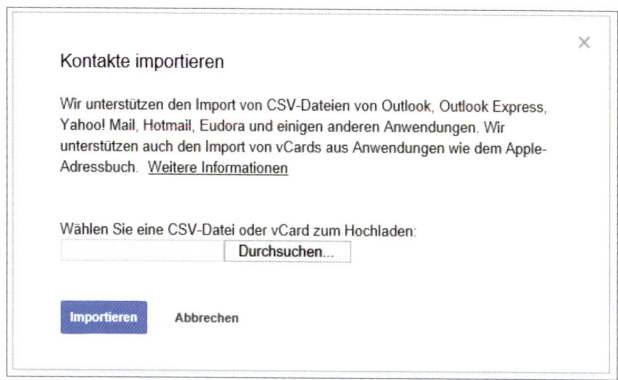

Kontakte aus einer CSV-Datei importieren.

4. Die Kontakte werden importiert und danach im Google-Konto angezeigt. Sollte es Schwierigkeiten beim Import geben, klicken Sie auf den Link *Weitere Informationen*. Hier finden Sie detaillierte Hinweise zu den CSV-Formaten, die Google importieren kann.

> **INFO:** Die Synchronisation der Daten mit dem Smartphone erfolgt vollautomatisch im Hintergrund. Nach wenigen Sekunden ist eine bearbeitete Adresse auf dem Smartphone, ohne dass Sie irgendetwas tun müssen.

Wer sein Outlook noch nicht ganz aufgeben will, kann die Kontakte aus Outlook auch mit dem Google-Konto synchronisieren, sodass sie bei Veränderungen in beiden Anwendungen zur Verfügung stehen.

Weder Google noch Microsoft bieten eigene Tools zu diesem Zweck an. Das kostenlose Programm *GO Contact Sync Mod* (*googlesyncmod.sourceforge.net*) erfüllt diesen Zweck aber sehr gut.

S Planner – der Terminkalender

Neben dem Adressbuch verfügt das Samsung Galaxy S6 wie jedes Android-Smartphone auch über einen handlichen Terminkalender, der immer greifbar ist.

Samsung verwendet statt der Standard-Android-Kalender-App einen eigenen als *S Planner* bezeichneten Kalender. Hier können Termine und Aufgaben auf dem Smartphone, im Samsung-Konto oder, wie bei Android üblich, im Google-Konto gespeichert werden.

Mit dem Google-Kalender sind die Termine auf dem Smartphone und dem PC immer synchron. Jeder, der ein Google-Konto hat, hat damit automatisch auch einen Google-Kalender, man muss ihn nur nutzen.

Im Browser auf dem PC finden Sie Ihren persönlichen Google-Kalender unter *calendar.google.com*. Dort können Sie Termine anlegen und auch auf dem Smartphone angelegte Termine einsehen und bearbeiten. Die Synchronisation mit dem Google-Kalender wird bei der Einrichtung des Google-Kontos auf dem Smartphone automatisch mit eingestellt.

Die App *S Planner* auf dem Samsung Galaxy S6 zeigt automatisch alle Termine, die Sie im Google-Kalender, im lokalen Kalender auf dem Smartphone und im Kalender im Samsung-Konto eingetragen haben. Sie können natürlich auch jederzeit neue Termine eintragen sowie weitere Kalender einbinden.

Tippen Sie links oben in die Ecke, um zwischen verschiedenen Ansichten umzuschalten. Mit einer horizontalen Fingerbewegung kommen Sie innerhalb einer Ansicht zu einem späteren Datum, zum Beispiel zum nächsten Monat oder in die nächste Woche.

Die grüne Markierung zeigt das aktuelle Datum innerhalb der gerade dargestellten Ansicht *Monat* oder *Woche*. In der Tagesansicht zeigt eine rote Linie die aktuelle Zeit in der Terminliste. Mit der Schaltfläche *Heute* springen Sie in jeder Ansicht auf den aktuellen Tag.

 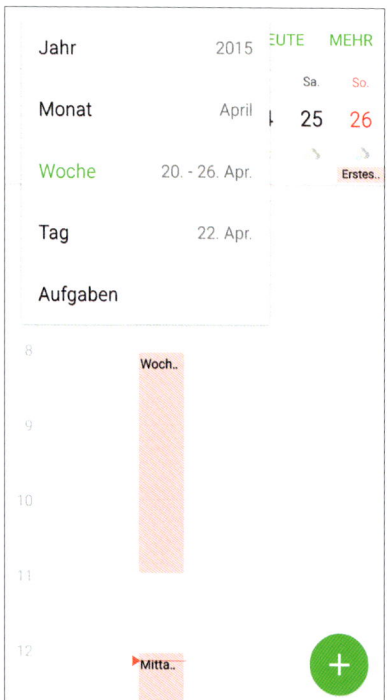

Verschiedene Ansichten im Kalender umschalten.

Neuen Termin im Kalender eintragen

Neue Termine können Sie auf dem Samsung Galaxy S6 oder im Google-Kalender auf dem PC eintragen. Nach kurzer Zeit sind sie auf beiden Geräten vorhanden.

1. Um einen neuen Termin einzutragen, platzieren Sie das blaue Feld auf den gewünschten Zeitpunkt und tippen darauf. Es erscheint ein Formular, in dem Datum und Zeit bereits vorgewählt sind. Sie können diese aber auch jederzeit ändern. In der Grundeinstellung dauert jeder Termin eine Stunde. Sie können allerdings auch immer eine andere Endzeit festlegen. Alternativ tippen Sie auf das grüne Plussymbol unten rechts und geben die Daten manuell ein.

2. Schalten Sie für ganztägige Termine die Option *Ganzen Tag* ein. Diese Termine erhalten dann keine Zeitangabe und erscheinen ganz oben in der Tages- und Wochenansicht.

3. Darunter können Sie wählen, in welchem Kalender der Termin eingetragen werden soll, nur auf dem Handy, im Samsung-Konto oder am besten im Google-Konto.

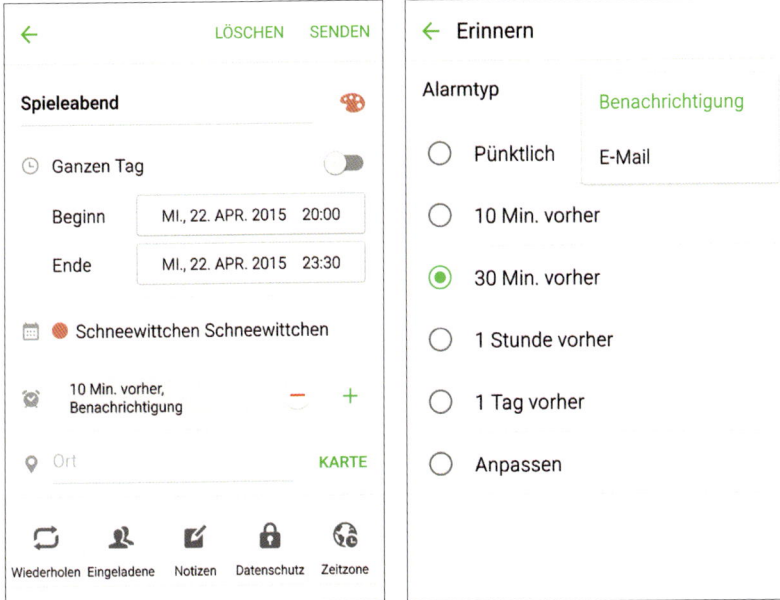

Termin und Benachrichtigung im Kalender eintragen.

4. Geben Sie für den neuen Termin noch einen Namen und einen Ort ein. Der Ort kann auf einer Google-Maps-Karte gewählt werden.

5. Bei Bedarf können Sie auch noch Teilnehmer oder Notizen hinzufügen.

6. Nach einem Klick auf *Speichern* erscheint der Termin im Kalender.

Tippen Sie später auf einen Termin, werden alle im Termin gespeicherten Angaben angezeigt. Durch einfaches Antippen der jeweiligen Felder können Sie den Termin auch nachträglich noch bearbeiten.

Tippen Sie oben links in die Ecke, um aus einer Terminansicht wieder zurück in den Kalender zu kommen.

Möchten Sie sich an einen Termin erinnern lassen, fügen Sie in der Termin-anzeige eine Erinnerung hinzu. Das Smartphone erinnert Sie dann über die Benachrichtigungsleiste und auf Wunsch auch per Signalton rechtzeitig an den Termin. Den Zeitraum können Sie selbst festlegen.

Regelmäßige Termine brauchen nicht jedes Mal neu eingetragen zu werden. Der Kalender bietet diverse Möglichkeiten zur Terminwiederholung. Tippen Sie in einem Termin auf das Feld *Wiederholen* und wählen Sie eine Methode aus. Über die Option *Anpassen* in der Liste *Wiederholen* haben Sie noch mehr Mög-lichkeiten für variable Terminwiederholungen, wie zum Beispiel jeden dritten Monat.

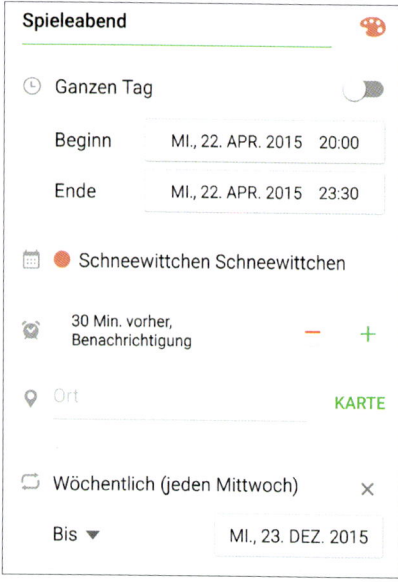
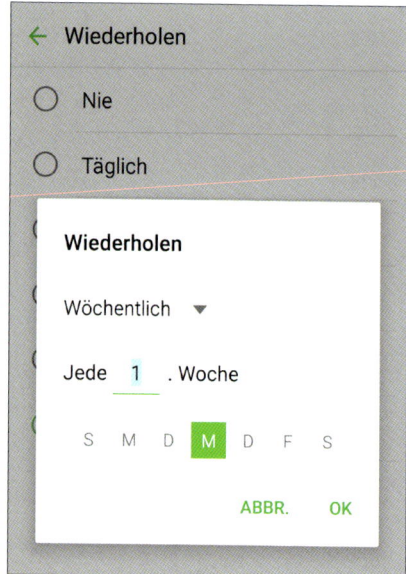

Einstellungen zur Terminwiederholung.

Termine suchen

Haben Sie viele Termine im Kalender, ist es oft nicht einfach, einen bestimmten wiederzufinden, besonders wenn man sich an das Datum nicht erinnert. Hier hilft die Suchfunktion im Kalender weiter. Tippen Sie auf das Symbol *Mehr* oben rechts und wählen Sie im Menü *Suchen*.

Nach einem Termin suchen.

Nach der Eingabe eines Stichworts im Suchfeld zeigt der Kalender eine Übersicht aller Termine, in denen dieses Stichwort vorkommt.

Wichtige Kalendereinstellungen

In der Kalenderliste, die Sie über den Menüpunkt *Mehr/Kalender verwalten* erreichen, legen Sie fest, welche Kalender auf dem Smartphone angezeigt werden sollen. Haben Sie im Google-Konto mehrere Kalender, brauchen Sie nicht unbedingt immer alle Termine auf dem Smartphone. In der Liste können Sie für jeden Kalender eine Farbe wählen und festlegen, ob er auf dem Smartphone synchronisiert werden soll oder nicht.

In den Einstellungen wählen Sie, auf welche Weise das Samsung Galaxy S6 an Termine erinnern soll. Neben der normalen Benachrichtigung über die Benachrichtigungsleiste kann auch ein Klingelton abgespielt oder ein Vibrationsalarm aktiviert werden.

Die Standardzeit für Erinnerungen legen Sie in den Einstellungen für Highlights und ganztägige Ereignisse im Kalender fest. Diese lässt sich für jeden Termin allerdings auch noch verändern.

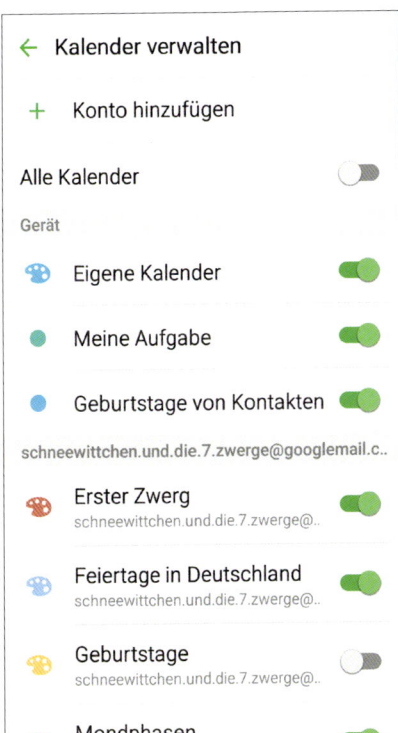
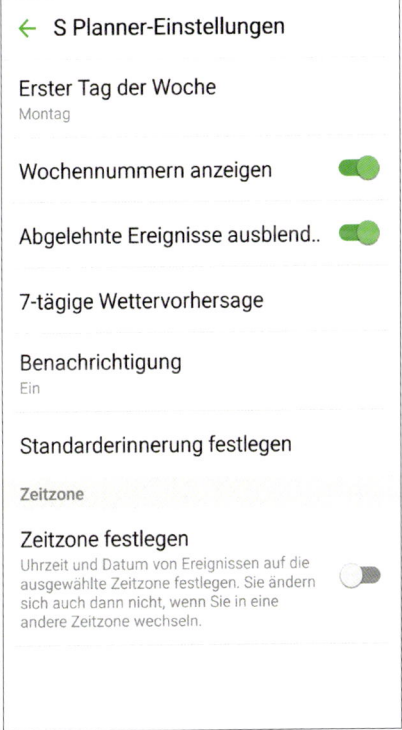

Kalenderliste und Einstellungen.

Kalender und Termine importieren

Der Google-Kalender bietet die Möglichkeit, weitere Kalender von Freunden, Firmenkalender oder öffentliche Kalender mit Feiertagen, Schulferien oder anderen Terminen zu importieren. Diese werden dann in anderer Farbe im eigenen Google-Kalender auf dem PC wie auch auf dem Smartphone angezeigt.

Um einen Kalender zu importieren, melden Sie sich auf dem PC im Browser bei *calendar.google.com* mit Ihrem Google-Konto an. In den *Einstellungen* unter *Kalender* können Sie weitere Kalender importieren. Welche dieser Kalender auf dem Smartphone angezeigt werden sollen, legen Sie dort unter *Kalender verwalten* fest.

Einige Apps können einzelne Termine direkt in den Google-Kalender auf dem Smartphone eintragen, ohne dass ein ganzer Kalender importiert werden muss. Diese werden dann auch synchronisiert und stehen auf dem PC im Browser zur Verfügung. Ein gutes Beispiel ist der *DB Navigator*, der den Fahrplan für eine ausgewählte Strecke auf Wunsch in den Kalender einträgt.

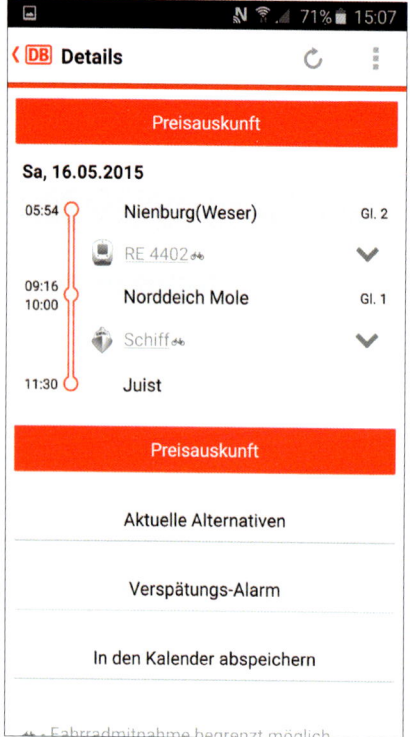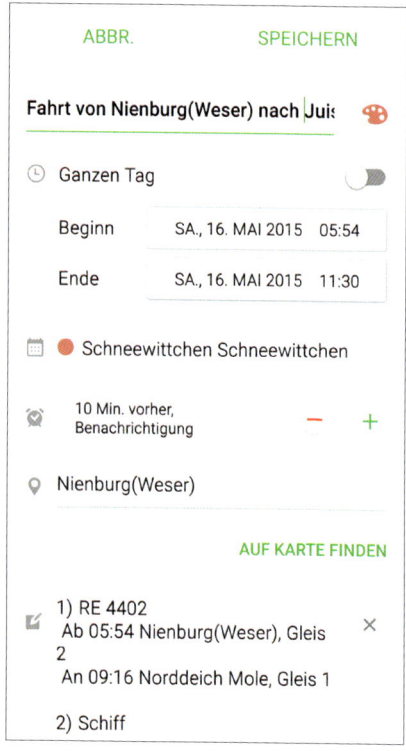

Termin im DB Navigator anlegen.

Zu Terminen einladen

Andere Personen zu einem Termin einzuladen, ist häufig mit Missverständnissen verbunden. Da vergisst jemand den Ort oder den Zeitpunkt oder versäumt es einfach, den Termin in den Kalender einzutragen. Mit Android lassen sich Termine ganz einfach »teilen«.

1. Wählen Sie im Kalender den Termin und tippen Sie unten auf das Symbol *Eingeladene*.

2. Wählen Sie die Namen von Gästen aus dem Adressbuch aus. Tippen Sie dazu einfach ein paar Buchstaben des Namens, bis Vorschläge erscheinen.

3. Jeder eingeladene Gast bekommt automatisch eine Benachrichtigung und kann den Termin direkt in seinen Kalender auf dem Smartphone importieren. Bei einer Zu- oder Absage wird diese im eigenen Kalender angezeigt.

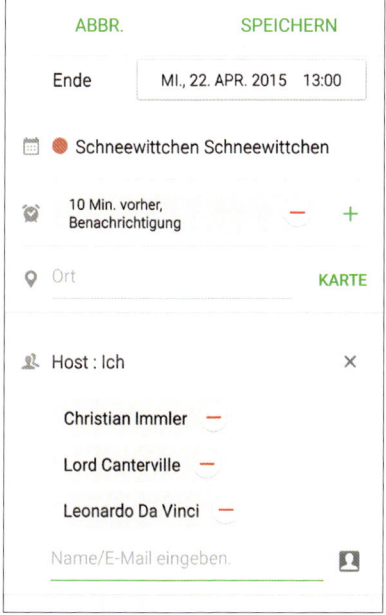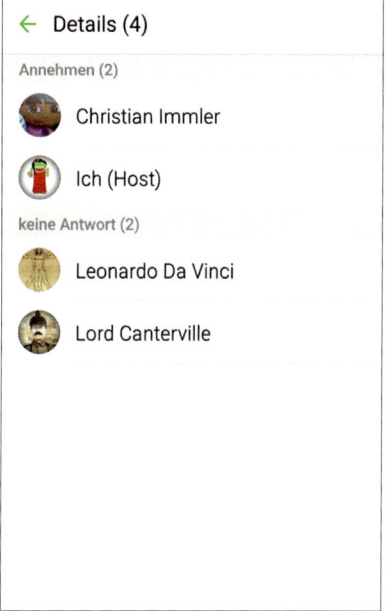

Gäste zu einem Termin einladen.

Termineinladungen an PCs verschicken

Android verwendet für den Versand von Terminen das Format VCS (vCalendar). Diese Dateien können auch auf dem PC von verschiedenen Kalendern wie z. B. Microsoft Outlook importiert werden.

Uhr und Wecker

Ein Smartphone, das man fast immer bei sich trägt, eignet sich geradezu ideal als Taschenuhr oder Wecker. Das Samsung Galaxy S6 liefert eine Uhr für den Startbildschirm und einen Wecker mit. Die Uhr auf dem Startbildschirm mit Datum und Wetteranzeige ist bereits vorinstalliert.

Weltuhr

Das Samsung Galaxy S6 liefert eine Uhr-App mit, die eine Weltuhr, Stoppuhr sowie einen Timer zeigt. Das Symbol dieser Uhr zeigt die aktuelle Uhrzeit, synchronisiert sich aber nicht in Echtzeit, sondern immer nur, wenn die Apps-Liste bzw. die entsprechende Startbildschirmseite neu angezeigt wird.

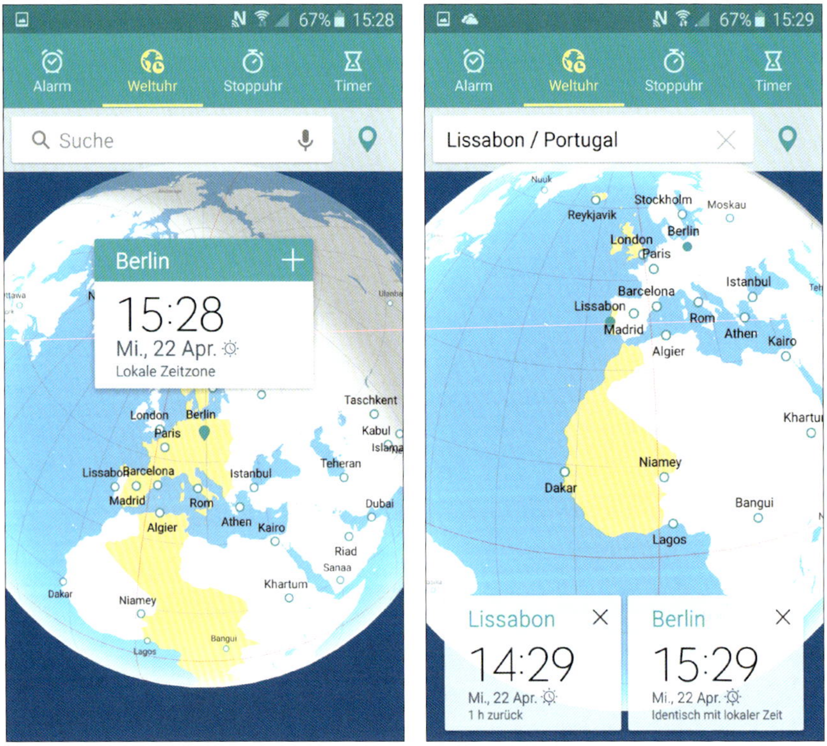

In der Weltuhr können Sie verschiedene Städte hinzufügen, um die Zeiten gleichzeitig anzuzeigen.

Ein Sonnensymbol kennzeichnet Orte mit Sommerzeit. Über das Suchfeld oben können Sie weitere Städte hinzufügen. Auf der Weltkugel wird der Verlauf der jeweiligen Zeitzone dargestellt.

Wecker

In dieser App können Sie auch verschiedene Wecker einstellen.

1. Tippen Sie in der App *Uhr* oben auf *Alarm*, erscheint der Bildschirm mit den Weckereinstellungen.

2. Legen Sie die Weckzeit und den gewünschten Klingelton fest. In der Zeile *Wiederholen* legen Sie die Wochentage fest, an denen der Wecker klingeln soll, wenn es sich nicht um ein einmaliges Ereignis handelt, an das Sie sich vom Wecker erinnern lassen möchten. *Wöchentliche Wiederholung* wiederholt den Weckermin regelmäßig an bestimmten Wochentagen. Bei einmaligen Ereignissen wählen Sie oben rechts ein Datum.

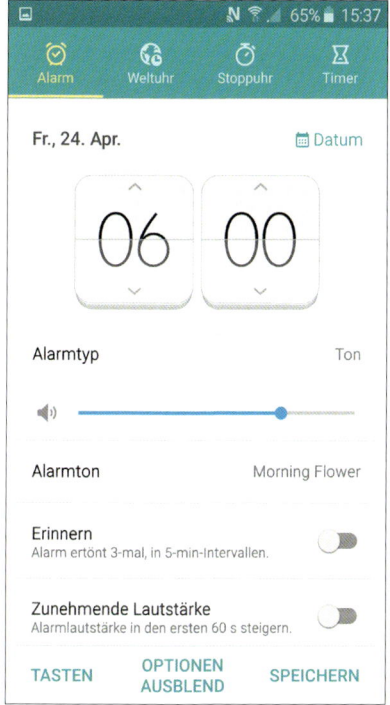
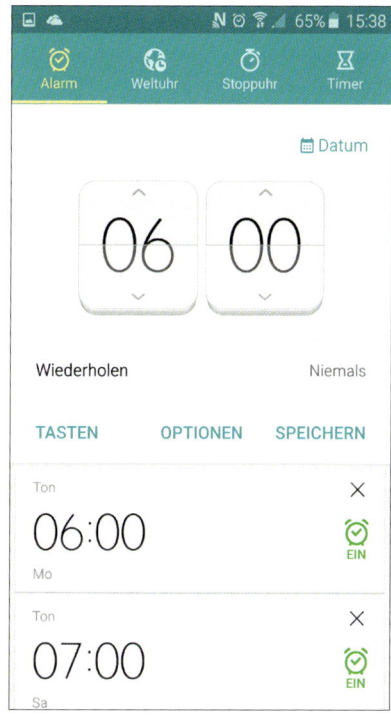

Wecker und Erinnerung auf dem Samsung Galaxy S6 einstellen.

3. Die Option *Zunehmende Lautstärke* lässt den Wecker zunächst ganz leise klingeln und erhöht die Lautstärke in den ersten 60 Sekunden bis zum eingestellten Wert.

4. Speichern Sie den Wecker, danach können Sie auch noch weitere neue Wecker festlegen. Auf diese Weise stellen Sie Wecker für verschiedene Tage

oder Ereignisse, die sich wiederholen. Sie brauchen diese Wecker dann nur bei Bedarf ein- oder auszuschalten und müssen sie nicht jedes Mal neu einstellen.

5. Ein Weckersymbol in der Benachrichtigungszeile oben rechts weist darauf hin, dass ein Wecker aktiv ist. Wenn dieser klingelt, erscheint zusätzlich eine auffällige Anzeige auf dem Bildschirm, unabhängig davon, welche App gerade läuft.

Wenn der Wecker klingelt, tippen Sie auf *Ablehnen*, um ihn auszuschalten. Wurde bei dem Alarm eine Erinnerung eingeschaltet, erscheint zusätzlich die Schaltfläche *Erinnern*. Tippen Sie darauf, wird der Alarm zwar still, er ertönt aber nach der festgelegten Erinnerungszeit erneut.

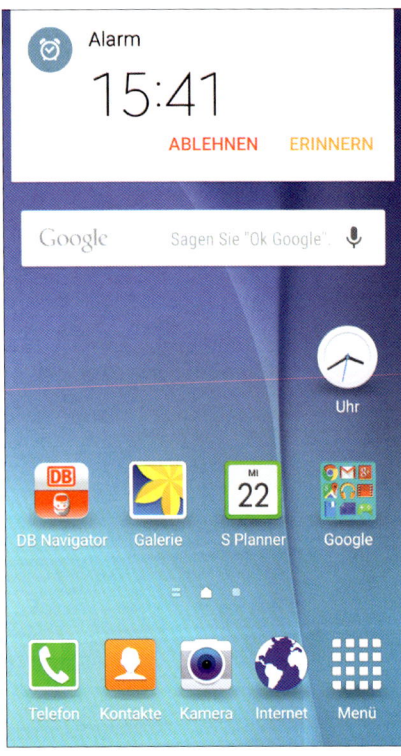 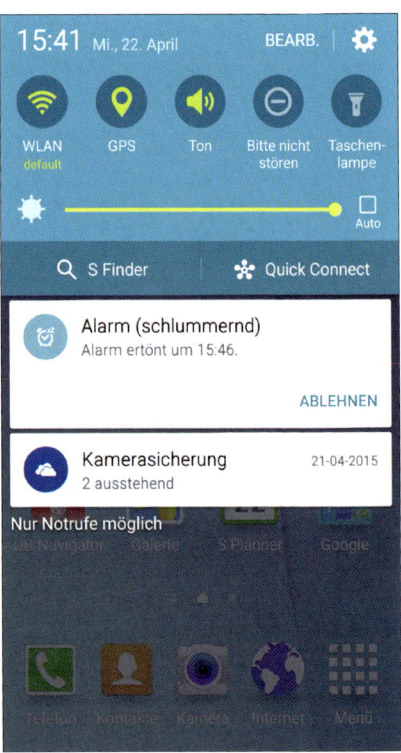

Der Wecker klingelt – rechts ein schlummernder Alarm in der Benachrichtigungsleiste.

Die App bietet auch noch eine Stoppuhr sowie einen Timer (Kurzzeitwecker), deren Bedienung sich weitgehend selbst erklärt.

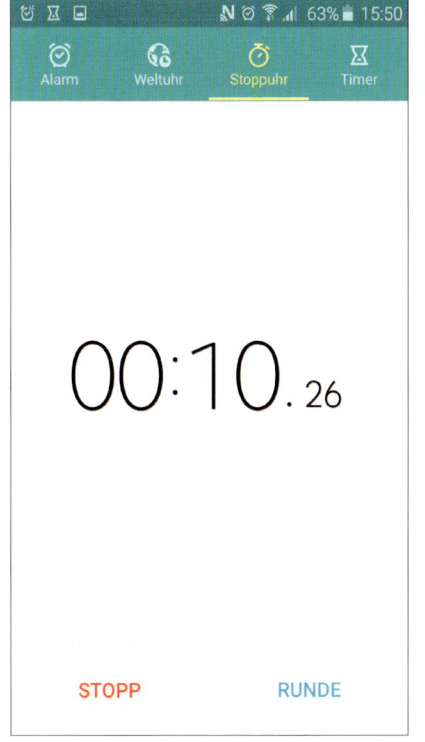

Stoppuhr und Timer.

Uhren für den Startbildschirm

Android 5 Lollipop liefert standardmäßig verschiedene Widgets mit Uhren für den Startbildschirm mit. Auf dem Samsung Galaxy S6 werden nicht alle davon angeboten. Die Analoguhr fehlt, *Alarm* und *Dual-Uhr* sind dabei.

1. Tippen Sie auf dem Startbildschirm lange auf eine freie Fläche. Tippen Sie dann auf das Symbol *Widgets*.

2. Tippen Sie etwas länger auf das gewünschte Widget, bis der Startbildschirm erscheint.

3. Jetzt können Sie das Widget an der geplanten Position auf dem Startbildschirm ablegen und dort loslassen. Die Uhr wird ab sofort ständig auf dem Startbildschirm angezeigt.

Beim Dual-Uhr-Widget mit zwei Zeiten können Sie gleich noch eine Stadt für die zweite Zeitzone auswählen.

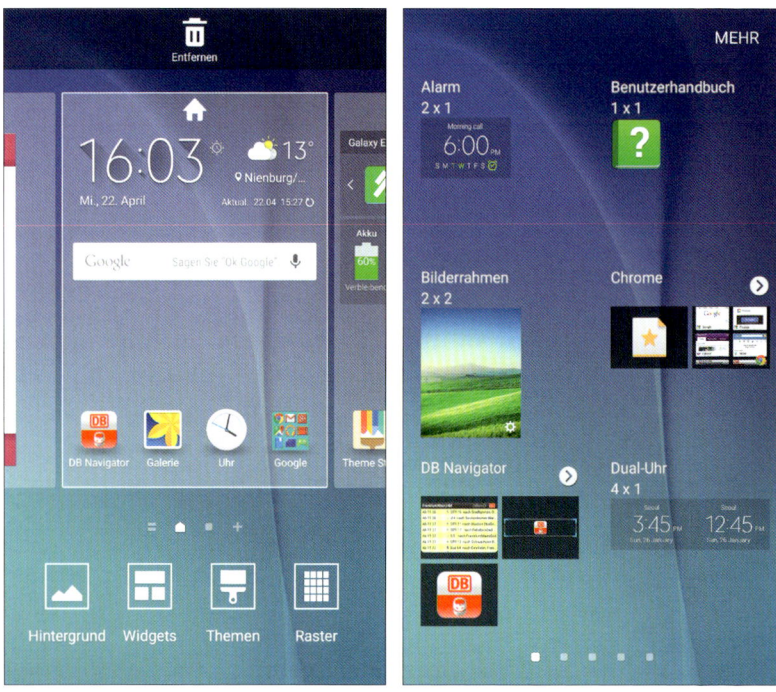

Uhren-Widgets auf dem Samsung Galaxy S6 auswählen.

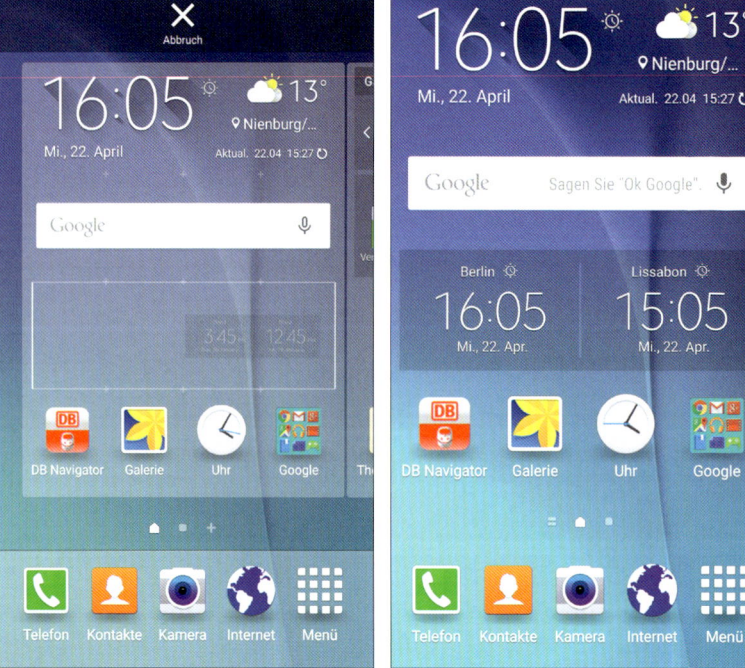

Dual-Uhr auf den Startbildschirm ziehen.

Das Alarm-Widget bietet direkten Zugriff auf den Wecker. Hier sehen Sie immer die Weckzeit und können direkt einen neuen Alarm einstellen. Mehrere Alarm-Widgets können unterschiedliche Wecker auf dem Startbildschirm anzeigen.

Zwei Alarm-Widgets mit Einstellungen.

Widgets können wie App-Symbole wieder vom Startbildschirm entfernt werden.

Mehrere Apps gleichzeitig sehen

Die TouchWiz-Oberfläche auf dem Samsung Galaxy S6 bietet die Möglichkeit, mehrere Apps gleichzeitig auf dem Bildschirm zu nutzen. Allerdings muss diese Funktion von der jeweiligen App unterstützt werden.

Tippen Sie unten links auf die Taste zur Anzeige der Apps-Liste. Bei Apps, die die sogenannte Multi-Window-Ansicht unterstützen, wird ein Symbol mit zwei gestapelten Rechtecken angezeigt. Tippen Sie darauf, erscheint diese App in der oberen Bildschirmhälfte. Jetzt können Sie in der unteren Hälfte eine weitere App wählen.

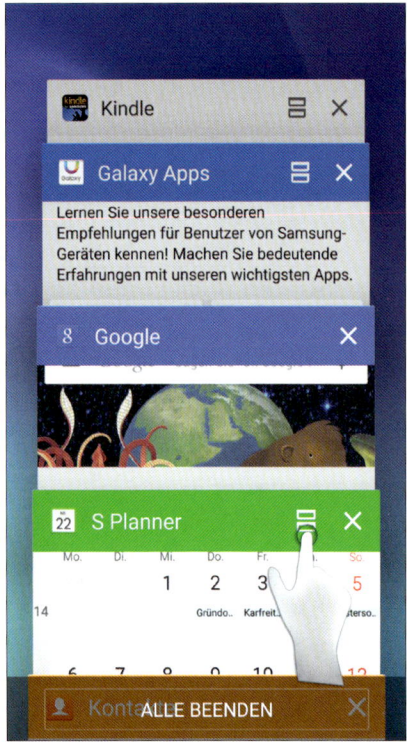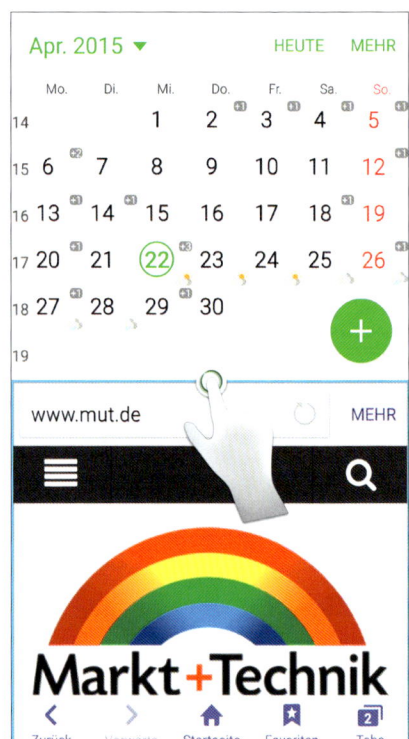

Zwei Apps in geteilter Bildschirmansicht.

Alternativ können Sie auch den Finger länger auf die Taste zur Anzeige der Apps-Liste halten. Die aktuell dargestellte App wird in der oberen Bildschirmhälfte angezeigt. Unten erscheint eine Liste kompatibler Apps, die in der unteren Hälfte geöffnet werden können. Tippen Sie auf den Kreis zwischen den Apps, um eine Symbolleiste mit fünf Symbolen einzublenden:

- Zwischen Apps wechseln
- Inhalte von einer App in die andere verschieben (wenn von den Apps unterstützt)
- App-Fenster minimieren
- App-Fenster maximieren
- App schließen

Durch Verschieben des Kreises lassen sich die Größen der App-Fenster ändern, indem die Trennlinie zwischen beiden Fenstern verschoben wird. Halten Sie den Finger länger auf dem Kreis, wird die App zu einem frei auf dem Bildschirm verschiebbaren Fenster. Auf diese Weise lassen sich sogar mehr als zwei Apps gleichzeitig anzeigen.

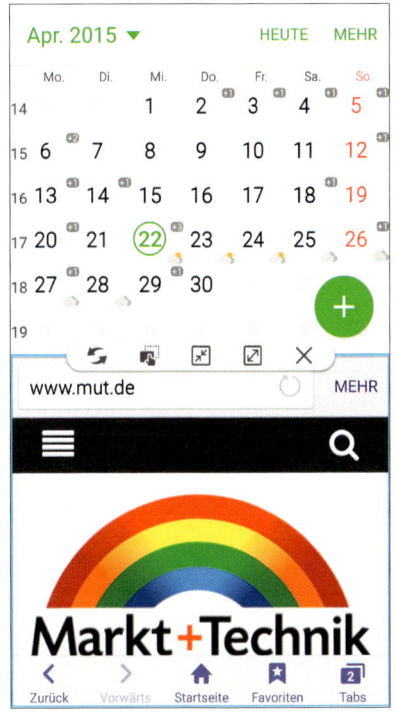
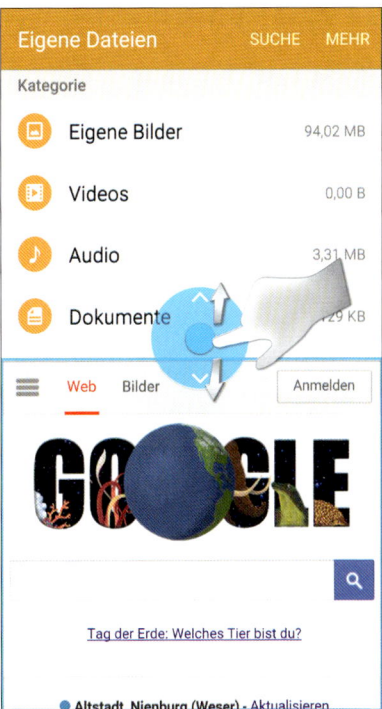

Symbolleiste beim Antippen des Kreises. Größen der App-Fenster ändern.

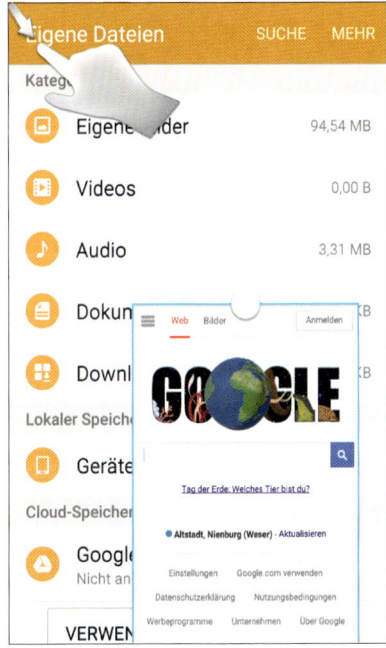
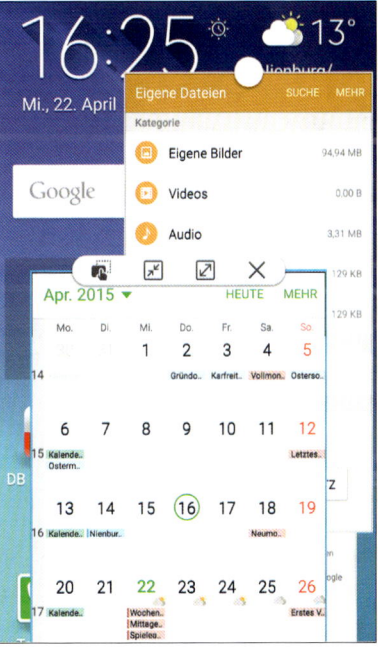

Durch Ziehen von der linken oberen Bildschirmecke in Richtung Bildmitte lässt sich eine App auch als verschiebbares Fenster darstellen.

Das Galaxy S6 edge mit zusätzlichen Bildschirmen an der Seite

Das Samsung Galaxy S6 edge sieht mit seinen abgerundeten Kanten nicht nur schick aus, es liegt durch die sich daraus ergebenden schmaleren Kanten an der Unterseite auch griffiger in der Hand. Ein wesentliches Merkmal sind jedoch die zusätzlichen Möglichkeiten, die der jetzt auch von der Seite sichtbare Bildschirm bietet. Die Zusatzfunktionen des Seitenbildschirms werden nur auf einer Seite angezeigt. In den *Einstellungen* unter *Seitenbildschirm* legen Sie fest, welche Seite das sein soll und welche Benachrichtigungselemente dort erscheinen sollen.

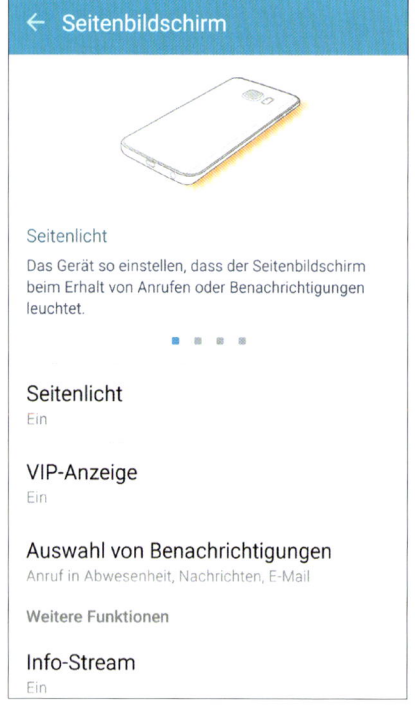 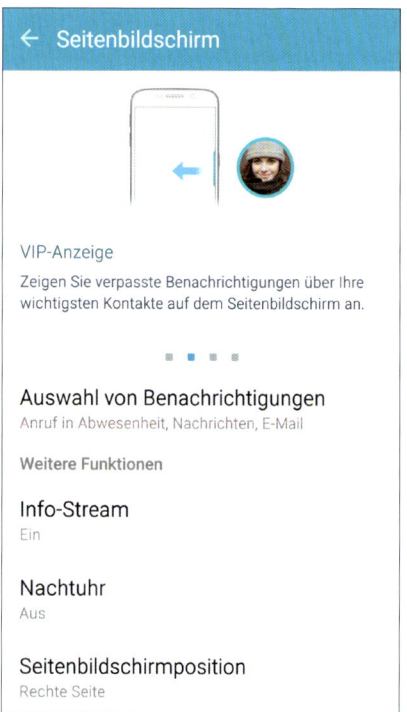

Einstellungen für den Seitenbildschirm.

VIP-Kontakte

In den *Einstellungen* unter *Seitenbildschirm/VIP-Anzeige* können bis zu fünf Kontakte als VIP markiert und mit einer Farbe versehen werden. Ruft eine dieser Personen an, erscheint eine farbige Benachrichtigung auf dem Seitenbildschirm. Ist in den *Einstellungen* unter *Seitenbildschirm* der Schalter *Seitenlicht* eingeschaltet, leuchtet eine Animation auf dem Seitenbildschirm in der Farbe des VIP-Kontaktes, wenn das Samsung Galaxy S6 edge mit dem Bildschirm nach unten auf dem Tisch liegt. Auf den VIP-Kontakte-Bildschirm kommt man mit einer Wischbewegung vom Seitenbildschirm in Richtung Bildschirmmitte. Hier können Sie Kontakte aus dem Adressbuch als VIP hinzufügen.

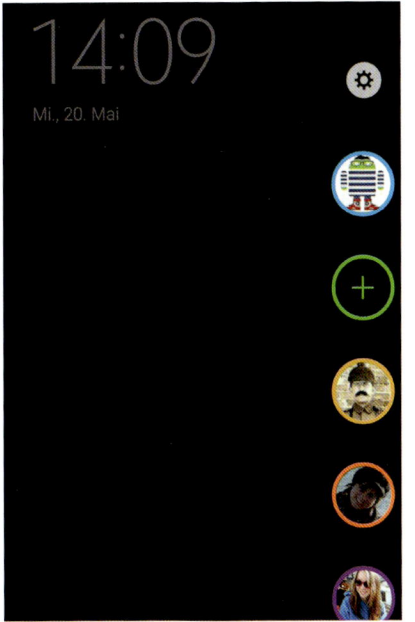 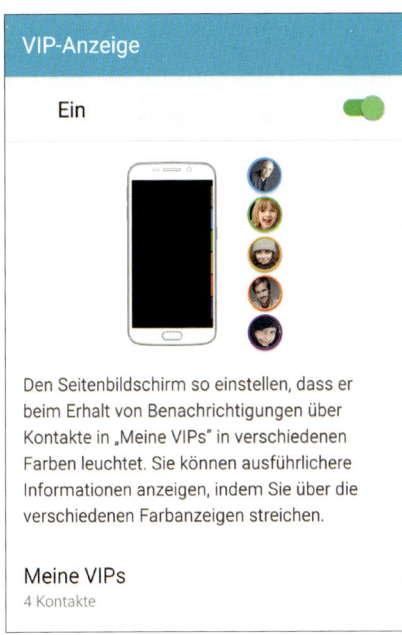

VIP-Anzeige auf dem Seitenbildschirm einrichten.

Bei einem verpassten Anruf erscheint ein kleiner Balken in der Farbe des Anrufers auf dem Seitenbildschirm. Wischen Sie von diesem Balken in Richtung Bildschirmmitte, erscheinen Symbole, um die Person zurückzurufen, eine SMS oder E-Mail zu senden.

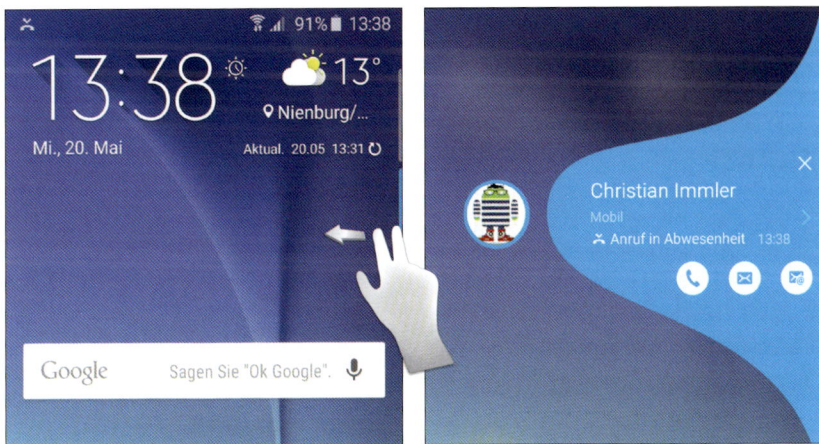

Anzeige bei verpasstem Anruf auf dem Seitenbildschirm.

Info-Stream

In den *Einstellungen* unter *Seitenbildschirm* können Sie einen *Info-Stream* aktivieren. Dieser zeigt aktuelle Schlagzeilen zu verschiedenen Themen auf dem
Seitenbildschirm an.

Der Info-Stream wird durch eine schnelle Wischbewegung auf dem Seitenbildschirm aktiviert, während der Bildschirm ausgeschaltet ist.

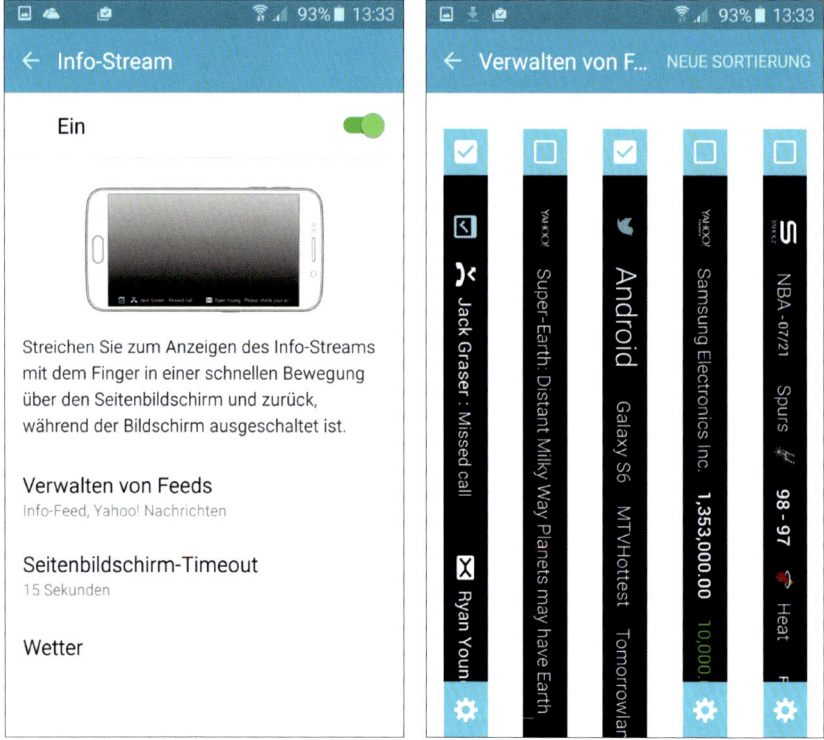

*Unter »Verwalten von Feeds« wählen Sie verschiedene Informationsquellen für den Info-Stream
aus.*

Nachtuhr

Die Nachtuhr zeigt die Uhrzeit in kleiner grauer Schrift auf dem Seitenbildschirm an, während der Hauptbildschirm schwarz bleibt.

In den *Einstellungen* unter *Seitenbildschirm/Nachtuhr* legen Sie den Zeitraum
fest, wann die Nachtuhr aktiv sein soll. Wenn die Akkukapazität unter 15 %
fällt, wird die Nachtuhr automatisch abgeschaltet.

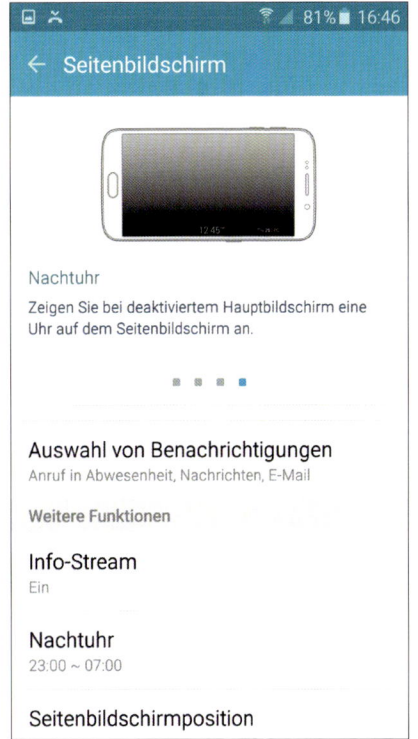

Die Einstellungen für die Nachtuhr.

Der einfache Modus

Wem die Standardoberfläche zu verspielt oder zu unübersichtlich ist, kann das Samsung Galaxy S6 auch im sogenannten einfachen Modus betreiben. Dabei handelt es sich um eine stark vereinfachte Oberfläche, auf der nur wichtige Apps mit großen Symbolen dargestellt werden. Die Schrift in allen Apps wird vergrößert, und die Einstellungen und Menüs werden ebenfalls vereinfacht.

Der einfache Modus kann bereits bei der Ersteinrichtung des Samsung Galaxy S6 eingestellt werden.

1. Um später in den einfachen Modus zu wechseln, ziehen Sie die Benachrichtigungsleiste herunter und tippen oben rechts auf das Zahnradsymbol.

2. Wischen Sie in den *Einstellungen* nach unten in den Bereich *Persönlich* und tippen Sie dort auf *Einfacher Modus*.

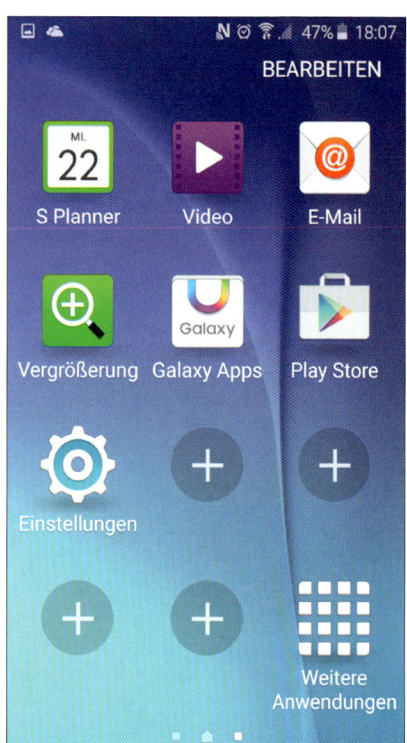

Zwei Startbildschirmseiten im einfachen Modus.

3. Schalten Sie hier auf den einfachen Modus um und wählen Sie in der Liste unten die Apps, die auf dem Startbildschirm angezeigt werden sollen. Hier werden nur besonders wichtige und einfach zu bedienende Samsung-Apps vorgeschlagen – keine Apps von Google. Später können Sie auch noch weitere Apps hinzufügen.

4. Tippen Sie oben auf *OK*, erscheint der Startbildschirm im einfachen Modus.

Links neben der ersten Startbildschirmseite befindet sich im einfachen Modus eine weitere Bildschirmseite, auf der Sie wichtige Kontaktpersonen als Symbole hinzufügen können.

Tippen Sie im einfachen Modus auf das *Einstellungen*-Symbol, finden Sie an erster Stelle die *Schnelleinstellungen*, die speziell für den einfachen Modus optimiert sind. Hier können Sie auch die Schriftart und Schriftgröße der Systemschrift ändern.

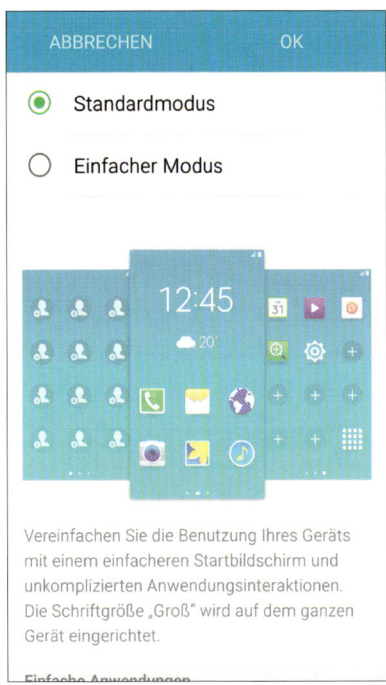

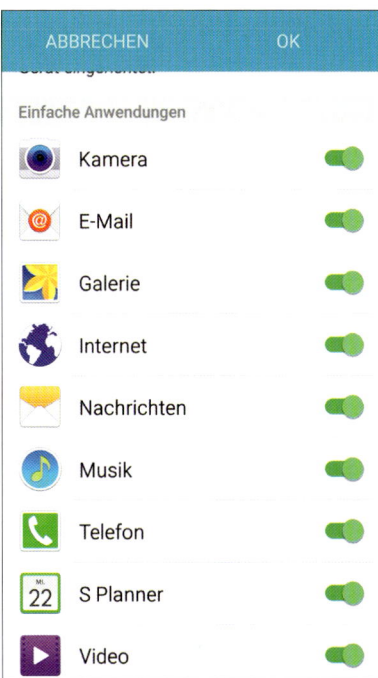

Einstellungen für den einfachen Modus.

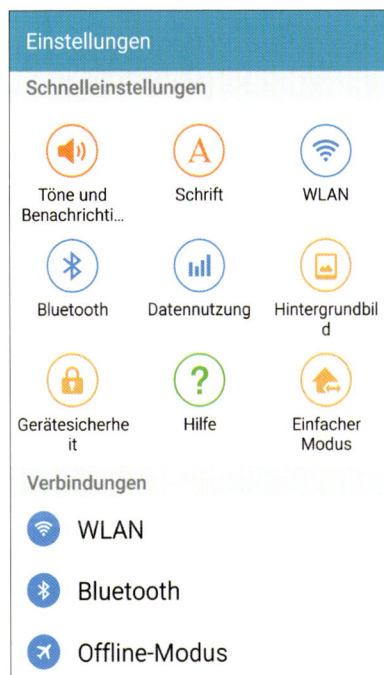

Einstellungen für den einfachen Modus.

Das Smartphone als Lupe

Bei Arbeiten mit Kleinteilen ist es manchmal praktisch, eine Lupe und eine Taschenlampe zur Hand zu haben. Die App *Vergrößerung* macht das Samsung Galaxy S6 zur Lupe.

Der Vergrößerungsfaktor der Lupe lässt sich variabel einstellen. Die Taschenlampe hilft, die Kleinteile noch besser zu erkennen. Das Symbol *Aufnahme* macht einen Schnappschuss des Bildes, der auf dem Bildschirm stehen bleibt. So kann man das Smartphone beiseitelegen und hat wieder beide Hände frei. Das Bild lässt sich auch als Foto speichern.

Die Vergrößerungslupe im einfachen Modus.

Nicht nur im einfachen Modus

Auf den ersten Blick wird diese sehr nützliche App nur im einfachen Modus auf dem Samsung Galaxy S6 angeboten. Im Normalmodus ist sie nicht bei den Apps, sondern bei den Widgets zu finden und kann einfach auf den Startbildschirm gelegt werden.

KAPITEL 3

Apps finden und installieren

Ähnlich wie es für PCs Tausende verschiedene Programme gibt, wird auch der Markt für Apps immer umfangreicher und zugleich unübersichtlicher. So ziemlich jedes erdenkliche Thema lässt sich mit der passenden App auf dem Samsung Galaxy S6 darstellen. Für Android sind mittlerweile weit über 1.400.000 verschiedene Apps erhältlich, etwa zwei Drittel davon kostenlos. Allerdings werden Sie, wenn Sie sich einige Zeit mit diesem Thema beschäftigt haben, feststellen, dass Sie über 99 % dieser Apps nicht brauchen.

Der Google Play Store

Die erste Anlaufstelle, um Apps auf das Samsung Galaxy S6 herunterzuladen, ist der Google Play Store (früher: Android Market). Zum Download aus dem großen Angebot ist eine spezielle App nötig, die auf allen Android-Smartphones mit Google-Zertifizierung direkt auf dem Startbildschirm vorinstalliert ist.

Der Google Play Store listet alle Apps getrennt nach Anwendungen und Spielen in unterschiedlichen Kategorien auf. Hier kann man sich anhand von Bestenlisten und Empfehlungslisten inspirieren lassen. Diese Listen sollen zwar zur Orientierung dienen, sind aber weitgehend aussagelos, da sich Entwickler dort »einkaufen« können. Um eine bestimmte App zu finden, verwendet man am besten die Suchfunktion.

Der Google Play Store zeigt auf jedem Smartphone immer nur die Apps an, die auf dem jeweiligen Gerät auch tatsächlich laufen. Zu jeder App werden eine Beschreibung sowie Screenshots angezeigt. Bei einigen Apps gibt es auch YouTube-Videos, die die Funktion näher erläutern. Da die Beschreibungen sowie die Videos nicht von Google selbst stammen, sondern von den

Entwicklern geliefert werden müssen und nur minimalen Qualitätskontrollen unterliegen, sind sie häufig kaum brauchbar.

 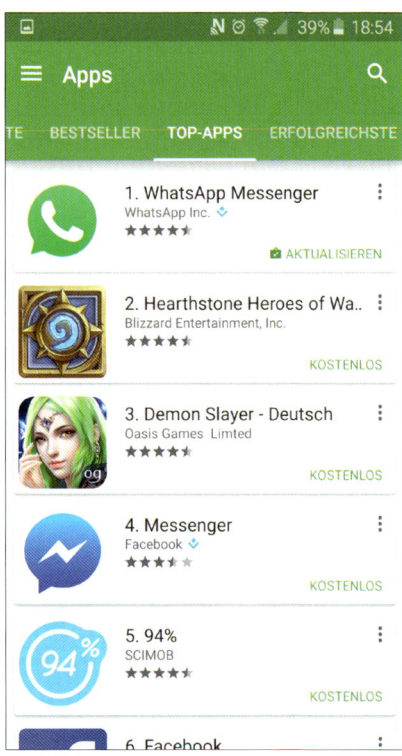

Der Google Play Store auf dem Samsung Galaxy S6.

ACHTUNG: Der Google Play Store erfordert eine Anmeldung mit einem Google-Konto. Falls Sie bei der Einrichtung Ihres Samsung Galaxy S6 kein Google-Konto angegeben haben, müssen Sie dies spätestens tun, wenn Sie den Google Play Store nutzen wollen.

Apps auf dem Smartphone installieren

Zur Installation auf dem Galaxy S6 sind nach Auswahl der App nur noch zwei Klicks erforderlich. Der Google Play Store zeigt an dieser Stelle an, auf welche Systemkomponenten die jeweilige App zugreifen kann. Diese Berechtigungen sollte man sich in jedem Fall vor der Installation ansehen. Viele werbefinanzierte Apps fordern uneingeschränkten Internetzugriff oder gar die Berechtigung, Anrufe zu tätigen oder SMS zu verschicken. Bei Apps wie zum Beispiel Telefonbüchern oder Branchenverzeichnissen sind diese Berechtigungen zur Funktionalität wichtig, bei einfachen Spielen oder Grafikprogrammen besteht jedoch die Gefahr, dass Apps auf diesem Weg teure Verbindungen aufbauen – eine Betrugsmasche, die unter dem Namen Dialer schon zu Zeiten analoger Modems am PC bekannt war. Trotz der teilweise bedenklich klingenden Bezeichnungen sind die meisten Berechtigungen für das Funktionieren einer App wirklich nötig.

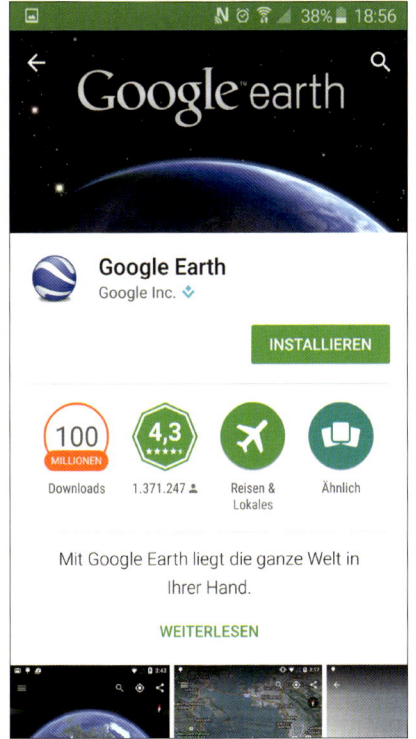 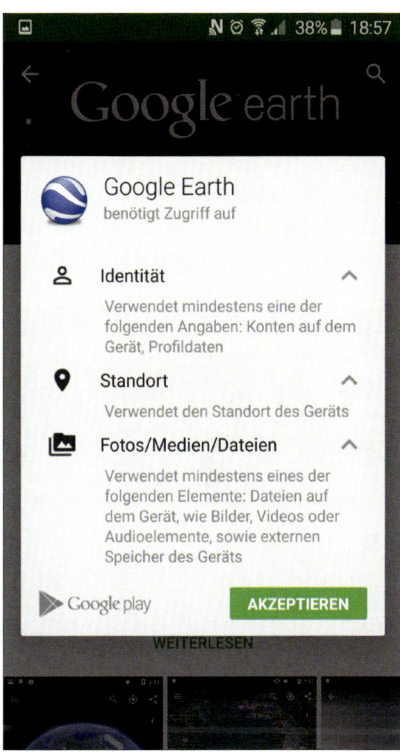

Neue App aus dem Google Play Store installieren.

Bewertungen und Nutzerkommentare

Das Symbol *Empfehlung der Redaktion* sowie die Anzahl der Sterne und auch die Gesamtzahl der Installationen sind noch ein guter Richtwert für die Qualität der App.

Die Nutzerkommentare sollten Sie dagegen besser ignorieren. Wie in fast allen Onlineshops zeugen diese von absolut mangelhaftem technischem Verständnis, dafür umso mehr von übersteigertem Geltungsbewusstsein einiger Nutzer. Besonders die Bewerter mit wenigen Sternen würden oft bereits im Deutschunterricht der ersten Klasse durchfallen. Wie viele andere Webseiten auch, würde sich Google Play einen Gefallen tun, wenn die Kommentare redaktionell gefiltert oder ganz abgeschaltet würden.

Wer bei den Zugriffsberechtigungen Sicherheitsbedenken hat, kann die Installation an dieser Stelle noch abbrechen. Danach wird die App installiert und Sie können sie direkt aus dem Google Play Store heraus öffnen.

Zusätzlich wird an einer freien Position auf dem Startbildschirm automatisch ein App-Icon abgelegt. Selbstverständlich ist die neu installierte App auch in der Liste aller Apps zu finden.

Automatische App-Updates

Unter *Meine Apps*, erreichbar mit einer Wischgeste vom linken Bildschirmrand, speichert der Google Play Store alle von dort heruntergeladenen Apps. In dieser Liste werden auch Update-Benachrichtigungen angezeigt, wenn von einer App eine neue Version verfügbar ist.

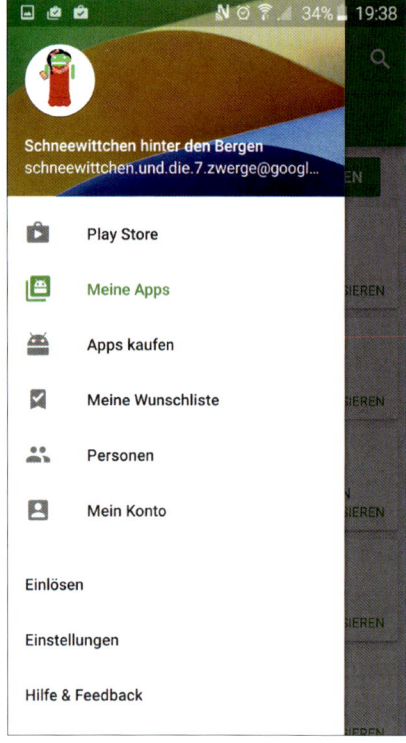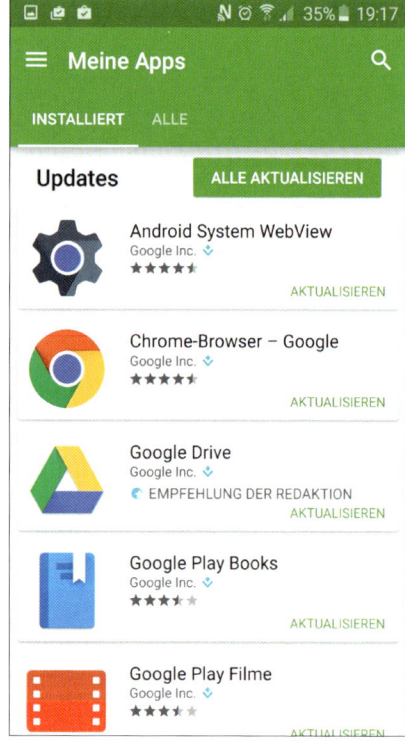

Meine Apps in Google Play.

Einige Apps erhalten häufig Updates. Um nicht jede App manuell updaten zu müssen, können Sie auch alle anstehenden Updates auf einmal aktualisieren.

TIPP: Möchten Sie sich über Updates keine Gedanken machen müssen, schalten Sie über den Menüpunkt *Einstellungen* im Google Play Store die Funktion *Automatische App-Updates* ein. Um Mobilfunkdatenvolumen zu sparen, sollten Sie automatische App-Updates nur über WLAN zulassen.

Damit werden automatische Updates nur heruntergeladen, wenn sich das Smartphone in einem WLAN befindet. Manuell können Sie trotzdem jederzeit App-Updates auch über UMTS installieren.

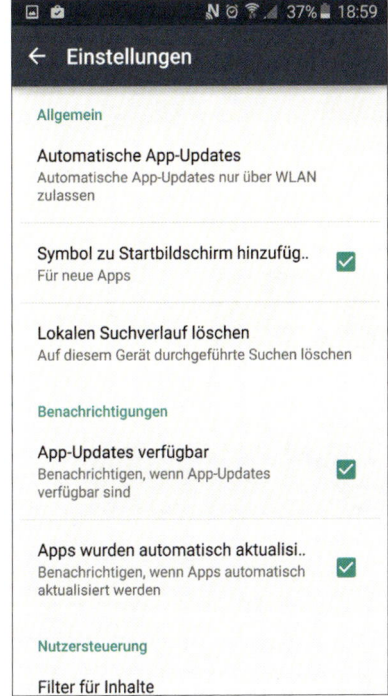
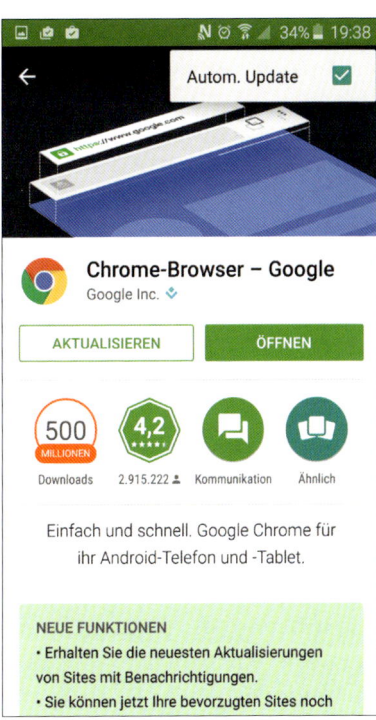

Automatische App-Updates im Google Play Store.

Sowie ein Update neue Berechtigungen erfordert, wird es nicht mehr automatisch installiert. In diesem Fall müssen Sie zuerst den neuen Berechtigungen zustimmen. Danach kann das Update manuell installiert werden.

Möchten Sie bestimmte Apps nicht automatisch updaten, weil zum Beispiel bekannt ist, dass Updates statt Vorteilen Funktionseinschränkungen mit sich bringen, können Sie den Schalter *Automatische App-Updates* für diese App ausschalten.

Der Google Play Store auf dem PC

Der Google Play Store ist auch vom PC über einen beliebigen Webbrowser unter *play.google.com/store* zu erreichen. Hier kann man Apps finden und auch direkt auf seinen Geräten installieren.

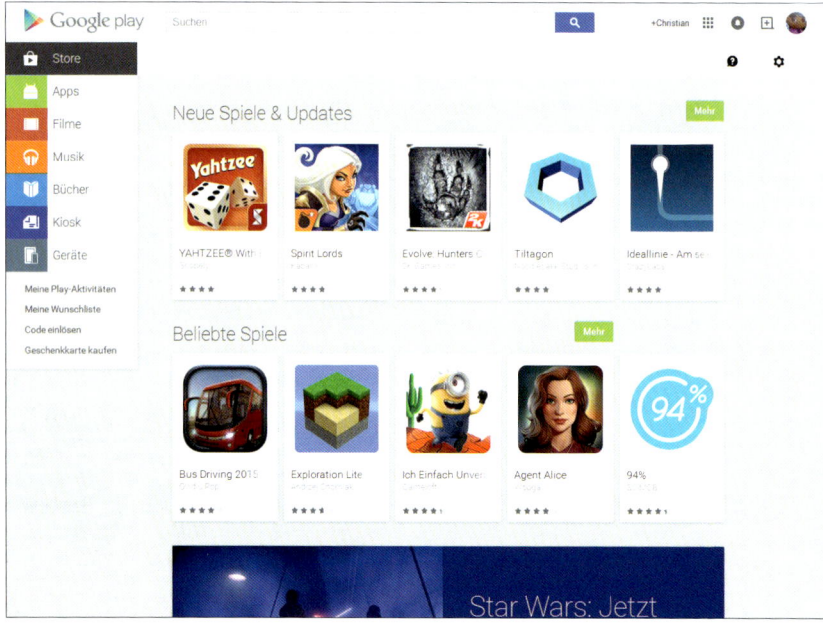

Der Google Play Store auf dem PC.

Zur Installation von Apps muss man auf dem PC im Browser mit dem Google-Konto angemeldet sein, das auch auf dem Smartphone verwendet wird. Unter dem Link *Apps/Meine Apps* können Benutzer die verwendeten Geräte verwalten. Hier sehen Sie auch alle auf Ihren Android-Geräten installierten Apps.

Bevor Sie eine App zur Installation auswählen, prüfen Sie unterhalb des grünen Installationsbuttons die Gerätekompatibilität. Ein Klick auf das *i*-Symbol zeigt alle in diesem Google-Konto eingetragenen Android-Geräte. Anhand von Betriebssystemversion, Bildschirmgröße und einigen anderen technischen Kriterien wird ermittelt, mit welchen der Geräte die App kompatibel ist.

Um eine App auf dem Smartphone zu installieren, klicken Sie auf dem PC auf den *Installieren*-Button bei der jeweiligen App. Wählen Sie jetzt noch das gewünschte Gerät aus, wenn Sie unter Ihrem Google-Konto mehrere Android-Geräte angemeldet haben, wie beispielsweise ein Smartphone und ein Tablet.

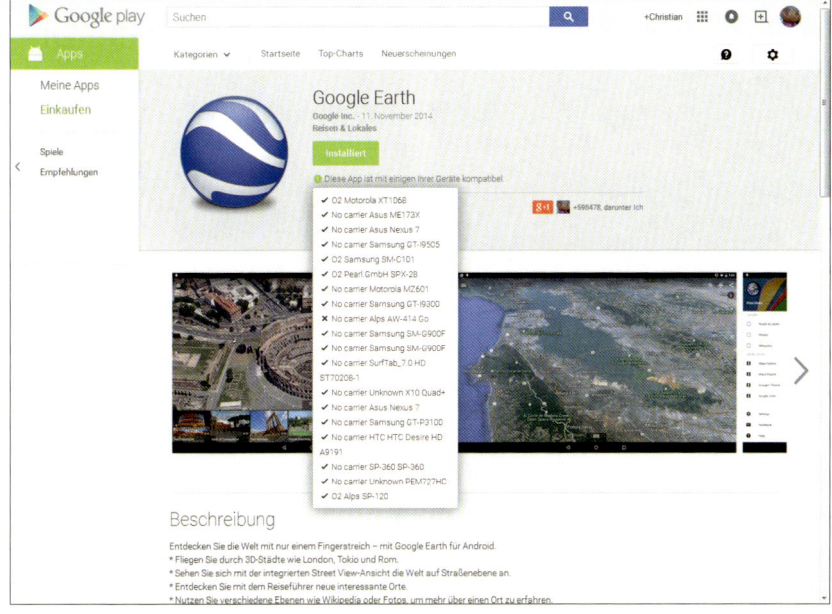

Anzeige der Gerätekompatibilität im Google Play Store auf dem PC.

Um die Installation auf dem jeweiligen Gerät brauchen Sie sich keine Gedanken mehr zu machen. Die App wird nun vollautomatisch an Ihr Smartphone geschickt und dort installiert. Sie werden darüber in der Benachrichtigungszeile informiert.

Beachten Sie hierbei, dass die Bestellung sofort per Push auf Ihr Smartphone geschickt wird. Das verbraucht Datenvolumen oder erzeugt Kosten, falls Sie keine Flatrate besitzen. Besonders schnell und kostenlos geht es natürlich, wenn Ihr Smartphone per WLAN online ist.

So kann man Apps kaufen

Kostenpflichtige Apps werden im Google Play Store mit Googles eigenem Bezahlsystem Google Wallet bezahlt. Dies funktioniert zurzeit nur mit einer gültigen Kreditkarte, einer Prepaid-Guthabenkarte und bei einigen Telefonanbietern auch über die Mobilfunkrechnung. Spätestens beim ersten Kauf einer App müssen Benutzer in ihrem Google-Konto eine Zahlungsmethode und auch eine gültige Postanschrift hinterlegen.

Vor jedem Kauf können Sie die Zahlungsmethode wechseln und es muss sicherheitshalber noch einmal das Passwort des Google-Kontos eingegeben werden, solange Sie diese Abfrage nicht deaktiviert haben.

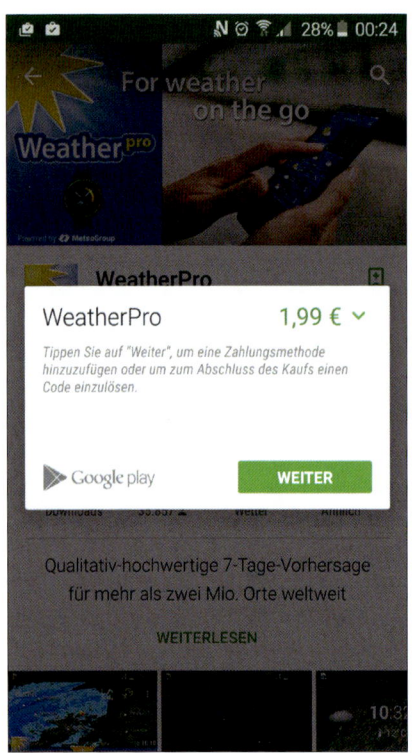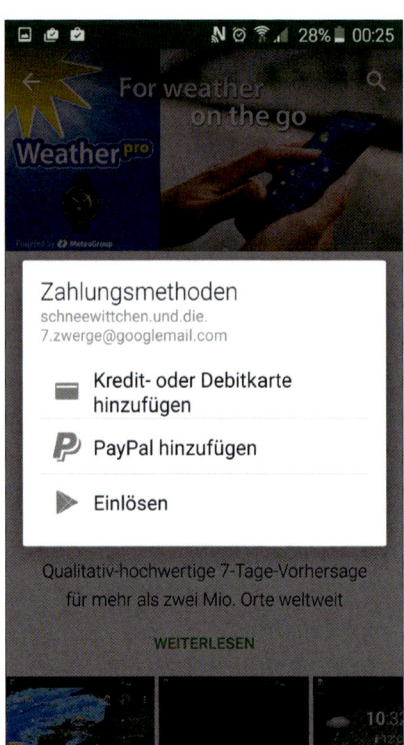

App kaufen und Zahlungsmethode wählen.

> **PayPal**
>
> Nachdem viele Nutzer jahrelang darauf gewartet haben, bietet der Google Play Store seit März 2015 endlich auch PayPal als Zahlungsmethode an. Dabei kann ein beliebiges PayPal-Konto eingetragen werden. Dieses muss nicht mit der E-Mail-Adresse Ihres Google-Kontos übereinstimmen.

Alternativ können Sie Prepaid-Guthaben für den Google Play Store in Form von Geschenkkarten unter anderem bei verschiedenen Supermarkt- und Tankstellenketten kaufen und beim Onlinekauf einlösen.

Eine App, die Sie einmal auf einem Android-Gerät gekauft haben, können Sie auf weiteren Geräten mit demselben Google-Konto wieder installieren, ohne sie neu zu kaufen. Wählen Sie dazu im Menü von Google Play *Meine Apps*. Dort finden Sie neben den installierten Apps noch eine Liste *Alle*, die alle Apps enthält, die Sie jemals mit diesem Google-Konto auf irgendeinem Android-Gerät heruntergeladen haben – Freeware und auch Kauf-Apps.

Nicht mehr benötigte Apps deinstallieren

Irgendwann ist auch der Speicher des größten Smartphones voll oder Sie wollen mal wieder den Überblick in der Apps-Liste haben. Wie auch immer, es wird der Zeitpunkt kommen, an dem Sie bestimmte Apps wieder vom Samsung Galaxy S6 entfernen möchten.

Deinstallieren über die Apps-Liste

Am einfachsten deinstallieren Sie Apps direkt aus der Apps-Liste. Tippen Sie auf *Bearbeiten* oben rechts. Eine heller hinterlegte Ansicht des Startbildschirms zeigt die deinstallierbaren oder zumindest deaktivierbaren Apps mit einem roten Minuszeichen. Tippen Sie auf dieses Symbol und bestätigen Sie die Sicherheitsabfrage. Danach wird die App automatisch deinstalliert. Die Zurück-Taste schaltet zum normalen Startbildschirm zurück.

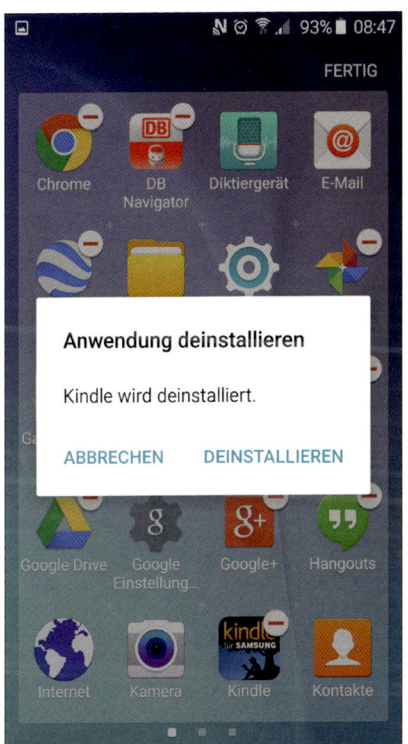 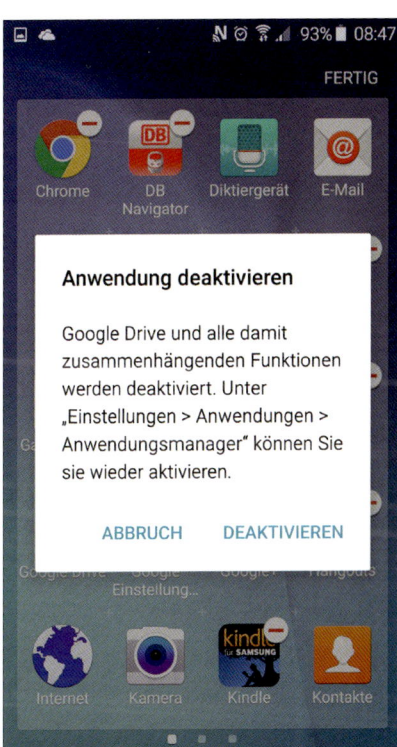

App über die Apps-Liste deinstallieren oder deaktivieren.

Apps, die im ROM des Smartphones vorinstalliert sind, lassen sich auf diesem Weg nur deaktivieren. Das heißt, sie laufen nicht mehr automatisch im Hintergrund und erscheinen auch nicht in der Apps-Liste. Bei App-Symbolen, die fest zum Betriebssystem gehören, erscheint das *Deinstallieren* Symbol erst gar nicht.

Deinstallieren über den Anwendungsmanager

Diese einfache Methode ist eine Funktion von Samsungs TouchWiz-Oberfläche und gehört nicht zum Betriebssystem. Android selbst bietet aber auch Möglichkeiten, Apps vom Smartphone zu entfernen.

Wählen Sie in den *Einstellungen* die Option *Anwendungen* und tippen Sie dort auf *Anwendungsmanager*.

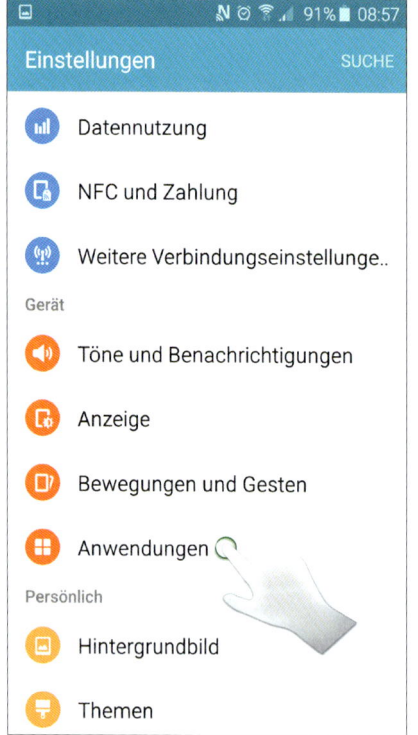
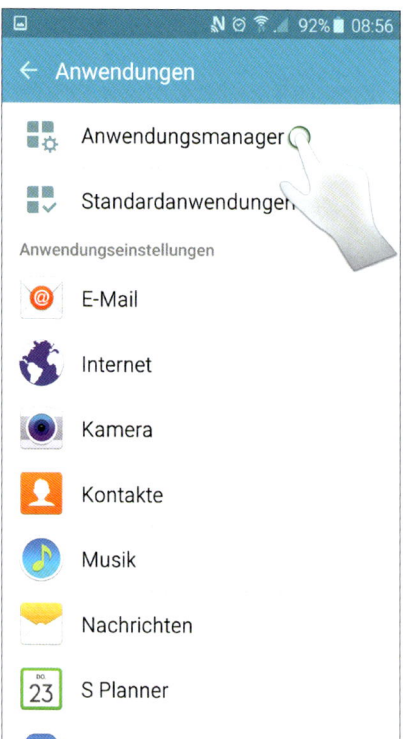

Der Anwendungsmanager in den Einstellungen.

In der Liste auf der Seite *Installierte Apps* wählen Sie die App aus, die Sie entfernen möchten. Auf der nächsten Bildschirmseite wird der Speicherverbrauch der App detailliert angezeigt. Hier können Sie die App dann deinstallieren.

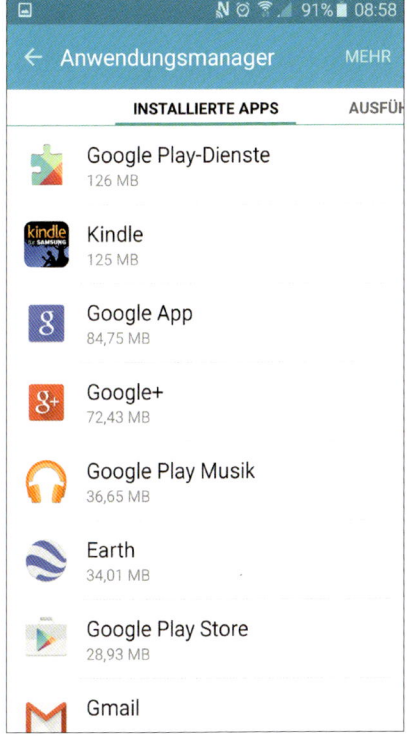
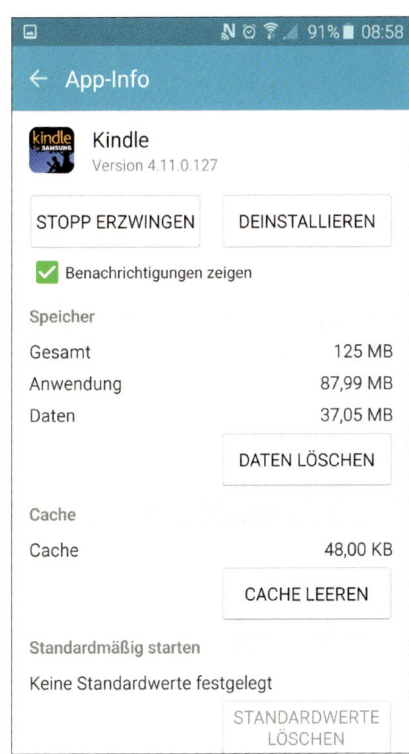

App über die Einstellungen deinstallieren.

Über das Symbol *Mehr* oben rechts können Sie diese Liste nach Größe sortieren und so die Apps, die den meisten Speicherplatz auf dem Smartphone brauchen, schnell finden.

Bloatware

Frühere Generationen von Samsung-Smartphones enthielten jede Menge sogenannte Bloatware, Werbe-Apps für Pizzalieferdienste, Hotelbuchungsportale oder Taxirufe. Derartige Apps sind moderne Formen von Werbebannern, man sieht sie ständig in der App-Liste seines Smartphones, ohne sie wirklich zu brauchen. Auf dem Samsung Galaxy S6 hat Samsung die vorinstallierte Bloatware deutlich reduziert. Je nach Anbieter, bei dem man sein Smartphone kauft, kommt es sogar ganz ohne Bloatware.

Alle Bloatware-Apps lassen sich über die Apps-Liste oder den Anwendungsmanager deinstallieren. Allerdings tauchen sie bei größeren System-Updates, bei denen die komplette Firmware des Smartphones ausgetauscht wird, jedes Mal wieder auf.

Deinstallieren über den Google Play Store

Eine dritte Methode, Apps zu deinstallieren, ist der Google Play Store. Hier finden Sie unter *Meine Apps* eine Liste der installierten Apps. Wählen Sie die App aus, die entfernt werden soll. Auf der Detailseite sehen Sie den Button *Deinstallieren*. Hier erscheint nur noch eine Abfrage, danach wird die App vom Galaxy S6 entfernt.

Diese Methode funktioniert nur mit Apps, die über den Google Play Store installiert wurden. Apps aus anderen Quellen können auf diese Weise nicht deinstalliert werden. Bei einigen vorinstallierten Apps lassen sich nur die später heruntergeladenen Updates deinstallieren. Die App selbst bleibt installiert.

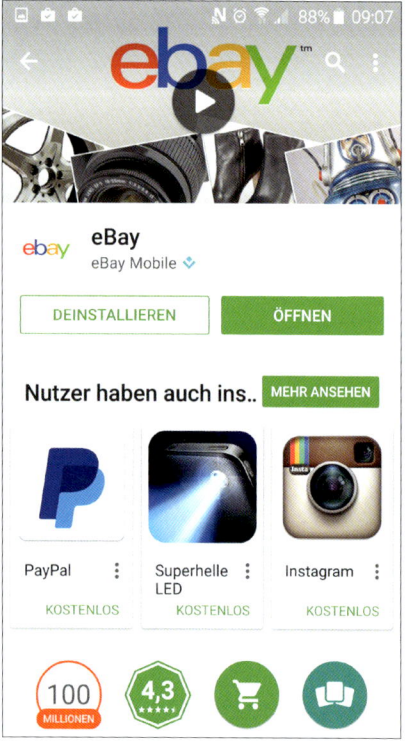 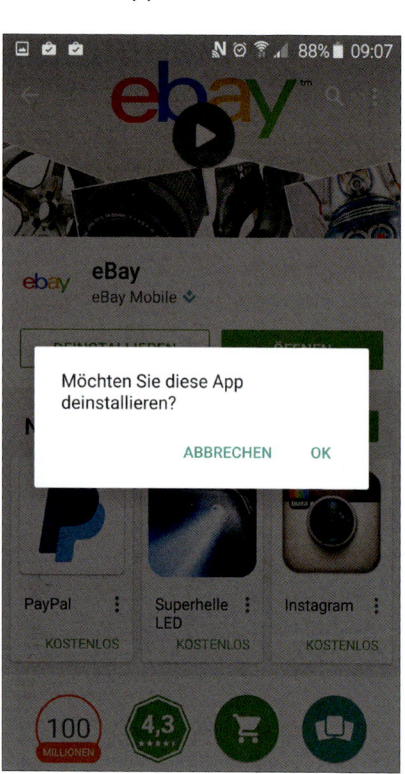

Apps über den Google Play Store deinstallieren.

Apps per QR-Code installieren

Immer mehr Plakate und andere Offlinewerbeformen zeigen Internetadressen, die sich der vorbeigehende Betrachter allerdings merken oder aufschreiben muss. Im Gegensatz zur Bannerwerbung kann man eine URL auf einem Plakat nicht einfach anklicken.

QR-Codes (**Q**uick **R**esponse = schnelle Antwort) bieten hier eine komfortable Lösung. Sie sind der schnelle Weg zu einer Webseite, ohne Adressen abzutippen. Diese grobpixeligen Schwarz-Weiß-Grafiken findet man inzwischen auch auf Fahrscheinen, Visitenkarten und T-Shirts. Auch an Straßenbahnhaltestellen, Fahrkartenautomaten und touristischen Sehenswürdigkeiten sind aktuelle Infos häufig per QR-Code abrufbar.

Großformatige Werbung mit QR-Code auf dem Fußboden einer Einkaufspassage.

Um die mobile Version einer Webseite zu bewerben, bieten auch viele Webseitenbetreiber auf ihren Seiten QR-Codes an, die einen Link auf die mobile Seite enthalten. Scannt man mit der Kamera so einen Code, wird dieser von der entsprechenden Software ausgewertet, und die darin enthaltenen Daten werden direkt an den Browser übergeben. Voraussetzung dafür ist nur eine QR-Code-Lesesoftware auf dem Smartphone.

Barcode Scanner

Die App *Barcode Scanner* scannt QR-Codes, wertet sie aus und startet automatisch einen Browser, wenn es sich bei der im QR-Code gespeicherten Information um einen Weblink handelt. QR-Codes können neben Weblinks
auch Telefonnummern, Kurztexte oder Kontaktdaten beinhalten.

Im Google Play Store finden sich diverse Apps zum Lesen von QR-Codes. Viele davon sind voller Werbung. Die hier vorgestellte Open-Source-App ist werbefrei und bietet gegenüber manchen anderen noch diverse interessante Zusatzfunktionen.

1. Starten Sie den *Barcode Scanner* auf dem Smartphone und halten Sie die Kamera auf einen QR-Code.

2. Sowie der Code erkannt wurde, zeigt der *Barcode Scanner* den Inhalt an. Bei einem Weblink gibt es direkt die Möglichkeit, einen Browser zu starten.

Der Barcode Scanner hat einen QR-Code erkannt.

3. Sie können auch direkt aus dem *Barcode Scanner* heraus den Link per E-Mail oder SMS weitergeben.

> **TIPP:** Mit dem *Barcode Scanner* können Sie auch Apps auf dem Samsung Galaxy S6 installieren. Scannen Sie dazu die im Buch abgedruckten QR-Codes. Diese führen direkt in den Google Play Store.

Daten zwischen zwei Smartphones per QR-Code weitergeben

Kontakte, Lesezeichen oder Apps lassen sich per QR-Code ganz einfach von einem Smartphone an ein anderes weitergeben. Dazu erzeugt man auf dem einen Gerät einen QR-Code auf dem Bildschirm und fotografiert diesen mit dem anderen Smartphone.

Der *Barcode Scanner* bietet über das Symbol *Senden* die Möglichkeit, QR-Codes für auf dem Smartphone gespeicherte Lesezeichen, Kontakte oder Apps auf dem Bildschirm anzuzeigen. Bei Apps wird ein Link auf die jeweilige App im Google Play Store generiert.

Informationen per QR-Code von einem Smartphone an ein anderes weitergeben.

Scannen Sie dann mit dem anderen Smartphone ebenfalls mit dem *Barcode Scanner* den angezeigten QR-Code, und der entsprechende Link wird dort aufgerufen. Bei Adressen werden diese ins Adressbuch des Smartphones übernommen.

Auf diese Weise lassen sich auch beliebige Texte per Zwischenablage in den *Barcode Scanner* kopieren, der daraus einen QR-Code erzeugt, um den Text auf ein anderes Smartphone zu übertragen. Das funktioniert unabhängig vom Betriebssystem des empfangenden Smartphones. Nur QR-Codes, die auf Apps im Google Play Store verlinken, sind auf Android-Smartphones beschränkt.

Alternativen zum Google Play Store

Neben dem Google Play Store gibt es noch weitere unabhängige Anbieter von Android-Apps, die auch andere Zahlungsmethoden anbieten, wie etwa Lastschrift oder Sofortüberweisung.

Ein weiterer Aspekt ist eher technischer Art. Nicht alle Apps werden auf jedem Gerät tatsächlich angezeigt. Dies kann verschiedene Ursachen haben. Einige Smartphones haben keinen Google Play Store und sind auf alternative Downloadquellen für Apps angewiesen. Hobby-Programmierer und Open-Source-Projekte können auch nicht immer für jede Betaversion oder Neuentwicklung die Gebühr bezahlen, die Google für das Einstellen in den Play Store verlangt.

Zahlreiche Entwickler sind aus den genannten Gründen dazu übergegangen, ihre Apps zusätzlich oder gar ausschließlich über ihre eigenen Webseiten oder unabhängige Downloadportale anzubieten.

Apps werden außerhalb des Google Play Store als APK-Dateien zum Download angeboten. Diese können direkt über den Browser oder auch aus einem Dateianhang einer E-Mail auf dem Smartphone installiert werden. Die heruntergeladenen Dateien sind über den Dateimanager *Eigene Dateien* auf dem Samsung Galaxy S6 unter *Gerätespeicher/Download* oder noch einfacher unter *Download-Verlauf* zu finden.

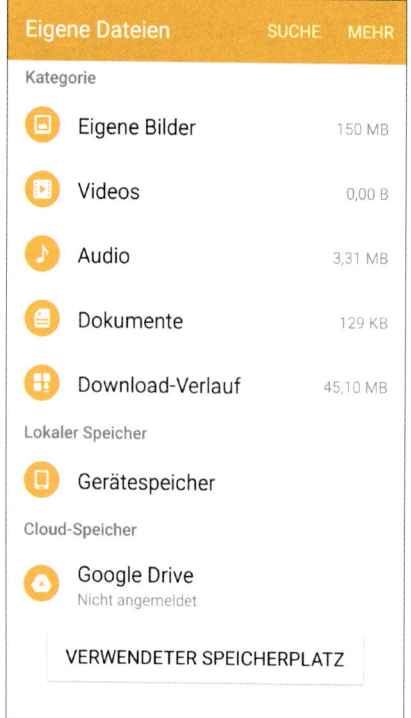
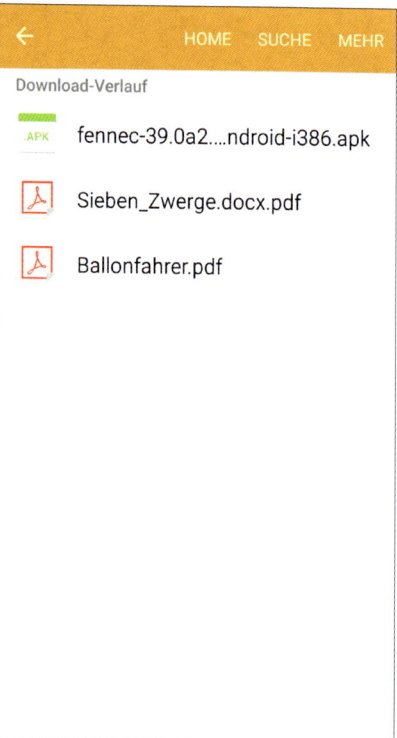

Heruntergeladene Apps installieren.

Je nach Einstellung des Smartphones kann bei der ersten Installation einer APK-Datei ein Hinweis erscheinen, dass Installationen aus unbekannten Quellen nicht zulässig sind. Direkt aus dieser Meldung heraus besteht Zugriff auf die zugehörige Systemeinstellung, mit der man die Installation aus unbekannten Quellen zulassen kann.

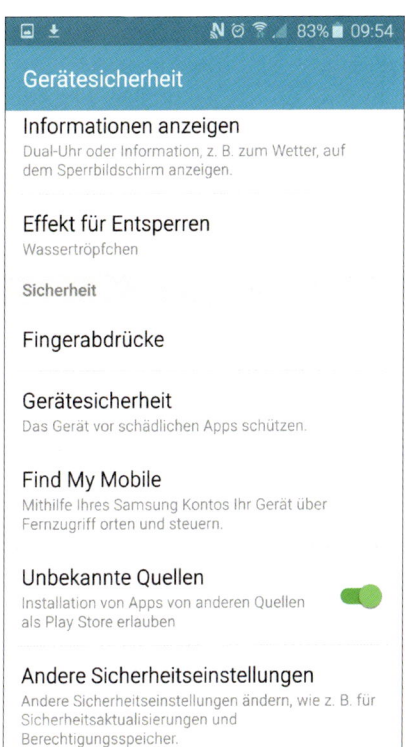

Installation aus unbekannten Quellen zulassen.

Hintergrund

Die Installation einer App aus einer APK-Datei aus einer anderen vertrauenswürdigen Quelle ist technisch gleichermaßen sicher wie aus dem Google Play Store. Mit den Warnungen innerhalb des Betriebssystems macht Google Marketing für seinen Play Store. Auch dort haben es Entwickler immer wieder geschafft, bösartige Software zu verbreiten. Letztendlich ist jeder Anwender selbst dafür verantwortlich, welche Apps er auf seinem Smartphone installiert. Diese Verantwortung kann einem kein App-Shop-Betreiber abnehmen, egal ob Google Play oder ein anderer. Apps von unbekannten chinesischen Downloadseiten oder gar über ein Werbebanner zu installieren, ist dagegen leichtsinnig.

Samsung Galaxy Apps statt Bloatware

Samsung bietet einen eigenen App-Shop *Galaxy Apps* an, der auf dem Samsung Galaxy S6 über eine vorinstallierte App genutzt werden kann. Der Shop *Samsung Galaxy Apps* bietet spezielle Apps für Samsung-Nutzer an. Hier gibt es immer mal wieder Apps kostenlos, die bei Google Play bezahlt werden müssen. Außerdem bekommen Samsung-Kunden bei speziellen Aktionen Gutscheincodes zum Download von Apps aus dem Samsung Apps Shop.

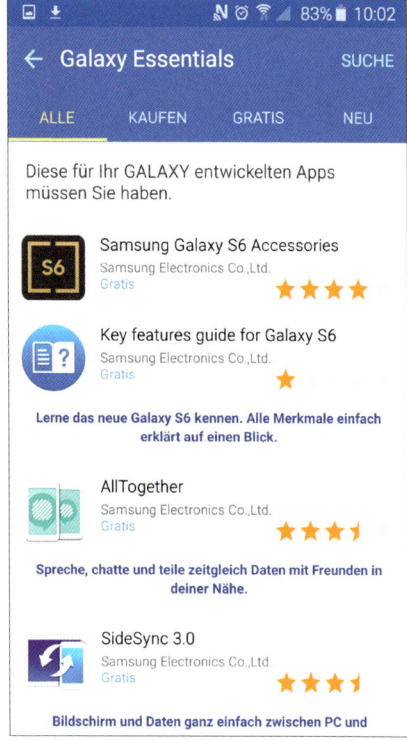
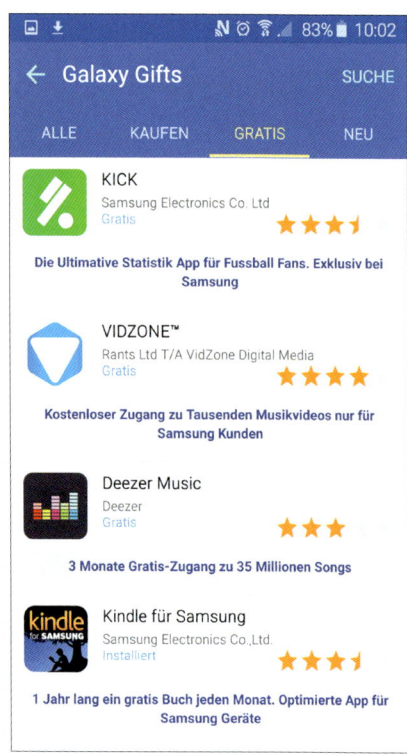

Der Samsung Galaxy App Shop.

Samsung verzichtet auf dem Samsung Galaxy S6 wie auch bei den aktuellen Betriebssystem-Updates für frühere Galaxy-Modelle weitgehend auf die Vorinstallation von Bloatware, hat dafür den App-Shop in zwei Bereiche aufgeteilt.

- **Galaxy Essentials** sind Apps, die speziell für das Samsung Galaxy S6 entwickelt wurden und interessante Zusatzfunktionen bieten.

- **Galaxy Gifts** sind größtenteils Werbe-Apps. Darunter fallen aber auch Apps von Drittentwicklern, bei denen Samsung seinen Nutzern Premium-Funktionen, die im Google Play Store bezahlt werden müssen, kostenlos anbietet.

Zur Verwendung ist auf dem Smartphone wie auch auf dem PC ein Samsung-Konto erforderlich, das in den meisten Fällen bereits bei der Ersteinrichtung eines Samsung-Galaxy-Smartphones angelegt wurde.

Amazon App-Shop

Amazon bietet einen eigenen App-Shop für Android-Apps an, der in Deutschland mit einer kostenlosen App – meistens einem Spiel – jeden Tag beworben wird. Dieser App-Shop lief früher über eine eigene App, wurde aber vor

Kurzem in die »große« Amazon-App integriert. Hier finden Sie den App-Shop über das Menüsymbol oben links unter *Apps und Spiele*.

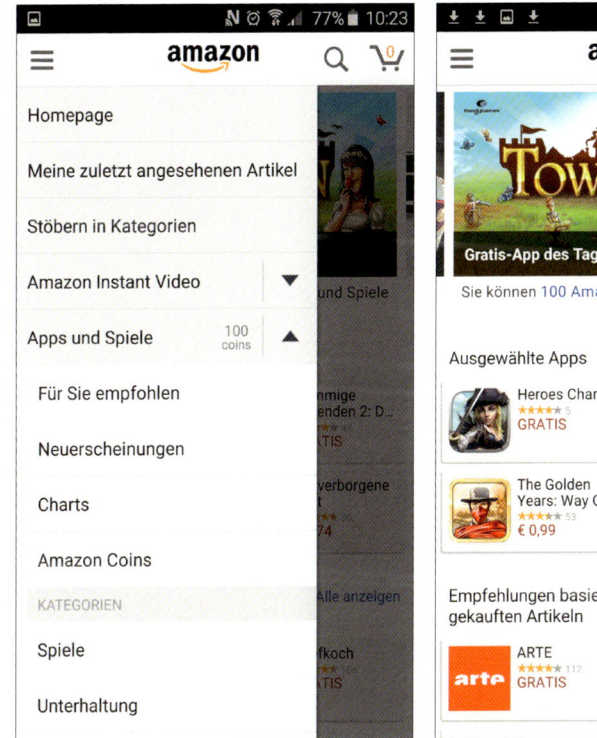 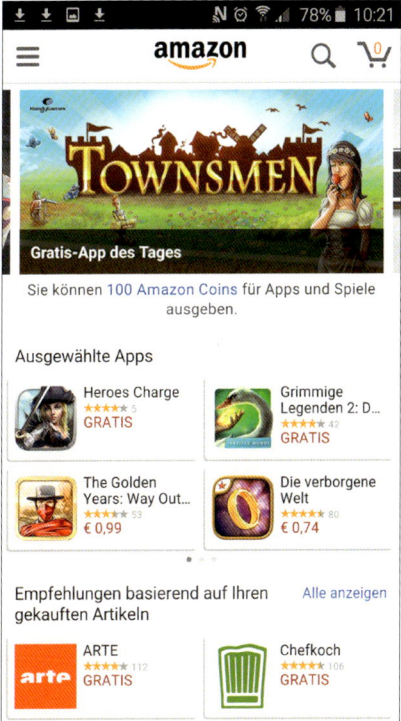

Der Amazon App-Shop auf dem Samsung Galaxy S6.

Auf der Startseite des Amazon App-Shops für den PC sehen Sie alle Apps und können sich eine E-Mail oder SMS mit dem Downloadlink aufs Handy schicken lassen: *amzn.to/1e5lWnF*. Oder Sie nutzen den QR-Code zum Download des Amazon App-Shops.

Amazon bietet vor allem Spiele an, wobei die Kauf-Apps deutlich im Vordergrund stehen. Über die Suchfunktion findet man aber auch diverse kostenlose Apps. Zur Nutzung des Amazon App-Shops braucht man ein Amazon-Kundenkonto. Dort wird automatisch bei der Anmeldung im App-Shop das 1-Click-Kaufen aktiviert.

KAPITEL 4

Online mit dem Samsung Galaxy S6

Internet unterwegs ist heute Alltag. Viele Nutzer verbringen inzwischen mehr Zeit mit dem Smartphone im Internet, als damit zu telefonieren. Schnell eine Fahrplanauskunft holen, eine eBay-Auktion verfolgen oder die aktuellsten Nachrichten des Tages lesen – der vorinstallierte Webbrowser auf dem Samsung Galaxy S6 macht es möglich.

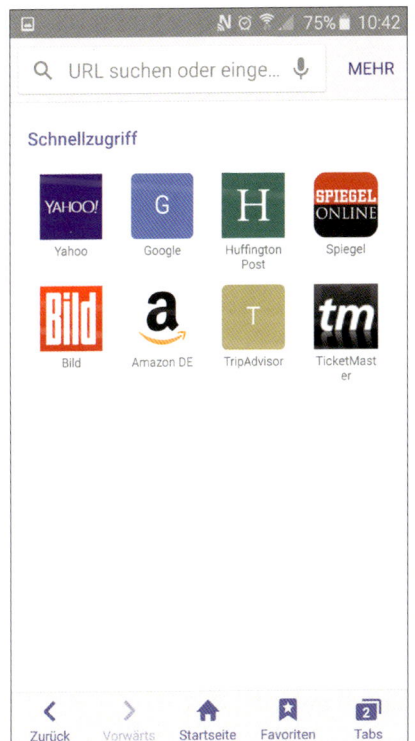

Der Standardbrowser auf dem Samsung Galaxy S6.

Die Bedienung des Samsung-Browsers ähnelt einem Browser auf dem PC mit ein paar Besonderheiten für den kleinen Touchscreen und die für Android typischen Bedienelemente.

Oben in die Browserzeile gibt man die gewünschte URL ein. Diese Zeile verschwindet automatisch, wenn eine Webseite angezeigt wird, um Platz auf dem Bildschirm freizugeben. Schieben Sie den Bildschirm ganz nach oben, um wieder an diese Eingabezeile zu kommen.

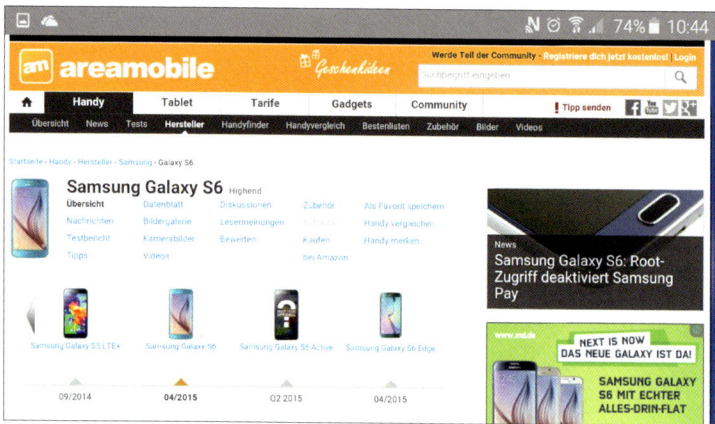

Eine Webseite im Querformat auf dem Samsung Galaxy S6.

Webseiten, die nicht speziell für Smartphones optimiert sind, lassen sich im Querformat oft besser darstellen. Halten Sie das Smartphone quer, dreht sich die Darstellung automatisch, sodass in der Breite mehr Platz zur Verfügung steht.

Websuche mit Google

Um bei Google zu suchen, müssen Sie nicht erst den Browser starten, geben Sie einfach den gesuchten Begriff in das Suchfeld auf dem Startbildschirm ein. Sie können auch aus einer beliebigen App heraus länger die Home-Taste drücken, dann erscheint Google Now ebenfalls mit einem Suchfeld. Die Suchergebnisse werden in der Google-App angezeigt. Erst nachdem Sie auf ein Suchergebnis getippt haben, wird der Browser geöffnet.

Alternativ zum Suchfeld auf dem Startbildschirm können Sie einen Suchbegriff auch in die Adresszeile des Browsers eintragen, er wird dann über Google gesucht.

Die Google-Suche zeigt am Anfang Werbung, News und Bilder an. Scrollen Sie auf dem Bildschirm weiter nach unten, um zu den tatsächlichen Suchergebnissen zu kommen.

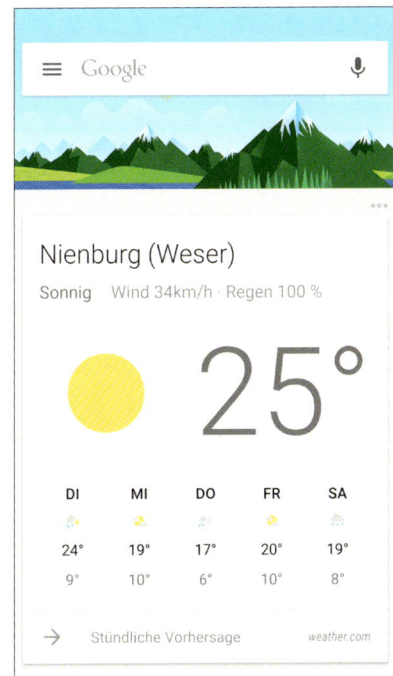

Google-Suchfeld auf dem Startbildschirm und in Google Now.

Websuche und lokale Suche mit Google auf dem Smartphone.

Die mobile Google-Suche bietet neben der Websuche auch eine lokale Suche nach Restaurants, Cafés und anderen Lokalitäten, sofern der eigene Standort erkannt wird. Damit dies funktioniert, müssen Sie beim ersten Aufruf der Google-Suche die Standortabfrage zulassen.

INFO: Das Samsung Galaxy S6 kann zur Standortbestimmung neben GPS auch Mobilfunkzellen und bekannte WLAN-Standorte nutzen, sodass die Positionsermittlung auch innerhalb von Gebäuden relativ genau funktioniert. Um die Standortbestimmung verwenden zu können, 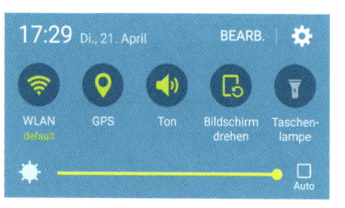 muss die *GPS*-Option in den Schnelleinstellungen eingeschaltet sein.

Tipps zum Samsung-Browser

Der Browser auf dem Samsung Galaxy S6 zeigt die meisten normalen Webseiten in einer gut lesbaren Schriftgröße an. Gibt es doch einmal Schwierigkeiten mit der Lesbarkeit, kann man auf der Seite zoomen.

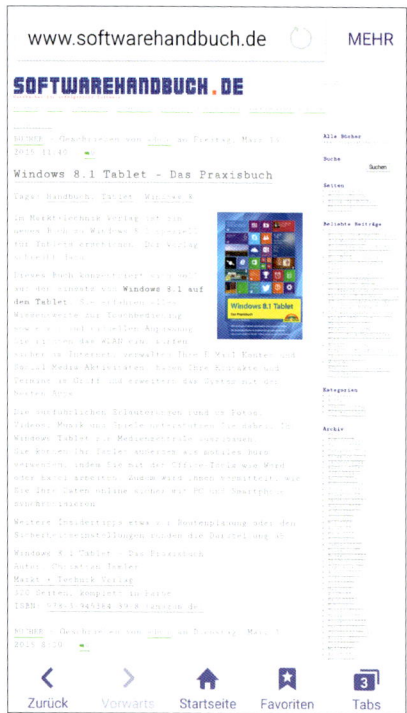
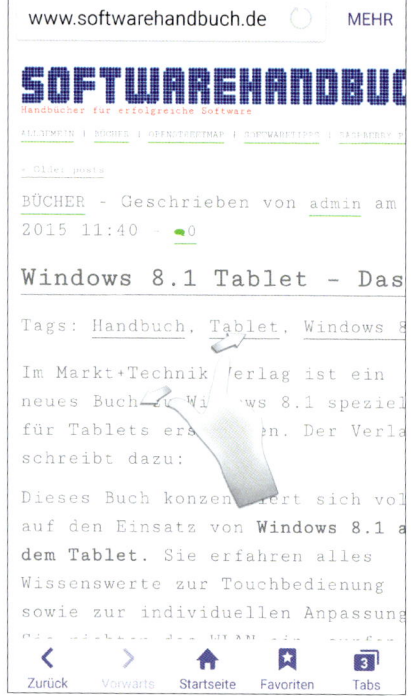

Gezoomte Seite im Browser.

Dazu können Sie die Multitouch-Technik nutzen. Berühren Sie den Bildschirm mit zwei Fingern gleichzeitig und ziehen Sie beide Finger auseinander. Damit wird die Darstellung vergrößert und umgekehrt beim Zusammenschieben der Finger wieder verkleinert.

Noch einfacher zoomt man durch kurzes Doppeltippen auf den Bildschirm. Allerdings darf sich an der entsprechenden Stelle kein Link befinden. Die Seite wird vergrößert dargestellt. Nochmaliges Doppeltippen schaltet wieder auf die ursprüngliche Darstellung zurück.

Lesezeichen im Browser

Lesezeichen helfen, im Webbrowser eine bestimmte Webseite wiederzufinden. Speichern Sie deshalb Internetadressen, die Sie voraussichtlich später noch einmal brauchen, als Lesezeichen ab.

Tippen Sie dazu auf das *Favoriten*-Symbol unten im Browser und auf dem nächsten Bildschirm auf *Hinzufügen*. Jetzt erscheint ein Formular, in dem der Titel der Webseite bereits eingetragen ist. Er kann an dieser Stelle noch geändert werden.

Webseite als Lesezeichen speichern.

Bei Lesezeichen können Sie wählen, ob sie lokal auf dem Smartphone oder im Samsung-Konto gespeichert werden sollen.

Über das Lesezeichensymbol unten rechts kommen Sie jederzeit schnell in die Liste aller gespeicherten Lesezeichen. Samsung und die Mobilfunknetzbetreiber haben auf einigen Geräten bereits ein paar Lesezeichen vordefiniert.

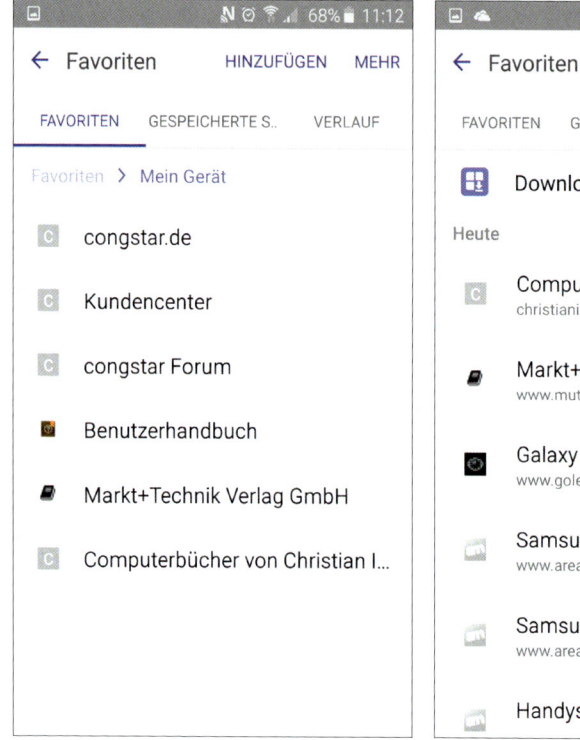 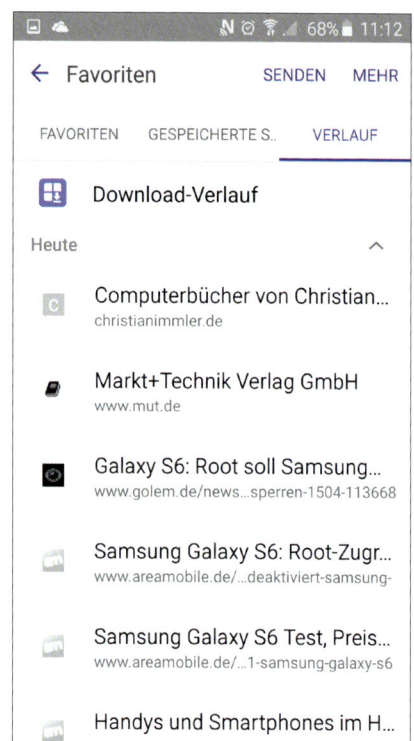

Lesezeichenliste und Verlaufsliste im Samsung-Browser.

Neben den Favoriten finden Sie hier auch noch eine Verlaufsliste der zuletzt besuchten Seiten.

> **Schnellzugriffsymbole auf der Browserstartseite**
>
> Die Startseite des Browsers zeigt acht vordefinierte Schnellzugriffsymbole. Tippen Sie länger auf eines dieser Symbole, können Sie unerwünschte Werbesymbole entfernen. Um die aktuell besuchte Webseite zu den Schnellzugriffen hinzuzufügen, tippen Sie oben rechts auf *Mehr* und wählen dann im Menü *Zu Schnellzugriffen hinzufügen*.

Mehrere Webseiten gleichzeitig anzeigen

Das Symbol *Tabs* unten rechts zeigt die Anzahl der geöffneten Browserfenster und öffnet beim Antippen eine Liste der offenen Browsertabs. Hier können Sie zwischen den Tabs hin- und herwechseln sowie nicht mehr benötigte Tabs schließen, um Speicher freizugeben. Sie können zudem jederzeit neue Tabs öffnen.

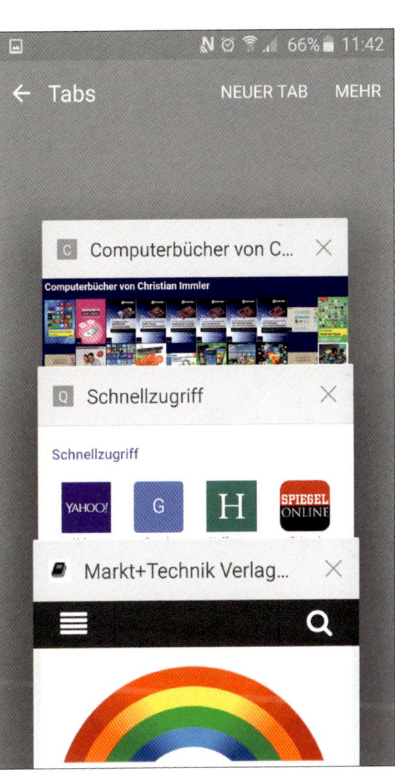

Mehrere offene Browsertabs zum schnellen Umschalten zwischen Webseiten.

Desktopdarstellung von Webseiten auf dem Smartphone

Viele Webserver entscheiden anhand der Browserkennung, die ein Gerät sendet, welche Version einer Webseite dargestellt werden soll. Immer mehr Webportale bieten ihre Inhalte für Smartphones in einer besonders schlanken, auf kleine Bildschirme optimierten Version an. Die mobilen Versionen der Webseiten lassen sich zwar auf dem Smartphone deutlich besser bedienen, enthalten aber oft nicht die kompletten Informationen der Desktopversion. Möchten Sie die komplette Seite sehen, selbst wenn diese auf dem Smartphone nur eingeschränkt darstellbar ist, tippen Sie im Menü des Browsers auf *Desktop-Ansicht*.

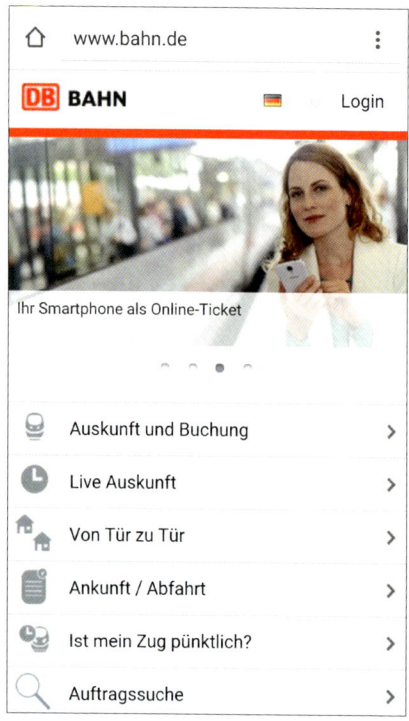 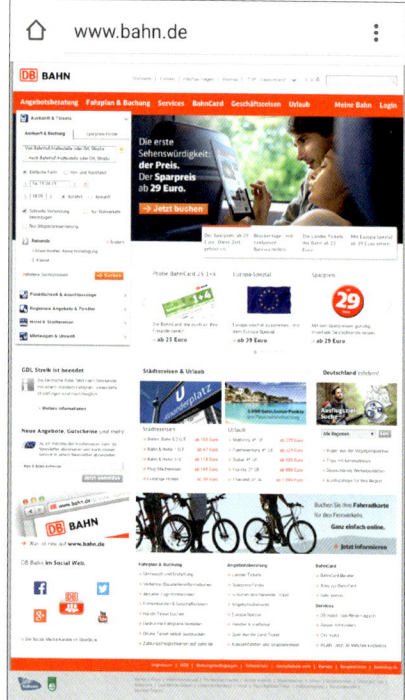

Die Webseite der Bahn ist ein gutes Beispiel für unterschiedliche Inhalte für mobile Nutzer und Desktopnutzer. Die Desktopversion der Seite ist für Smartphones wenig geeignet.

> **ACHTUNG:** Diese Umschaltung funktioniert nicht auf jeder Seite. Das hängt von der Methode ab, die der jeweilige Webserver verwendet, um PCs von Smartphones zu unterscheiden. Bedenken Sie auch, dass die Desktopversionen von Webseiten ein deutlich höheres Datenübertragungsvolumen verursachen als die für mobile Geräte optimierten Versionen.

Seiten zum Offlinelesen speichern

Nicht immer hat man mit dem Smartphone ausreichenden Mobilfunkempfang, um im Internet zu surfen. Dabei braucht man aber manchmal gerade in abgelegenen Gegenden oder im fahrenden Zug bestimmte Informationen, die man schon einmal auf einer Webseite gefunden hat.

Der Browser auf dem Samsung Galaxy S6 bietet die Möglichkeit, einzelne Seiten zum Offlinelesen zu speichern, sodass sie auch ohne Internetverbindung verfügbar sind. Tippen Sie im Browser oben rechts auf *Mehr* und wählen Sie die Option *Webseite speichern*, nachdem die gewünschte Seite vollständig im Browser geladen ist.

Zum Offlinelesen gespeicherte Webseiten.

Offline gespeicherte Webseiten lassen sich über das Symbol *Gespeicherte Seiten* in den Favoriten aufrufen.

> **ACHTUNG:** Hier können Sie immer nur einzelne Artikel einer Webseite zum Offlinelesen speichern. Das Speichern kompletter Webangebote funktioniert nicht, da diese häufig Serverfunktionen benötigen, um die einzelnen Unterseiten aufzubauen. Interaktive Elemente lassen sich ebenfalls nicht offline speichern.

Begriffe im Wörterbuch nachschlagen

Der Samsung-Browser bietet die Möglichkeit, fremdsprachige Wörter auf einer Webseite in einem Offline-Wörterbuch oder bei Google nachzuschlagen.

Markieren Sie das zu suchende Wort durch langes Antippen im Browser. Sollte die Markierung nicht genau das Wort treffen, ziehen Sie die beiden blauen Marken an die passende Position. Tippen Sie auf das Symbol *Wörterbuch*. Beim ersten Mal wird eine Liste verfügbarer Wörterbücher angezeigt. Laden Sie hier das gewünschte Wörterbuch auf das Smartphone herunter.

Nachdem das Wörterbuch heruntergeladen ist, können Sie markierte Begriffe direkt in diesem Wörterbuch offline suchen. Bringt das Wörterbuch allein nicht die gewünschten Informationen, tippen Sie in der Wörterbuchansicht unten auf *Internetsuche*, um den Begriff bei Google zu suchen.

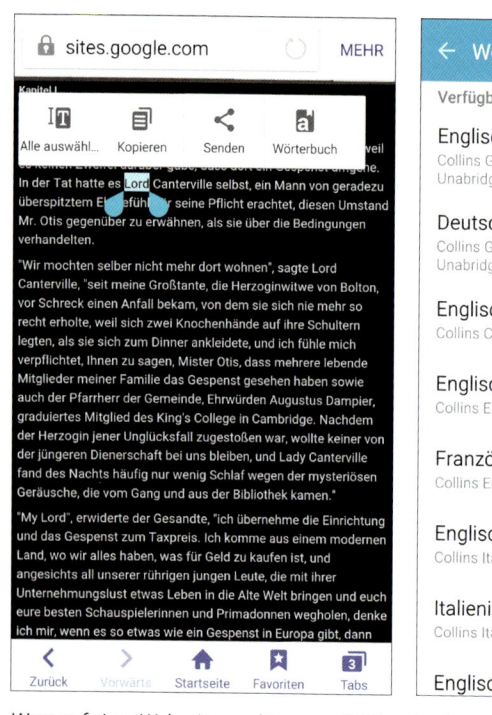

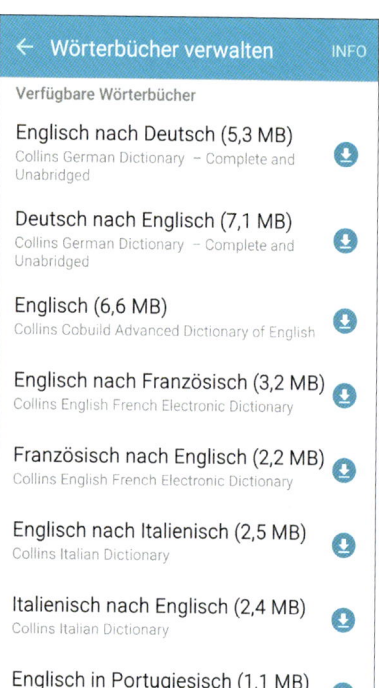

Wort auf einer Webseite markieren und Wörterbuch auswählen.

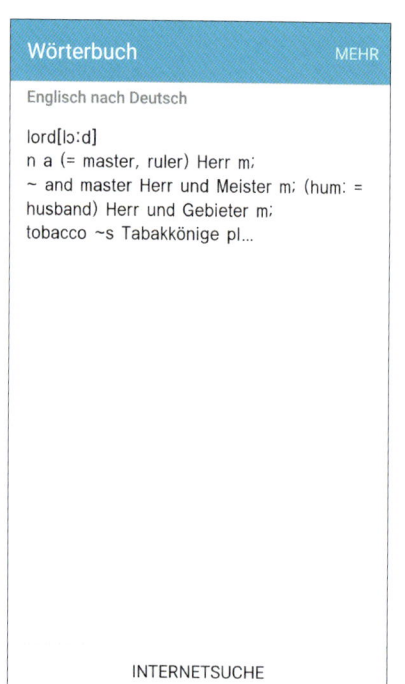

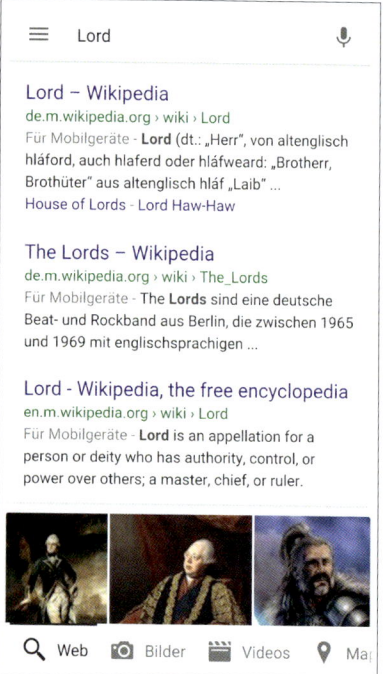

Einen Begriff von einer Webseite im Wörterbuch oder im Internet suchen.

WLAN optimieren

Zu Hause gehen Sie am besten über Ihren WLAN-Router mit dem Smartphone ins Internet. Dies spart nicht nur wertvolles Datenvolumen Ihrer Mobilfunkflatrate, die Übertragungsraten sind auch deutlich höher. Wie ein WLAN eingerichtet wird, haben Sie bereits bei der Ersteinrichtung des Smartphones erfahren.

Wesentlich einfacher, als jedes Mal die *Einstellungen* aufzurufen, ist es, das WLAN direkt über die Benachrichtigungsleiste ein- und auszuschalten. Ziehen Sie die Benachrichtigungsleis-te nach unten, können Sie durch Antippen der entsprechen-

den Symbole WLAN, GPS, Bluetooth und die Bildschirmhelligkeit umschalten. All diese Funktionen belasten den Akku besonders stark.

Schaltet man das WLAN auf diese Weise wieder ein, sucht sich das Smartphone automatisch unter den gespeicherten WLAN-Verbindungen diejenige mit der besten Signalstärke und verbindet sich damit – vorausgesetzt, der passende Schlüssel ist ebenfalls schon gespeichert.

Die Liste sichtbarer WLANs in der Nähe.

Halten Sie den Finger länger auf dem WLAN-Symbol, erscheint eine Liste aller WLANs in der Nähe. Tippen Sie oben rechts auf *Mehr* und wählen Sie die Option *WLAN im Standby aktivieren*. Hier lässt sich deutlich Akku sparen, wenn

135

Sie das WLAN im Ruhezustand automatisch abschalten lassen. Dann bleibt die Mobilfunkverbindung aktiv, damit das Smartphone weiterhin Benachrichtigungen über neue E-Mails und andere Aktivitäten erhalten kann, was allerdings das verbrauchte Datenvolumen erhöht, da Daten über das Mobilfunknetz übertragen werden, obwohl ein WLAN in Reichweite wäre. Sowie Sie das Samsung Galaxy S6 aus dem Stand-by-Modus wieder aufwecken, wird das WLAN automatisch wieder eingeschaltet.

Akku sparen

Schalten Sie das WLAN unterwegs – außerhalb der Reichweite eines WLANs – am besten ganz aus, um Strom zu sparen. WLAN mit oder ohne Empfang saugt den Akku schnell leer.

Wifi Analyzer

Die kostenlose App *Wifi Analyzer* findet WLANs in der Nähe und zeigt deren Kanäle und Signalstärke an. Läuft man mit dem *Wifi Analyzer* durchs Haus oder auch draußen durch die Straßen, lassen sich die Ausbreitungsbe-

dingungen der verschiedenen WLANs gut ermitteln.

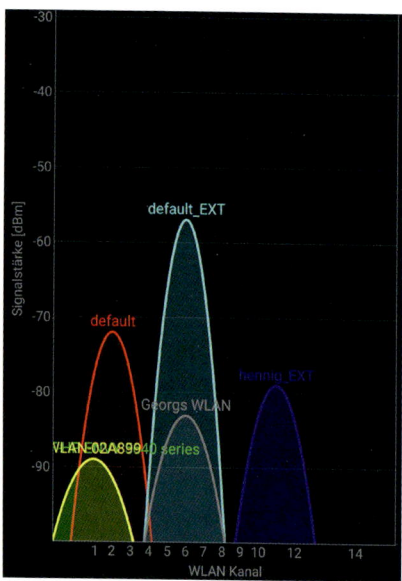 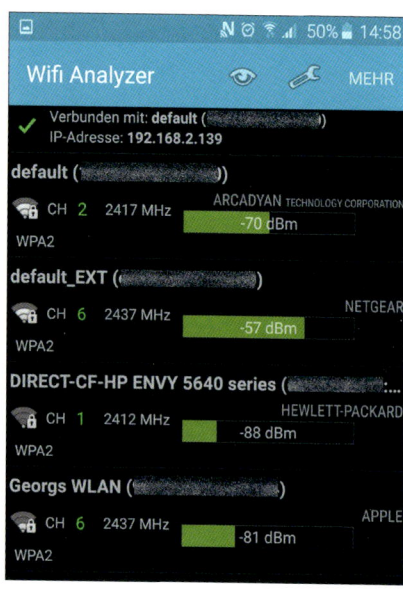

Wifi Analyzer zeigt ausführliche Daten aller WLANs in Reichweite.

Auch beim Aufstellen des eigenen Routers kann diese App eine Hilfe sein. Wählen Sie den Kanal eines neuen WLAN-Routers immer so, dass möglichst viel Abstand zu den WLANs der Nachbarn gegeben ist. Router auf dicht nebeneinanderliegenden WLAN-Kanälen können Interferenzen verursachen, die den WLAN-Empfang schwächen.

Alternative Browser für Android

Wie auf dem PC haben unabhängige Softwarehersteller auch für Android-Smartphones weitere Browser entwickelt, die interessante Funktionen bieten und so zahlreiche Fans für sich gewinnen konnten. Aber auch auf dem Smartphone ist wie auf dem PC kein Browser objektiv der beste. Die Browserwahl ist immer eine Frage des persönlichen Geschmacks. Wir zeigen Ihnen hier einige beliebte Alternativen zum Samsung-Standardbrowser.

Google Chrome

Google bietet seinen Browser Chrome, der auf dem PC in kürzester Zeit größte Beliebtheit erreichte, auch für Android an. Auf dem Samsung Galaxy S6 ist Chrome parallel zum Samsung-Browser bereits vorinstalliert.

Chrome bietet wie auf dem PC einen sehr schnellen Seitenaufbau, flüssiges Zoomen und Scrollen sowie Surfen in mehreren Tabs. Tabs und Lesezeichen werden zwischen PC und Smartphone synchronisiert, sodass man zu Hause direkt weitersurfen kann, wenn man unterwegs eine interessante Webseite entdeckt hat. Dazu müssen Sie sich nur beim ersten Start in Chrome mit Ihrem Google-Konto anmelden.

Mit dem Haussymbol links oben neben der Adresszeile springen Sie auf die Startseite, auf der häufig besuchte Webseiten angezeigt werden. Die beiden Symbole unten führen zu den Lesezeichen und zur Verlaufsliste. In beiden Listen werden nicht nur die auf dem Samsung Galaxy S6 besuchten Seiten, sondern auch Seiten angezeigt, die auf anderen Geräten mit dem gleichen Google-Konto besucht oder als Lesezeichen gespeichert wurden.

Surfen auf mehreren Tabs

Möchten Sie schnell etwas nachsehen, ohne die gerade geöffnete Webseite zu verlassen, öffnen Sie auf dem PC einen neuen Tab im Browser, in manchen Browsern auch als Registerkarte bezeichnet. Dies funktioniert auf dem Smartphone ebenfalls. Tippen Sie oben rechts auf das Symbol *Mehr* und wählen Sie *Neuer Tab*. Einige Links auf Webseiten öffnen automatisch neue Tabs im Browser.

Chrome zeigt die geöffneten Browsertabs standardmäßig wie geöffnete Apps an. Sie brauchen nur auf die linke Taste am unteren Bildschirmrand zu tippen. Hier lassen sich geöffnete Browsertabs auch schnell wie Apps schließen.

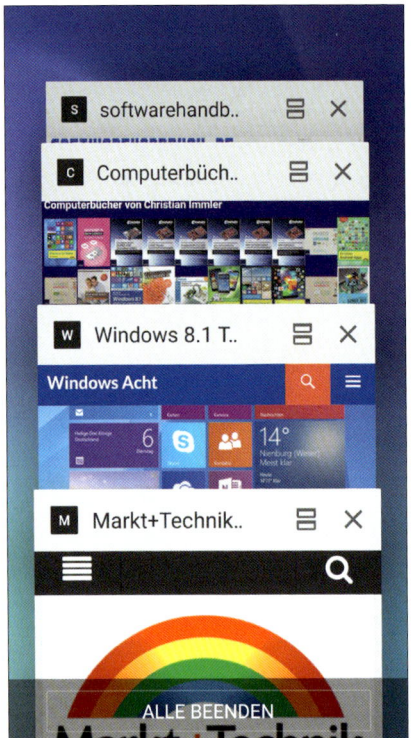 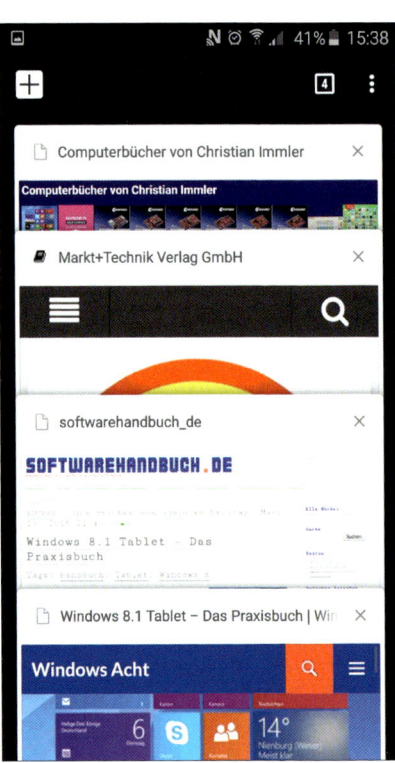

Die Liste der offenen Browserfenster innerhalb der Apps-Liste oder einzeln im Browser.

Möchten Sie lieber die alte Darstellung der Tabs im Browser, tippen Sie im Chrome-Browser auf das Menüsymbol und wählen *Einstellungen*. Tippen Sie dort auf *Tabs und Apps anzeigen* und deaktivieren Sie diesen Schalter.

Jetzt öffnet ein neues Symbol oben rechts neben der Adresszeile des Browsers eine Liste der offenen Browserfenster. Hier können Sie zwischen den Fenstern hin- und herwechseln sowie nicht mehr benötigte Tabs schließen. Oben links können Sie einen neuen Tab anlegen.

Seitenlinks weitergeben

Wer eine interessante Internetseite gefunden hat, kann diese, ohne sie sich zwischendurch merken zu müssen, an Freunde weiterleiten. Wählen Sie dazu im Menü des Chrome-Browsers die Option *Teilen*. Jetzt öffnet sich die Auswahl aller im System eingetragenen Kommunikationsmethoden, die sich zum Weiterleiten oder Speichern von Internetadressen eignen. Standardmäßig sind auf dem Samsung Galaxy S6 bereits diverse Apps dafür installiert. Nach der Installation weiterer Apps tragen sich unter anderem auch Facebook, Google+ und Twitter in diese Liste ein. Wählen Sie hier die gewünschte Methode aus und leiten Sie so den Link zur aktuellen Webseite weiter.

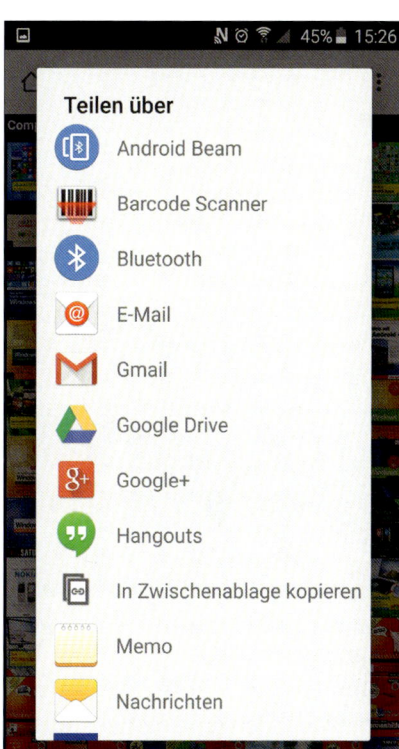

Seite im Chrome-Browser teilen.

Bei E-Mails wird die Betreffzeile automatisch mit dem Seitentitel gefüllt und der eigentliche Link in den Mailtext eingetragen, sodass der Empfänger lediglich darauf zu klicken braucht. Sie müssen nur noch den Empfänger angeben und vielleicht noch einen freundlichen Satz in die Mail schreiben, damit die Internetadresse nicht ganz so unvermittelt beim Empfänger ankommt.

Lesezeichen-Widget auf dem Startbildschirm

Besonders häufig gebrauchte Webseiten können Sie sich auch direkt auf den Startbildschirm des Smartphones legen. Ein Klick startet den Browser und ruft direkt das Lesezeichen auf.

Das Widget *Chrome Lesezeichen* aktualisiert sich selbstständig und zeigt in einem scrollbaren Fenster Vorschaubilder aller im Browser angelegten Lesezeichen an.

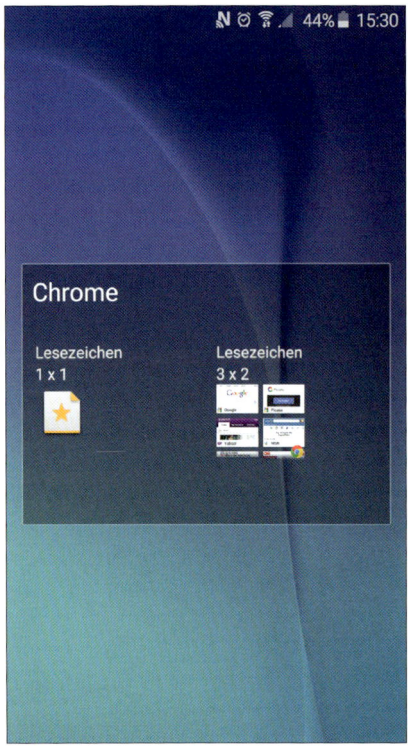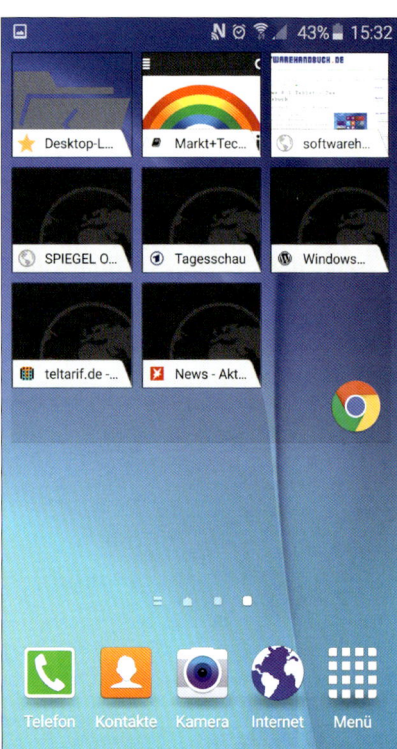

Lesezeichen-Widget für den Startbildschirm.

Halten Sie das Lesezeichen-Widget eine kurze Zeit, können Sie es in der Größe verändern und so mehr oder weniger Lesezeichen gleichzeitig auf dem Startbildschirm darstellen. Ziehen Sie dazu die Punkte an den Kanten in die gewünschte Form.

Anonym surfen

Der Browser auf Smartphones hinterlässt genauso wie ein PC-Browser in der Verlaufsliste, in Cookies und Temporärdateien Spuren des eigenen Tuns im Netz. Diese bieten jedem, der Zugriff auf das Gerät hat, freien Einblick auf alle Seiten, die Sie zuletzt besucht haben.

Möchten Sie nicht, dass ein anderer Benutzer des Smartphones sieht, dass Sie bestimmte Webseiten besucht haben, können Sie für diese Seiten den Inkognito-Modus nutzen. Dazu wird immer ein neues Browserfenster gestartet.

Wählen Sie dazu im Menü *Neuer Tab*. Es öffnet sich ein neues Fenster mit einem Hinweis zum Inkognito-Modus. Zur deutlichen Unterscheidung haben Inkognito-Tabs oben eine dunkle Titelleiste. Öffnen Sie einen Link aus einem

Inkognito-Tab, der einen neuen Tab öffnet, wird dieser ebenfalls im Inkognito-Modus angezeigt.

 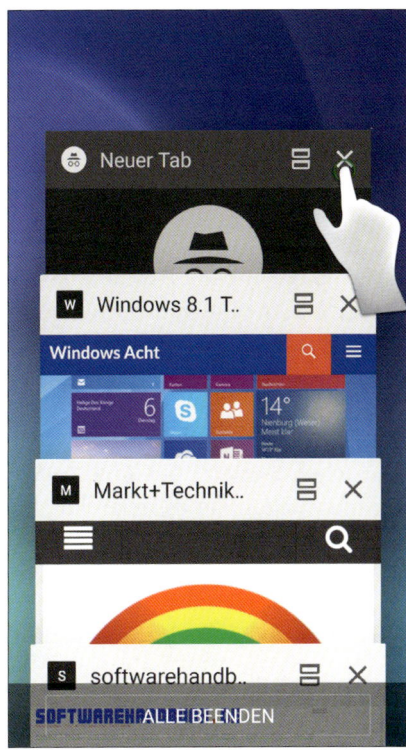

Inkognito-Modus im Browser aktivieren und beenden.

Mit dem Schließen des letzten Inkognito-Tabs wird dieser Modus wieder beendet. Tippen Sie dazu oben auf das Symbol mit der Anzahl geöffneter Tabs und wischen Sie dann den Inkognito-Tab nach rechts aus dem Bildschirm heraus. Auf diese Weise lassen sich auch normale Tabs in Google Chrome schließen.

> **TIPP:** Möchten Sie nachträglich Ihre Spuren verwischen, die sich beim Surfen im »normalen« Modus angesammelt haben, wählen Sie im Menü des Browsers *Einstellungen/Datenschutz*. Tippen Sie dort ganz oben auf *Browserdaten löschen*. Dort können Sie den Cache und Verlauf löschen sowie auch Cookies, gespeicherte Formulardaten und Passwörter.

Chrome als Standardbrowser einrichten

Samsung hat den Chrome-Browser zwar auf dem Samsung Galaxy S6 vorinstalliert, aber nicht als Standardbrowser. Wer grundsätzlich lieber Chrome als den einfachen Samsung-Browser nutzt, kann die Standardeinstellung leicht umstellen. Um den Samsung-Browser verschwinden zu lassen, müssen zwei Einstellungen verändert werden:

▪ Symbol in der unteren Leiste des Startbildschirms austauschen.

▪ Standardbrowser-Einstellung ändern, damit bei der Eingabe eines Such-begriffs oder beim Antippen eines Weblinks in einer E-Mail automatisch Chrome gestartet wird.

So gehen Sie vor:

1. Um das Symbol auszutauschen, halten Sie das »alte« *Internet*-Symbol län-ger, bis am oberen Bildschirmrand das Symbol *Entfernen* erscheint. Ziehen Sie das *Internet*-Symbol darauf, verschwindet es aus der Symbolleiste am unteren Bildschirmrand. Diese rutscht automatisch zusammen, sodass keine sichtbare Lücke zurückbleibt.

2. Suchen Sie jetzt das *Chrome*-Symbol im vorinstallierten Ordner *Google Apps*, halten Sie es einen kurzen Moment und ziehen Sie es an die ge-wünschte Position in der Symbolleiste am unteren Bildschirmrand. Damit wird es automatisch dort verankert.

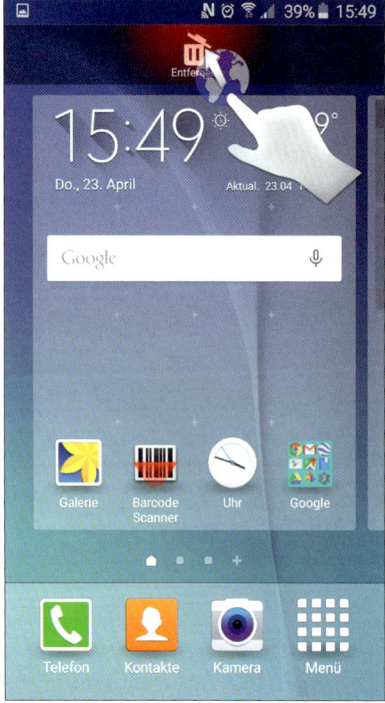 

Internet-Symbol gegen Chrome austauschen.

3. Um die Standardbrowser-Einstellung zu ändern, geben Sie irgendeinen Suchbegriff in das Suchfeld auf dem Startbildschirm ein und tippen dann auf eines der Suchergebnisse. Ist kein Standardbrowser definiert, erscheint das Dialogfeld *Öffnen mit*. Aktivieren Sie hier das *Chrome*-Symbol und tippen Sie dann auf die Schaltfläche *Immer*. Wenn später das gleiche Dialogfeld wieder erscheint, zum Beispiel beim Antippen eines Links in einer E-Mail, gehen Sie wieder genauso vor.

4. Sollte die Browserauswahl nicht angezeigt werden und sofort der Samsung-Browser starten, ist dieser bereits als Standardbrowser eingerichtet. Um in diesem Fall zu Chrome zu wechseln, ziehen Sie die Benachrichtigungsleiste herunter, tippen auf das Zahnradsymbol und öffnen damit die *Einstellungen*.

5. Wischen Sie nach unten in den Bereich *Gerät* und tippen Sie dort auf *Anwendungen* und danach auf *Standardanwendungen*.

6. Tippen Sie auf *Löschen* neben dem Symbol *Internet*.

7. Geben Sie jetzt wieder auf dem Startbildschirm einen Suchbegriff ein. Nun erscheint das Dialogfeld *Öffnen mit*, in dem Sie den neuen Standardbrowser Chrome festlegen.

Firefox

Firefox für Android basiert auf der gleichen Technologie wie der beliebte Browser für PCs. Auch auf dem Smartphone überzeugt Firefox durch seine extrem schlanke wie funktionelle Oberfläche.

Die aktuelle Firefox-Version unterstützt alle wichtigen modernen Webtechnologien wie Tabs, JavaScript und HTML-Layer und bietet auch schon weitreichende HTML5-Unterstützung.

Natürlich bietet Firefox auch alle Funktionen moderner Android-Browser, wie einen privaten Modus, Umschaltung auf die Desktopversion von Webseiten, Lesezeichen, Chronik und das Teilen von Internetadressen über verschiedene Kommunikationswege.

Die kombinierte Such- und Adressleiste findet schnell einen gesuchten Begriff in der Chronik der besuchten Seiten wie auch über verschiedene Suchmaschinen. Dabei kann man als Benutzer auswählen, wo gesucht werden soll. Weitere Suchanbieter können über Add-ons eingebunden werden.

Die Chronik, die Liste der meistbesuchten Seiten sowie die Lesezeichen erreichen Sie in Firefox durch einfaches Antippen der Adresszeile. Tippt man oben rechts auf die kleine Ziffer, erscheinen links Tabs mit weiteren Seiten.

Firefox bietet auf dem Smartphone eine ähnliche Add-on-Technik wie auf dem PC. Über solche nachträglich installierbaren Add-ons lassen sich zusätzliche Funktionen hinzufügen oder das Aussehen von Firefox verändern.

Wikipedia

Wikipedia ist das beliebteste aller Onlinelexika und wird ständig aktualisiert und erweitert. Wikipedia ist nicht nur auf dem PC interessant, sondern oft auch unterwegs, wenn man schnell etwas wissen möchte. Ein Android-Smartphone eignet sich dabei hervorragend als mobiles Lexikon.

Wikipedia bietet seine Inhalte für verschiedenste Geräte an. Neben der normalen Version zur Darstellung im Webbrowser auf dem PC gibt es auch Versionen, die speziell für die Darstellung auf mobilen Geräten optimiert sind. Besucht man die deutsche Webseite der Wikipedia *de.wikipedia.org* mit dem Chrome-Browser auf dem Smartphone, wird automatisch auf die mobile Variante *de.m.wikipedia.org* umgeschaltet.

Die für Mobilgeräte optimierte Version der Wikipedia hat auf Smartphones deutliche Vorteile. Schriftgröße und Zeilenbreite werden automatisch angepasst. Bilder werden dargestellt, ohne sie als Benutzer verkleinern zu müssen. Um den Seitenaufbau zu beschleunigen, werden die Unterkapitel zunächst nur als Überschrift angezeigt, tippt man darauf, lädt das Unterkapitel nach.

Sollte ein Artikel in der mobilen Version nicht vollständig dargestellt werden, finden Sie ganz unten auf jeder Wikipedia-Seite einen Link zum Umschalten auf die klassische Ansicht, ohne den Browser selbst umschalten zu müssen.

Die offizielle Wikipedia-App

Die offizielle App der Wikipedia bietet mehr als nur eine schnellere Suche und Darstellung der Wikipedia-Artikel auf dem Smartphone.

In der App lassen sich Seiten zum Offlinelesen speichern. Außerdem gibt es eine Verlaufsanzeige der zuletzt gelesenen Wikipedia-Artikel. Die Wikipedia-App lässt sich auf alle von Wikipedia unterstützten Sprachen umschalten.

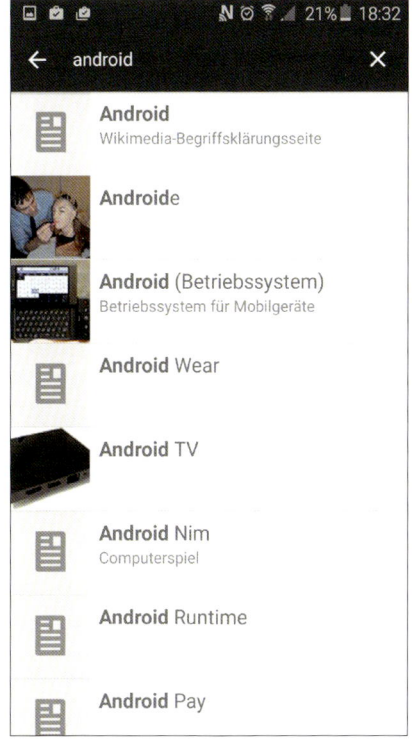 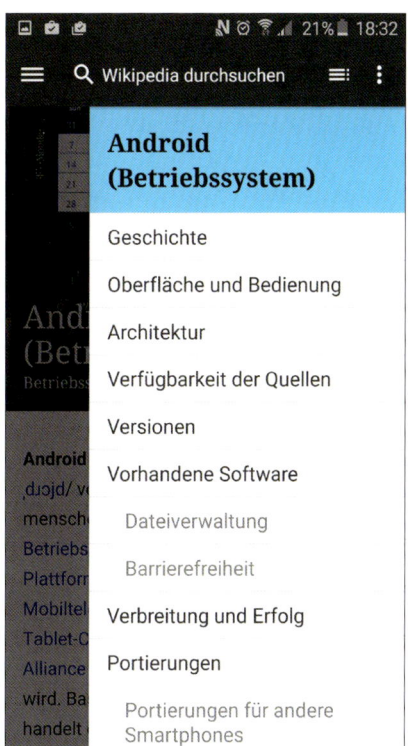

Die offizielle Wikipedia-App.

Die aktuelle Version der neuen Wikipedia-App liefert ähnlich wie die Wikipedia-Webseite bereits beim Suchen Vorschläge passender Wikipedia-Artikel. Eine Wischgeste vom rechten Bildschirmrand blendet ein Inhaltsverzeichnis für den aktuell angezeigten Artikel ein. Die App bietet für Wikipedia-Autoren die Möglichkeit, sich anzumelden und direkt vom Smartphone aus Wikipedia-Artikel zu bearbeiten.

> **INFO:** Bevor Wikipedia die eigene offizielle App veröffentlichte, gab es schon diverse andere Wikipedia-Apps, die aber häufig Werbung enthalten und einen geringeren Funktionsumfang bieten. Einige von diesen sind immer noch im Google Play Store zu finden. Achten Sie daher darauf, die offizielle Wikipedia-App zu installieren.

Flipboard Briefing

Flipboard Briefing liefert aktuelle Nachrichten zu verschiedenen Themen direkt aufs Smartphone. Wischen Sie einfach den Startbildschirm nach rechts, erscheinen ganz links neben der ersten Startbildschirmseite die aktuellen Nachrichten.

Über das Menü der App können Sie die Kategorien sortieren und auf Wunsch ausblenden. Wenn Sie sich zum Beispiel nicht für Sport und Promis interessieren, entfernen Sie die Häkchen vor diesen Kategorien und schieben andere, interessantere Themen einfach weiter nach oben.

Flipboard Briefing auf dem Startbildschirm.

Möchten Sie Flipboard Briefing gar nicht verwenden, halten Sie den Finger länger auf einen freien Bereich des Startbildschirms, wischen ganz nach links und entfernen das Häkchen oberhalb des Flipboard-Briefing-Bildschirms.

KAPITEL 5

Kommunikation mit dem Smartphone

Die ursprüngliche Aufgabe eines Handys war schon immer die Kommunikation. Neben Telefonieren und SMS sind auf Smartphones diverse moderne Kommunikationsformen dazugekommen. So ist es heute selbstverständlich, dass man seine E-Mails auf dem Smartphone liest und beantwortet und auch Kontakte in sozialen Netzwerken von unterwegs pflegt.

Google Mail – Gmail

Android und Google sind zwei enge Verwandte, so wundert es nicht, dass Google-Mail-Konten auf Android-Smartphones besonders gut unterstützt werden. Auf den Geräten ist (fast) immer eine eigene App für Googles Mailservice Gmail vorinstalliert, die ständig mit dem Google-Konto synchronisiert wird, sodass man über neue E-Mails automatisch in Echtzeit benachrichtigt wird.

> **INFO:** Google Mail tritt in den meisten Ländern inzwischen unter dem Markennamen *Gmail* auf. In Deutschland und Großbritannien durfte dieser Name wegen eines Rechtsstreits mit dem Betreiber eines privaten Postdienstes lange Zeit nicht verwendet werden. Google verwendet mittlerweile einheitlich *mail.google.com*. Die E-Mail-Adressen *@googlemail.com* und *@gmail.com* können gleichwertig verwendet werden. In Polen und China darf Google den Namen Gmail weiterhin nicht verwenden.

Die Gmail-App synchronisiert automatisch mit dem bei der Einrichtung des Smartphones festgelegten Google-Konto. Zusätzlich zu diesem können Sie über den Menüpunkt *Einstellungen* der Gmail-App später noch weitere Google-Konten hinzufügen.

147

E-Mails lesen

Kommt eine neue E-Mail an, blinkt – je nach Einstellung unter *Töne und Benachrichtigungen* – die LED des Samsung Galaxy S6 und es ertönt ein Benachrichtigungston. In der Benachrichtigungsleiste erscheint dann das Gmail-Symbol.

Ziehen Sie die Benachrichtigungsleiste nach unten, werden Absender, Betreff, Zeit und die ersten Textzeilen der E-Mail angezeigt.

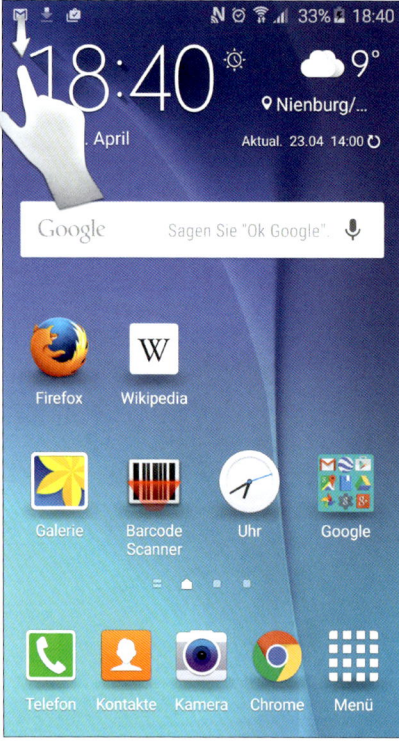 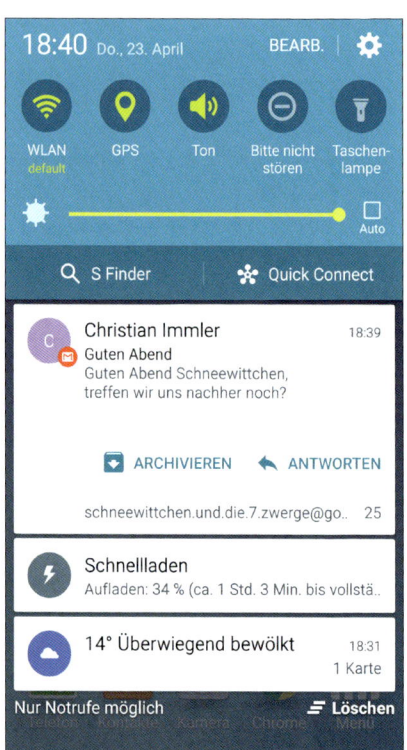

Benachrichtigung über neue E-Mail.

Tippen Sie auf diese Benachrichtigung, um die Gmail-App zu starten. Tippen Sie hier auf eine E-Mail, wird diese in voller Länge angezeigt. Mit dem Pfeilsymbol oben links kommen Sie aus der Ansicht einer E-Mail zurück in den Posteingang.

Ist vom Absender ein Kontaktfoto bei Google+ oder im eigenen Google-Konto hinterlegt, wird automatisch ein Bild des Absenders anstelle des Anfangsbuchstabens in der E-Mail angezeigt.

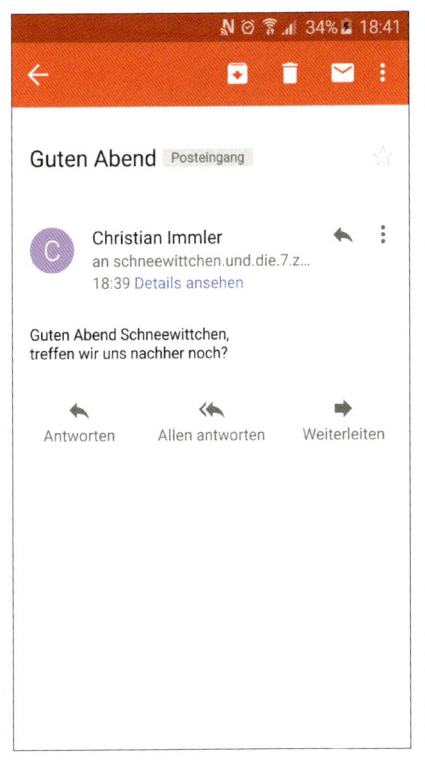
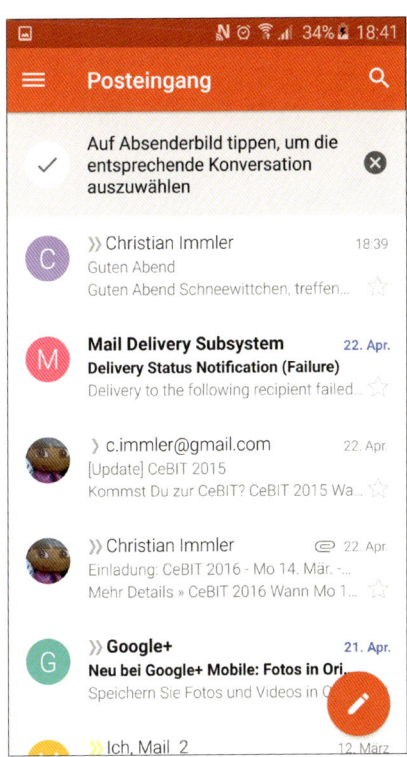

Neue E-Mails in Gmail.

E-Mails beantworten

Um eine E-Mail zu beantworten, tippen Sie auf das Symbol *Antworten* unterhalb der Mail oder auf das Pfeilsymbol oben rechts. Es öffnet sich ein Antwortformular. Der Cursor wird automatisch an der richtigen Stelle positioniert, sodass man direkt mit dem Schreiben der Antwort beginnen kann.

Mit dem Schalter *Text zitieren* legen Sie fest, ob die Originalmail als Zitat in die Antwort eingefügt werden soll. Mithilfe der Schaltfläche *Inline antworten* können Sie Ihre Antworten direkt an den passenden Stellen in die Originalmail einfügen.

Tippen Sie auf *Antworten*, können Sie zwischen der Antwort an den Absender, der Antwort an alle oder Weiterleiten wählen.

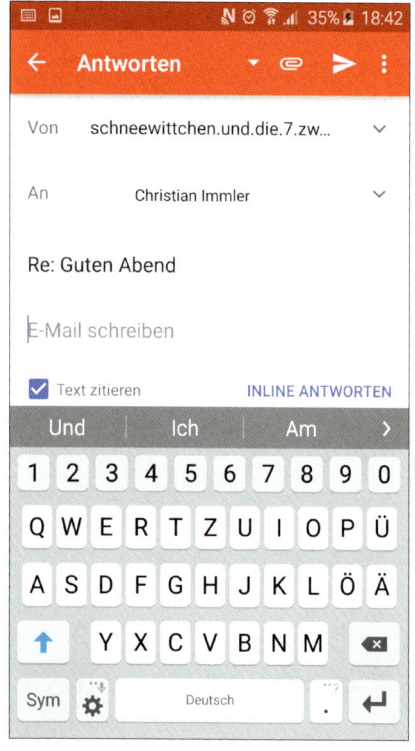

E-Mail in Gmail beantworten.

Haben Sie die Antwort geschrieben, tippen Sie oben rechts auf das Symbol mit dem Pfeil, um die E-Mail abzuschicken.

E-Mails schreiben

Eine neue Mail zu schreiben, funktioniert prinzipiell genauso, wie eine Mail zu beantworten. Tippen Sie dazu in der Gmail-App unten rechts auf das Stiftsymbol.

> **WICHTIG:** Tragen Sie in die Betreffzeile etwas Sinnvolles ein, damit der Empfänger sofort weiß, worum es in der Mail geht. Die Betreffzeile ist auch ein wichtiges Kriterium für Spamfiltersoftware. Schreiben Sie hier vollständige deutsche Wörter und nicht nur »Hey« oder Ähnliches, wenn Sie möchten, dass Ihre E-Mail auch ankommt.

Üblicherweise schreiben Sie eine E-Mail nicht einfach, um eine E-Mail zu schreiben, sondern um einer bestimmten Person etwas mitzuteilen. Da liegt es nahe, direkt aus der Kontakte-App zu starten.

1. Rufen Sie die App *Kontakte* auf und suchen Sie die betreffende Person.

2. Tippen Sie auf den gewünschten Personeneintrag, erscheinen die Kontaktdetails. Wählen Sie hier die E-Mail-Adresse aus.

3. Im Fenster *Senden via* wählen Sie Gmail oder eine installierte E-Mail-App. Möchten Sie immer Gmail nutzen, tippen Sie anschließend auf *Immer*, und Gmail wird als Standard zum Schreiben von E-Mails festgelegt.

4. Danach öffnet sich automatisch die Gmail-App, und der Cursor springt gleich in die Betreffzeile. Der E-Mail-Empfänger ist automatisch eingetragen, als Absender wird das E-Mail-Konto gewählt, aus dessen Adressbuch der Kontakteintrag stammt.

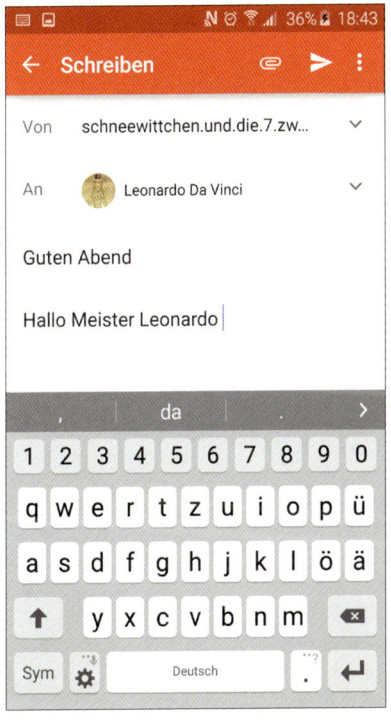
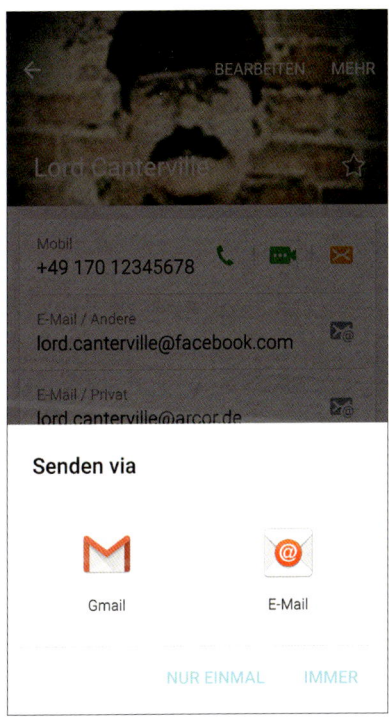

E-Mail aus Gmail oder aus der Kontaktliste schreiben.

E-Mail an mehrere Personen schreiben

Wenn Sie E-Mails an mehrere Empfänger verschicken, gibt es diverse Möglichkeiten, die Adressen anzugeben:

Adressierung	Beschreibung
An:	Diese Empfänger werden direkt adressiert, sie stehen in der Zeile *An:* im Mailtext, die Adressen sind für alle Empfänger zu lesen.
Cc:	**C**arbon **C**opy: Die in dieser Zeile aufgeführten Empfänger erhalten einen »Durchschlag« der E-Mail zur Kenntnisnahme. In diesem Fall sind die Empfänger der Carbon Copy für alle anderen Empfänger der Mail zu erkennen.
Bcc:	**B**lind **C**arbon **C**opy: Eine Blindkopie verhindert, dass die Empfänger dieser Kopie beim Originalempfänger oder auch bei den Empfängern regulärer Carbon Copys erkannt werden können.

Wenn Sie eine E-Mail in Gmail schreiben, ist standardmäßig nur das Feld *An:* zu sehen. Die Felder für *Cc:* und *Bcc:* können Sie hinzufügen, indem Sie auf den kleinen Pfeil rechts im Feld *An:* tippen.

Nicht jede E-Mail muss aufs Handy

Wenn Sie viele E-Mails bekommen, richten Sie bei Gmail auf dem PC Filterregeln ein, die den E-Mails Labels zuweisen. Dann können Sie in den *Einstellungen* der Gmail-App festlegen, welche Labels die App synchronisieren soll, also welche E-Mails auf das Smartphone zugestellt werden sollen und welche nicht.

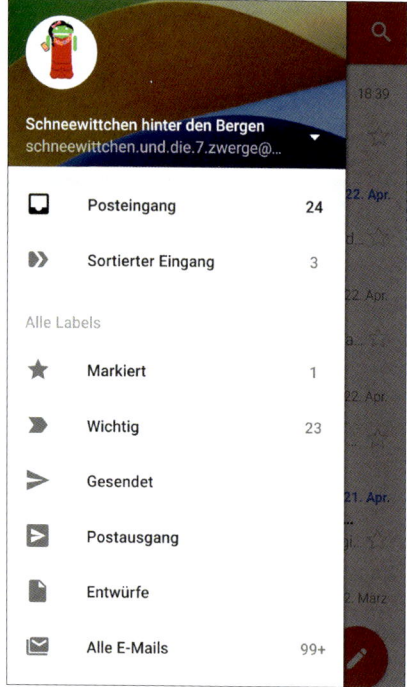
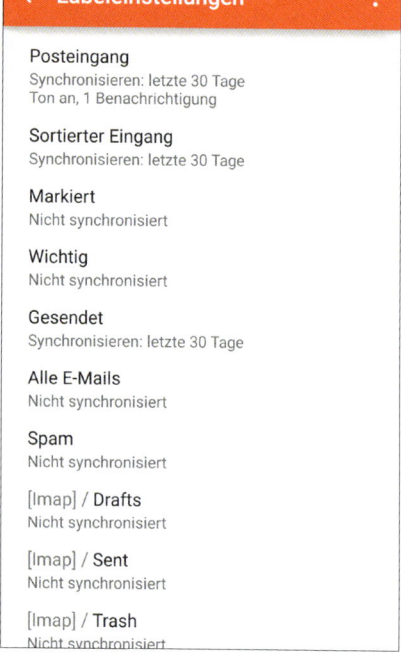

Labels zur Synchronisation auswählen.

Bei jedem Label legen Sie in den *Einstellungen* der Gmail-App fest, ob alle E-Mails, nur die der letzten 30 Tage oder gar keine synchronisiert werden sollen. Die *Einstellungen* erreichen Sie über das Symbol oben links in der Ecke oder mit einer Wischgeste vom linken Bildschirmrand. Wählen Sie in den Einstellungen das Google-Konto und anschließend *Labels verwalten*.

Fotos per E-Mail senden

Ähnlich wie vom PC lassen sich auch vom Android-Smartphone Dateien per E-Mail verschicken. Schreiben Sie dazu zunächst wie gewohnt in der Gmail-App die Mail und tippen Sie dann auf das Büroklammer-Symbol. Wählen Sie hier *Datei anhängen*. Nun können Sie ein auf dem Smartphone gespeichertes Foto auswählen. Um ein Foto an die E-Mail anzuhängen, tippen Sie auf *Bilder*. Hier finden Sie alle Ihre Fotos. Installierte Dateimanager und verschiedene andere Apps klinken sich hier ebenfalls mit ein, sodass Sie auch darüber E-Mail-Anhänge auswählen können.

Zudem haben Sie die Möglichkeit, Dateien aus dem Cloud-Speicher Google Drive direkt als E-Mail-Anhang auszuwählen, ohne die Datei erst auf das Smartphone herunterladen zu müssen.

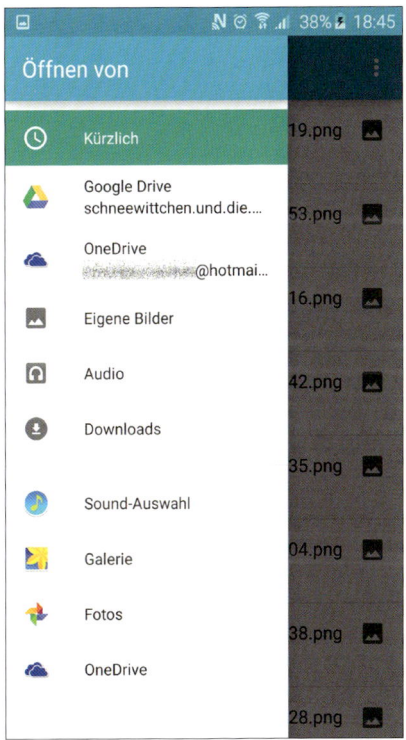

Datei als Anhang auf dem Smartphone oder aus Google Drive auswählen.

Anstatt die Gmail-App zu starten und dann das Bild auszuwählen, können Sie auch direkt aus der Galerie-App ein Bild
verschicken. Tippen Sie in der Bildanzeige unten auf das Symbol *Senden* und wählen Sie dann die Gmail-App aus.

Automatisch öffnet sich eine neue E-Mail, in der Sie jetzt noch
den Empfänger, Betreff und einen Text einfügen müssen. Das
Foto ist bereits angehängt.

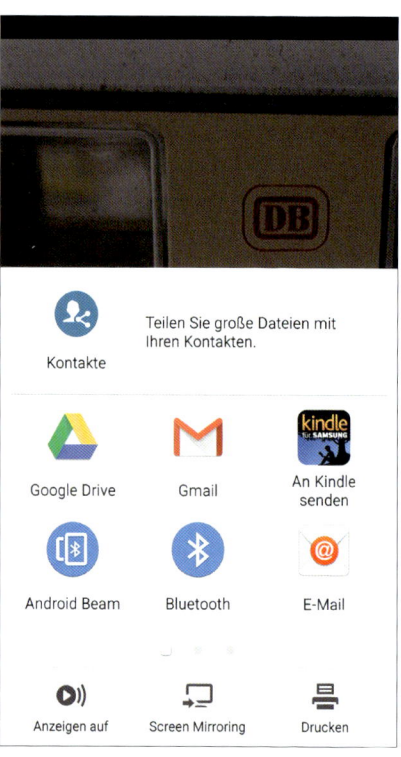

Foto aus der Galerie-App versenden.

Andere E-Mail-Konten einrichten und nutzen

Die Gmail-App in Android 5 Lollipop unterstützt neben Gmail auch E-Mail-
Konten anderer Anbieter, sodass nicht mehr wie früher mehrere E-Mail-Apps
nötig sind. Bei den meisten E-Mail-Anbietern können Sie mit E-Mail-Adresse
und Passwort das Mailkonto auf dem Samsung Galaxy S6 automatisch einrichten, da die Serverdaten in der App bekannt sind. Bei E-Mails auf eigenen
privaten Domains ist die automatische Einrichtung in den meisten Fällen
nicht möglich.

1. Wählen Sie in den *Einstellungen* der Gmail-App *Konto hinzufügen* und dann *Persönlich (IMAP/POP)*.

2. Jetzt erscheint automatisch der Einrichtungsassistent. Geben Sie hier Ihre Mailadresse an.

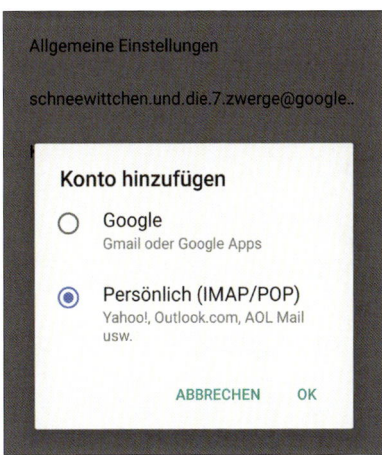 

E-Mail-Konto bei einem anderen Anbieter in der Gmail-App eintragen.

3. Wenn Sie auf *Weiter* klicken, brauchen Sie nur noch auszuwählen, ob Sie das Mailkonto per POP3 oder IMAP nutzen möchten. Danach richtet die App das E-Mail-Konto automatisch ein, wenn die Serverdaten des E-Mail-Anbieters bekannt sind. Sie müssen nur das Passwort selbst eingeben.

Die nächsten Schritte bei der E-Mail-Einrichtung.

4. Können die Serverdaten nicht automatisch ermittelt werden, schaltet der Einrichtungsassistent automatisch auf die manuelle Einrichtung um.

5. Wählen Sie jetzt noch, wie oft die App auf dem Mailserver nach neuen Nachrichten sehen soll. Hier können Sie auch festlegen, ob beim Eingang neuer E-Mails eine Benachrichtigung erscheinen soll. In den Kontoeinstellungen können Sie später auch noch einen Klingelton für diese Benachrichtigungen auswählen.

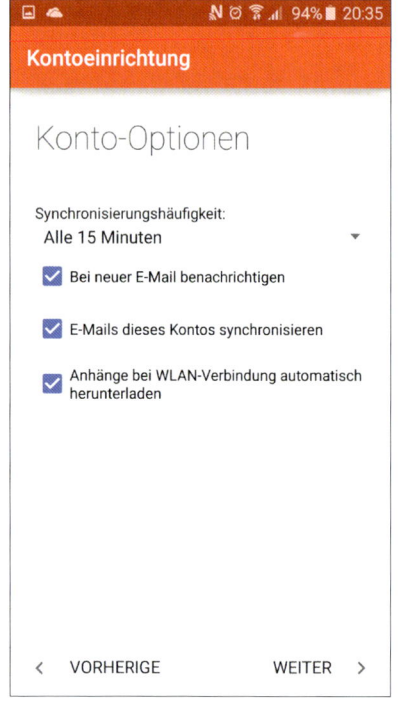 

Automatische Einrichtung des E-Mail-Kontos abschließen.

6. Im letzten Schritt geben Sie dem neu eingerichteten E-Mail-Konto noch einen eindeutigen Namen. Wird kein Name vergeben, bekommt das Konto in der Liste die E-Mail-Adresse als Namen.

7. Mit *Weiter* ist das Mailkonto eingerichtet. Jetzt wird eine Verbindung zum Server hergestellt und die E-Mails werden abgerufen.

E-Mail-Konto manuell einrichten

Nicht alle E-Mail-Konten können automatisch konfiguriert werden, da nicht immer die Serverdaten bekannt sind. Besonders bei E-Mail-Adressen auf eigenen Domains müssen Sie das Mailkonto manuell konfigurieren. Dazu brauchen Sie die Namen der Posteingangs- und Postausgangsserver sowie den Benutzernamen, das Passwort und teilweise auch Informationen zu Ports und Authentifizierungsverfahren.

1. Bei einigen kostenlosen Mailanbietern muss der POP/SMTP-Zugang zunächst über die Weboberfläche freigeschaltet werden. Bei manchen Anbietern funktioniert der E-Mail-Versand per SMTP nur, wenn Sie auch über diese Anbieter im Internet sind.

2. Um ein Mailkonto manuell einzurichten, geben Sie zunächst ebenfalls E-Mail-Adresse und Passwort ein, tippen dann aber nicht auf *Weiter*, sondern auf *Manuell einrichten*. Danach müssen Sie zwischen IMAP oder POP3 wählen.

So nutzen Sie das gleiche E-Mail-Konto auf Smartphone und PC

Wenn Sie eine E-Mail-Adresse auf PC und Smartphone nutzen, verwenden Sie diese am besten über einen IMAP-Server. Dann haben Sie alle Änderungen immer gleich auf beiden Geräten. Gesendete E-Mails, Vorlagen und Entwürfe sollten in den jeweiligen IMAP-Ordnern gespeichert werden, dann stehen sie ebenfalls auf beiden Geräten zur Verfügung. Die meisten großen E-Mail-Anbieter unterstützen mittlerweile sowohl POP3 als auch IMAP.

Unterstützt Ihr Mailserver kein IMAP, haben Sie alle Mails beim automatischen Abruf vom POP3-Server sowohl auf dem PC als auch auf dem Smartphone. Hier sollten Sie sich gut überlegen, wo Sie E-Mails archivieren und wo Sie sie nur lesen wollen. In den meisten Fällen bewährt es sich, auf dem PC alle Mails aufzubewahren. Stellen Sie also dort das POP3-Konto so ein, dass Mails nach dem Löschen auch auf dem Server gelöscht werden. Diese Einstellung sollten Sie auf dem Smartphone nicht vornehmen. So können Sie auf dem Smartphone durch das Löschen gelesener E-Mails den Überblick behalten und haben auf dem PC trotzdem alle Mails. Nach dem Herunterladen auf den PC sollten die E-Mails aber weiterhin auf dem Server belassen werden, damit Sie sie auf dem Smartphone auch zur Verfügung haben.

Nutzen Sie auf dem PC in Thunderbird oder Outlook ein E-Mail-Konto per POP3, können Sie diese nicht einfach auf IMAP umstellen. Das POP3-Konto muss im E-Mail-Programm zunächst entfernt und dann als IMAP-Konto neu installiert werden. E-Mails, die sich noch auf dem Server befinden, bleiben dabei erhalten und stehen später wieder zur Verfügung. Lokal auf dem PC abgelegte E-Mails müssen Sie vorher sichern.

---

3. Auf dem nächsten Bildschirm tragen Sie die Serverdaten, Ports und den Benutzernamen ein. Hier können Sie auch noch das Authentifizierungsverfahren einstellen. Die Gmail-App liefert automatisch Vorschläge, damit Sie nicht alle Daten manuell eintragen müssen.

4. Das Gleiche machen Sie danach noch für den Postausgangsserver. Danach erfolgt ein automatischer Verbindungstest mit dem Mailserver.

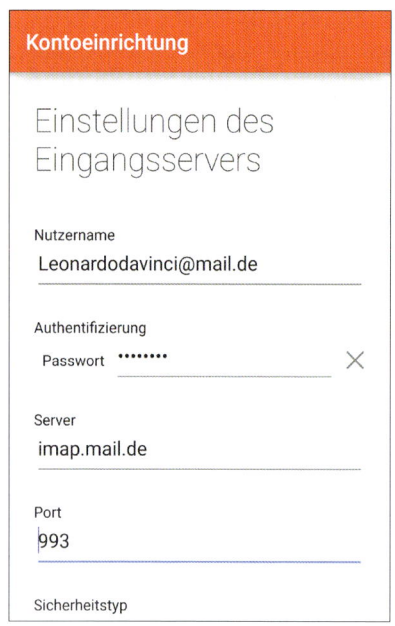

Einstellungen für Eingangs- und Ausgangsserver manuell eintragen.

Serverdaten bekannter E-Mail-Anbieter

Jeder E-Mail-Anbieter gibt seinen Mailservern eigene Namen. Auch die Schemata, nach denen sich die Benutzernamen zusammensetzen, sind überall unterschiedlich. In den Einstellungen für ausgehende E-Mails müssen Sie bei allen großen Anbietern die Option *Anmeldung erforderlich* aktivieren. Nutzername und Passwort sind die gleichen wie bei den Einstellungen für eingehende Verbindungen. Als Sicherheitstyp müssen Sie inzwischen bei den meisten Anbietern SSL angeben.

Server- und Benutzernamen bekannter Anbieter			
Anbieter	Posteingang	Postausgang	Benutzername
GMX	pop.gmx.net	mail.gmx.net	E-Mail-Adresse
WEB.DE	pop3.web.de	smtp.web.de	Name vor dem @-Zeichen
freenet	mx.freenet.de	mx.freenet.de	E-Mail-Adresse
Arcor	pop3.arcor.de	mail.arcor.de	E-Mail-Adresse
T-Online	popmail.t-online.de	securesmtp.t-online.de	Name vor dem @-Zeichen
mail.de	imap.mail.de	smtp.mail.de	E-Mail-Adresse

Eine wesentlich umfangreichere und regelmäßig aktualisierte Liste mit Namen von POP3-/SMTP-Mailservern finden Sie unter windowsacht.de/e-mail-servernamen.

5. Danach müssen Sie noch wie bei der automatischen Einrichtung das Intervall für die Synchronisierung sowie den Anzeigenamen festlegen. Dann werden die E-Mails heruntergeladen und können gelesen und beantwortet werden.

Tipps zur neuen Gmail-App

Die neue Gmail-App bietet neben der Unterstützung für Mailkonten anderer Anbieter auch noch ein paar nette Kleinigkeiten, die den Umgang mit E-Mails vereinfachen.

Eine Wischbewegung vom linken Bildschirmrand blendet ein Seitenmenü ein, in dem Sie über die runden Symbole oben schnell zwischen den eingerichteten Mailkonten wechseln können. Kleine Zahlen zeigen, wie viele ungelesene E-Mails in den Mailkonten liegen. Mit der Option *Alle Posteingänge* werden die E-Mails aller Mailkonten in einer einzigen Liste zusammengefasst.

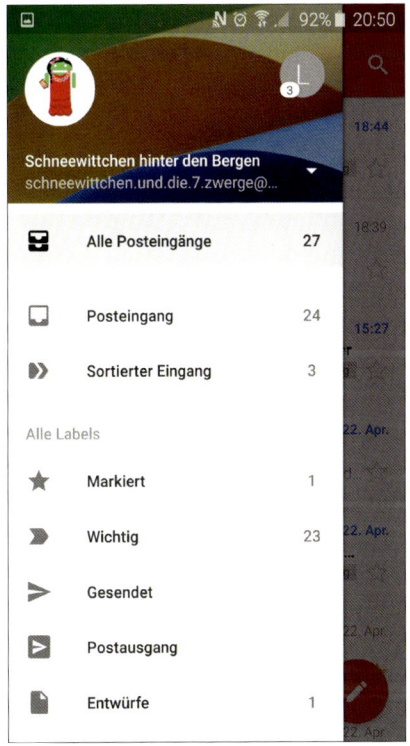 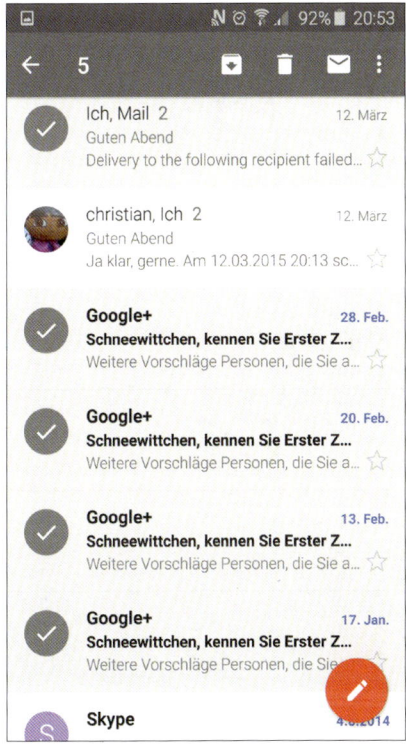

Seitenmenü und Auswahl mehrerer E-Mails.

Mehrere E-Mails auf einmal zu löschen oder als gelesen zu markieren, ist einfacher geworden. Tippen Sie auf die runden Absendersymbole in der Liste der

Mails, um diese zu markieren. Anschließend können Sie die markierten E-Mails mit den Symbolen oben rechts alle auf einmal löschen, als gelesen bzw. ungelesen markieren oder über das Menü mit Sternchen als wichtig markieren.

Haben Sie mehrere E-Mails gelöscht, erscheint kurze Zeit danach eine Leiste am unteren Bildschirmrand, in der  sich versehentliches Löschen noch schnell rückgängig machen lässt.

Warten Sie auf eine E-Mail und wollen nicht abwarten, bis die App automatisch synchronisiert, wischen Sie einfach auf dem Bildschirm von oben nach unten. Damit wird eine manuelle Synchronisation mit dem Mailserver durchgeführt.

Die andere E-Mail-App auf dem Samsung Galaxy S6

Android-Smartphones benötigten früher neben Gmail noch eine weitere App, um auch andere POP3- und IMAP-Mailkonten zu nutzen. Diese zusätzliche App ist in Android 5 Lollipop nicht mehr nötig. Samsung liefert aber aus Kompatibilitätsgründen weiterhin die zweite E-Mail-App mit.

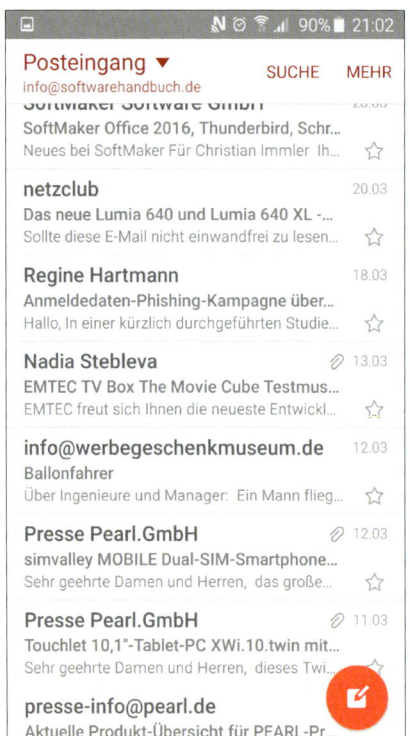

E-Mails in der E-Mail-App auf dem Samsung Galaxy S6 lesen.

Alte E-Mail-Konten werden beim Synchronisieren mit dem Samsung Galaxy S6 in diese App übertragen. Sie können auch selbst Mailkonten in der App einrichten.

Gegenüber der Gmail-App bietet die Samsung-E-Mail-App noch ein paar Vorteile. Auf Wunsch kann ein Rich Text Editor verwendet werden, der HTML-Mails mit Schriftarten und Farben generiert. Außerdem lassen sich in den Einstellungen einzelne E-Mail-Adressen oder ganze Domains als Spam eintragen. E-Mails von diesen Absendern werden automatisch in den Spamordner des jeweiligen Mailkontos verschoben.

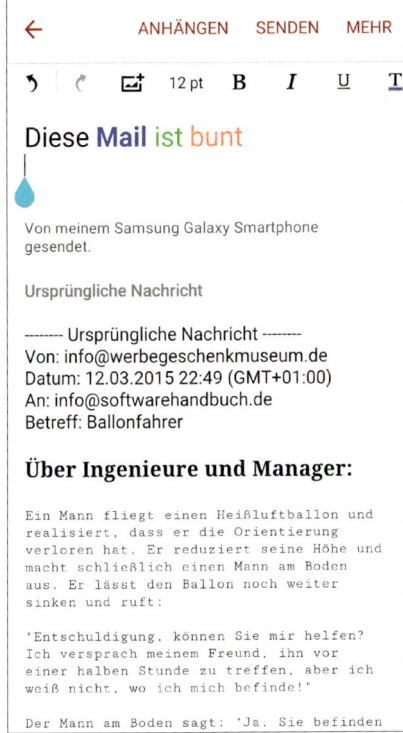
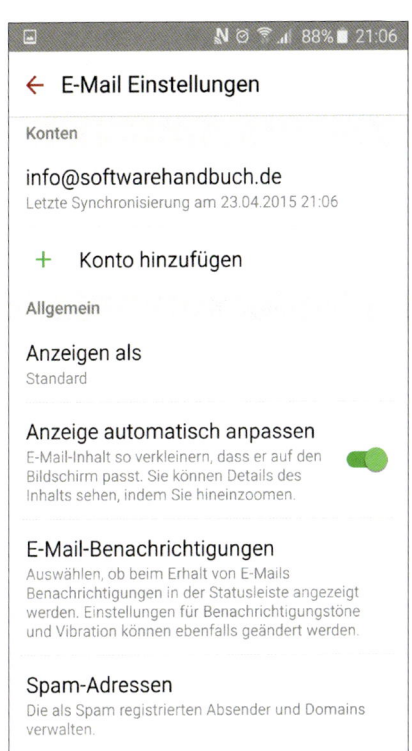

Rich Text Editor und Einstellungen in der E-Mail-App auf dem Samsung Galaxy S6.

E-Mail-Apps der bekannten Freemailer

Wer nur eine E-Mail-Adresse bei einem der großen Freemailer auf dem Smartphone nutzt, die nicht mit einem Google-Konto verbunden ist, fährt oft mit der speziellen App des Mailanbieters am besten. Diese Apps sind exakt auf den jeweiligen Anbieter zugeschnitten und bieten oft auch Zusatzfunktionen. So können zum Beispiel bei GMX und WEB.DE Anhänge aus E-Mails direkt im persönlichen Onlinespeicher abgelegt werden, sodass sie auf dem PC gleich zur Verfügung stehen und auch für Freunde freigegeben werden können.

Apps der bekannten Freemailer.

Die meisten dieser Apps funktionieren nur mit E-Mail-Adressen der jeweiligen Anbieter. Nur GMX und WEB.DE unterstützen auch Konten von Yahoo! und Outlook.com. Wer mehrere E-Mail-Adressen auf dem Smartphone nutzt, braucht also in den meisten Fällen auch mehrere Apps, die sich teilweise gegenseitig störend beeinflussen. In diesem Fall empfiehlt es sich, die Gmail-App auf dem Smartphone zu nutzen und dort mehrere POP3- oder IMAP-Konten anzulegen.

Soziale Kontakte mit dem Samsung Galaxy S6

Die Kommunikation über soziale Netzwerke ist für viele Anwender inzwischen wichtiger als die klassische E-Mail oder SMS. Besonders auf Smartphones, die im Gegensatz zu PCs immer mehr in der Freizeit genutzt werden, spielen soziale Netzwerke eine große Rolle.

Facebook

Das beliebteste aller sozialen Netze ist Facebook. Bei Facebook trifft man seine Freunde, erfährt das Neuste von ihnen. Man tauscht sich aus, zeigt sich Fotos und lädt sich zu Partys ein.

INFO: Zurzeit hat Facebook weltweit etwas über 1,4 Milliarden aktive Nutzer, die sich mindestens einmal im Monat einloggen – davon rund 22 Millionen in Deutschland. Der Anteil der Nutzer, die den Dienst täglich nutzen, liegt mit 61,5 % deutlich über dem Durchschnitt anderer Onlinedienste. Facebook hat mehr als doppelt so viele Mitglieder wie die gesamte EU Einwohner und wäre damit nach China und Indien der drittgrößte Staat der Erde. In Europa gingen im vergangenen Jahr 11,7 % der gesamten Onlinezeit auf das Konto von Facebook. Weltweit besuchen über 800 Millionen aktive Nutzer Facebook auf einem mobilen Endgerät, einem Smartphone oder Tablet. Jeden Tag werden mehr als 200 Millionen Fotos auf Facebook hochgeladen, das sind über sechs Milliarden Bilder pro Monat.

Der bequemste Zugang zu Facebook ist die von Facebook selbst gelieferte App für Android. Alternativ kann man Facebook auf dem Handy auch über die mobile Seite *m.facebook. com* nutzen. Dort gibt es auch einen Link zur Installation der Facebook-App.

Mobile Facebook-Seite und Facebook-App im Google Play Store.

Die Facebook-App benötigt wie auch die mobile Facebook-Seite eine einmalige Anmeldung mit den persönlichen Facebook-Nutzerdaten. Die App speichert die Benutzerdaten automatisch, sodass Facebook in Zukunft jederzeit zur Verfügung steht. Auf der mobilen Webseite kann der Browser die Daten speichern.

Die Facebook-App zeigt auf dem Smartphone Neuigkeiten, Freunde, Fotos, das Postfach und das eigene Profil an. Natürlich kann man auch auf Nachrichten antworten oder selbst Statusmitteilungen veröffentlichen.

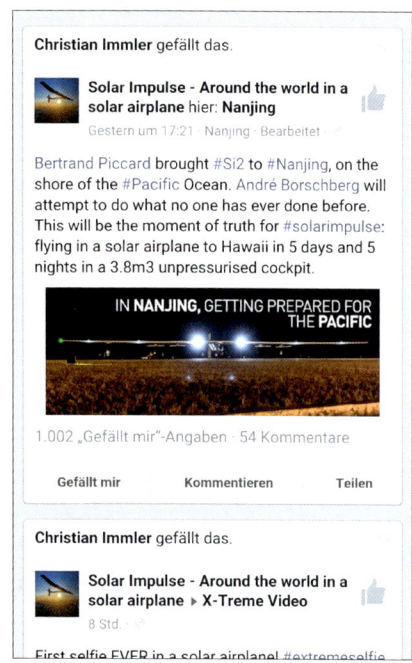

Mobile Facebook-Seite (links) und Facebook-App (rechts) sind in Funktionalität und Design weitgehend gleich.

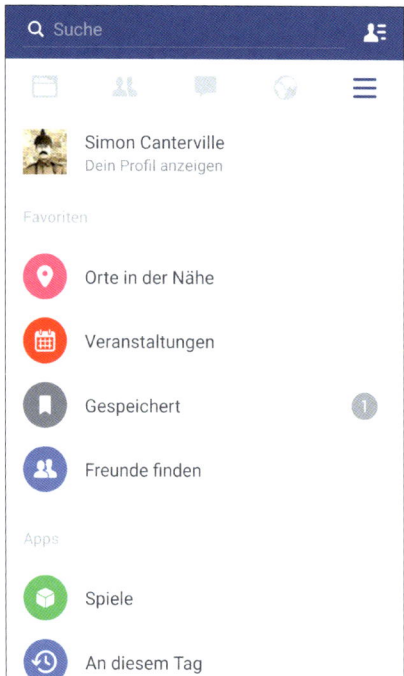

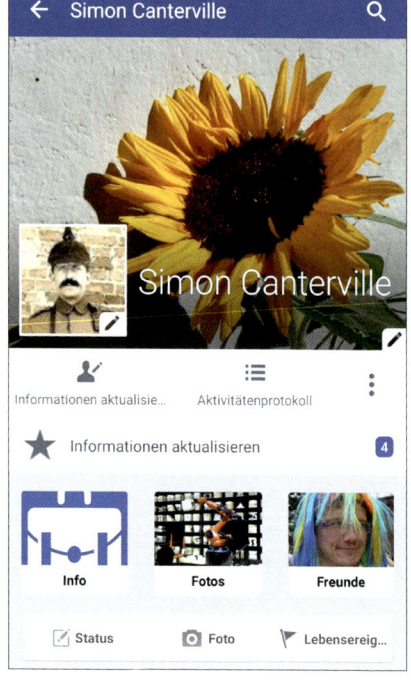

Eigenes Profil in der Facebook-App für Android.

Das Menü wird in der App über das Menüsymbol rechts oben eingeblendet. Alle wichtigen Funktionen innerhalb der Neuigkeiten sind automatisch mit einem Link hinterlegt. So brauchen Sie nur auf den Namen einer Person zu klicken und kommen sofort auf deren Pinnwand, um Nachrichten zu schreiben oder Infos und Fotos dieses Freundes zu sehen.

Über die Schaltfläche *Status* können Sie jederzeit eine persönliche Statusmeldung eintippen und direkt absenden. Um schnell ein Foto hochzuladen, tippen Sie unten in der Statusmeldung auf das Fotosymbol. Hier haben Sie die übliche Auswahl unter den auf dem Smartphone gespeicherten Bildern.

Einchecken mit Facebook

Mit dem Standortsymbol in der Statusmeldung können Sie an einem bestimmten Ort »einchecken« und damit Ihren Freunden bekanntgeben, wo Sie sich gerade befinden. Facebook sucht hier nach bekannten Orten in der unmittelbaren Umgebung – Gastronomie, Läden, Bahnhöfe, Schulen, öffentliche Einrichtungen – und bietet eine entsprechende Liste zur Auswahl an. Dabei wird die Positionsbestimmung des Smartphones über GPS, WLAN oder Mobilfunkzellen genutzt.

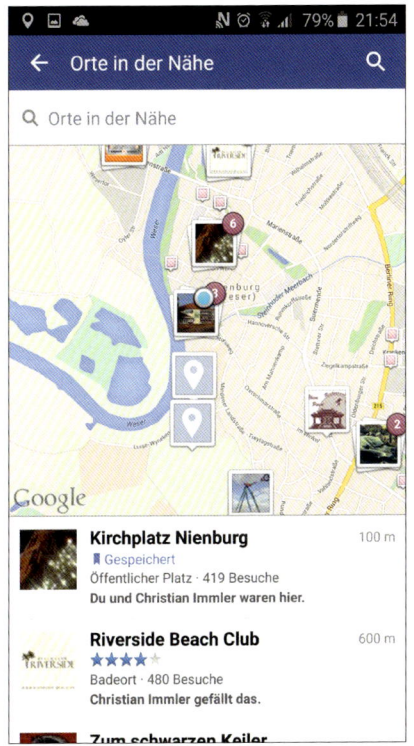 

Orte in der Nähe kennenlernen und auswählen.

Anschließend können Sie noch Freunde aus Ihrer Freundesliste wählen, die auch mit dabei sind. Sie werden über diese Markierung sofort informiert. Der Standort wird anderen Freunden angezeigt, um sich leicht zu verabreden. In der neuen Facebook-App geben Sie nicht nur an, wo Sie sind, sondern auch, was Sie dort tun. Dabei braucht man keinen Text einzugeben, sondern kann über das Symbol mit dem Smiley unter einer Vielzahl von Tätigkeiten mit Bildsymbolen auswählen.

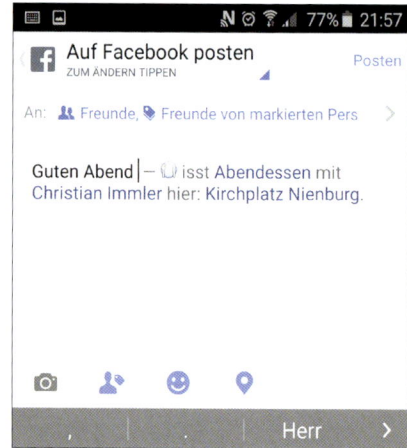

Tätigkeit auswählen und einchecken.

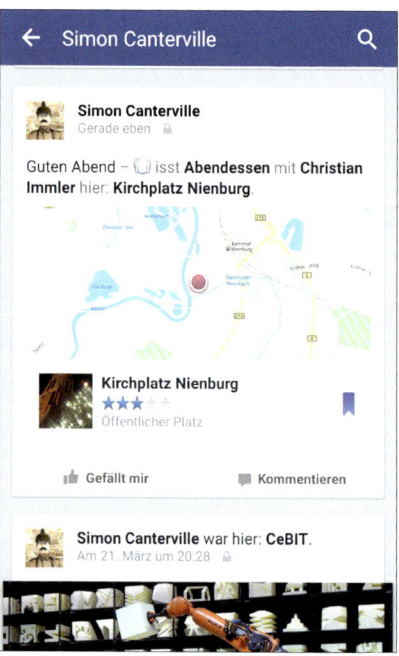

Links: älteres Foto eines Freundes am gleichen Ort, rechts: geposteter Beitrag auf Facebook.

Beim Einchecken können Sie wie bei jeder Facebook-Statusmeldung oben noch angeben, ob sie öffentlich sein soll oder nur für Freunde sichtbar. Beim Posten der Meldung zeigt Facebook Beiträge und Fotos von Freunden, die am gleichen Ort gepostet wurden, auch wenn das schon eine Zeit lang her ist.

Wichtige Einstellungen in der Facebook-App

Innerhalb der Facebook-App sollten Sie noch ein paar wichtige Einstellungen vornehmen. Schalten Sie hier zuallererst die Funktion *Video-Autoplay* aus, da sie zu einem enormen Datenverbrauch im Mobilfunknetz führen kann. Standardmäßig spielt Facebook seit einiger Zeit Videos, vor allem auch Werbevideos, in der mobilen App automatisch ab. Ist diese Einstellung ausgeschaltet, erscheint bei Videos zunächst nur ein Platzhalter. Erst beim Antippen wird das Video tatsächlich heruntergeladen und abgespielt.

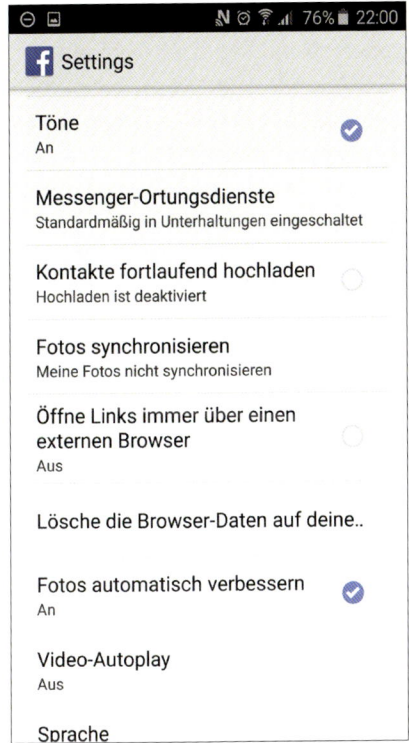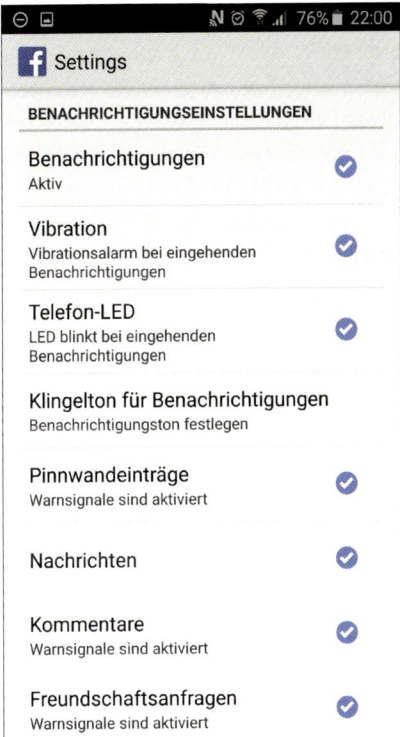

Wichtige Einstellungen in der Facebook-App.

Weiterhin sollten Sie in den Benachrichtigungseinstellungen alle weniger wichtigen Benachrichtigungen ausschalten, da das Smartphone sonst bei jeder Kleinigkeit auf Facebook klingelt und blinkt und Sie wichtige von unwichtigen Meldungen nicht mehr unterscheiden können.

Facebook-Daten synchronisieren

Facebook ist inzwischen weit mehr als eine Spielerei für Jugendliche, sondern immer mehr auch eine wichtige Informationsquelle. Nachrichten und auch Kontaktdaten von Freunden werden immer häufiger über Facebook ausgetauscht. Um hier auf dem Laufenden zu sein, muss man nicht immer die Facebook-App oder die mobile Seite von Facebook aufrufen. Facebook-Daten lassen sich direkt in Android-System-Apps synchronisieren – vorausgesetzt, der Hersteller des Smartphones hat diese Funktion eingebaut, denn das »reine« Android, das aber auf kaum einem Smartphone außer den Geräten der Nexus-Serie läuft, bietet keine Synchronisation der Kontakte mit Facebook.

In der Facebook-App kann festgelegt werden, dass Bilder, Statusmeldungen und Kontaktinformationen aus Facebook den Kontakten im Adressbuch hinzugefügt werden. Auf diese Weise bekommt man schnell fehlende Adressen, Telefonnummern, E-Mail-Adressen, Geburtsdaten oder auch Fotos von Freunden ins Adressbuch, ohne sie eintippen zu müssen. Zieht jemand um, bekommt eine neue Handynummer, E-Mail-Adresse oder Webseite, werden diese Daten automatisch im Smartphone-Adressbuch geändert, wenn der jeweilige Facebook-Freund als Kontakt im Adressbuch abgelegt oder mit einem dort vorhandenen Kontakt verknüpft ist. Facebook-Kontakte im Adressbuch können nicht bearbeitet werden. Die Daten werden nur angezeigt.

Twitter

Twitter ist ein immer beliebter werdender Kurznachrichtendienst, der zunehmend auch von Firmen und Infoportalen genutzt wird und auf dem besten Weg ist, die klassischen E-Mail-Newsletter zu ersetzen. Twitter eroberte in gerade einmal fünf Jahren in rasanter Geschwindigkeit das Internet. Twitter hat derzeit 288 Millionen aktive Nutzer, davon etwa  zwei Millionen in Deutschland. 55 % davon nutzen mobile Endgeräte. Insgesamt angemeldet sind über 1,4 Milliarden Nutzer weltweit. Jeder Twitter-Nutzer kann Kurznachrichten bis 140 Zeichen öffentlich oder nur an bestimmte Personen schreiben.

Mobile Twitter-Seite und Twitter-App im Google Play Store.

INFO: Die Nachrichten, die mit nur 140 Zeichen kürzer als eine SMS sein müssen, gehen schneller um die Welt als jede Tickermeldung einer Agentur. So erfuhr man per Twitter als Erstes über die Wahl des Bundespräsidenten, über den Tod Osama Bin Ladens oder über die geglückte Notlandung eines Flugzeugs im Hudson River. Twitter ist längst kein Spielzeug für Internetfreaks mehr, selbst Barack Obama, das britische Königshaus und der Papst twittern – und das nicht nur vom PC, sondern immer mehr auch unterwegs vom Handy. Auch die Deutsche Bahn nutzt Twitter, um über kurzfristige Änderungen etwa aufgrund von Baustellen zu informieren. Der Duden hat bereits vor einigen Jahren das Verb *twittern* für das Schreiben von Kurznachrichten auf Twitter aufgenommen.

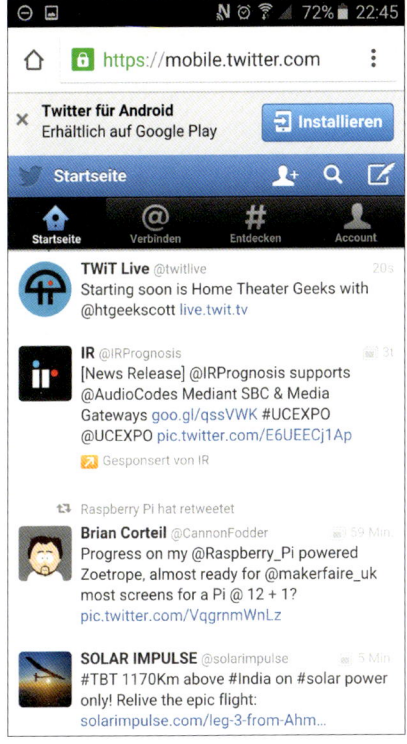
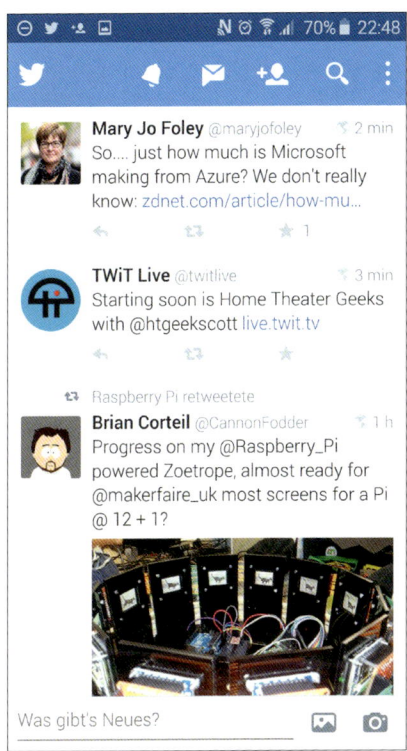

Die mobile Webseite von Twitter und die Twitter-App für Android.

Auf der mobilen Webseite von Twitter *mobile.twitter.com* konnte man früher wie auch auf der Desktopwebseite *www.twitter.com* ohne Anmeldung nach Themen suchen, über die sich die Welt gerade unterhält. Diese Möglichkeit ist seit einiger Zeit abgeschaltet. Twitter funktioniert nur noch mit kostenloser Anmeldung. Das dafür notwendige eigene Benutzerkonto kann man direkt auf dem Smartphone anlegen. Erst das ermöglicht es, selbst Nachrichten zu twittern und auch bestimmten Personen zu »folgen«, also deren Tweets direkt, ohne danach zu suchen, zu sehen.

Die Twitter-App

Die Twitter-App für Android macht die Twitter-Nutzung noch komfortabler. Von unterwegs kann man twittern, Direktnachrichten, Fotos, Videos und Links an Freunde oder auch an alle schicken.

Beim ersten Start der Twitter-App loggen Sie sich mit Ihren Benutzerdaten ein. Wer noch kein Twitter-Konto hat, kann dieses auch in der App anlegen.

Die Twitter-App bietet deutlich mehr Funktionen als die mobile Webseite von Twitter. Hier können Sie auch Listen, Trends und Erwähnungen sehen. Im eigenen Profil können Sie sich auch die letzten eigenen Tweets sowie die Follower – die Personen, die Ihre Tweets lesen – anzeigen lassen. Weiterhin kann man in der Twitter-Anwendung den Twitter-eigenen Foto-Upload-Dienst nutzen. Man kann Listen und Trends sehen, Tweets, Themen und Hashtags suchen sowie Tweets von Personen in der eigenen näheren Umgebung finden.

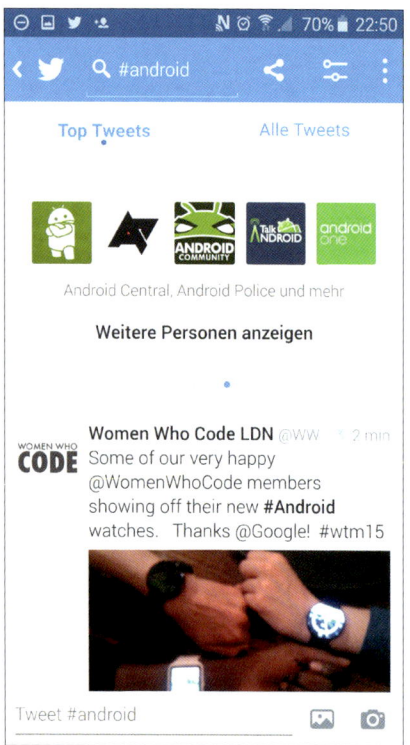 

Suche nach Hashtags und Twitter-Profil eines ausgewählten Nutzers.

Über die Einstellungen der Twitter-App können Sie festlegen, dass eine Benachrichtigung auf dem Startbildschirm erscheint, wenn Sie eine Antwort oder eine Erwähnung per Twitter bekommen. Dabei haben Sie die Wahl, ob das für alle Antworten und Erwähnungen gilt oder nur für solche von Benutzern, denen Sie selbst folgen.

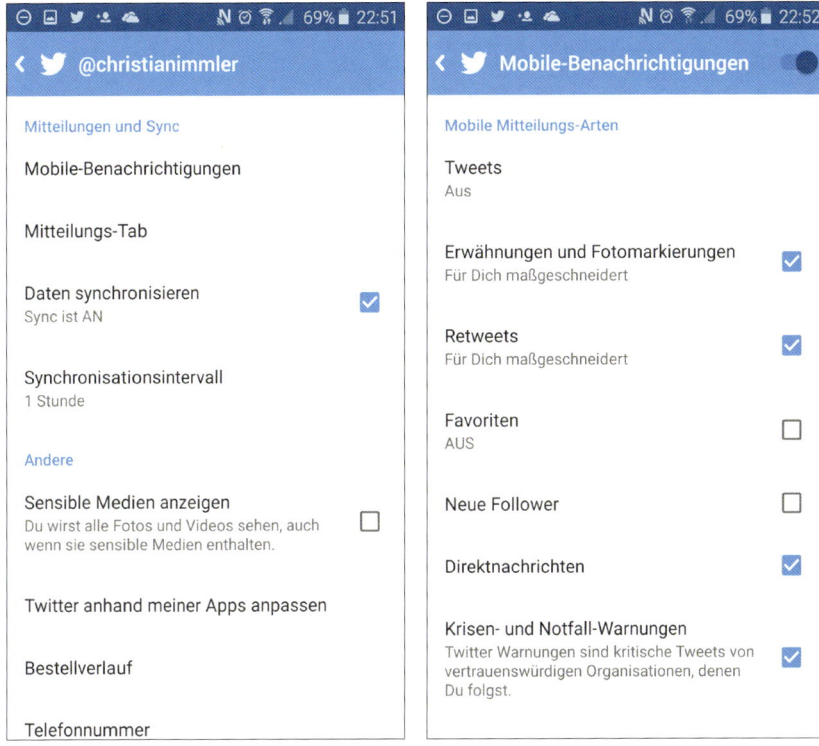

Twitter-Einstellungen und Benachrichtigungseinstellungen.

Stellen Sie außerdem noch ein, wie oft Tweets im Hintergrund automatisch aktualisiert werden sollen. Manuell aktualisieren können Sie jederzeit.

ACHTUNG: Theoretisch können Sie sich sogar bei jedem Tweet benachrichtigen lassen. Dies ist standardmäßig aber abgeschaltet. Bei aktiven Twitterern kommen Tweets von anderen Nutzern im Minutentakt an. Hier würde ständig die Benachrichtigung blinken, sodass man wichtige E-Mails oder Termine in der Benachrichtigungsflut gar nicht mehr wahrnehmen würde. Schalten Sie in den *Einstellungen* unter *Allgemein* die *Soundeffekte* aus, sonst ertönt bei jedem Tweet ein Geräusch.

Links aus dem Chrome-Browser twittern

Twitter integriert sich automatisch in den Browser. Um einen interessanten Link auf Twitter zu veröffentlichen, brauchen Sie im Chrome-Browser nur auf das Menüsymbol zu tippen und dann *Teilen* zu wählen. In der Liste der verfügbaren Sendemethoden finden Sie unter anderem auch die Twitter-App, wenn diese installiert ist.

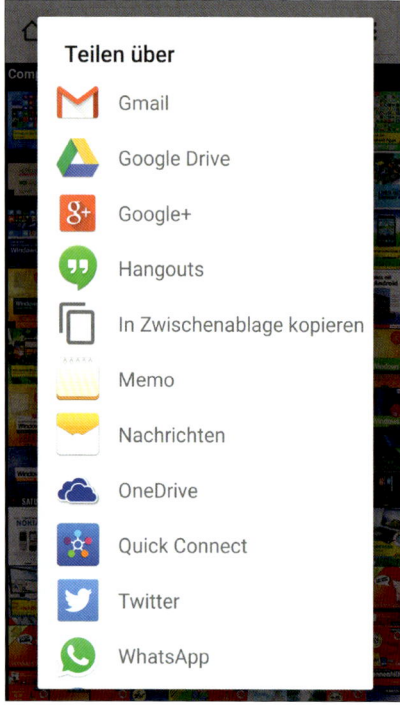 

Seitenlinks aus dem Chrome-Browser twittern.

Vor dem endgültigen Twittern können Sie noch einen Kommentar oder ein Foto hinzufügen oder den Tweet auch nur an bestimmte Personen schicken. Zusätzlich können Sie aktuelle Standortdaten übertragen, was bei Regionalnachrichten nützlich sein kann. Benutzer können die Anzeige ihrer Tweets nach der Nähe zum eigenen Standort filtern, um gezielt Tweets aus der Umgebung zu sehen.

Google+

Viele haben es versucht, aber nur einer hat es geschafft, eine ernsthafte Konkurrenz zu Facebook aufzubauen. Google startete im Juni 2011 mit Google+ sein eigenes soziales Netzwerk, das in kürzester Zeit sehr gut angenommen wurde.

Bereits eine Woche nach der offiziellen Verfügbarkeit für alle wurden zehn Millionen Mitglieder gemeldet. Im Oktober 2013 wurden die letzten Zahlen veröffentlicht. Zu dem Zeitpunkt waren es bereits über 540 Millionen Nutzer. Diese Zahl wird noch weiter ansteigen, besonders durch die verbesserte Integration von Google+ in Android. Google+ ist das am schnellsten wachsende soziale Netzwerk der Geschichte.

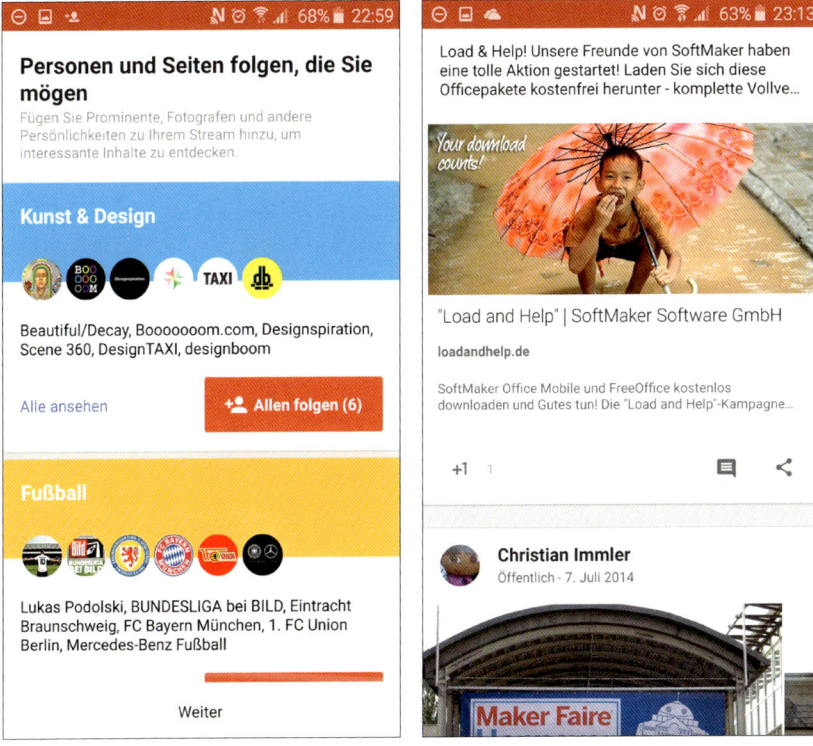

Es ist sicher kein Zufall, dass die Google+-App der Facebook-App stark ähnelt.

Die wichtigsten Vorteile von Google+ gegenüber ähnlichen Angeboten sind die gute Integration in andere Google-Dienste und die Möglichkeit, Freundeskreise festzulegen, sodass nicht immer alle Kontakte alle Informationen bekommen. So kann man besser zwischen privaten Freunden, Familie und Arbeitskollegen unterscheiden. Facebook übernahm diese Idee später auch.

Nachrichten können öffentlich gepostet werden, und man kann Personen explizit blockieren, wenn diese einen selbst in einen Freundeskreis aufnehmen wollen. Auch Personen, die nicht bei Google+ angemeldet sind, können in eigene Freundeskreise aufgenommen werden. Die Kommunikation erfolgt dann per E-Mail. Ähnlich wie bei Facebook und Twitter lassen sich Links auf Webseiten direkt aus dem Browser auch auf Google+ veröffentlichen.

Mobile Google+-Seite und Google+-App in Google Play.

Google+ kann im Browser über *plus.google.com* oder mithilfe einer eigenen App genutzt werden. Diese App zeigt Nachrichten von Freunden nahezu in Echtzeit über die Push-Funktion an und benachrichtigt auf Wunsch bei neuen Nachrichten, auch wenn die App nur im Hintergrund läuft. Auch hier sollten Sie genau festlegen, wie Sie benachrichtigt werden möchten, da bei aktiven Nutzern sehr viele Nachrichten auflaufen können. Beim ersten Start kann man automatisch die Google+-Kontakte dem Adressbuch auf dem Smartphone hinzufügen.

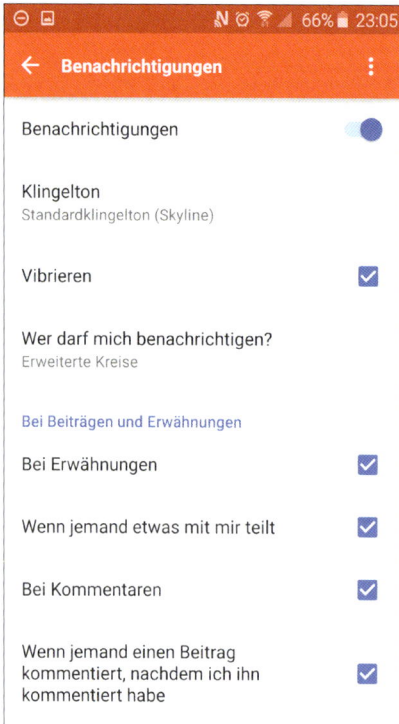 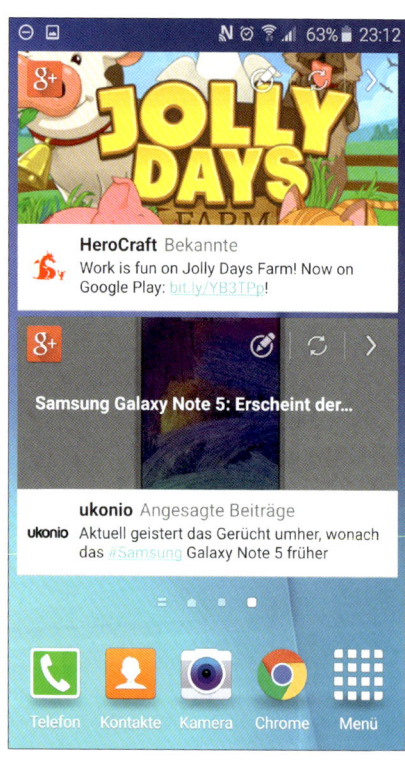

Einstellungen für Google+ und Google+-Widgets auf dem Startbildschirm.

Das Google+-Widget zeigt auf dem Startbildschirm aktuelle Meldungen. Dabei können Sie wählen, ob angesagte öffentliche Meldungen, Meldungen von Freunden, der Familie oder aus den eigenen Kreisen zu sehen sein sollen.

Fotos bei Google+

Mit der Kamera aufgenommene Fotos können automatisch auf Google+ gesichert werden. Die Fotos werden dabei in ein eigenes Sofort-Upload-Album hochgeladen, auf das nur Sie selbst Zugriff haben. Auf diese Weise sind die Smartphone-Fotos automatisch auch auf jedem PC der Welt verfügbar und können leicht mit Freunden oder öffentlich geteilt werden. Standardmäßig sind alle Fotos beim automatischen Hochladen zunächst privat.

Google versucht, Speicherplatz auf Google+ an Benutzer zu verkaufen, und sichert deshalb alle Fotos in Originalgröße. Dabei sind 15 GByte für Neukunden und sogar 25 GByte für alle, die Google Drive oder Picasa schon länger nutzen, kostenlos verfügbar. Stellen Sie also in den *Einstellungen* der Google+-App unter *Automatische Sicherung* die Fotogröße von *Originalgröße* auf *Standardgröße* um. Bei einer Breite von 2.048 Pixeln ist das Speichern unbegrenzt kostenlos. Diese Bilder werden nicht auf den kostenlosen Speicherplatz bei Google Drive angerechnet.

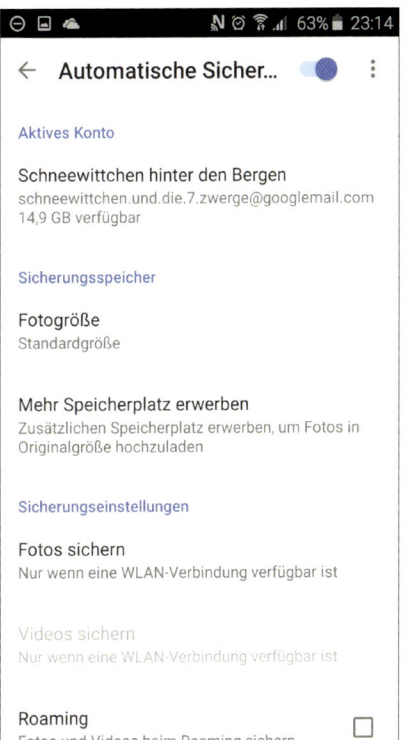

Fotos auf Google+ und Einstellungen für die automatische Sicherung.

Um Datenvolumen im Mobilfunk zu sparen, enthält die Google+-App eine Einstellung, Fotos nur bei aktiver WLAN-Verbindung hochzuladen. Wer mit einem ständig zu schwachen Smartphone-Akku zu kämpfen hat, kann die automatische Sicherung so einstellen, dass sie nur läuft, wenn das Smartphone am Stromnetz hängt. Videos sollte man am besten gar nicht automatisch sichern, da hier das kostenlose Datenvolumen sehr schnell erreicht wird. Ebenso sollte beim Roaming wegen der hohen Kosten die automatische Sicherung abgeschaltet werden.

Google+-Kontakte

Kontaktdaten von Personen aus Ihren Kreisen bei Google+ werden automatisch in das Adressbuch auf dem Smartphone übernommen. Auf diese Weise lässt sich das Adressbuch einfach aktuell halten. Dazu muss in den *Einstellungen* der Google+-App unter *Kontoeinstellungen/Kontakte* die Option *Kontakte aktuell halten* aktiviert sein.

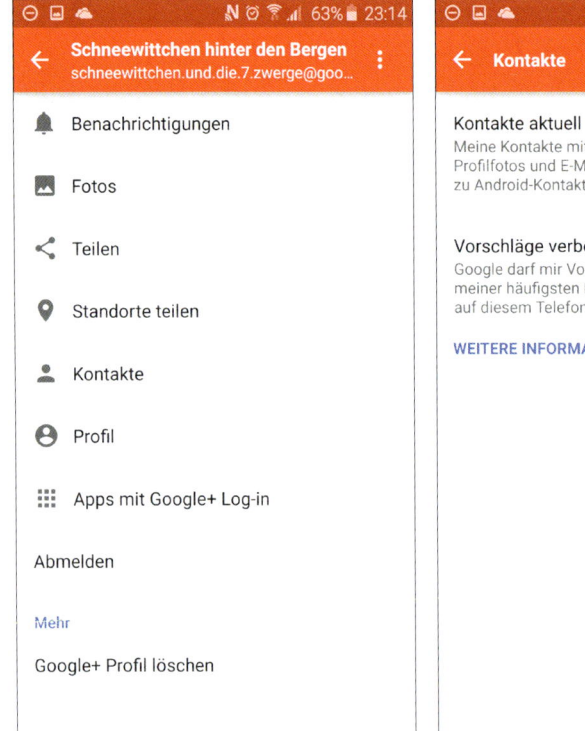
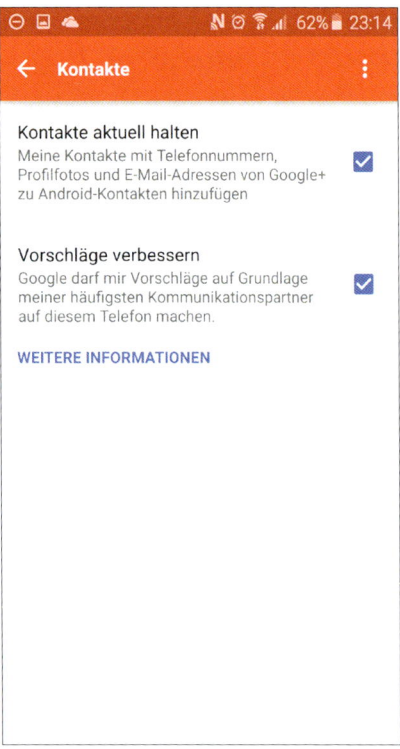

Google+-Kontaktdaten automatisch ins Adressbuch übernehmen.

Bei den Kontakten aus den eigenen Google+-Kreisen erscheint in der Kontakte-App das zusätzliche Feld *Google+ Profil ansehen*. Tippen Sie darauf, wird automatisch die Google+-App geöffnet und das Profil angezeigt.

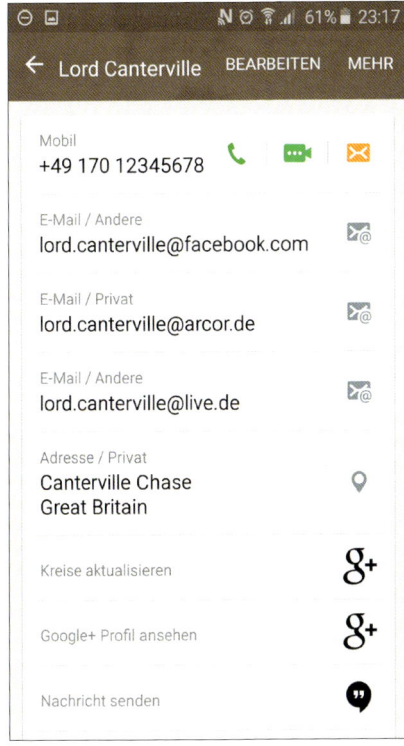
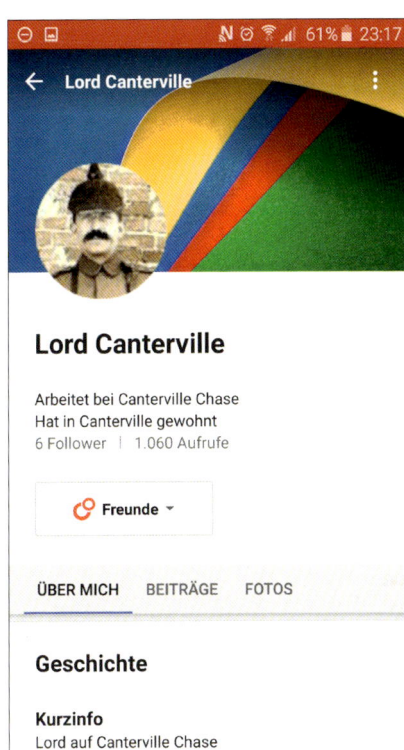

Google+-Profil einer Person aus der Kontakte-App aufrufen.

SMS

SMS verlieren zwar bedingt durch mobile Messenger und E-Mails zunehmend an Bedeutung, was nicht zuletzt an den vergleichsweise hohen Kosten liegt. Sie sind aber immer noch eine beliebte Kommunikationsform, vor allem mit Benutzern einfacher Handys, die keinen Internetzugang haben.

Neue SMS-Dienste wie zum Beispiel mobileTAN für Onlinebanking machen die SMS auch auf Smartphones noch interessant. Außerdem werden SMS teilweise heute noch von Mobilfunkprovidern verwendet, um Konfigurationsdaten auf Handys zu übertragen.

Natürlich kann man auch mit dem Samsung Galaxy S6 SMS senden und empfangen. Kommt eine SMS an, ertönt ein Benachrichtigungston, die LED blinkt und in der Benachrichtigungsleiste erscheint neben den Anzeigen neuer E-Mails und Facebook-Nachrichten ein weiteres Symbol.

> **INFO:** In Deutschland wurden im Jahr 2012 pro Tag noch etwa 162 Millionen SMS verschickt sowie über 400 Millionen in der Silvesternacht, was vielerorts zu Zusammenbrüchen der Netze führte. Im Jahr 2013 waren es dank Whats-App und anderen Messengern nur noch 101 Millionen pro Tag, 2014 nur noch 74 Millionen.

Eine SMS zu schreiben, ist ganz einfach. Starten Sie die SMS-App, tragen Sie oben die Nummer des Empfängers ein und schreiben Sie unten den Text. Ist dieser länger als 160 Zeichen, wird die SMS automatisch als mehrere SMS verschickt, wobei auch die Verkettung einige Zeichen kostet. In eine doppelte SMS passen also nicht ganz 320 Zeichen.

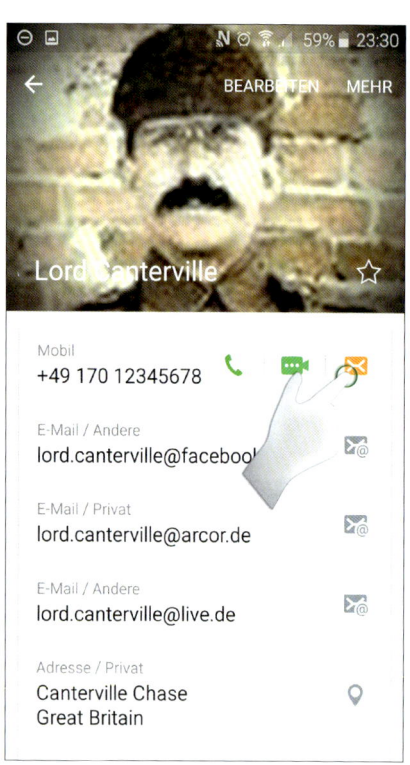

SMS über die SMS-App oder die Kontakte-App schreiben.

In den meisten Fällen ist es leichter, den SMS-Empfänger in der Kontakte-App auszuwählen und dann neben der Telefonnummer auf das Nachrichtensymbol zu tippen. Das startet die SMS-App, die Nummer des Empfängers wird direkt übernommen.

> **INFO:** Die MMS, ursprünglich als sehr teurer Nachfolger der SMS geplant, kam selbst in besten Zeiten kaum über 0,5 Millionen pro Tag. MMS wurde fast vollständig durch mobile E-Mail und Messenger ersetzt und ist mittlerweile aus den Statistiken komplett verschwunden. Nur noch aus historischen Kompatibilitätsgründen unterstützt die SMS-App weiterhin auch MMS.

WhatsApp und andere Messenger

Instant Messenger sind für die private, spontane Kommunikation inzwischen wichtiger als E-Mail. Per Chat kann man sich schnell mit Freunden verabreden oder kurze Informationen in Echtzeit austauschen. Selbstverständlich gehört auch eine Chat-App auf ein Samsung Galaxy S6.

WhatsApp – Chat als SMS-Ersatz

Die Nummer eins der kostenlosen Apps im Google Play Store ist immer wieder der Messenger WhatsApp. WhatsApp ist auf dem besten Weg, die SMS zu ersetzen, und überzeugt durch sein neues Konzept sowie die einfache Installation und Nutzung. WhatsApp ist das Vorbild für diverse ähnliche Messenger-Systeme. Auf dem Samsung Galaxy S6 ist WhatsApp bereits vorinstalliert, nachdem Samsung seinen eigenen Messenger ChatON eingestellt hat.

Zurzeit werden über WhatsApp mehr als 30 Milliarden Nachrichten pro Tag verschickt. WhatsApp hat ca. 800 Millionen Nutzer und gilt als der am schnellsten wachsende Internetdienst der Geschichte. WhatsApp ist nach Facebook erst die zweite App, die nicht von Google stammt und die Marke der 1 Milliarde Downloads überschritten hat. Da viele der Nutzer inzwischen ihr zweites Android-Smartphone haben, ist die Downloadzahl deutlich höher als die Zahl aktiver Nutzer. Etwa 43 % aller Android-Nutzer in Deutschland verwenden WhatsApp zum Chatten, was die Netzbetreiber als deutlichen Rückgang der SMS-Zahlen zu spüren bekommen.

WhatsApp nutzt die Internetverbindung des Smartphones und nicht den SMS-Dienst. So fallen keine SMS-Kosten an. Die Nutzung ist im Rahmen einer Internetflatrate kostenlos, außerdem kann WLAN zum Versand und Empfang der Nachrichten verwendet werden, was bei SMS nicht möglich ist.

WhatsApp ist ein Messenger, der speziell für Smartphones entwickelt und nicht vom PC aufs Smartphone portiert wurde. Bei der Installation kann die App automatisch das Adressbuch auf dem Smartphone durchsuchen und alle Kontakte finden, die bereits WhatsApp nutzen. Damit wird die Verwendung so einfach wie SMS, nur kostenlos und nicht auf 160 Zeichen begrenzt. WhatsApp integriert sich automatisch in das Adressbuch auf dem Smartphone, sodass man beim Schreiben einer SMS automatisch gefragt wird, ob man wirklich eine klassische SMS verschicken möchte oder eine Nachricht per WhatsApp. Mit WhatsApp lassen sich auch Bilder und Internetlinks verschicken.

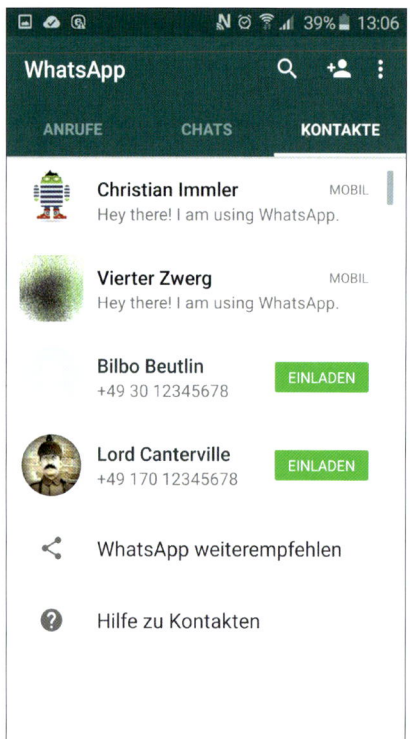 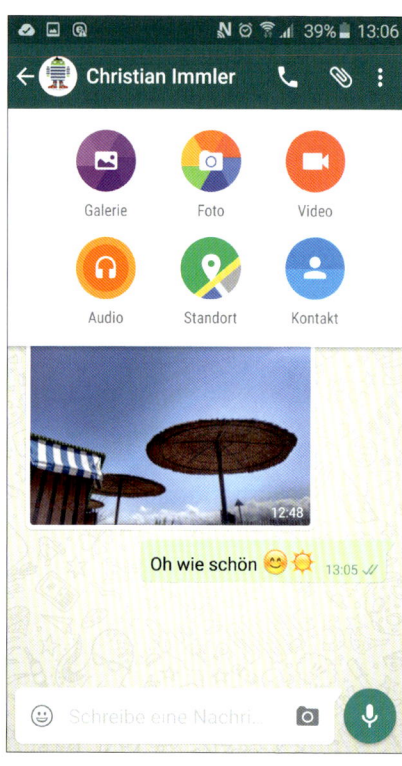

Chatten per WhatsApp.

> **TIPP:** Um sich leicht zu verabreden, kann WhatsApp die aktuelle Position verschicken. Der Empfänger bekommt einen Google-Maps-Link, in dem die Position des Absenders eingetragen ist. Damit dies wirklich zuverlässig funktioniert, sollte natürlich GPS auf dem Galaxy S6 eingeschaltet sein.

Skype

Skype ist auf dem PC schon lange für kostenlose Telefonie im Internet bekannt. Skype funktioniert wie ein Messenger. Man registriert sich einmal mit seinem Namen auf der Skype-Webseite und kann dann alle Freunde, die ebenfalls Skype verwenden, in eine Kontaktliste eintragen und de-

ren Onlinestatus anzeigen lassen. Seit Skype von Microsoft übernommen wurde, kann man sich ganz einfach mit dem Microsoft-Konto anmelden, mit dem man bei Windows 8.1 am PC angemeldet ist, und benötigt kein eigenes Benutzerkonto mehr.

Auf dem Samsung Galaxy S6 ist Skype bereits vorinstalliert. Vor dem ersten Start möchte die Skype-App allerdings zunächst das aktuelle Update installieren.

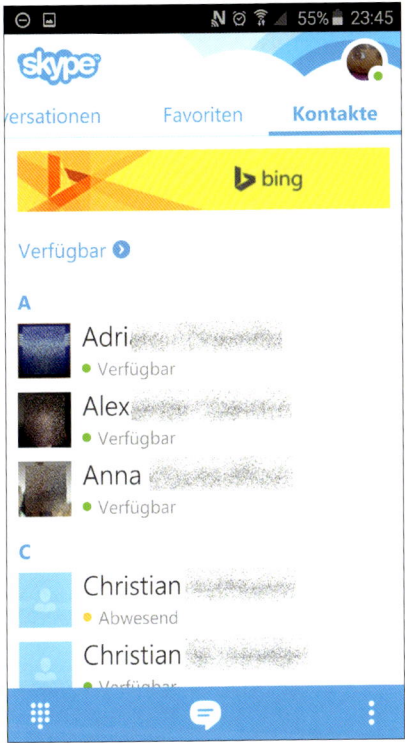 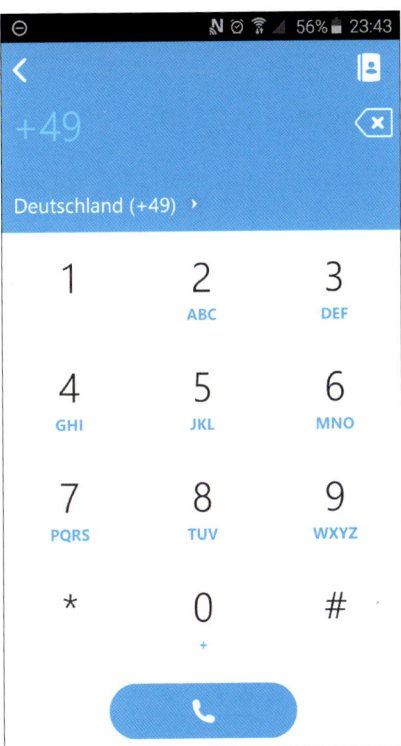

Kontaktliste und Telefon in Skype.

Durch Antippen eines Namens stellt man eine Gesprächsverbindung her. Mit Skype können Sie nicht nur mit anderen Skype-Nutzern kostenlos telefonieren, sondern auch zu sehr günstigen Preisen in das normale Telefonnetz der meisten Länder der Welt anrufen. Dazu kauft man ähnlich wie bei einer Prepaidkarte online ein SkypeOut-Guthaben und wählt dann in der App die Telefonnummer. Skype listet die Gebühren für Gespräche in verschiedene Länder unter *www.skype.com/de/rates* auf.

Skype verwendet nicht das Mobilfunktelefonnetz, sondern eine Internetverbindung. Die App funktioniert am besten über WLAN, aber auch über UMTS oder HSDPA. Hier braucht man allerdings eine umfangreiche Datenflatrate, da bei VoIP-Gesprächen erhebliches Datenvolumen anfallen kann. Manche Mobilfunkbetreiber schließen VoIP-Gespräche in ihrer Flatrate allerdings explizit aus.

> **TIPP:** Für eine gute Gesprächsqualität sollte man sich mit dem Smartphone nicht zu hektisch bewegen und äußere Störquellen meiden.

Wie bei einem klassischen Messenger lassen sich auch Textnachrichten, Bilder und Dateien übertragen.

Google Hangouts

Google Hangouts ist als Chat-App auf allen Android-Smartphones vorinstalliert. Damit können Sie mit allen Personen aus Ihrem Adressbuch chatten, die ein Google-Konto nutzen – egal ob auf dem Smartphone oder auf dem PC im Browser bei Gmail.

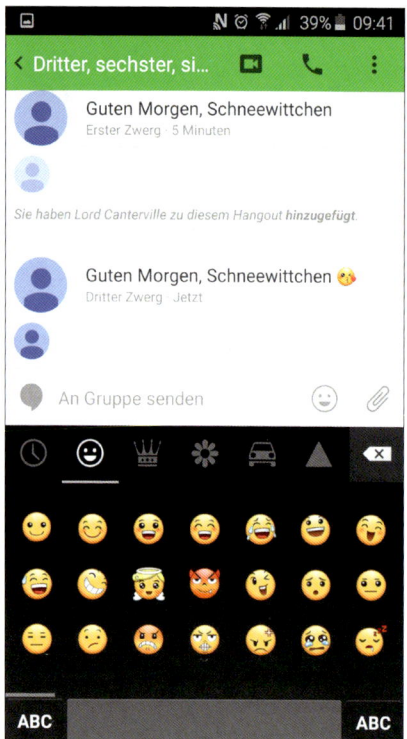 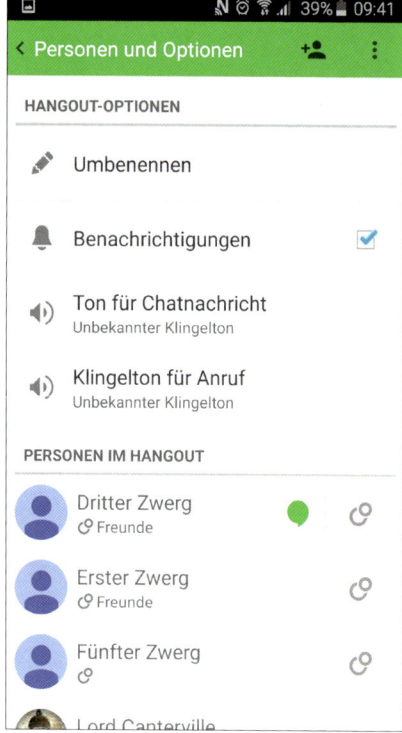

Chat mit Google Hangouts.

Google Hangouts unterstützt den Versand von Fotos, Videos und Google-Maps-Standorten. Auch Videogespräche sind direkt aus Google Hangouts möglich.

Wie bei vielen Chat-Apps sind auch hier Gruppenchats möglich. Chatten Sie mit einer Person, können Sie über den Menüpunkt *Personen hinzufügen* einfach weitere Personen zum Chat einladen.

SMS mit Hangouts

Google Hangouts kann auch SMS versenden. Sie finden dann alle Kommunikationen über Hangouts und SMS in nur noch einer App. Aktivieren Sie dazu in den Einstellungen von Hangouts die SMS-Option. An dieser Stelle haben Sie auch die Möglichkeit, Spam-SMS von bestimmten Nummern automatisch zu blockieren.

Facebook Messenger

Facebook hat in seinen Nutzerzahlen alle anderen sozialen Netzwerke längst überholt. Da wundert es nicht, dass auch die in Facebook eingebaute Chatfunktion den klassischen Chatsystemen immer mehr den Rang abläuft.

Facebook bietet eine eigene Messenger-App an. Diese kann auch im Hintergrund laufen und den Benutzer bei eingehenden Chatnachrichten per LED oder Signalton benachrichtigen. Die klassische Facebook-App für Android bietet seit einiger Zeit keine Chatfunktion mehr an. Beim Versuch, einen Chat zu starten, wird direkt auf den Facebook Messenger verwiesen.

Der Facebook Messenger ermöglicht auch Gruppenunterhaltungen sowie den Versand von Fotos oder Ortsangaben an Facebook-Freunde. Der Messenger sollte ursprünglich die schnelle Facebook-Kommunikation ermöglichen, ohne erst die »große« App zu starten. Allerdings stellt auch der Messenger hohe Ansprüche an die Qualität der Internetverbindung. WhatsApp funktioniert dagegen auch bei schwacher Netzabdeckung noch.

Der Menüpunkt *Chatsymbol öffnen* zeigt das Profilbild des Chatpartners als rundes Symbol an, das über andere Android-Apps gelegt wird und frei auf dem Bildschirm verschoben werden kann. So kommt man schnell aus einer anderen App wieder in den Chat und wird informiert, wenn eine neue Nachricht ankommt. Ziehen Sie dieses Chatsymbol an den unteren Bildschirmrand, verschwindet es vom Bildschirm.

Der Facebook Messenger für Android.

Das Profilbild des Chatpartners als Chatsymbol auf dem Bildschirm.

Datenaustausch über Cloud-Speicherdienste

Cloud-Speicherdienste sind die ideale Lösung, um Dateien aller Art komfortabel zwischen Smartphone und PC oder auch mehreren PCs auszutauschen. Musste man früher Smartphones noch mühsam per USB-Kabel mit dem PC verbinden, um Daten auszutauschen, funktioniert es heute über das Internet vollautomatisch, wenn die Daten in den entsprechenden Verzeichnissen liegen.

Die bekanntesten derartigen Dienste – Google Drive, Dropbox und OneDrive von Microsoft – bieten alle neben PC-Anwendungen auch Android-Apps an. Die verschiedenen Anbieter unterscheiden sich nur in kleinen Details. Wer also bereits einen dieser Dienste auf dem PC nutzt, sollte die passende App auf dem Smartphone installieren. OneDrive ist auf dem Samsung Galaxy S6 bereits vorinstalliert.

Google Drive

Google bietet mit Google Drive (*drive.google.com*) allen Benutzern bis zu 25 GByte kostenlosen Onlinespeicherplatz, der für beliebige Dateien genutzt werden kann.

Die Google-Drive-App dient gleichzeitig auch als einfacher Dateimanager, um in anderen Apps Daten zum Teilen oder Öffnen auszuwählen. Die Google-Drive-App enthält für viele gängige Dateiformate integrierte Betrachter, um diese Dateien auf dem Smartphone darstellen zu können, ohne spezielle Apps installieren zu müssen. Fotos aus Google Drive werden automatisch in der Fotos-App angezeigt.

Google Drive ist von allen vergleichbaren Cloud-Speicheranbietern am besten in das Android-Betriebssystem integriert. Dateien lassen sich für andere Personen einfach freigeben und versenden. Umgekehrt bieten sehr viele Android-Apps die Möglichkeit, Dateien auf Google Drive abzulegen und zu teilen.

Bei jeder Datei kann auf dem Smartphone eingestellt werden, ob sie zur Offlinenutzung auf das Gerät heruntergeladen werden soll. Bei jeder Veränderung der Datei wird die Offlinekopie mit der Cloud synchronisiert.

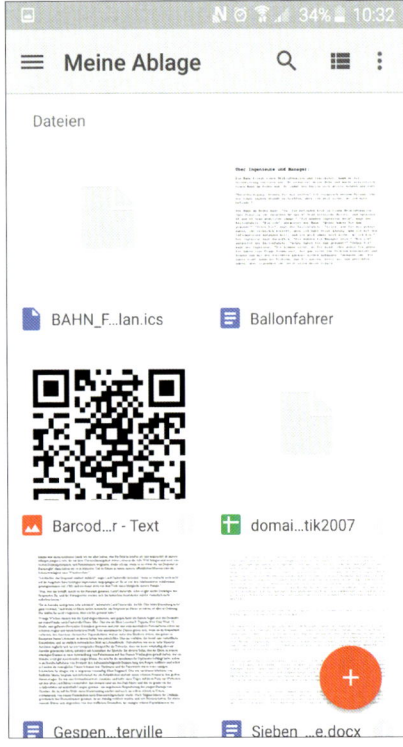
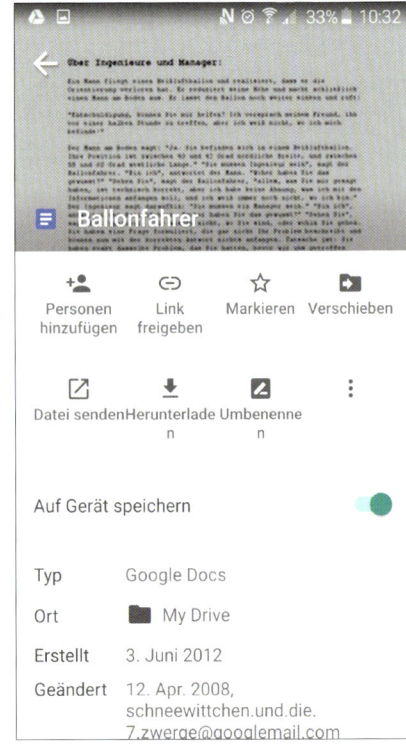

Die Google-Drive-App.

Laden Sie auf dem PC über *www.google.com/drive/download* Google Drive für Windows herunter.

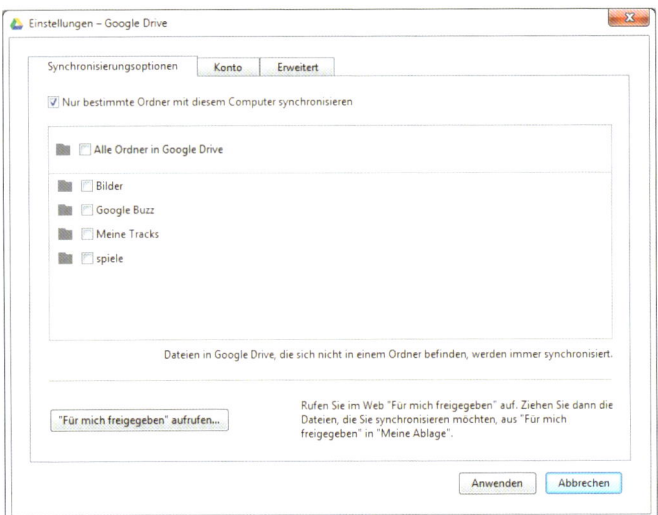

Google Drive für Windows.

Damit können Sie auf einfache Weise ein Verzeichnis der lokalen Festplatte automatisch im Hintergrund mit Google Drive synchronisieren und auf diese Weise leicht beliebige Dateien zwischen Smartphone und PC austauschen.

ICS-Dateien in Kalender importieren

Viele Webseiten bieten Termine wie z. B. Feiertage, Schulferien, Messetermine oder auch Bahnfahrpläne im ICS-Format zum Download an. Speichern Sie diese Dateien auf Google Drive, können Sie sie direkt auf dem Smartphone in den Kalender übernehmen.

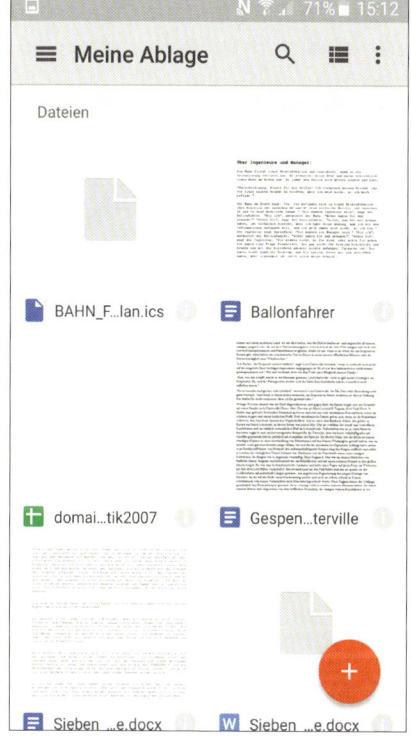

ICS-Datei auf Google Drive in den Kalender übernehmen.

1. Starten Sie die Google-Drive-App und suchen Sie die zuvor dort abgelegte ICS-Datei. Tippen Sie darauf.

2. Der in der Datei gespeicherte Termin wird angezeigt. Enthält die ICS-Datei mehrere Termine, können Sie auswählen, welche davon Sie importieren möchten.

3. Tippen Sie oben auf *Speichern*. Jetzt wird der Termin in den Kalender übernommen.

OneDrive

Auch Microsoft bietet mit One-Drive (*onedrive.com*) eine Cloud-Speicherlösung an. Diese ist in Windows 8.1 und Windows 10 bereits fest integriert und gewinnt dadurch zurzeit gerade große Beliebtheit.

Mit der passenden Android-App kann man auch vom Smartphone auf seine Dateien zugreifen und sie mit Freunden teilen. Auf dem Samsung Galaxy S6 ist die OneDrive-App bereits vorinstalliert. Wer sich damit bei OneDrive anmeldet, bekommt statt der üblichen 15 GByte für zwei Jahre 100 GByte kostenlosen Speicherplatz auf OneDrive.

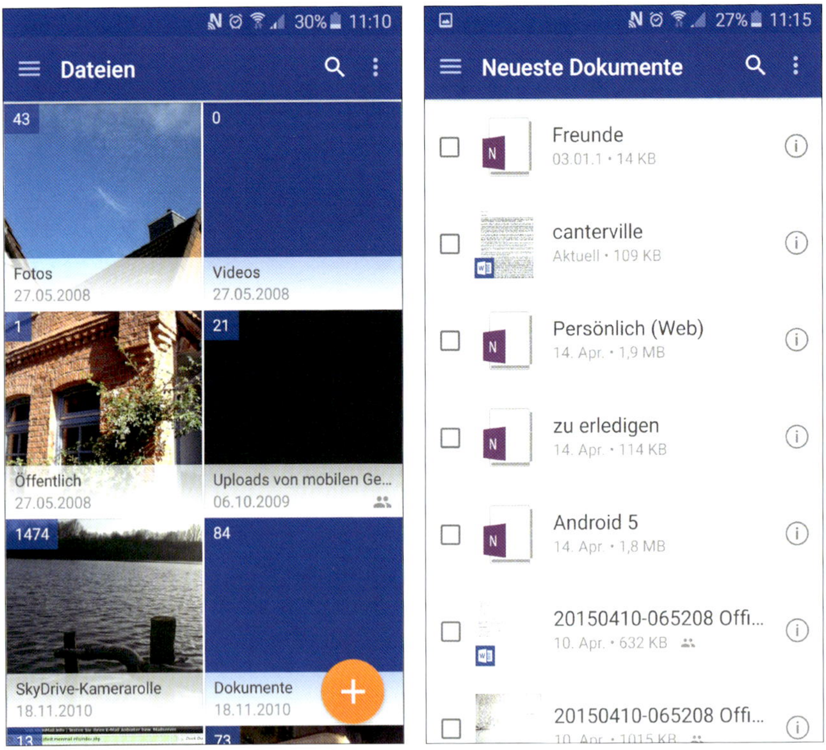

Microsofts Cloud-Speicher OneDrive auf dem Samsung Galaxy S6.

Zur Anmeldung wird ein Microsoft-Konto benötigt. Dies kann bereits mit einer Windows-8.1-Installation angelegt worden sein oder Sie melden sich bei *onedrive.com* oder auch direkt aus der App heraus kostenlos neu an. Wer eine E-Mail-Adresse bei Hotmail, MSN oder Outlook.com oder ein Benutzerkonto des ehemaligen Windows Live Messengers hat, kann diese Daten auch für OneDrive nutzen.

Für Nutzer von Windows 7 gibt es bei *onedrive.live.com/about/de-de/download* eine PC-Anwendung, die ein Verzeichnis der lokalen Festplatte im Hintergrund mit dem Cloud-Speicher synchronisiert.

Dropbox

Dropbox ist der bekannteste kostenlose Cloud-Speicherdienst, bei dem man eigene Daten auf einem Server ablegen und so von verschiedenen Geräten, PCs oder Smartphones darauf zugreifen kann.

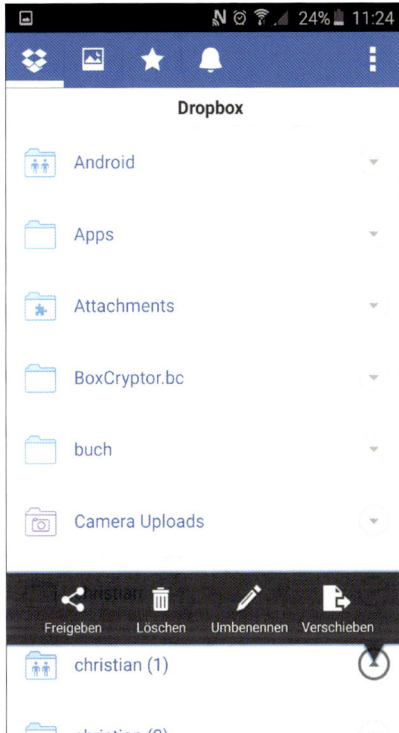 

Dropbox-Ordner und Fotos auf dem Samsung Galaxy S6.

Die Dropbox-App für Android bietet Zugriff auf alle eigenen Dropbox-Ordner sowie auf die von Freunden freigegebenen. Dateien, die als Favoriten markiert sind, werden automatisch zur Offline-Verwendung auf das Smartphone heruntergeladen.

Bei der Einrichtung der Dropbox-App können Sie festlegen, dass neue Fotos vom Smartphone automatisch in das Verzeichnis *Camera Uploads* Ihrer persönlichen Dropbox hochgeladen werden sollen. Wählen Sie, um Datenvolumen Ihres Internettarifs zu sparen, die Option *Nur über WLAN*.

> **TIPP:** Dropbox stellt jedem Nutzer 2 GByte kostenlosen Speicherplatz zur Verfügung. Melden Sie sich bei Dropbox über den Link *db.tt/vxUArMd* an, bekommen Sie zusätzliche 500 MByte Willkommensbonus.

Kapitel 6

Unterwegs mit dem Samsung Galaxy S6

Wer unterwegs ist, braucht eine Landkarte oder einen Stadtplan des Urlaubsortes. Landkarten auf dem Smartphone haben gegenüber ihren auf großformatiges Papier gedruckten Vorgängern einige Vorteile. Sie können deutlich aktueller sein als Pläne aus Papier, die auch in Urlaubsregionen höchstens einmal im Jahr erneuert werden, und der eigene Standort lässt sich per GPS direkt auf der Karte anzeigen. Hinzu kommt eine präzise Suchfunktion, die selbst kleine Orte oder einzelne Straßen in Sekundenschnelle findet.

Google Maps

Google Maps hat sich zur wichtigsten Quelle für Landkarten und geografische Informationen im Internet entwickelt. Genauso einfach, wie die Suchmaschine Google irgendetwas im Internet findet, findet Google Maps die genaue Position in der realen Welt.

Auf dem Samsung Galaxy S6 ist, wie auf fast allen Android-Smartphones, eine App für Google Maps vorinstalliert, die noch mehr Funktionen bietet als die browserbasierte Version. Eine Wischgeste von links Richtung Bildschirmmitte blendet ein Seitenmenü ein, über das man öffentliche Verkehrsmittel, Radwege und andere Informationen in der Karte anzeigen lassen kann.

Google Maps kann den eigenen Standort innerhalb von Gebäuden deutlich exakter bestimmen als andere Kartenanbieter. Google kennt nicht erst seit der Street-View-Diskussion die Standorte von Millionen WLANs sehr genau. Anhand der Koordinaten des WLANs, in dem ein Gerät angemeldet ist, lässt sich dessen Standort gut ermitteln. Wenn GPS oder WLAN auf dem Smartphone ausgeschaltet sind, erscheint beim Start von Google Maps eine entsprechende Meldung. Das Standortsymbol oben rechts zeigt den Kartenausschnitt um den eigenen Standort.

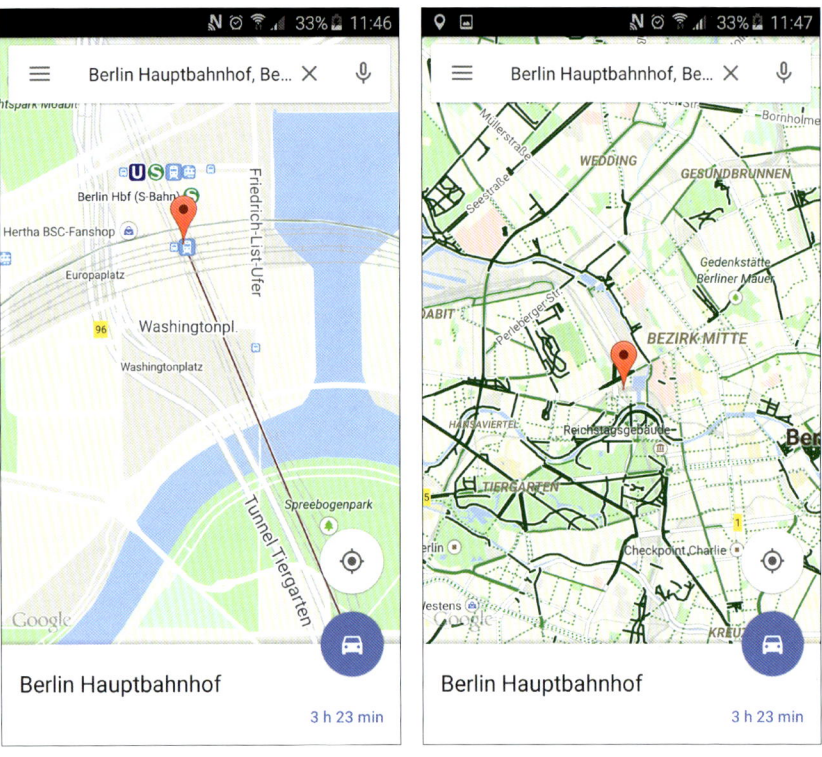

Google-Maps-App auf dem Samsung Galaxy S6 – rechts: mit Radwegen.

Google Maps findet über das Suchfeld nicht nur Orte, sondern auch Straßennamen, Läden, Hotels und Restaurants. Dabei wird immer zuerst in der unmittelbaren Umgebung gesucht.

Mit der Android-Version von Google Maps lassen sich neben interaktiv verschiebbaren und zoombaren Karten auch die bekannten Satellitenbilder von Google unterwegs verwenden. Über die Seitenleiste schaltet man zwischen den verschiedenen Darstellungen um. Mit zwei Fingern lässt sich die Kartenansicht, die normalerweise nach Norden ausgerichtet ist, drehen.

> **ACHTUNG:** Bedenken Sie, dass die Satellitenbilder ein deutlich höheres Datenvolumen verursachen als die simple Vektorgrafik.

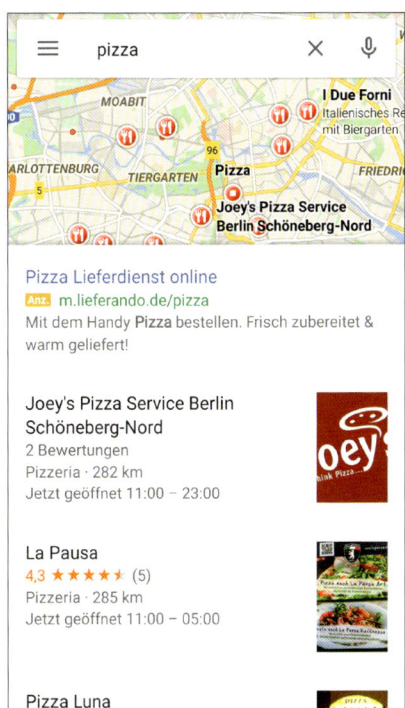
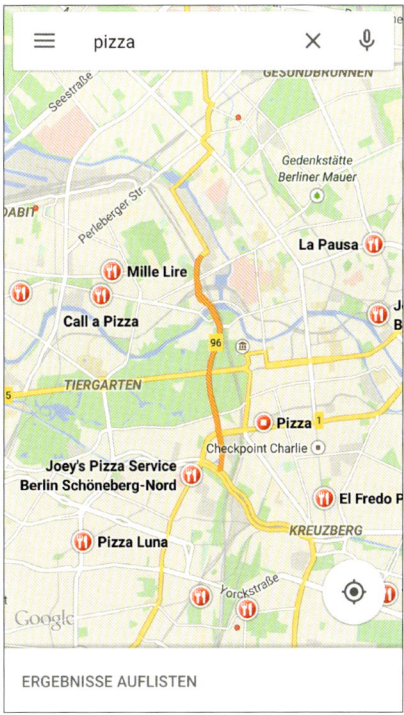

Suche nach Pizzerien, Hotels oder anderen regionalen Suchbegriffen.

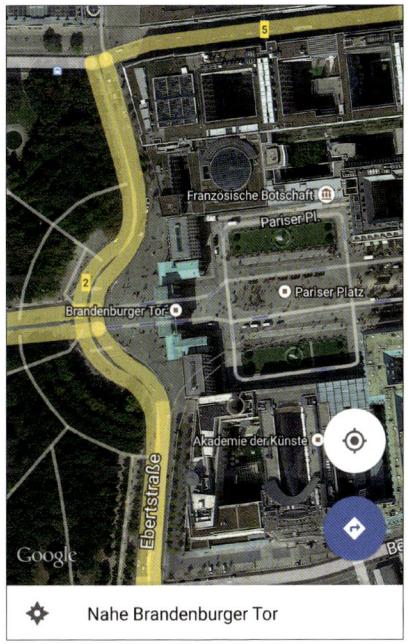
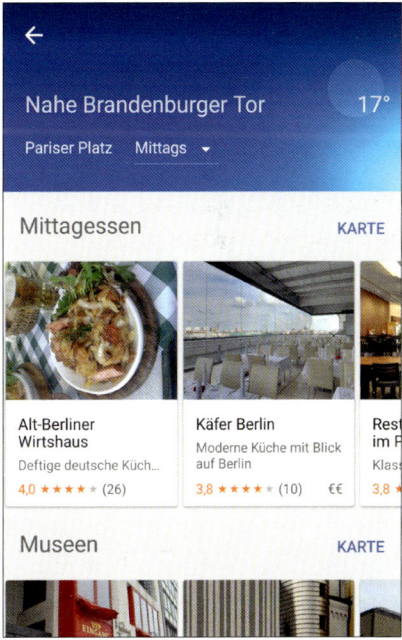

Satellitenbilder und Sehenswürdigkeiten in der Umgebung.

Routenplanung mit Google Maps

Google Maps enthält einen vollwertigen Routenplaner. Hier kann man wahlweise optimale Strecken für Autofahrer oder Fußgänger errechnen lassen. Dabei wird neben der Entfernung auch die voraussichtliche Zeit für den Weg ermittelt. Die Routenplanung für öffentliche Verkehrsmittel funktioniert inzwischen in Deutschland ebenfalls sehr zuverlässig.

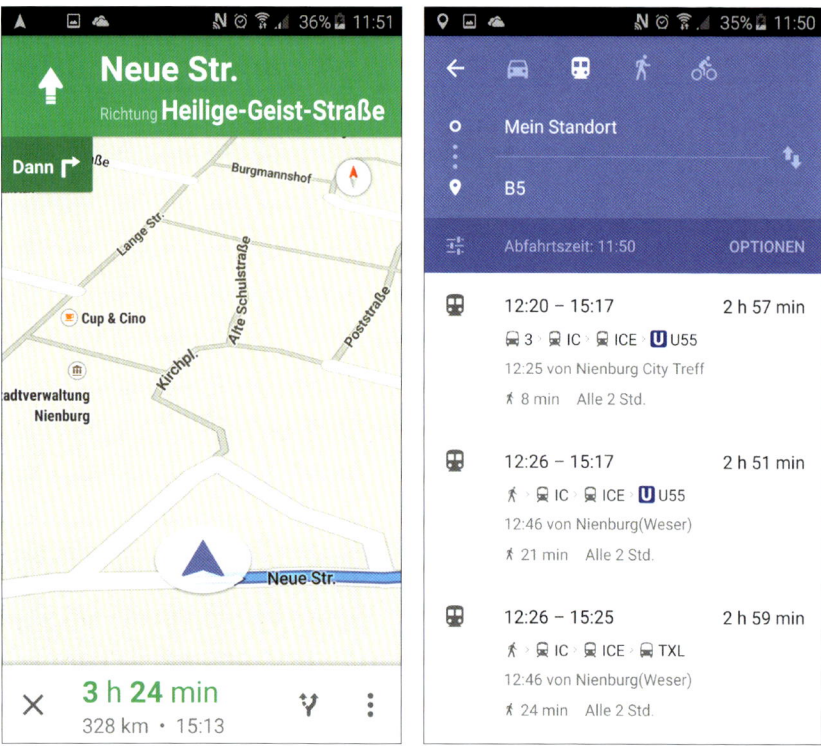

Routenplanung in Google Maps für Autofahrer und öffentliche Verkehrsmittel.

Tippen Sie in Google Maps auf das Symbol unten rechts und wählen Sie das gewünschte Verkehrsmittel aus. Geben Sie dann den Zielort ein oder wählen Sie eine Adresse aus dem Adressbuch. Danach starten Sie die Berechnung der Route. Während der Fahrt zeigt Google Maps wie ein klassisches Navigationssystem Fahrtangaben mit Pfeilen an und spricht auch dazu.

Auf Autobahnen zeigt ein Farbcode die aktuelle Verkehrslage an. Dabei steht Grün für problemlos, Gelb für dichten Verkehr und Rot für Stau bzw. Staugefahr. Die Daten werden automatisch anhand der Fahrzeuge ermittelt, die sich auf der Strecke befinden und die Google-Maps-Navigation nutzen.

Google Earth

Auf dem Google-Vorzeigeprodukt Android darf natürlich der faszinierende interaktive Weltatlas Google Earth nicht fehlen. Mit einem Fingerstrich kann man um die ganze Welt reisen und über die Suchfunktion Orte, Plätze und sogar ausgewählte Geschäfte und Hotels finden.

Google Earth auf dem Samsung Galaxy S6.

Da Google Earth sehr hohe Anforderungen an die Hardware stellt, läuft die App auf einfacheren Smartphones nicht. Die dreidimensionalen Gebäudemodelle sind nur auf High-End-Smartphones mit 3D-Grafikprozessor zu sehen. Auf dem Samsung Galaxy S6 ist Google Earth natürlich in voller Pracht zu erleben.

Google Earth verwendet eine komfortable Multitouch-Navigation über Fingergesten mit einem oder zwei Fingern:

- Streichen Sie mit einem Finger über den Bildschirm, um den Globus zu drehen.

- Durch das Auseinander- und Zusammenziehen zweier Finger und gleichzeitiges Drehen können Sie die Karte heranzoomen bzw. wieder herauszoomen und Ihren Blickpunkt ändern.

- Ziehen Sie zwei Finger über den Bildschirm, um die Ansicht zu neigen.

- Durch Doppeltippen mit einem Finger wird die Karte herangezoomt.

- Durch Doppeltippen mit zwei Fingern können Sie herauszoomen.

Zusätzlich zum Satellitenbild lassen sich weitere Ebenen einblenden, die wichtige Orte, Straßen, Fotos aus dem Bilderdienst Panoramio oder auch Wikipedia-Informationen anzeigen. Wikipedia wird innerhalb der App angezeigt und nicht im Webbrowser, sodass Google Earth nicht verlassen werden muss. Mit der Zurück-Taste kommt man sofort wieder zurück. Google Street View kann innerhalb der Google-Earth-App ebenfalls verwendet werden. Ziehen Sie dazu das gelbe Männchen an die gewünschte Position in den Straßen einer Stadt.

Fotos, Videos und Street View in Google Earth.

Sky Map

Google findet nicht nur auf der Erde alles, sondern bis vor Kurzem auch im Weltraum. Mittlerweile hat Google das Astronomie-Projekt Sky Map an eine unabhängige Entwicklergruppe (*goo.gl/XWjRg*) abgegeben, was es aber nicht weniger interessant macht.

Sky Map macht aus dem Smartphone ein interaktives Planetarium und zeigt den aktuellen Sternenhimmel. Man braucht das Smartphone nur in die richtige Richtung zu halten und Sky Map zeigt die Namen aller Sterne und Planeten, die in dieser Richtung zu sehen sind, oder auch nicht – denn Sky Map funktioniert natürlich auch bei Tageslicht.

Sky Map zeigt Sterne, Planeten und andere Himmelskörper lagegenau an.

Umgekehrt können Sie auch einen Planeten oder Stern mit Sky Map am Nacht-himmel suchen lassen. Nachdem Sie den Namen in das Suchfeld eingetippt haben, blendet Sky Map einen roten Kreis und Pfeil ein. Drehen Sie sich selbst so lange mit dem Smartphone in die Richtung des Pfeils, bis der gesuchte Him-melskörper innerhalb des Kreises erscheint. Sky Map kann nicht nur den aktuel-len Himmel zeigen, man kann sich auch auf eine interaktive Zeitreise begeben und wie in einem Planetarium die Himmelsbewegungen im Zeitraffer verfolgen.

Suche und Zeitreise in Sky Map.

Fahrplanauskunft

Onlinefahrpläne gehörten schon zu Zeiten der ersten WAP-Handys zu den beliebtesten und meistgenutzten mobilen Anwendungen. Das hat sich bis heute nicht geändert. Ein aktueller Fahrplan ist für jeden, der unterwegs ist, unver-   zichtbar. Der *DB Navigator*, die App der Deutschen Bahn, bietet eine Online-Fahrplanauskunft mit Echtzeitdaten zur aktuellen Verkehrslage. Hier findet man schnell die Information, ob ein Zug pünktlich ist und Anschlüsse passen. Anhand der eigenen Position kann die nächste Haltestelle in der Umgebung gefunden werden.

> **TIPP:** Beim ersten Start sollten Sie der App Zugriff auf Kontakte und Kalender geben. Dann können geplante Fahrten direkt als Termin in den Kalender eingetragen werden, und Sie können Adressen aus dem Adressbuch als Ziel einer Reise angeben, ohne die nächste Haltestelle kennen zu müssen. Melden Sie sich außerdem mit Ihrem DB-Kundenkonto bei der App an, dann brauchen Sie Ihre Onlinetickets nicht mehr unbedingt auszudrucken, sondern können sie direkt auf dem Smartphone speichern. Bei einer Kontrolle im Zug brauchen Sie nur noch den QR-Code auf dem Smartphone-Bildschirm vorzuzeigen.

Man braucht keine Fahrplantabellen zu wälzen, sondern gibt nur Start und Ziel ein und die App sucht alle möglichen Verbindungen innerhalb eines bestimmten Zeitraums. Die Fahrpläne lassen sich auf Wunsch speichern und anschließend ohne Internetverbindung nutzen, was besonders in schnell fahrenden Zügen hilfreich ist, in denen Mobilfunkverbindungen oft abreißen.

Besonders interessant während der Fahrt sind die sehr übersichtlichen Informationen zu Verspätungen. So kann man auf einen Blick sehen, welche Anschlusszüge erreicht werden und welche Alternativen es gibt, wenn es mal zu spät wird. Dazu kann die App aus dem Zug heraus bei Störungen im Betriebsablauf der Bahn von der aktuellen Fahrtposition die besten alternativen Fahrtmöglichkeiten finden. Am Zielort zeigt die App einen Stadtplan sowie Haltestellen in der Nähe und zusätzlich noch einen Bahnhofsplan mit Übersicht der Gleise, Läden und Gastronomie.

> **TIPP:** Wer sich völlig verfahren hat, bekommt mit dem Menüpunkt *Nach Hause* einen Fahrplan von der nächstgelegenen Haltestelle nach Hause angezeigt.

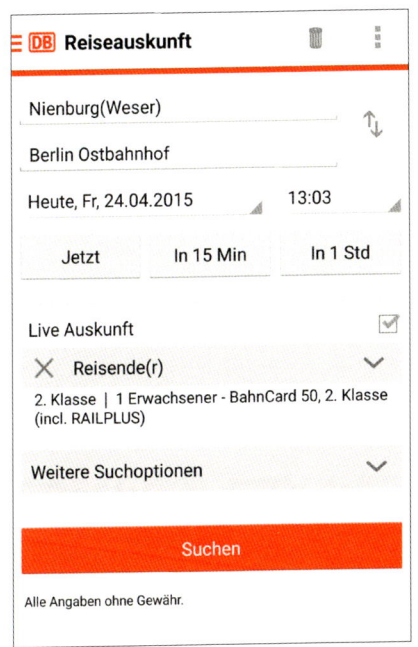

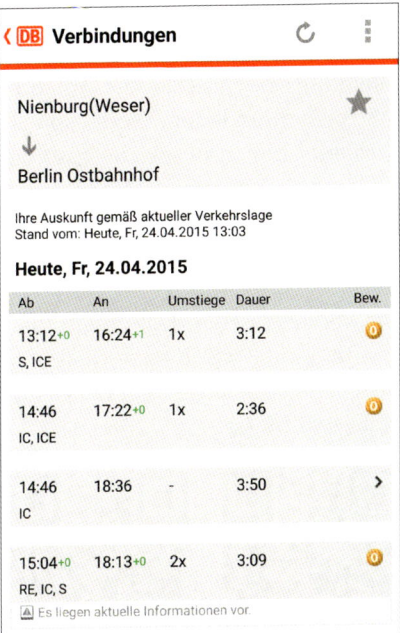

Aktueller Fahrplan mit dem DB Navigator.

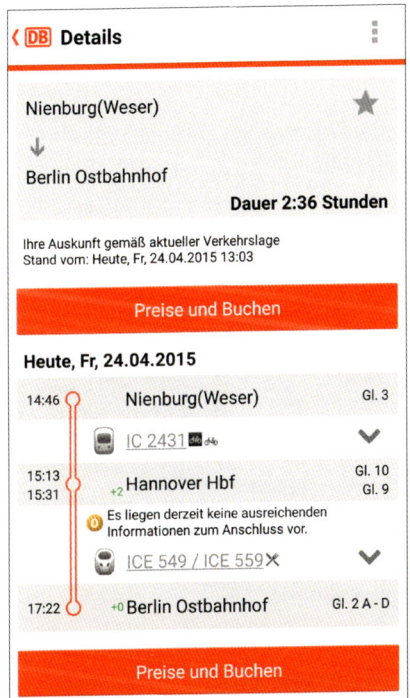

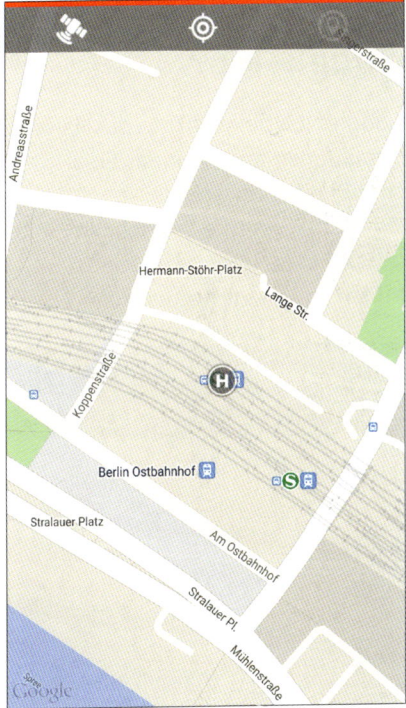

Fahrplandetails und Umgebungsplan eines Bahnhofs im DB Navigator.

Der *DB Navigator* bietet Widgets für den Startbildschirm an. Damit können Sie Shortcuts für bestimmte Verbindungen oder auch komplette Fahrplantafeln für eine Strecke oder Abfahrtstafeln für bestimmte Bahnhöfe auf den Startbildschirm legen. Die entsprechenden Fahrpläne müssen vorher im *DB Navigator* offline gespeichert werden und können dann beim Anlegen des Widgets übernommen werden.

Fahrpläne in Großstädten

Die Verkehrsverbünde in deutschen Großstädten bieten ihre Fahrplanauskünfte und teilweise noch weitere Informationen auf für Smartphones optimierten Webseiten an. Für die vier größten Metropolregionen finden Sie hier Links und QR-Codes:

Rhein-Ruhr mobil.vrr.de – Berlin mobil.bvg.de – Hamburg mobil.hvv.de – München www.efa.mobi.

Google Now

Google Now zeigt Orte in der Nähe sowie bei Reisen auch aktuelle Verkehrsinformationen an, wenn das Smartphone eine Bewegung zu einem bekannten Ort hin erkennt. Google Now ist über längeres Antippen der Home-Taste aus jeder App heraus erreichbar. Im Seitenmenü können Sie Google Now an Ihre persönlichen Interessen anpassen und so genau festlegen, welche Informationen angezeigt werden sollen.

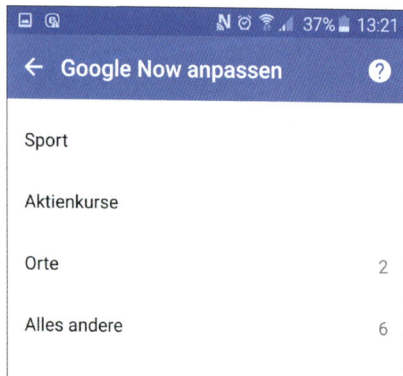

Einstellungen in Google Now.

Wettervorhersage

Das aktuelle Wetter ist immer ein Gesprächsthema. Ändern kann man es zwar nicht, aber zumindest das Beste daraus machen. Internetseiten mit Wettervorhersagen gibt es wie Sand am Meer und jeder hat darunter schon seine Lieblingsseite gefunden. Nur sind die meisten Wetterseiten mit viel Multimedia-Aufwand und jeder Menge Werbung gestaltet, sodass es nicht einfach ist, die wirklichen Wetterdaten zu finden, falls die Seiten auf dem kleinen Smartphone-Bildschirm überhaupt dargestellt werden. Wesentlich komfortabler ist eine der kostenlosen Wetter-Apps, die die Wettervorhersage für den Heimatort oder das Urlaubsziel direkt aufs Smartphone bringen.

Wetter bei Google Now

Google Now zeigt das Wetter für den aktuellen Standort an. Dort finden Sie zunächst eine Kurzmeldung zum Wetter. Tippen Sie darauf, wird die Wetterkarte bei Google Now angezeigt.

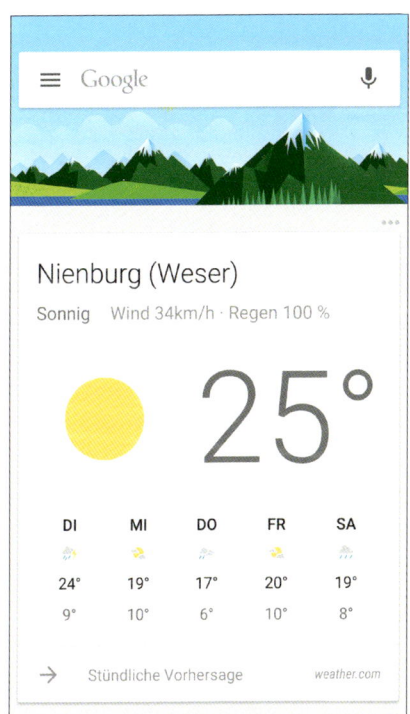

Das aktuelle Wetter und eine Vorhersage in Google Now.

Tippen Sie in Google Now auf die Wetteranzeige, erscheint eine detaillierte Vorhersage für die nächsten fünf Tage.

Die Wetter-App auf dem Samsung Galaxy S6

Samsung liefert auf dem Galaxy S6 eine vorinstallierte Wetter-App mit. Ein Widget auf dem Startbildschirm und auf dem Sperrbildschirm zeigt zusammen mit der aktuellen Uhrzeit das Wetter am eigenen Standort an.

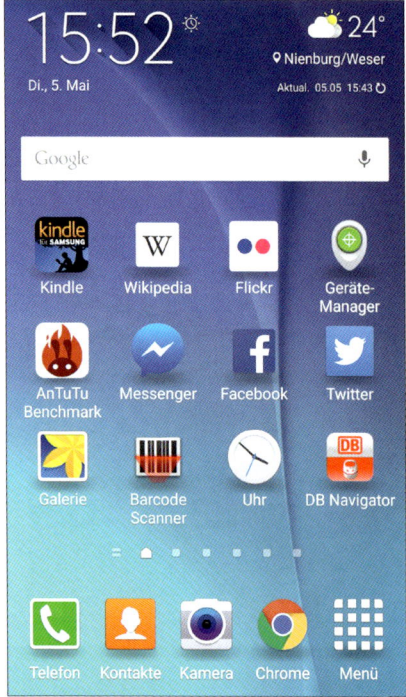

Das vorinstallierte Wetter-Widget und die Wetter-App.

Tippen Sie auf das runde Pfeilsymbol rechts unten im Widget, werden die Wetterdaten aktualisiert. Dort steht auch die Zeit der letzten Aktualisierung. Tippen Sie auf das Wettersymbol im Widget, zeigt eine neue Bildschirmseite die Wettervorhersage für die kommenden Tage oder Stunden. Tippen Sie auf *Städte*, sehen Sie eine Liste aller bereits eingetragenen Städte. Tippen Sie auf *Hinzufügen*, können Sie weitere Städte auswählen, deren Wetterdaten angezeigt werden sollen.

Mit einer senkrechten Wischgeste im Widget oder einer waagerechten Wischgeste in der App wechseln Sie zwischen den eingetragenen Städten. In den Einstellungen der App legen Sie fest, ob die Wetterdaten auch auf dem Sperrbildschirm und im Kalender *S Planner* angezeigt werden sollen. Auf dem Samsung Galaxy S6 edge können Sie die Wetterdaten zusätzlich auch auf dem Seitenbildschirm anzeigen lassen. Leider verwendet Samsung Wetterdaten von AccuWeather, deren Vorhersage eine der weniger zuverlässigen ist.

Telefonnummern, Hotels, Geldautomaten finden

Wer früher unterwegs eine Telefonnummer oder ein Hotel suchte, musste in eine Telefonzelle gehen und dort im Telefonbuch nachschlagen. Das war damals schon umständlich – heute sogar noch mehr, werden doch die Telefonzellen immer seltener, und in denen der neuen Generation hängen auch keine Telefonbücher mehr aus. Wesentlich bequemer ist die Suche mit einer passenden App auf dem Smartphone.

Das Telefonbuch

Das Telefonbuch der Telekom war früher in keinem Haushalt wegzudenken. Zu Zeiten der Wählscheibenfernsprecher hatte jeder einen solchen Wälzer am Telefon liegen und der enthielt nur die Nummern der eigenen Stadt und

näheren Umgebung. Heute hat man über die Telefonbuch-App Zugriff auf sämtliche Telefonnummern aus ganz Deutschland – und das tagesaktuell und nicht nur einmal im Jahr erneuert. Eine gefundene Rufnummer kann man direkt anrufen, die Adresse auf einer Karte anzeigen lassen oder auch ins Adressbuch auf dem Smartphone übernehmen.

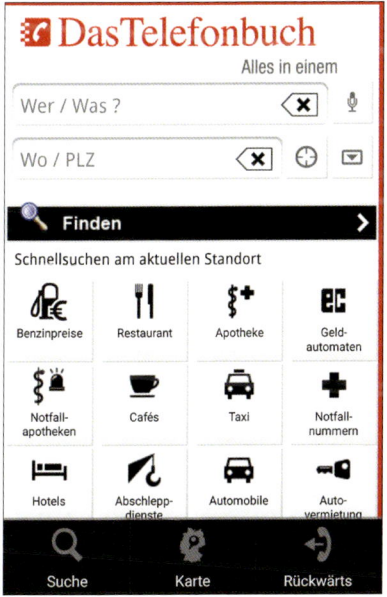 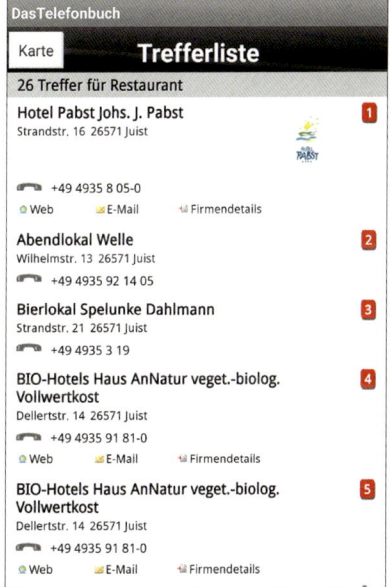

Das Telefonbuch für Android.

Restaurants, Hotels, Apotheken, Taxis, Geldautomaten und verschiedene weitere Informationen lassen sich abhängig vom eigenen Standort in unmittelbarer Umgebung im Telefonbuch finden. Außerdem ist eine Rückwärtssuche anhand einer Telefonnummer möglich, sodass man leicht feststellen kann, wer gerade angerufen hat.

Lokale Google-Suche

Google My Business ist ein Firmen-, Kneipen- und Restaurantverzeichnis, das von Google mit Daten verschiedener Anbieter gefüllt wird. Hier findet man unter anderem auch diverse Nutzerbewertungen, die allerdings wie überall mit Vorsicht zu genießen sind. Die lokale Google-Suche zeigt neben Kneipen und Restaurants auch Hotels, Geldautomaten, Veranstaltungen und viele andere interessante Orte an.

 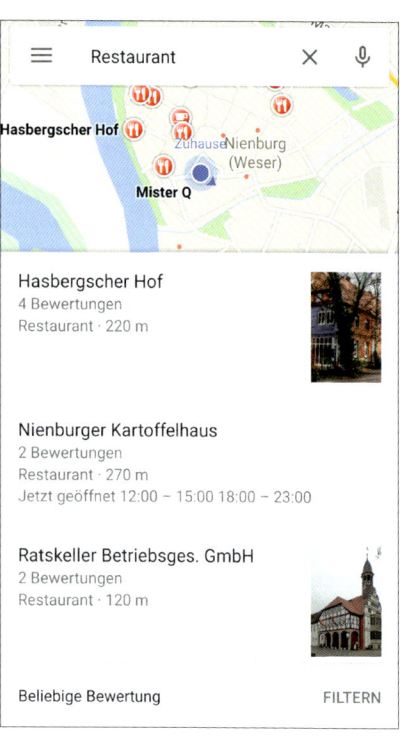

Lokale Suche innerhalb der Google-Suche und in Google Maps.

Die lokale Google-Suche braucht nicht eigens als App installiert zu werden. Der Dienst ist direkt in die Google-Suche und auch in Google Maps auf dem Smartphone integriert und bietet verschiedene Kategorien an. Die Ergebnisse werden als Liste oder auf einer Landkarte dargestellt. Dabei werden die Standortinformationen genutzt, um Suchergebnisse in der Umgebung zu liefern.

KAPITEL 7

Fotos und Multimedia

Ein Smartphone eignet sich bestens als digitaler Bilderrahmen. Dank heutiger Speichergrößen von mehreren GByte kann man Tausende von Fotos bequem mit sich herumtragen.

Die vorinstallierte Galerie-App zeigt alle Bilder, die sich im Speicher des Samsung Galaxy S6 befinden. Diese können vom PC übertragen, aus dem Internet heruntergeladen oder mit der Kamera fotografiert worden sein.

Die Fotos lassen sich oben links nach Zeit, Alben, Ereignissen oder Kategorien ordnen. Tippen Sie auf eines der Vorschaubilder, wird das Foto groß dargestellt. Mit zwei Fingern lässt sich weiterzoomen. Einfaches Wischen mit dem Finger horizontal über den Bildschirm blättert zu den nächsten oder vorherigen Bildern weiter bzw. zurück.

Die Galerie auf dem Samsung Galaxy S6.

Fotografieren mit dem Samsung Galaxy S6

Das Samsung Galaxy S6 kann mit seiner 16-Megapixel-Kamera in vielen Fällen die klassische Digitalkamera ersetzen. Der Bildschirm, der als Sucher dient, ist deutlich größer als bei klassischen Kameras, allerdings fehlt den Smartphones noch der optische Zoom, der viel mehr Details liefert als der einfache Digitalzoom, den die Kamera-App bietet.

> **ACHTUNG:** Achten Sie darauf, dass die Kameralinse auf der Rückseite des Smartphones nicht verkratzt, wenn Sie das Gerät in die Tasche stecken und sich dort zum Beispiel auch noch ein Schlüsselbund befindet.

Die Kamera wird über eine eigene Kamera-App auf dem Samsung Galaxy S6 gestartet. Sie können auch das Kamerasymbol in der Galerie antippen oder einfach zweimal kurz hintereinander auf die Home-Taste drücken. Das funktioniert auch, wenn das Smartphone im Ruhezustand ist, der Bildschirm also ausgeschaltet ist.

Die Kamera-App auf dem Samsung Galaxy S6.

Die Bedienungselemente der Kamera-Apps sind so angeordnet, dass sie sich, wenn man das Smartphone im Querformat in beiden Händen hält, bequem mit Daumen und Zeigefingern steuern lassen. Mit einer Zweifingergeste kann in der Kamera-App gezoomt werden.

Die große Schaltfläche rechts ist der Auslöser. Die Lautstärketasten dienen zusätzlich als Auslöser. Oberhalb des Auslösers schalten Sie zwischen Foto- und Videomodus um. Videos werden in einer Maximalauflösung von 3.840 x 2.160 Pixeln (UHD) aufgenommen, wohingegen Fotos in einer Auflösung von 5.312 x 2.988 Pixeln (16 MP) möglich sind.

Ganz rechts oben wird immer das letzte Foto als Minibild angezeigt. Tippen Sie darauf, öffnet sich die Galerie-App, in der Sie das Foto und auch alle anderen betrachten können. Schieben Sie das neuste Foto nach rechts aus dem Bild, erscheint wieder die Kamera.

Die Symbolleiste am linken Bildrand zeigt vier sogenannte Schnellzugriffsymbole für wichtige Einstellungen und ganz unten ein Zahnrad, über das sich noch mehr Einstellungen aufrufen lassen.

Die Samsung-Kamera-App bietet neben der ganz normalen Einzelbildaufnahme noch weitere spezielle Aufnahmemodi für Sonderfälle an. Wir stellen hier die interessantesten vor.

Blitz

Bei Dunkelheit kann das zu fotografierende Objekt mit der Blitz-LED auf der Rückseite des Samsung Galaxy S6 beleuchtet werden. Im automatischen Modus wird die LED abhängig von der Umgebungshelligkeit bei dunklen Szenen eingeschaltet. Diese sehr helle LED  verbraucht viel Akkustrom und sollte daher nur sparsam eingesetzt werden.

Zeitauslöser

Hier wählen Sie eine Verzögerungszeit aus, die die Kamera wartet, nachdem Sie auf den Auslöser getippt haben, bis das Bild automatisch aufgenommen wird.

Echtzeit-HDR

Die Abkürzung HDR steht für **H**igh **D**ynamic **R**ange (zu Deutsch: hoher Dynamikumfang) und bezeichnet eine Technik in der Fotografie, die früher teuren Spezialkameras vorbehalten war. Das  Samsung Galaxy S6 verwendet automatisch einen HDR-Modus, der nur abgeschaltet wird, wenn sich die Umgebung nicht für HDR-Aufnahmen eignet, wie zum Beispiel bei schnell bewegten Objekten. Über dieses Symbol können Sie jederzeit den HDR-Modus manuell aus- und einschalten.

Bei schwierigen Belichtungsverhältnissen wie zum Beispiel gleißendem Tageslicht oder dunklem Kerzenschein erscheinen Teilbereiche eines Fotos immer zu hell oder zu dunkel. Die HDR-Fotografie bedient sich hier eines Tricks, um auch in dunklen Bereichen eines Fotos noch Details darzustellen. Die Kamera fotografiert im HDR-Modus automatisch drei Bilder mit unterschiedlichen Belichtungseinstellungen und errechnet daraus ein neues Bild mit deutlich höherem Dynamikumfang. Sie brauchen sich um nichts weiter zu kümmern, als die Kamera möglichst ruhig zu halten, damit die drei Aufnahmen auch wirklich exakt das gleiche Bild zeigen.

Links: normale Aufnahme, rechts: HDR-Aufnahme.

Farbeffekte

Die Kamera-App bietet verschiedene Effekte, die direkt in Echtzeit über das auf dem Bildschirm angezeigte Bild gelegt werden, noch bevor man den Auslöser drückt. Unter den Effekten finden Sie bekannte Effekte wie *Graustufen* und *Verblichene Farbe*, aber auch interessante künstlerische Effekte wie zum Beispiel *Cartoon* oder *Klassisch*. Über das Symbol *Download* können Sie weitere Effekte für die Kamera-App aus dem Samsung Apps Store herunterladen.

Farbeffekte beim Fotografieren anwenden und Foto mit dem Effekt Klassisch.

Effekte sparsam verwenden

Für alle Effekte gilt: Setzen Sie sie sparsam und effektvoll ein. Begehen Sie nicht den typischen Anfängerfehler und versehen jedes Bild mit irgendeinem Effekt. Das wirkt einfach nur kitschig, wohingegen sparsam eingesetzte Effekte ein Bild durchaus interessant wirken lassen. Niemand will sich eine Fotosammlung ansehen, bei der jedes Bild einen Effekt hat.

Spezielle Kameramodi nutzen

Tippen Sie in der Kamera-App unten rechts auf *Modus*, erscheinen weitere Kameramodi, die teilweise auf dem Samsung Galaxy S6 erstmals zu sehen sind.

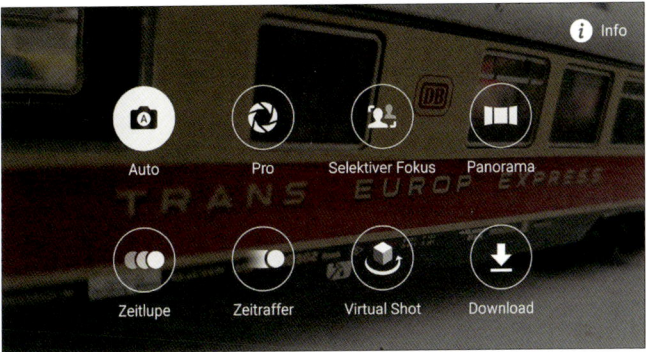

Erweiterte Kameramodi auf dem Samsung Galaxy S6.

Pro

Im Profimodus können Sie manuell scharf stellen sowie Weißabgleich, ISO-Empfindlichkeit und Farbton einstellen. Dazu werden verschiedene Farbfilter angeboten, die in Echtzeit über das Foto gelegt werden können.

Farbfilter im Profimodus der Kamera.

Selektiver Fokus

In diesem Modus tippen Sie vor der Aufnahme auf das Motiv, das scharf gestellt werden soll. Anschließend haben Sie nach der Aufnahme die Wahl, ob das ausgewählte Motiv scharf und der Hintergrund unscharf werden soll oder umgekehrt. Es ist sogar möglich, sowohl Motiv als auch Hintergrund scharf zu stellen, da die Kamera das fertige Bild aus verschiedenen Einzelbildern zusammensetzt.

Panorama

Mit dieser sehr interessanten Funktion fotografieren Sie eindrucksvolle Landschaftspanoramen. Drücken Sie den Auslöser und drehen Sie sich langsam um Ihre eigene Achse. Halten Sie dabei das Smartphone möglichst ruhig. Die Kamera fotografiert automatisch mehrere Fotos nacheinander und setzt diese nahtlos zu einem einzigen Panoramabild zusammen, das mit jedem Bildbetrachter angesehen werden kann.

Panoramafoto mit der Kamera des Samsung Galaxy S6 fotografieren.

Nicht immer hält die Aufnahme genau nach einer Drehung von 360° an. So kann es passieren, dass Objekte, die an einem Bildrand stehen, am anderen Bildrand ein zweites Mal auftauchen. Achten Sie auch darauf, dass keine sich schnell bewegenden Objekte während der Aufnahme in das Bild geraten.

Zeitlupe

Dieser neue Aufnahmemodus nimmt ein Video auf, in dem Sie später Zeitabschnitte festlegen können, die in Zeitlupe abgespielt werden sollen. Tippen Sie auf den Auslöser, um mit der Aufnahme zu beginnen, und beenden Sie diese, indem Sie nochmals auf den Auslöser tippen.

Tippen Sie dann auf das kleine Vorschaubild oben rechts, um die Aufnahme anzusehen. Ein zufällig gewählter Bereich wird in Zeitlupe dargestellt. Diesen

Bereich können Sie auf einen beliebigen Zeitraum ziehen und dabei auch die Geschwindigkeit der Zeitlupe wählen. Mit dem Symbol *Teilen* teilen Sie den Zeitlupenbereich in zwei Bereiche auf, die anschließend wieder beliebig verschoben werden können. Tippen Sie auf *Exportieren*, um das Video zu speichern.

Zeitlupenvideo bearbeiten.

Zeitraffer

Der Modus Zeitraffer funktioniert prinzipiell wie die Zeitlupe, mit dem Unterschied, dass der ausgewählte Zeitabschnitt schneller und nicht langsamer abgespielt wird.

Virtual Shot

Im Modus *Virtual Shot* erstellen Sie interaktive Produktfotos kleinerer Gegenstände. Tippen Sie auf den Auslöser und bewegen Sie sich dann um das Objekt herum. Achten Sie dabei darauf, dass der Abstand zum Objekt immer gleich bleibt und dieses sich immer in der Bildschirmmitte befindet.

Interaktives Foto eines Objektes aufnehmen.

Solche Aufnahmen können später mit der Galerie-App betrachtet werden. Wischen Sie dabei mit dem Finger über den Bildschirm, um sich um das Objekt herum zu bewegen.

Weitere Kameramodi nachinstallieren

Die Kamera auf dem Samsung Galaxy S6 bietet noch weitere spezielle Funktionen, die über den Standard-Funktionsumfang der Android-Kamera-App deutlich hinausgehen. Samsung bietet hier einige Spezialfunktionen als Plugins für die Kamera-App zum Download an.

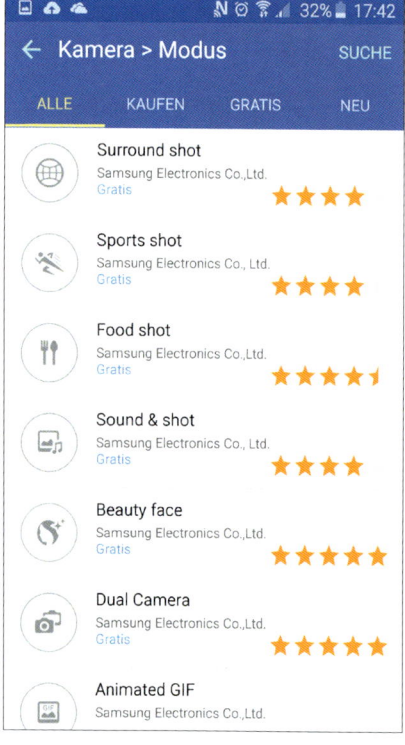
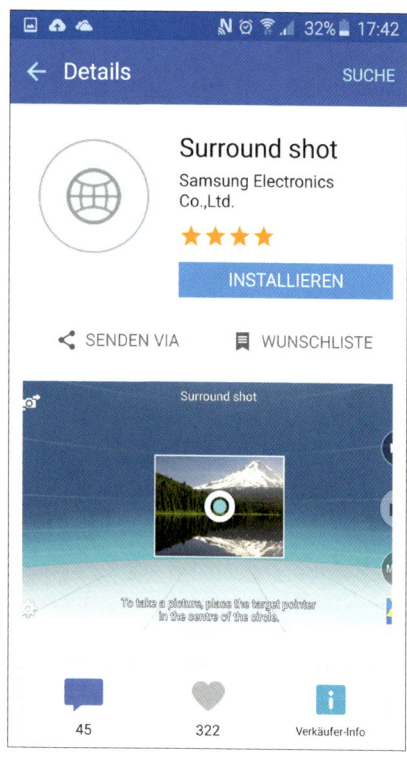

Zusätzliche Kameramodi zum Download.

Surround Shot

Die Funktion *Surround Shot* erzeugt ein Kugelpanorama, in dem man sich ähnlich wie bei Google Street View interaktiv umsehen kann.

Richten Sie zunächst die Kamera auf den späteren Bildmittelpunkt aus, bis der Punkt in der Bildmitte genau innerhalb des Kreises liegt. Drehen Sie sich dann um Ihren eigenen Standpunkt, neigen Sie die Kamera nach oben und unten und bringen Sie so nacheinander alle im Sucherfeld erscheinenden Punkte in die jeweiligen Kreise. Verändern Sie dabei Ihren Standort nicht, gehen Sie keinen Schritt, sondern drehen Sie sich nur um sich selbst.

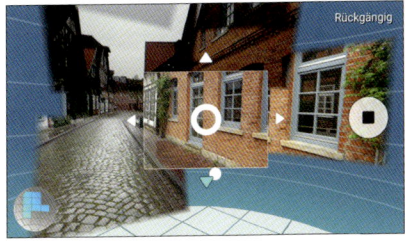 

Surround Shot auf dem Samsung Galaxy S6.

Nachdem rundherum in allen Richtungen alle Punkte erfasst wurden, wird aus den Einzelbildern automatisch ein Kugelpanorama zusammengesetzt. Dieses können Sie mit der Galerie-App oder der Fotos-App interaktiv betrachten. Veröffentlichen Sie das Panorama auf Google+, können andere es im Browser auf dem PC ebenfalls interaktiv betrachten.

Sports Shot

Sports Shot fotografiert schnell bewegte Objekte klar und deutlich.

Food Shot

Food Shot bietet besondere Farbabgleichmethoden, um Fotos von Lebensmitteln besonders appetitlich erscheinen zu lassen.

Sound & Shot

Sound & Shot bietet die Möglichkeit, ein Foto mit einer kurzen Hintergrundmusik zu hinterlegen.

Beauty Face

In diesem Modus wird automatisch ein leichter Airbrush-Effekt über einen runden Bereich auf einem erkannten Gesicht gelegt. Damit erzielen Sie makellose Porträtfotos. Im Vorschaubild wird ein Kreis eingeblendet, in dem sich das Gesicht der Person befinden sollte. Achten Sie auch auf gute Lichtverhältnisse.

Dual Camera

Im Modus *Dual Camera* werden die Hauptkamera sowie die Frontkamera gleichzeitig ausgelöst. Auf diese Weise können Sie sich selbst in einem kleinen Bild innerhalb des Fotos abbilden. Dabei können Sie verschiedene Effekte für das Bild im Bild auswählen.

Animated GIF

Dieser Modus speichert eine kurze Bildsequenz als animiertes GIF. Im Gegensatz zu einem echten Video ist zum Betrachten kein Videobetrachter nötig, außerdem wird die Bilddatei sehr klein, sodass sie leicht online weitergegeben werden kann.

Rear-cam selfie

Mit diesem Modus können Sie sich selbst mit der Hauptkamera fotografieren. Die Kamera erkennt das Gesicht und stellt darauf scharf, ohne dass Sie das Bild beim Fotografieren sehen.

Selbstporträts

Sich selbst mit dem Handy zu fotografieren, war früher mit viel Zufall und akrobatischem Geschick verbunden. Auf dem Samsung Galaxy S6 können Sie über dieses Symbol in der Kamera-App die Frontkamera, die ursprünglich für Videochats gedacht war, auch  zum Fotografieren nutzen. So sehen Sie sich selbst auf dem Bildschirm und können wesentlich einfacher Selbstporträts – heute als Selfies bezeichnet – aufnehmen. Ist die Frontkamera eingeschaltet, werden beim Antippen der Schaltfläche *Modus* andere Kameramodi zur Auswahl angeboten als bei der Hauptkamera.

Selfie-Modus

Im Selfie-Modus müssen Sie nicht unbedingt den Auslöser der Kamera antippen, da dann möglicherweise Ihr Arm mit ins Bild käme. Tippen Sie einfach irgendwo auf den Bildschirm oder auf den Herz- frequenzsensor auf der Rückseite des Samsung Galaxy S6 neben der Hauptkamera. Mit diesem Symbol können die erkannten Gesichter aufgehellt und weichgezeichnet werden, um schönere Porträts zu erzeugen. Die Stärke des Effektes wird mit einem Schieberegler links im Bild festgelegt.

Gruppen-Selfie

Im Gruppen-Selfie-Modus können Sie eine größere Gruppe von Personen fotografieren, die nicht auf einmal auf das Bild passen würden. Drehen Sie dazu das Smartphone ähnlich wie bei einer Panoramaaufnahme. Der Rahmen auf dem Bildschirm zeigt, welche Personen bereits aufgenommen wurden.

Intervallaufnahme

Auf den meisten Gruppenbildern sieht mindestens eine Person unvorteilhaft aus. Nutzen Sie für solche Bilder den Intervallmodus, der im Abstand von zwei

Sekunden automatisch vier Fotos mit der Frontkamera fotografiert. Danach können Sie sich die besten aussuchen und speichern. Der Rest wird automatisch verworfen.

Wichtige Kameraeinstellungen

Über das Zahnradsymbol in der Kamera-App können Sie unter anderem die Bildauflösung und das Seitenverhältnis für Fotos und Videos wählen. Nur Fotos, die Sie später ausdrucken wollen, brauchen die höchste Auflösung. Für Bilder, die online per E-Mail oder Chat geteilt oder auf Facebook hochgeladen werden, empfiehlt sich eine geringere Auflösung.

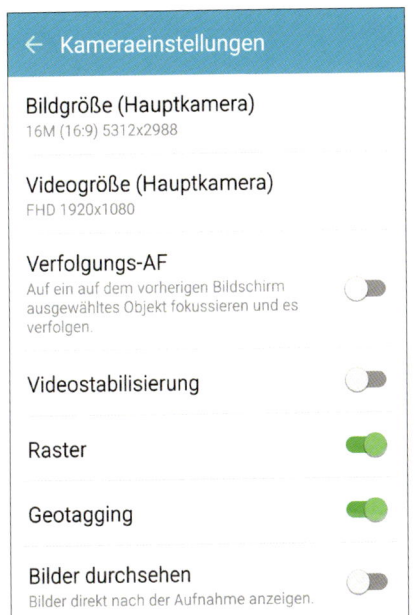
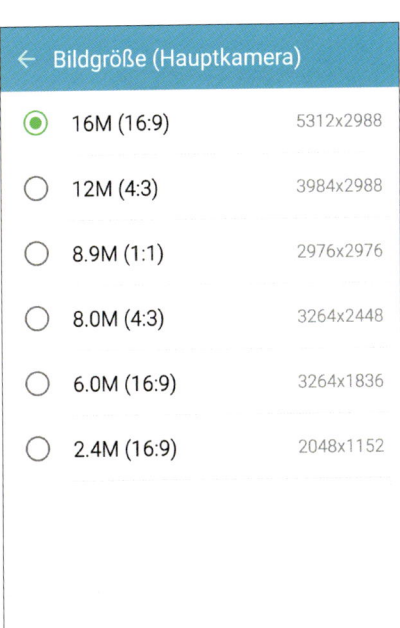

Die Kameraeinstellungen auf dem Samsung Galaxy S6.

- Der Schalter *Raster* blendet ein Gitternetz im Sucherbild ein, das dabei hilft, den Horizont wirklich gerade auf das Foto zu bekommen. Natürlich werden diese Hilfslinien nicht im endgültigen Foto dargestellt.

- Die Kamera-App kann den eigenen Standort auswerten und mit dem Bild speichern, sodass Sie in Fotoalben, z. B. bei Flickr oder Google+, genau auf einer Karte anzeigen lassen können, wo das Foto aufgenommen wurde. Diese Funktion wird als *Geotagging* bezeichnet.

- Mit der Lautstärketastenfunktion können Sie die Lautstärketasten an der Seite des Samsung Galaxy S6 beim Fotografieren als Auslöser, zum Drehen von Videos oder zum Zoomen nutzen.

Fotos online zeigen und teilen

Wer seine Fotos online speichert, kann jederzeit und von überall darauf zugreifen. Außerdem sind Onlinefotoalben eine komfortable Lösung, um Fotos Freunden zu zeigen. So braucht man aus dem Urlaub nicht jede Menge Fotos einzeln per E-Mail zu verschicken. Ein Link auf das eigene Album bei Picasa oder Flickr reicht aus.

Das Samsung Galaxy S6 bietet komfortable Funktionen, um Fotos von der Smartphone-Kamera in die bekannten Onlinefotoalben hochzuladen und umgekehrt die eigenen Alben oder die freigegebenen Alben von Freunden auch auf dem Smartphone zu betrachten.

Picasa und Google+

Picasa ist der Onlinefotodienst von Google, der in letzter Zeit immer stärker in das soziale Netzwerk Google+ integriert wurde. Picasa-Webalben lassen sich in der Google+- App und in der Fotos-App betrachten, aber nicht in der Galerie des Samsung Galaxy S6.

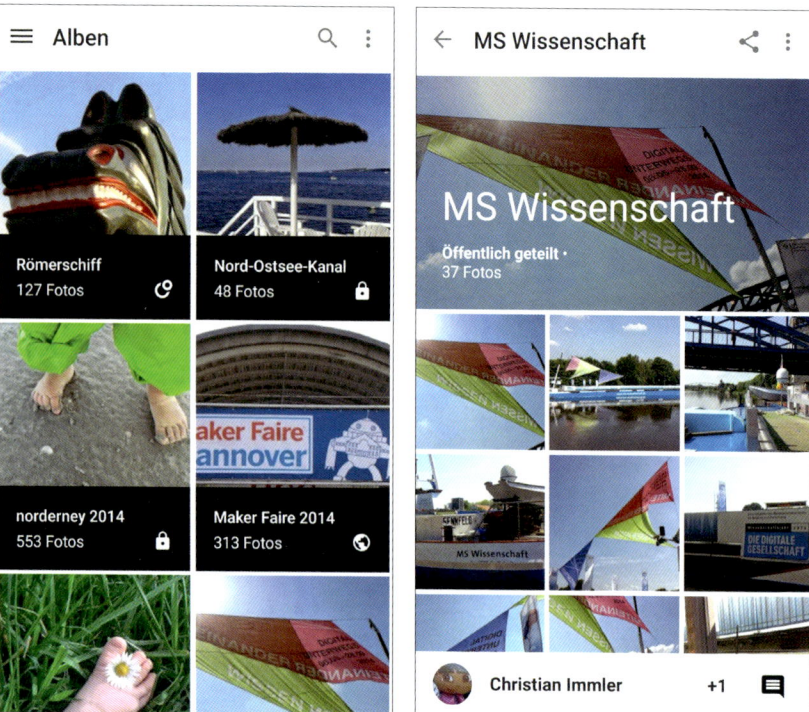

Fotos aus Google+-Webalben in der Fotos-App auf dem Smartphone.

Bei Google+ können Sie Bilder kommentieren oder auch direkt als Beiträge auf Ihrem Google+-Profil veröffentlichen.

> **ACHTUNG:** Die persönlichen Webalben werden automatisch in der Fotos-App angezeigt. Dies gilt auch für Alben, die nur persönlich freigegeben sind und der Öffentlichkeit verborgen bleiben – auf dem Smartphone sind die Bilder alle zu sehen. Denken Sie daran, wenn Sie Ihr Smartphone aus der Hand geben.

Handyfotos automatisch sichern

In den Einstellungen der Fotos-App lässt sich festlegen, dass alle mit dem Smartphone aufgenommenen Fotos automatisch bei Google+ in einem privaten Album gesichert werden. Auf diese Weise haben Sie jederzeit vom PC aus Zugriff auf Ihre Fotos, ohne sie manuell übertragen zu müssen.

Legen Sie dabei fest, dass die Fotos in Standardgröße (Breite: 2.048 Pixel) und nicht in Originalgröße gespeichert werden. Dann haben Sie unbegrenzt Speicherplatz bei Google+ zur Verfügung.

Fotos mit Freunden über Picasa und Google+ teilen

Die Fotos-App und auch die meisten anderen Android-Apps, die Fotos anzeigen, haben eine Funktion zum Senden von Fotos über verschiedene Kommunikationswege integriert. Tippen Sie dazu in der Anzeige eines Bildes auf das *Teilen*-Symbol unten in der Mitte.

Bei Google+ wählen Sie einzelne Personen oder Kreise, die das Bild sehen dürfen. Hier können Sie mit dem Hochladen auch direkt ein Album anlegen, was aber nicht unbedingt nötig ist. Legen Sie kein Album an, erscheinen die Bilder im Album *Fotos von Posts*.

Fotos, die bereits automatisch hochgeladen wurden, können auf die gleiche Weise aus der Fotos-App heraus geteilt oder in ein anderes Album kopiert werden, ohne dass sie erneut hochgeladen werden müssen.

Hier müssen Sie ein vorhandenes eigenes Album auswählen, in das die Fotos hochgeladen werden sollen. Alternativ können Sie auch direkt auf dem Smartphone ein neues Google+-Album anlegen. Bildunterschriften sind bei Google+ optional. Wer möchte, kann vor dem Hochladen noch etwas zu den Bildern schreiben. Wenn Sie ein neues Album anlegen, können Sie dabei einstellen, ob es öffentlich sichtbar sein soll oder nicht.

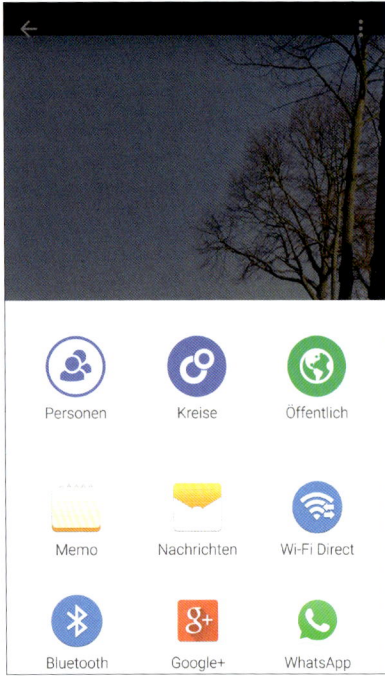 

Foto aus der Fotos-App über Google+ teilen.

 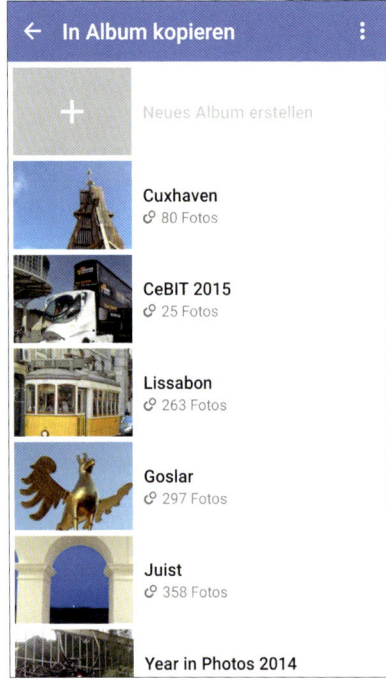

Automatisch hochgeladenes Foto in ein Album kopieren und teilen.

OneDrive

Die auf dem Samsung Galaxy S6 vorinstallierte Microsoft-App One-Drive bietet auch eine automatische Kamerasicherung für Fotos von Android-Smartphones.

Sie finden diese Option in den Einstellungen der OneDrive-App unter *Kamerasicherung*. Dabei können Sie wählen, ob die Fotos nur über WLAN oder auch über das Mobilfunknetz automatisch gesichert werden sollen.

 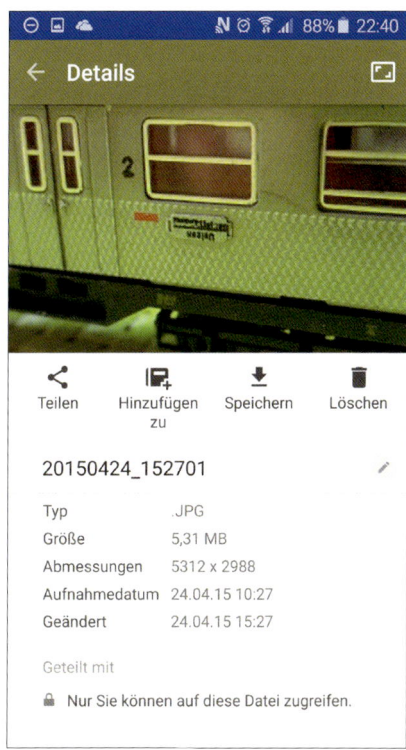

Fotos per OneDrive synchronisieren und Links teilen.

Durch die gute Integration von OneDrive in Windows 8.1 und Windows 10 hat man die Fotos vom Smartphone auf dem PC automatisch sofort zur Verfügung. OneDrive bietet umfangreiche Möglichkeiten, Ordner und Alben anzulegen sowie Fotos für Freunde oder öffentlich freizugeben. Dabei kann entweder ein Bild oder ein Link verschickt werden. Auch später noch kann zu jedem Foto angezeigt werden, wer dafür eine Freigabe erhalten hat.

Flickr

Flickr ist eine der bekanntesten Onlineplattformen für Fotos. Hier können Sie selbst Onlinefotoalben anlegen und Ihren Freunden Bilder präsentieren. Flickr bietet viele Funktionen eines sozialen Netzwerks, man kann Fotos kom-   mentieren, Gruppen mit Freunden gründen und sich gegenseitig über neue Fotos auf dem Laufenden halten. Flickr hat nach eigenen Angaben 40 Millionen registrierte Nutzer und etwa 5.000 neue Fotos pro Minute. Flickr gehört zu Yahoo!, um eigene Fotos hochzuladen, benötigen Sie eine kostenlose Yahoo!-ID.

Fotostream in der Flickr-App.

Flickr bietet eine eigene App für Android-Smartphones, mit der man jederzeit Zugriff auf seine Fotoalben bei Flickr und die von Freunden hat. Natürlich kann man auch direkt vom Smartphone neue Fotos bei Flickr hochladen. Nach persönlicher Anmeldung zeigt die Flickr-App den eigenen Fotostream, eigene Fotoalben sowie die letzten Aktualisierungen der Freunde auf einen Blick an.

Die Flickr-App bietet zu jedem Foto eine Seite für Kommentare sowie eine Detailseite mit ausführlichen technischen Informationen zum Bild an. Tippen Sie direkt auf ein Bild, wird dieses als Vollbild angezeigt.

Fotografieren mit der Flickr-App

Mit der Flickr-App kann man auch direkt fotografieren. Man braucht nicht die Standard-Kamera-App aufzurufen. Einfach oben in der Flickr-App auf das Kamerasymbol tippen und es startet eine eigene Kamerafunktion, in der Sie die neuen Fotos auch direkt benennen können, da bei Flickr jedes Bild einen Namen braucht. Auf der Seite *Details* können Sie noch einen Bildkommentar hinzufügen.

Filter in der Kamerafunktion der Flickr-App.

Besonders interessant sind die Filter im rechten Bildschirmbereich, mit denen man den Fotos eine persönliche Note oder auch ein besonders kitschiges Aussehen verpassen kann. Tippen Sie links auf das Symbol mit dem Pinsel, können Sie Belichtung, Weißabgleich, Helligkeit, Kontrast und andere Bildeigenschaften vor dem Hochladen noch anpassen.

Im nächsten Schritt laden Sie das Foto bei Flickr hoch. Es erscheint dann automatisch in Ihrem persönlichen Fotostream. Je nachdem, welche Privatsphäre-Einstellungen Sie festgelegt haben, können nur Sie, Ihre Freunde oder jeder das Foto sehen. Um mehr Übersicht bei Ihren Fotos zu haben, ordnen Sie das Bild gleich in ein Album ein. Natürlich können Sie auch über die bekannte *Teilen*-Funktion der meisten Android-Apps Fotos auf Flickr veröffentlichen, wenn die Flickr-App installiert ist.

Facebook

Auch Facebook bietet seinen Nutzern Onlinefotoalben an, die unterwegs vom Smartphone genutzt werden können, und macht damit den klassischen Onlinefotoalben wie Picasa und Flickr Konkurrenz. Allerdings sind die Möglichkeiten bei Facebook deutlich begrenzter.

Wenn die Facebook-App auf dem Samsung Galaxy S6 installiert ist, können Sie darüber Fotos auf Facebook hochladen. Diese App klinkt sich aber auch direkt in die Kameraanwendung und die Galerie ein, sodass Sie die Facebook-App nicht erst zu starten brauchen.

Wählen Sie in der Galerie-App die *Senden*-Funktion. Facebook ist hier automatisch eingetragen. Sie brauchen es nur noch auszuwählen, danach startet die Facebook-App mit einem Formular, in dem Sie noch einen Text für den neuen Beitrag eintragen können. Zusätzlich können Sie den Ort angeben, wo dieses Foto ausgewählt wurde, sowie Facebook-Freunde markieren, die mit dabei waren. Links oben legen Sie fest, ob das Bild als neuer Beitrag auf Facebook, in der Chronik eines Freundes, in einer Gruppe oder auf einer eigenen Seite gepostet werden soll.

Foto auf Facebook veröffentlichen.

Das ausgewählte Foto wird automatisch hinzugefügt und – nachdem Sie auf *Posten* getippt haben – bei Facebook hochgeladen. Mit dem Zauberstab-Symbol unten links im Bild können Sie die automatische Bildoptimierung bei Facebook nutzen.

> **TIPP:** Wenn Sie der Flickr-App Zugriff auf Facebook gewähren, können Sie Fotos direkt aus dieser App gleichzeitig auf Flickr und Facebook veröffentlichen, ohne das Bild zweimal hochladen zu müssen, was nicht nur Aufwand, sondern auch Datenvolumen spart.

Fotos automatisch auf Facebook hochladen

Facebook bietet seit Neustem ähnlich wie Google+, Dropbox oder OneDrive die Möglichkeit, alle Fotos vom Smartphone automatisch zu sichern, um sie später überall zur Verfügung zu haben und mit Freunden teilen zu können.

In den App-Einstellungen der Facebook-App legen Sie fest, ob Fotos nur über WLAN, auch über Mobilfunk oder gar nicht bei Facebook gesichert werden sollen. Alle automatisch gesicherten Fotos bleiben so lange privat, bis Sie sie selbst öffentlich machen oder mit Freunden teilen.

 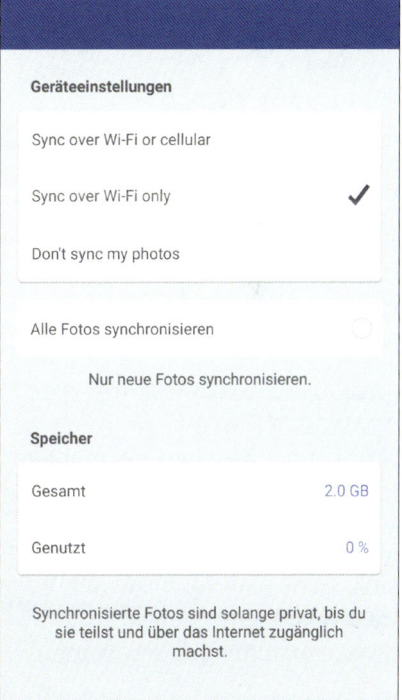

Fotos automatisch auf Facebook synchronisieren.

Bilder über die Samsung-Freigabefunktion versenden

Samsung bietet einen eigenen Cloud-Dienst zum Freigeben von Fotos an. Dabei wird per SMS ein kurzer Link verschickt, den der Empfänger im Browser öffnen kann. Dabei muss das empfangende Gerät kein Samsung-Smartphone sein.

Wählen Sie beim Versenden eines Fotos die Option *Kontakte* ganz oben. Beim ersten Mal müssen Sie einen Datenschutzhinweis bestätigen. Wählen Sie dabei die Option *Einfache Freigabe*.

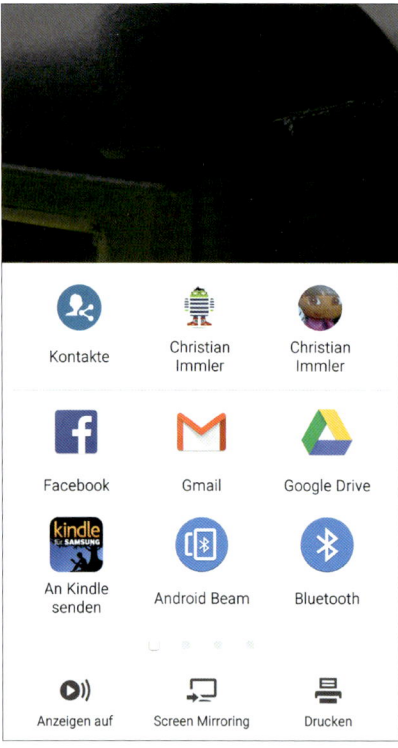 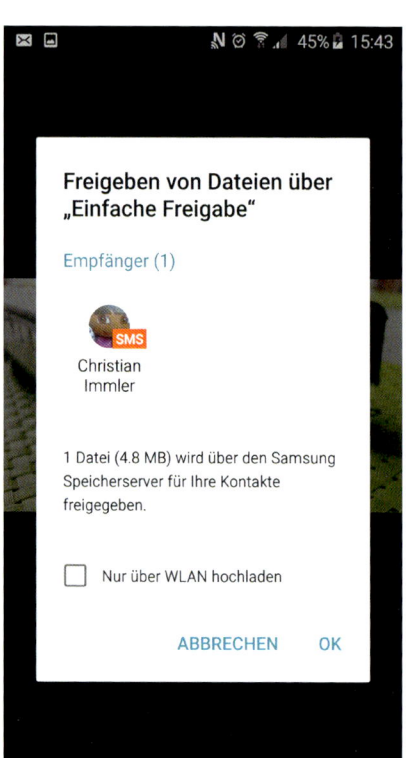

Bild über die Samsung-Freigabe versenden.

Jetzt können Sie eine oder mehrere Personen aus dem Adressbuch auswählen, denen Sie das Bild online zeigen möchten.

Die Empfänger erhalten eine SMS mit einem Kurzlink. Beim Öffnen dieses Links muss man aus Sicherheitsgründen die letzten vier Ziffern der eigenen Handynummer eingeben. Danach wird das Bild angezeigt und kann auch im Browser heruntergeladen werden.

Das Bild beim Empfänger im Browser öffnen.

Fotos bearbeiten

Die Kamera-App auf dem Samsung Galaxy S6 enthält bereits einfache Bearbeitungsfunktionen, um Fotos nachträglich mit Effekten zu versehen. Verschiedene Apps bieten noch weitere Möglichkeiten, Bilder auf dem Smartphone nachträglich zu bearbeiten.

Fotos mit Google+ optimieren

Die Fotos-App beinhaltet Funktionen, um Fotos zu optimieren oder mit besonderen Effekten zu versehen.

Tippen Sie unten im Foto auf das Stiftsymbol, wird eine Palette mit Werkzeugen und Effekten eingeblendet. Verschieben Sie die Symbolleiste nach links und rechts, um weitere Optionen zu sehen. Hier finden Sie unter anderem Funktionen, um einen Bildausschnitt zu wählen. Diesen Bildausschnitt können Sie mit den dargestellten Griffen auf die gewünschte Größe ziehen. In der Einstellung *Original* wird das Seitenverhältnis beibehalten.

Das Werkzeug zur Feinabstimmung bietet verschiedene Einstellungen wie *Helligkeit*, *Kontrast* und *Sättigung*, zwischen denen man mit einer senkrechten

Wischbewegung hin- und herwechselt. Eine horizontale Wischbewegung justiert anschließend die Stärke der jeweiligen Einstellung.

Links: Werkzeugpalette, rechts: Werkzeug zur Feinabstimmung in Aktion.

Alle Änderungen werden erst durch Antippen des Symbols mit dem Häkchen oben rechts auf das Bild angewendet. Über das Kreuz oben links kommen Sie jederzeit zurück, ohne dass das Bild verändert wird.

Das rechteckige Symbol (drittes von links) zeigt das Originalbild im Vergleich zum veränderten Bild.

Effekte

Bei den Effekten weiter rechts in der Werkzeugpalette finden Sie einige der typischen Effekte, die man von vielen Bildbearbeitungsprogrammen kennt. Hier können Sie das ganze Bild klassisch alt, in Pop-Art oder anderen Darstellungsweisen erscheinen lassen.

Die meisten der Effekte bieten mehrere Stile zur Auswahl an. Mit einer horizontalen Wischgeste quer über den Bildschirm lässt sich die Stärke des Effektes festlegen.

Effekte in der Fotos-App.

Bildbearbeitung in der Galerie-App

Die Galerie-App liefert Funktionen zum Zuschneiden und Ausrichten von Fotos sowie Farbfilter und einen Collage-Editor mit. Tippen Sie dazu in der Ansicht eines Bildes auf *Bearbeiten*.

Farbfilter und Collage in der Galerie-App.

Musik auf dem Samsung Galaxy S6

Digitale Musik unterwegs zu hören, wird immer beliebter. Portable MP3-Player haben längst Walkman und tragbare CD-Spieler abgelöst. Inzwischen geht das Interesse an klassischen MP3-Playern auch schon wieder zurück. Fast jeder hört seine Musik nur noch auf dem Smartphone über Kopfhörer, deren Musikqualität mit dem, was man aus Walkman-Zeiten kannte, nicht mehr zu vergleichen ist.

Auf dem Samsung Galaxy S6 ist ein eigener Musikplayer von Samsung vorinstalliert, der sich vom Standard-Android-Medienplayer deutlich unterscheidet. Die App spielt neben MP3 auch die WMA-Dateien des Windows Media Player sowie einige andere Dateiformate wie 3GA, 3GP, AAC, FLAC, M4A, MP4, OGA, OGG ab. Dieser Musikplayer funktioniert – ähnlich wie der Windows Media Player auf dem PC – nicht auf Basis klassischer Dateien und Verzeichnisse, sondern findet automatisch Musiktitel auf dem Gerät und sortiert diese in einer Medienbibliothek nach Interpreten und Alben. Mit der Suchfunktion können Sie nach Titeln, Alben oder Interpreten suchen.

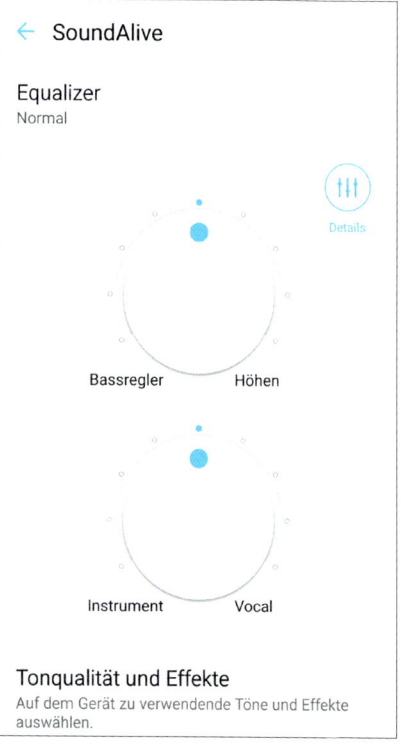

Der Musikplayer auf dem Samsung Galaxy S6.

Albumcover werden nur bei den Titeln angezeigt, bei denen das Bild bereits in der MP3-Datei gespeichert ist. Andernfalls erscheinen nur Standardbilder bei den Titeln und Alben. In den *Einstellungen* können Sie unter *SoundAlive* den Klang noch nach Wunsch anpassen.

Während die Musik läuft, können Sie andere Apps nutzen. Drücken Sie einfach die Home-Taste auf dem Samsung Galaxy S6. Der Musikplayer verschwindet in den Hintergrund, die Musik läuft indessen weiter. In der Benachrichtigungsleiste ist ein Symbol für den Musikplayer zu sehen. Ziehen Sie die Benachrichtigungsleiste nach unten, erscheinen der gerade abgespielte Titel sowie wichtige Bedienelemente des Musikplayers.

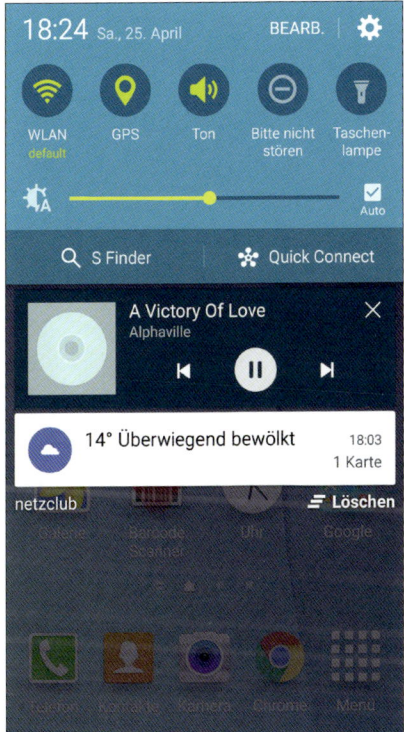 

Laufende Musik in der Benachrichtigungsleiste und Musik-Widget auf dem Startbildschirm.

Wenn Sie häufig Musik auf dem Smartphone hören, ziehen Sie sich am besten das Musik-Widget auf den Startbildschirm. Dieses Widget enthält die wichtigsten Bedienelemente des Medienplayers und zeigt die laufenden Musiktitel an. Tippen Sie im Musik-Widget auf das CD-Symbol oder Albumcover links, öffnet sich der Musikplayer mit allen Musiktiteln, die auf dem Smartphone gespeichert sind.

Google Play Music

Google Play Music ist eine neue Musikplayer-App, die in Android 5 Lollipop den ehemaligen Musikplayer ersetzt, solange die Gerätehersteller keine eigene Musikplayer-App mitliefern, wie Samsung es auf dem Galaxy S6 macht. Google Play Music ist auf dem Samsung Galaxy S6 ebenfalls vorinstalliert.

Achtung Kostenfalle

Tippen Sie beim ersten Start der Google-Play-Music-App auf *Standard verwenden* und nicht auf *Jetzt starten*, da Sie sonst den Google-Musik-Dienst abonnieren, der zwar 30 Tage lang kostenlos ist, aber wer denkt schon daran, so etwas rechtzeitig wieder abzumelden.

Google Play bietet seit einiger Zeit auch in Deutschland einen Downloadshop für Musik an. Zusammen mit diesem Angebot startete auch ein Cloud-Dienst, auf dem jeder Nutzer kostenlos bis zu 50.000 eigene Songs speichern und dann von jedem Gerät über sein persönliches Google-Konto anhören kann.

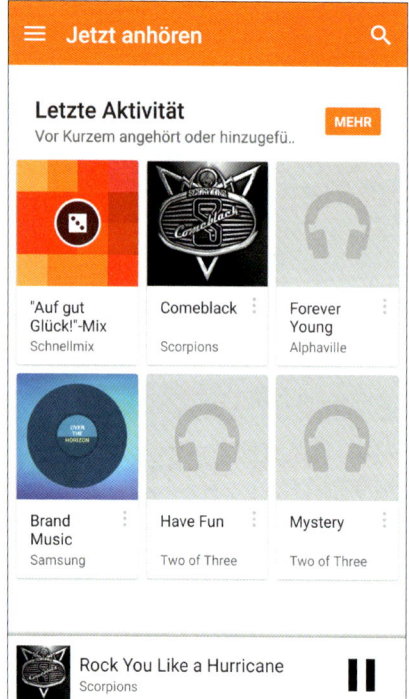
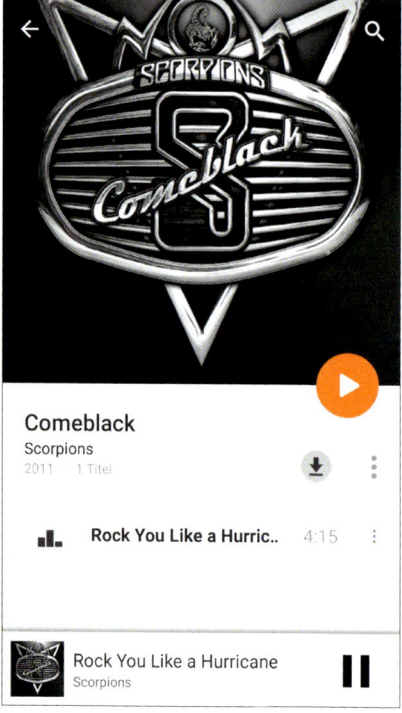

Google Play Music auf dem Smartphone.

Um unterwegs Datenvolumen zu sparen, sollten Sie in der Seitenleiste die Option *Nur heruntergeladene* aktivieren. Damit verhindern Sie, dass über Playlisten oder die zufällige Wiedergabe Musik aus dem Cloud-Speicher heruntergeladen wird. Die Seitenleiste blenden Sie ein, indem Sie auf das Symbol oben links in der Ecke tippen.

Mit der Funktion *Schnellmixe* lassen sich Playlisten automatisch nach Interpreten erzeugen und abspielen.

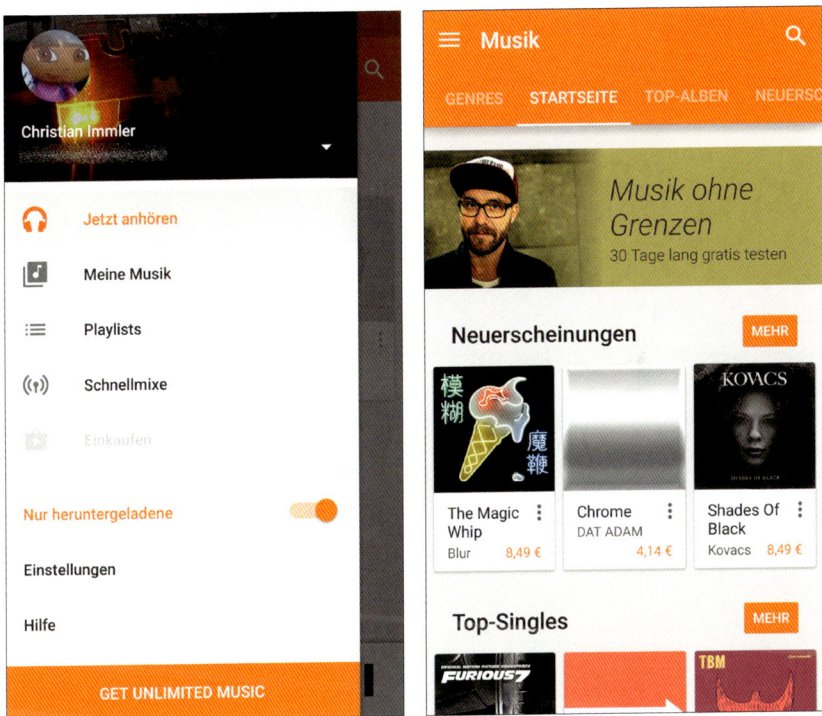

Links: nur heruntergeladene Musik abspielen, rechts: Google Play Music Shop.

Eigene Musik in der Cloud speichern und auf dem Smartphone erleben

Der Cloud-Dienst Google Play Music bietet jedem Nutzer kostenlosen Speicherplatz für 50.000 Songs. Laden Sie auf dem PC über *play.google.com/music* Ihre Musikbibliothek hoch, um mit allen Geräten darauf zugreifen zu können. Hier können Sie auch direkt im Browser Ihre gekauften oder selbst gespeicherten Musiktitel anhören.

Laden Sie über die Schaltfläche *Musik hochladen* den Google Music Manager herunter. Das Programm läuft im Hintergrund und ist als Symbol im Infobereich der Taskleiste zu finden.

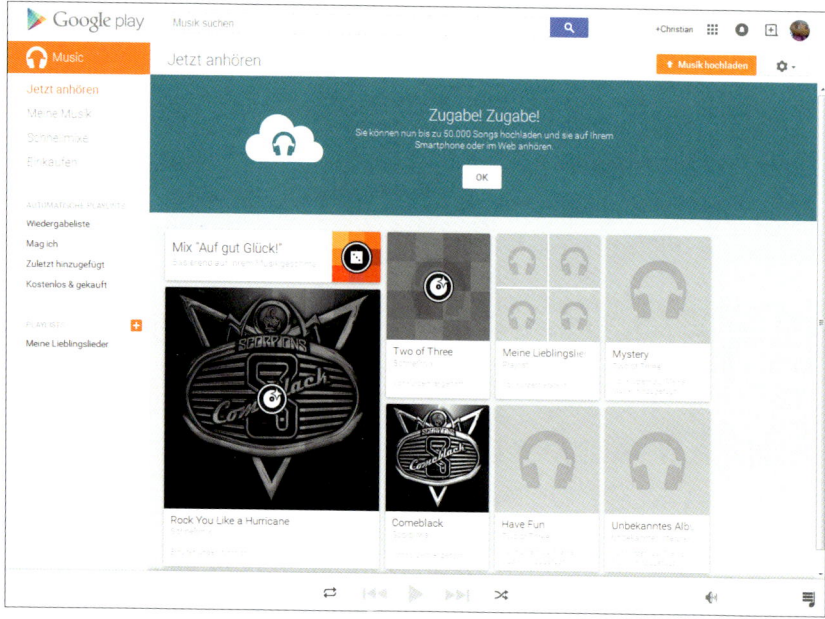

Google Play Music im Browser auf dem PC.

Fügen Sie hier die Ordner hinzu, aus denen Sie Musik in Ihr Google-Konto hochladen möchten. Dabei können Sie festlegen, dass neue Titel in diesen Ordnern ebenfalls automatisch hochgeladen werden. Nach dem Hochladen können die Musiktitel auf allen Geräten, die mit diesem Google-Konto angemeldet sind, angehört werden.

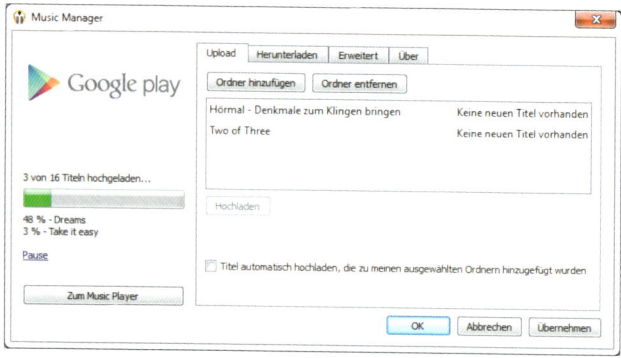

Der Google Music Manager auf dem PC.

Achtung Datenvolumen

In den Einstellungen der Google-Play-Music-App können Sie festlegen, dass Musik aus dem Cloud-Speicher nur über WLAN-Verbindungen gestreamt oder heruntergeladen wird, um Datenvolumen zu sparen.

Musikbibliothek mit dem Windows Media Player auf dem PC synchronisieren

Früher musste man Musik noch manuell als einzelne Dateien vom PC auf tragbare MP3-Player kopieren – heute bietet der Windows Media Player in Windows eine Option, dies viel einfacher zu erledigen, ohne einzelne Dateinamen zu kennen und sich um Verzeichnisstrukturen kümmern zu müssen.

Für die Synchronisierung mit dem Windows Media Player werden neben zahlreichen bekannten MP3-Playern mit USB-Anschluss auch Smartphones mit Android-Betriebssystem sowie Speicherkarten in Kartenlesern unterstützt.

Auf diese Weise kann auch das Samsung Galaxy S6 genutzt werden, indem es als externes Laufwerk am PC betrieben wird.

Manuelle Synchronisierung im Windows Media Player

1. Beim Anschließen des Samsung Galaxy S6 an einen Windows-8.1-PC erscheint dieses als Laufwerk im Explorer unter *Dieser PC*. Bei Windows 7 erscheint das Dialogfeld *Automatische Wiedergabe*. Starten Sie jetzt den Windows Media Player.

2. Sollte die Verbindung nicht zustande kommen, ist meistens auf dem Smartphone die USB-Verbindung falsch eingestellt. Ziehen Sie die Benachrichtigungsleiste herunter und tippen Sie auf die Zeile der USB-Verbindung. Hier muss die Option *Mediengerät (MTP)* ausgewählt sein.

3. Wenn der Windows Media Player läuft, erscheint das Samsung Galaxy S6 beim Anschließen rechts unter *Synchronisieren*. Das Gerät erhält automatisch einen Namen, unter dem der Windows Media Player es jedes Mal wiederfindet, wenn es angeschlossen wird.

4. Im Synchronisationsfenster können Sie dann eine Synchronisationsliste aus den gewünschten Titeln zusammenstellen, indem Sie die Titel mit der Maus in den rechten Teil des Fensters unterhalb der Geräteabbildung ziehen.

5. Nachdem Sie alle Titel zur Synchronisierung ausgewählt haben, können Sie die Übertragung mit einem Klick auf *Synchronisierung starten* in Gang setzen. Je nach Datenmenge und Dateiformat kann dies einige Zeit dauern.

6. Auf diese Weise können Sie auch jederzeit neue Titel auf das Smartphone übertragen.

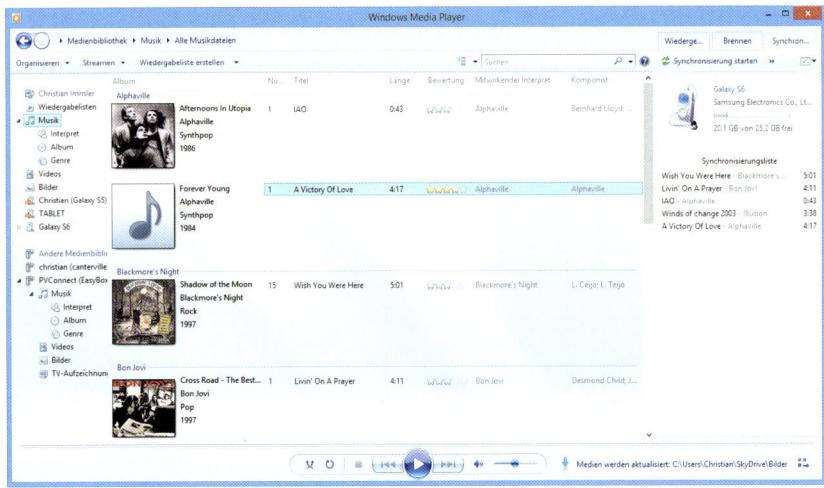

Samsung Galaxy S6 mit dem Windows Media Player verbunden.

Automatische Synchronisierung im Windows Media Player

Noch leichter geht es mit der automatischen Synchronisierung, die Musik-titel nach bestimmten Kriterien automatisch, ohne einzelne Titel auswählen zu müssen, auf das Smartphone überträgt.

1. Klicken Sie auf der Registerkarte *Synchronisieren* oben rechts auf den But-ton *Synchronisierungsoptionen* und wählen Sie im Menü *Synchronisierung einrichten*. Beim ersten Mal müssen Sie den Gerätenamen zur Einrichtung bestätigen. Wählen Sie danach denselben Menüpunkt nochmals aus.

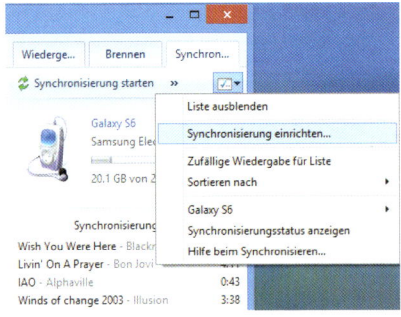

Automatische Synchronisierung mit dem Windows Media Player einrichten.

2. Schalten Sie hier die Option *Gerät automatisch synchronisieren* ein. Im Modus *Automatische Synchronisierung* müssen Sie noch auswählen, wel-che Wiedergabelisten synchronisiert werden sollen. Standardmäßig sind hier auch Wiedergabelisten für Bilder und Videos ausgewählt. Entfernen Sie diese alle, wie auch die Musikwiedergabelisten, die Sie nicht synchro-nisieren wollen.

3. Wenn Sie mehrere mobile Geräte zusammen mit dem Windows Media Player verwenden, wählen Sie zunächst im Synchronisierungsbereich mit Tippen auf *Nächstes Gerät* das gewünschte Gerät aus.

4. Sollte das angeschlossene Gerät bereits sehr voll mit Daten sein, werden Sie gefragt, ob Sie diese Daten auf dem Gerät lassen oder vor der Synchronisierung entfernen wollen.

Wiedergabelisten zur Synchronisierung auswählen.

5. Über die Schaltfläche *Neue automatische Wiedergabeliste* können Sie nach bestimmten Kriterien, ohne einzelne Titel zu nennen, neue Listen zur Synchronisierung anlegen. So lassen sich zum Beispiel die am besten bewerteten Titel, die innerhalb der letzten 30 Tage angehört wurden, automatisch aufs Smartphone übertragen.

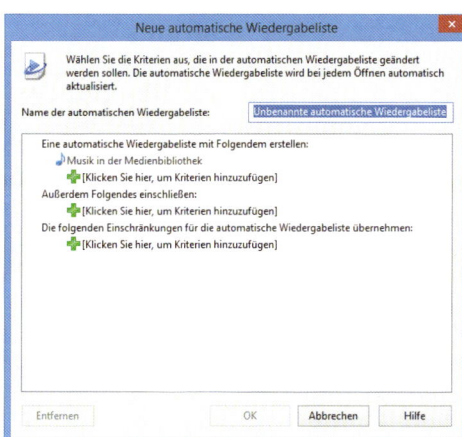

Neue automatische Wiedergabeliste zur Synchronisierung anlegen.

6. Jedes Mal, wenn das Smartphone später wieder angeschlossen wird, werden die Wiedergabelisten verglichen. Neue Musiktitel in zur Synchronisierung markierten Wiedergabelisten werden automatisch übertragen.

7. Über den Menüpunkt *Einstellungen auswählen* im Untermenü des jeweiligen Gerätes im *Synchronisieren*-Menü können Sie mit einem Klick auf *Eigenschaften* unter anderem festlegen, ob die Synchronisierung beim Anschließen des Gerätes automatisch starten soll.

8. Hier stellen Sie auch ein, wie viel Speicherplatz für die Verwendung durch andere Apps auf dem Gerät frei bleiben muss. Dies ist bei Android-Smartphones wichtiger als bei einfachen Handys oder MP3-Playern, weil auch andere Anwendungen die Speicherkarte nutzen.

Videos und YouTube

YouTube ist mehr denn je die beliebteste Quelle für Videos aller Art im Internet. YouTube bietet zwar die für mobile Geräte optimierte Webseite *m.de.youtube.com*. Deutlich komfortabler ist allerdings die YouTube-App, die eine speziell für Android-Smartphones optimierte Darstellung bietet.

m.de.youtube.com

> **INFO:** Pro Tag werden über zwei Milliarden Videos auf YouTube betrachtet, und pro Minute wird über 100 Stunden neues Videomaterial hochgeladen. YouTube verursacht etwa 10 % des gesamten Internetdatenverkehrs. Bedenken Sie bei der Nutzung von YouTube über das Mobilfunknetz das zu übertragende Datenvolumen von Videos. Hier kommt man schnell an die Grenzen der Smartphone-Flatrates.

Nach der Anmeldung mit dem auf dem Smartphone installierten Google-Konto hat man in der YouTube-App direkten Zugriff auf eigene Playlisten und Favoriten.

Die Suchfunktion sowie die Listen mit Videos des gleichen Anbieters oder ähnlicher Videos anderer Anbieter stehen so, wie man sie vom PC kennt, auch in der YouTube-App zur Verfügung.

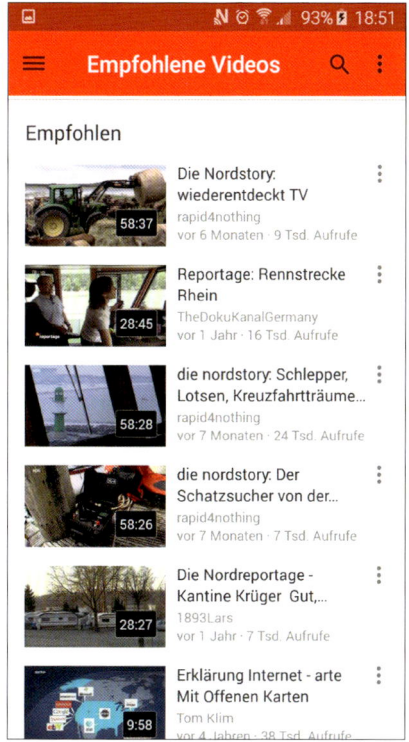

Die YouTube-App auf dem Smartphone.

Natürlich lassen sich alle Videos auch im Vollbildmodus abspielen. Dazu braucht man das Smartphone nur quer zu halten.

Auch die Funktionen, Videos zu bewerten oder die Links an Freunde zu verschicken, sind in der App enthalten. Dabei werden alle installierten Kommunikations-Apps wie E-Mail, Facebook, Twitter, Google+ und weitere unterstützt.

Mit der YouTube-App können Sie auch eigene Videos, die mit der Smartphone-Kamera aufgenommen wurden, direkt auf YouTube hochladen, ohne dass Sie einen PC dafür benötigen.

Fernseher per Infrarot steuern

Das Samsung Galaxy S6 verfügt über einen Infrarotsender, der zusammen mit der vorinstallierten App *Smart Remote* zur Fernbedienung von Fernsehern verwendet werden kann.

Beim ersten Start der App wird die Kanalliste des verwendeten Satelliten- oder Kabelanbieters heruntergeladen. Danach muss man den Typ des Fernsehers wählen und das Smartphone die Tasten der entsprechenden Fernbedienung lernen lassen. Selbst bei gleichem Hersteller können die Fernbedienungen unterschiedliche Codes verwenden.

Zum Schluss richten Sie noch die Senderliste ein und können dann über ein in der App angezeigtes Fernsehprogramm die gewünschten Sendungen auf dem Fernseher auswählen.

Smart Remote steuert Fernseher per Infrarotschnittstelle.

KAPITEL 8

Coole Apps

Jeder Computer wird erst durch die installierten Programme interessant. Das gilt natürlich auch für Android-Smartphones. Immer wieder veröffentlichen Zeitschriften und Webseiten die angeblich besten Apps. Aber welche sind die besten? Niemand installiert sich Apps aus Sammlerleidenschaft nur um der Apps willen. Man installiert das, was man braucht, und da muss jeder für sich selbst beurteilen, was wichtig ist und was nicht. Große Teile dieses Buches handeln von Apps und natürlich nur von den besten zu jedem Thema. In diesem Kapitel werden noch einige Apps zu Themen gezeigt, die bisher unerwähnt blieben.

Taschenlampe jetzt ohne App

Verschiedene Hersteller bieten seit den Anfängen von Android Apps an, die die Fotoleuchte ein- und ausschalten, um das Smartphone als Taschenlampe zu verwenden. Die meisten dieser Apps scheinen im Wesentlichen dazu zu dienen, das Smartphone regelmäßig mit Werbung zu überfluten. Einige sind sogar schon in puncto Datenschutz in die Kritik geraten, da sie im Hintergrund Benutzerdaten sammeln.

Samsung löst dieses Problem jetzt sehr elegant, indem in den Schnelleinstellungen ein Schalter angeboten wird, mit dem man jederzeit die Fotoleuchte ein- und wieder ausschalten kann.

Dateimanager

Was dem Android-Betriebssystem bis heute fehlt, ist ein leistungsfähiger Dateimanager. Offenbar gehen die Entwickler der Plattform davon aus, dass Anwender sich für die einzelnen Dateien auf ihren Geräten nicht interessieren, früher heruntergeladene Dateien einfach wieder neu herunterladen, und wenn der Speicher voll ist, wird ein neues Smartphone gekauft.

Der Samsung-Dateimanager – Eigene Dateien

Samsung liefert auf dem Galaxy S6 einen Dateimanager mit
Namen *Eigene Dateien* mit, der zwar nicht den Funktionsum-
fang externer Dateimanager bietet, aber für die meisten alltäglichen Aufgaben völlig ausreicht. Hier können Sie Dateien
löschen, kopieren, verschieben oder über verschiedene Kom-
munikationskanäle senden oder auch neue Ordner anlegen.

Der Dateimanager erhielt gegenüber früheren Versionen ein ganz neues
Design und unterstützt jetzt auch Verbindungen zu Google Drive. Dazu muss
man einmal seine Zugangsdaten eingeben. Da der Dateimanager keine
Google-App ist, werden diese nicht automatisch übernommen.

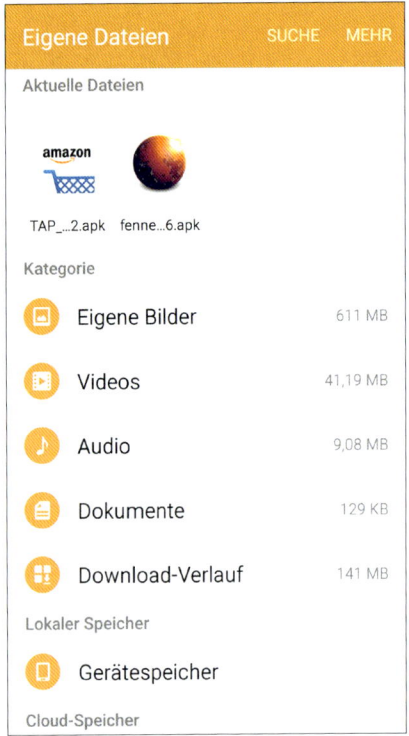
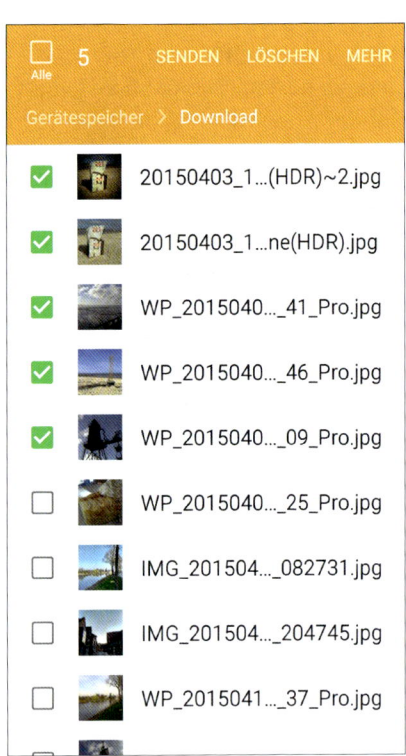

Der Dateimanager Eigene Dateien auf dem Samsung Galaxy S6.

Halten Sie den Finger länger auf einer Datei, schaltet der Dateimanager in
einen Auswahlmodus um, in dem Sie mehrere Dateien markieren können.
Tippen Sie dann oben rechts auf *Mehr*, können Sie die ausgewählten Dateien
kopieren, verschieben, löschen oder über die Schaltfläche *Senden* verschicken. Dabei werden alle für diesen Dateityp geeigneten Kommunikations-
kanäle zur Auswahl angeboten.

File Expert HD

File Expert HD ist ein komfortabler Dateimanager für Android mit vielen interessanten Funktionen, die über das simple Kopieren und Verschieben von Dateien hinausgehen. *File Expert HD* bietet zusätzlich zum Zugriff auf Dateien, die   lokal auf dem Smartphone liegen, auch interessante Netzwerk- und Cloud-Funktionen. *File Expert HD* weist an mehreren Stellen auf die kostenpflichtige Version hin – für alle alltäglichen Aufgaben reicht die kostenlose Version jedoch völlig aus.

Bevor man sich in der Verzeichnisstruktur des Smartphones verliert, zeigt *File Expert HD* eine Übersicht über die wichtigsten Bereiche, Dateien, Dokumente und Apps. Auf diese Weise findet man die wichtigen Dateien leichter und kann diese auch direkt aus dem Dateimanager heraus mit einer zugeordneten Standard-App anzeigen oder zur Bearbeitung öffnen. *File Expert HD* enthält auch einen eingebauten Betrachter für Fotos und Grafikdateien.

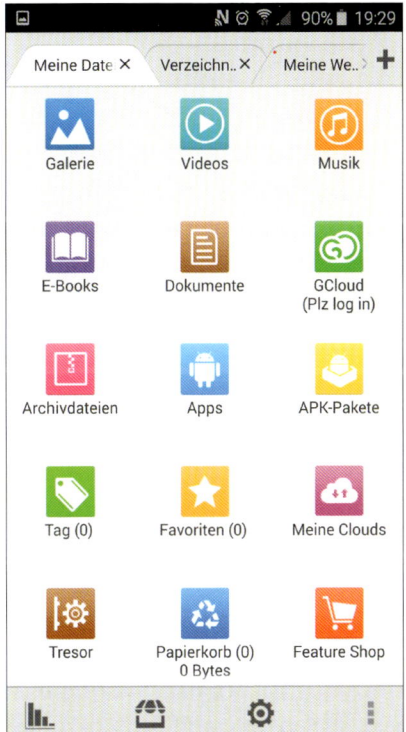
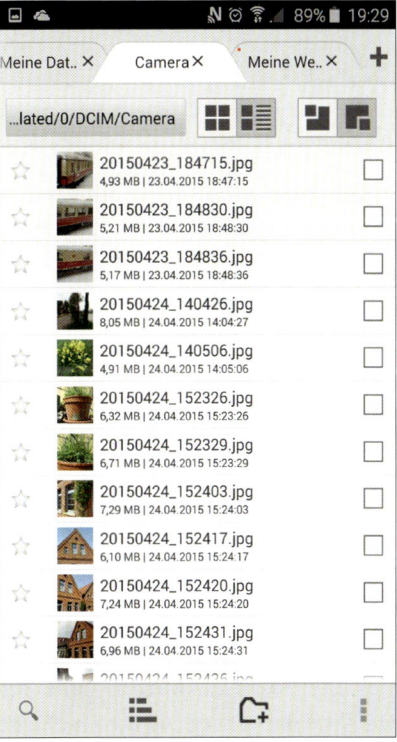

File Expert HD bietet eine Übersicht über die Inhalte auf dem Smartphone.

Im Gegensatz zu einfacheren Dateimanagern ermöglicht *File Expert HD* das Kopieren und Verschieben vieler Dateien auf einmal direkt auf dem Smartphone.

Unter *Apps* sind alle installierten Apps aufgelistet. Hier können Sie nicht nur eine oder viele Apps auf einmal deinstallieren, sondern auch installierte Apps sichern, um sie im Notfall wieder neu installieren zu können. Die Apps werden als APK-Dateien im Verzeichnis */backup_apps* im internen Speicher abgelegt. Das Dateiformat ist das gleiche, das auch zum Download von Apps im Internet außerhalb des Google Play Store verwendet wird.

File Expert HD unterstützt unter *Meine Clouds* diverse bekannte Cloud-Speicherdienste wie Dropbox, Google Drive oder box.net. Auf diese Weise haben Sie direkt vom Smartphone aus Zugriff auf Ihre persönlichen dort abgelegten Dateien und können umgekehrt eigene Daten vom Smartphone in Cloud-Speichern sichern oder auf diese Weise an Freunde weitergeben.

File Expert HD bietet zudem umfangreiche Funktionen zum Datenaustausch zwischen Smartphone und PC oder anderen Geräten im eigenen lokalen Netzwerk. Dabei werden die wichtigen Netzwerkübertragungsprotokolle FTP, SFTP und Bluetooth OBEX unterstützt. Der integrierte SMB-Client ermöglicht den Zugriff auf Windows-PCs in der Netzwerkumgebung oder auf Linux-Samba-Server im Netzwerk vom Smartphone aus.

Büro-Apps

In den Anfangszeiten der Smartphones waren es im Wesentlichen Geschäftsleute, die diese Geräte nutzten. Heute sieht das anders aus, ein Smartphone ist ein alltäglicher Begleiter der mobilen Internetgeneration. Dennoch gibt es auch diverse nützliche Apps für büroähnliche Funktionen auf dem Samsung Galaxy S6.

Office

Wer öfter längere Texte schreibt, möchte diese auch unterwegs korrigieren oder in einer Besprechung Änderungen einfügen. Das ist oftmals schwierig, weil der Computer mit dem Originaltext gerade nicht zur Hand ist.

Hancom Office Viewer

Samsung liefert auf dem Galaxy S6 den *Hancom Office Viewer* mit, eine relativ simple App zur Anzeige von Office-Dokumenten auf dem Smartphone. Der *Hancom Office Viewer* erscheint nicht als eigenes App-Symbol in der

Liste der Apps. Er wird automatisch aufgerufen, wenn man auf ein Office-Dokument im Dateimanager oder in einem E-Mail-Anhang tippt.

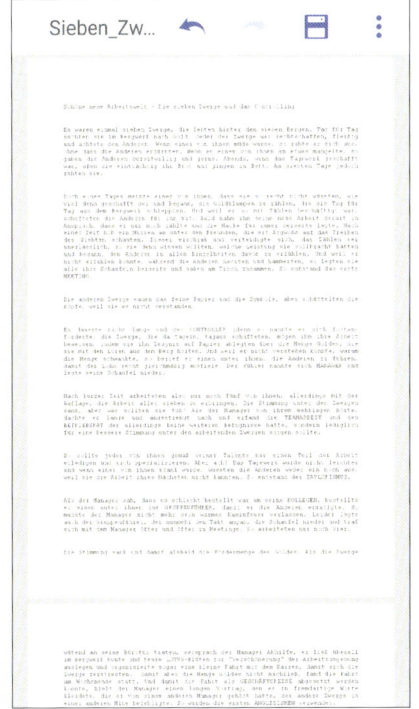
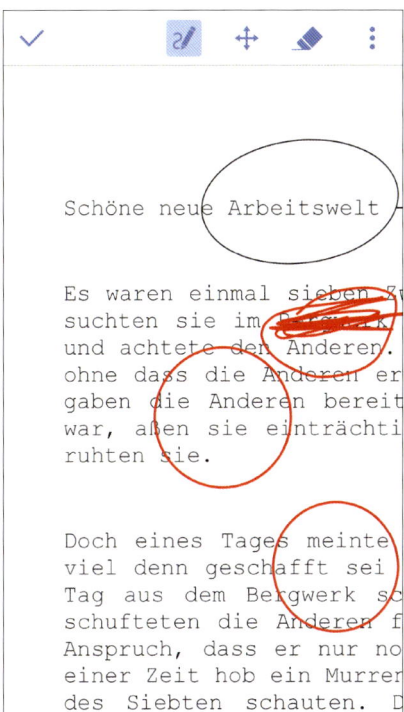

Word-Dokument im Hancom Office Viewer.

Dokumente werden in einer Ganzseitenansicht auf dem Bildschirm dargestellt, wobei der Text bedingt durch die winzige Schriftgröße oft nur mühsam zu lesen ist. Hier können Sie mit zwei Fingern zoomen. Das Stiftsymbol in der Symbolleiste ermöglicht es, frei im Dokument zu malen, um so Textbereiche zu markieren. Dabei können Stiftfarbe und Strichstärke durch Antippen des Stiftsymbols verändert werden.

Google Docs

Die Textverarbeitung Google Docs beinhaltet alle wichtigen Funktionen einer klassischen Textverarbeitung, wie man sie vom PC kennt. Damit lassen sich Google-Docs-Dokumente auf Google Drive sowie auch lokal auf dem Smartphone gespeicherte

Word-Dokumente bearbeiten, speichern und versenden.

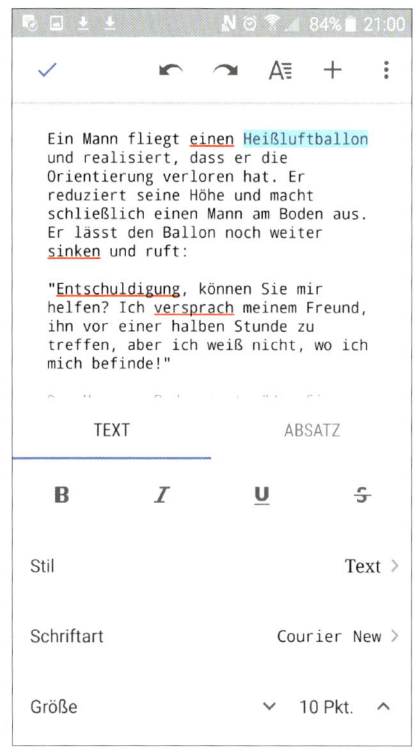
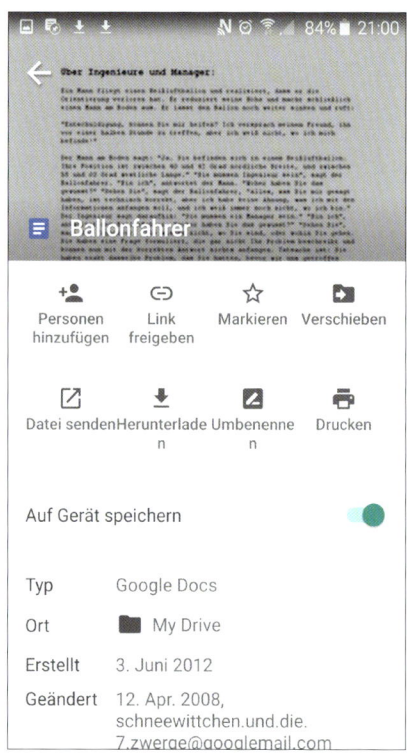

Textverarbeitung Google Docs auf dem Samsung Galaxy S6.

Setzen Sie den Cursor durch einfaches Antippen an die gewünschte Position. Tippen Sie doppelt, um einen Textbereich zu markieren. Anschließend können Anfang und Ende der Markierung beliebig verschoben werden. Tippen Sie länger auf einen markierten Text, erscheint eine Symbolleiste der Zwischenablage. Das Symbol *A* oben blendet Funktionen zur Textformatierung ein.

Mit dem Kontakte-Symbol oben rechts können Sie das Dokument für andere Personen freigeben. Dabei können Sie diesen Personen verschiedene Rechte für das Dokument zuweisen: nur anzeigen, kommentieren oder sogar bearbeiten.

Google Tabellen

Die Tabellenkalkulation Google Tabellen unterstützt fast alle Formeln sowie auch Sortier- und Filterfunktionen aus Excel. Um Felder zu bearbeiten, tippen Sie in die betreffende Zelle. Dann erscheint ein Bearbei-

tungsfeld am unteren Bildschirmrand. Nach der Bearbeitung der Werte wird die Tabelle automatisch neu berechnet.

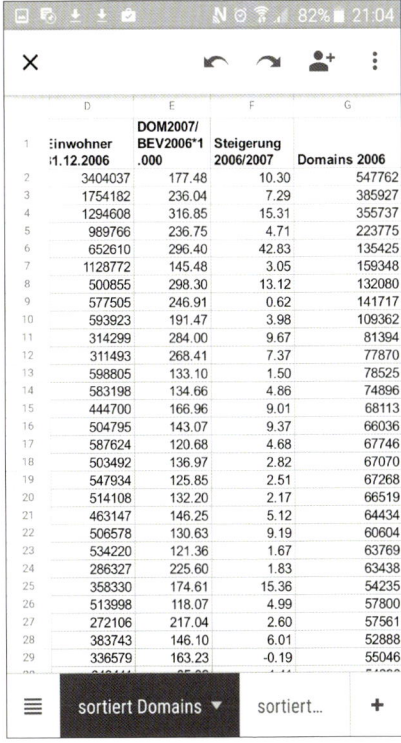
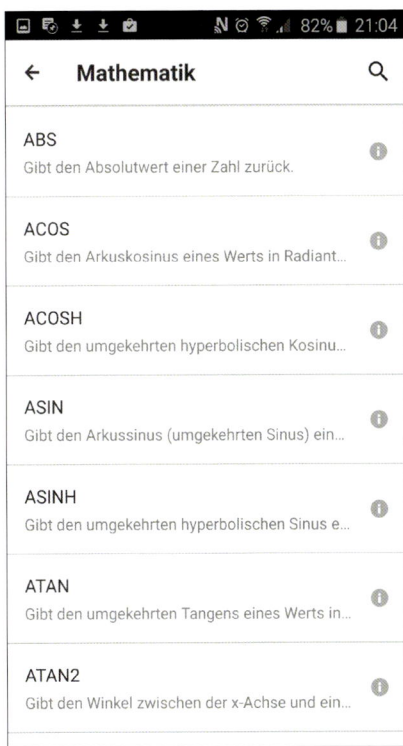

Die Tabellenkalkulation Google Tabellen.

Trigonometrische und finanzmathematische Berechnungen sind in der Tabellenkalkulation ebenso möglich wie die Statistik oder Umrechnung zwischen Zahlensystemen. Selbst die Logik- und Verweisfunktionen aus Excel zum Bezug zwischen verschiedenen Bereichen einer Tabelle wurden umgesetzt. Die meisten Funktionsnamen sind in Englisch und heißen daher anders, als vom deutschen Excel bekannt, werden aber beim Import und Export automatisch umgesetzt und in der App auch auf Deutsch beschrieben.

> **INFO:** Manche alles besser wissenden Medien werfen den mobilen Office-Lösungen eingeschränkte Funktionalität vor. Gerade bei Tabellenkalkulationen gilt aber die alte Administratorenweisheit: Weniger als 10 % der Anwender nutzen mehr als 10 % der Funktionen eines Programms. Dass Google Tabellen keine Pivot-Tabellen und keine Was-wäre-wenn-Analysen mit verschiedenen Datenszenarien verarbeitet, wird nur einen sehr kleinen Anwenderkreis stören.

Notizen

Lange vor der Ära der Smartphones hatte Ernest Hemingway einen Notizblock neben seinem Bett liegen, um, wenn er nachts aufwachte, Ideen und Kommentare zu seinen unvollendeten Werken niederzuschreiben. Diese musste er dann aber mühsam am nächsten Morgen in seine Manuskripte nachtragen. Heute kann man Tag und Nacht und überall Notizen auf dem Smartphone machen. Allerdings beinhaltet Android standardmäßig keine App für Notizen.

Memo

Samsung liefert mit *Memo* einen ganz einfachen Notizblock auf dem Galaxy S6 mit, in dem Sie Textnotizen erstellen können. Diese Notizen lassen sich nach Stichwörtern durchsuchen und auch versenden.

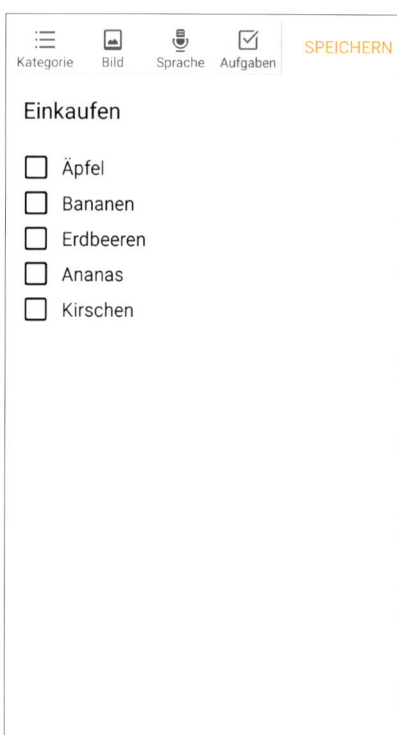

Memos können in Kategorien geordnet werden und man kann Fotos einfügen.

Google Notizen

Mit der App *Google Notizen* können Sie unterwegs schnell und einfach Notizen verfassen und auch auf Ihre zu Hause im Browser unter *keep.google.com* erstellten Notizen unterwegs zugreifen. Änderungen in der Android-App wer-

den automatisch auf dem PC
übernommen. Mit den Symbo-
len am oberen Rand erstellen
Sie neue Notizen verschiedener
Typen. Dabei können Sie auch
Sprachnotizen sprechen. Googles
Spracherkennung versucht, diese

in Text umzusetzen. Die originale Sprachnotiz bleibt trotzdem erhalten und
kann auch auf dem PC angehört werden.

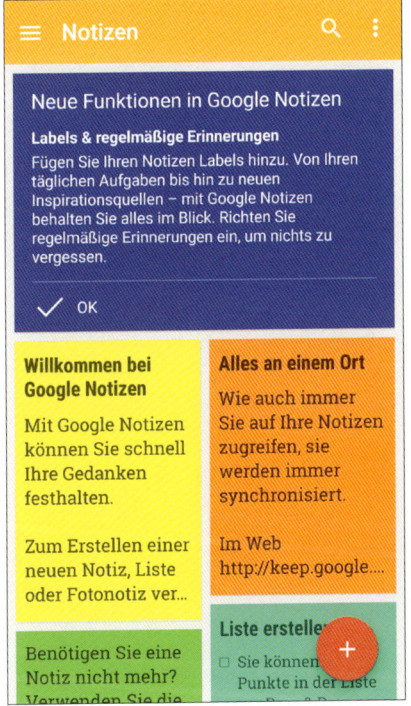
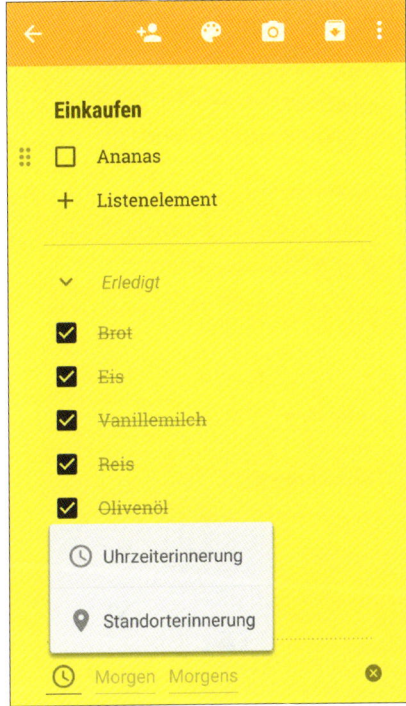

Google Notizen auf dem Samsung Galaxy S6.

Über das Kamerasymbol starten Sie die Kamera des Smartphones und können sofort ein Foto machen, das in einer neuen Notiz gespeichert wird.

Im Menü der App finden Sie in der Notizenansicht den Menüpunkt *Senden*.
Damit geben Sie die Notiz über die auf dem Smartphone installierten Kommunikationswege weiter. Zu einer bestimmten Zeit oder an einem bestimmten Ort können Sie sich automatisch an die Notiz erinnern lassen.

Google Notizen bietet ein Widget für den Startbildschirm, mit dem Sie schnell
eine Notiz anlegen können, ohne erst die App starten zu müssen. Außerdem
zeigt das Widget die zuletzt angelegte Notiz direkt an.

OneNote

Auf dem Samsung Galaxy S6 ist die Android-App für
Microsoft OneNote vorinstalliert. Wer Microsoft Office
und damit OneNote auf dem PC nutzt, kann direkt vom
Smartphone auf die Notizen zugreifen und umgekehrt
auch auf dem Smartphone Notizen anlegen, die dann
in OneNote auf dem PC erscheinen. Zur Nutzung ist ein
Microsoft-Konto erforderlich.

Sprachnotizen mit der App Diktiergerät

Die vorinstallierte App *Diktiergerät* bietet eine einfache
Möglichkeit, kurze Sprachnotizen aufzuzeichnen. Dabei
gibt es drei verschiedene Betriebsarten.

Im Standardmodus werden Sprachnotizen als Audio-
dateien aufgenommen, die jederzeit in der App wieder
abgespielt werden können.

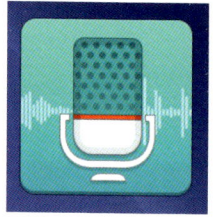

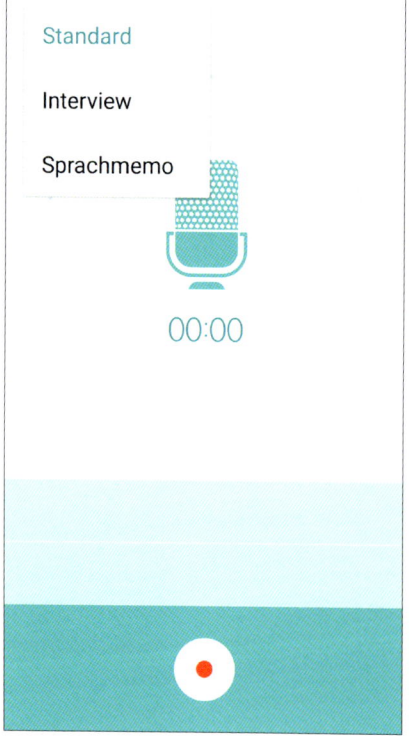

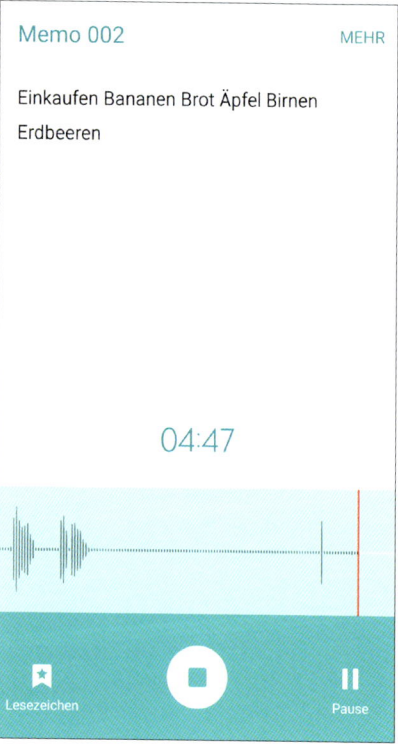

Sprachnotizen auf dem Samsung Galaxy S6.

Der Modus *Interview* reagiert auf Sprache aus beiden Richtungen, der Oberseite und der Unterseite des Smartphones.

Im Modus *Sprachmemo* versucht die App, den gesprochenen Text direkt in geschriebenen Text umzuwandeln, anstatt als Audiodatei aufzuzeichnen. Sprechen Sie hier besonders deutlich und halten Sie das Smartphone etwa 20 cm vom Mund entfernt.

Rechner

Android liefert einen einfachen Taschenrechner mit, der für den Alltag in den meisten Fällen ausreicht. Dieser bietet sogar ein paar wissenschaftliche und trigonometrische Funktionen. Diese erscheinen, wenn man das Samsung Galaxy S6 quer hält.

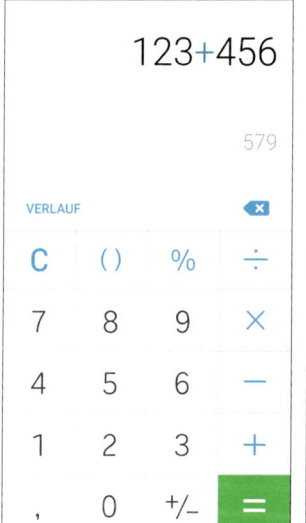

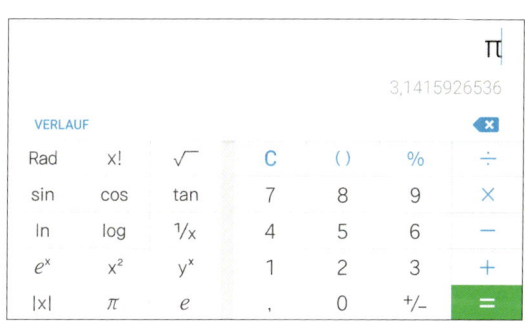

Der Standard-Taschenrechner auf dem Samsung Galaxy S6.

E-Books

Das Samsung Galaxy S6 mit seinem hochauflösenden Bildschirm eignet sich geradezu ideal, um unterwegs E-Books zu lesen. Die digitalen Bücher wiegen nichts, verbrauchen keinen Platz in der Tasche und man braucht auch nicht daran zu denken, ein Buch für längere Bahnfahrten oder Wartezeiten mitzunehmen – das Smartphone hat man sowieso immer dabei.

Amazon Kindle

Der Onlinebuchhandel Amazon machte mit seinem E-Book-Lesegerät Kindle das Lesen von E-Books erst richtig populär. Anstelle eines »echten« Kindle kann man auch die Kindle-App nutzen, um seine bei Amazon gekauften E-Books unterwegs zu lesen. Amazon verwendet für den Kindle ein eigenes Datenformat, das die anderen E-Book-Reader nicht lesen können. Diese  App bietet natürlich auch Zugang zum Onlineshop, der innerhalb der App in einem für Smartphones optimierten Format dargestellt wird, sowie zu den kostenlosen Büchern.

> ### Kindle für Samsung
>
> Laden Sie die Kindle-App nicht aus dem Google Play Store, sondern aus dem Samsung Galaxy Gifts Store herunter. Hier wird eine spezielle Kindle-App im hellen, schlichten Samsung-Design angeboten. Das Besondere an dieser Version ist, dass Nutzer jeden Monat ein Kindle-E-Book von Amazon kostenlos bekommen. Dazu stellt Amazon nur in dieser App-Version jeweils vier Bücher aus seinem Abo-Programm »Kindle Unlimited« zur Verfügung, die sonst kostenpflichtig sind. Der Benutzer kann sich eines davon aussuchen und kostenlos lesen. Nach dem kostenlosen »Kauf« steht das Buch auch auf anderen Kindle-Geräten oder in Apps mit dem gleichen Amazon-Benutzerkonto zur Verfügung. Natürlich können Sie auch mit der Samsung-Version der Kindle-App Ihre bisher bei Amazon gekauften E-Books auf dem Samsung Galaxy S6 lesen.

Auch die kostenlosen Bücher muss man bei Amazon »kaufen«. Dazu ist ein Amazon-Kundenkonto erforderlich, das man aber auch schnell im Kindle-Shop anlegen kann, wenn man noch nie bei Amazon eingekauft hat. Nach der »Bestellung« wählt man nur noch das Gerät aus, auf dem man das Buch lesen möchte, falls man mehrere Kindle oder Geräte mit Kindle-App in Verwendung hat. Die Bücher werden automatisch über Amazons eigene Whispersync-Technologie direkt auf das Smartphone zugestellt, ohne dass Sie noch irgendetwas dazu tun müssen.

In der Kindle-App finden Sie alle gekauften sowie die kostenlos heruntergeladenen Bücher. Bei den bereits angelesenen Büchern zeigt eine kleine Prozentzahl die aktuelle Leseposition im Buch.

Tippen Sie auf ein Buch, öffnet sich dieses in einem angenehm zu lesenden Vollbildmodus auf dem Bildschirm. Im Buch kann man mit Fingergesten blättern. Statt mit dem Finger über den Bildschirm zu wischen, reicht auch ein kurzes Antippen am rechten Bildschirmrand, um eine Seite weiterzublättern.

Tippt man auf den linken Bildschirmrand, kommt man wieder eine Seite zurück. Tippt man kurz in die Bildschirmmitte, werden oben Bedienelemente der App und unten die aktuelle Position im Buch angezeigt.

Die Kindle-App auf dem Samsung Galaxy S6.

Das Symbol oben links öffnet eine Seitenleiste mit Buchinformationen. Hier finden Sie auch das Inhaltsverzeichnis, um schnell zu einem bestimmten Kapitel zu springen.

Fahren Sie mit zwei Fingern gleichzeitig von oben nach unten über den Bildschirm, stellen Sie damit die Helligkeit ein. Beim Lesen in der Nacht schalten Sie am besten auf den augenfreundlichen Nachtmodus um, der helle Schrift auf dunklem Grund zeigt und so den Leser nicht so stark blendet. Außerdem können Sie je nach Lesegewohnheit die Schriftgröße auf ein angenehmes Maß einstellen.

Sie können jederzeit die aktuelle Position als Lesezeichen speichern, um so wichtige Textstellen schnell wiederzufinden. Tippen Sie dazu in die rechte obere Bildschirmecke. Die Lesezeichen erreichen Sie später über den Menüpunkt *Notizen und Markierungen*.

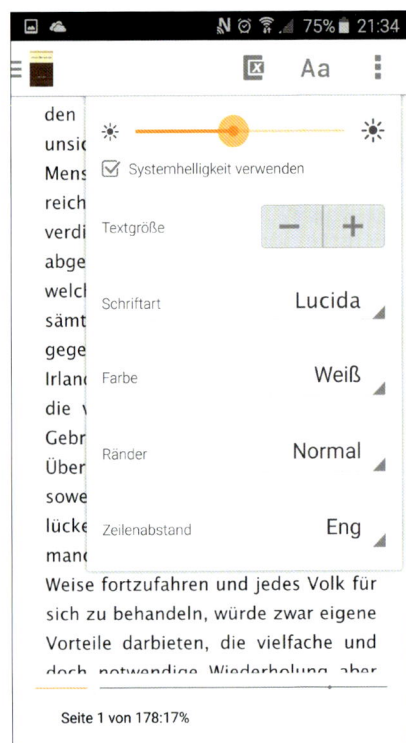

Buchinfo und Leseeinstellungen.

Suche, Wörterbuch, Übersetzer und Wikipedia im Kindle

Markieren Sie ein einzelnes Wort durch längeres Antippen, können Sie dieses in Wikipedia nachschlagen. Über die Symbolleiste können Sie diesen Begriff auch per Volltextsuche im Buch suchen oder über den Chrome-Browser im Internet.

Amazon bietet das »Duden Universalwörterbuch« kostenlos für alle Kindle-Nutzer an. Beim ersten Mal müssen Sie es nur herunterladen, brauchen dazu aber Ihr gerade geöffnetes E-Book nicht zu verlassen. Schieben Sie den Wi-kipedia-Kasten nach links, erscheint ein Kasten für Übersetzungen mit Bing sowie das Wörterbuch.

Der Link *Vollständige Definition* in der Kurzbeschreibung blendet das »Duden Universalwörterbuch« mit der ausführlichen Begriffsbeschreibung ein. Mit der Zurück-Taste kommen Sie aus dem »Duden Universalwörterbuch« wieder zurück ins E-Book.

Im Gegensatz zur Wikipedia-Suche kann das »Duden Universalwörterbuch« nach dem erstmaligen Download offline genutzt werden.

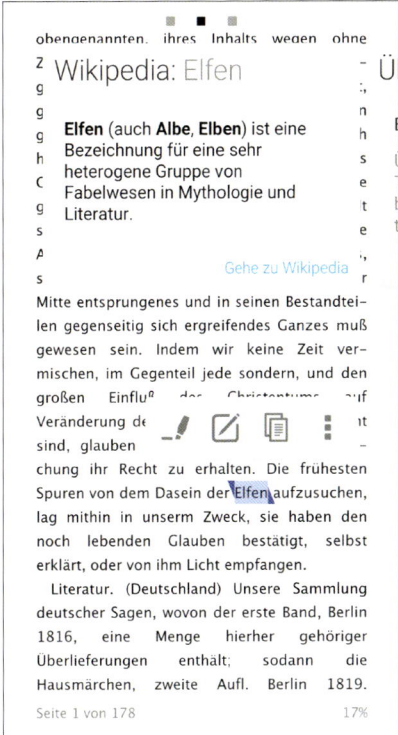
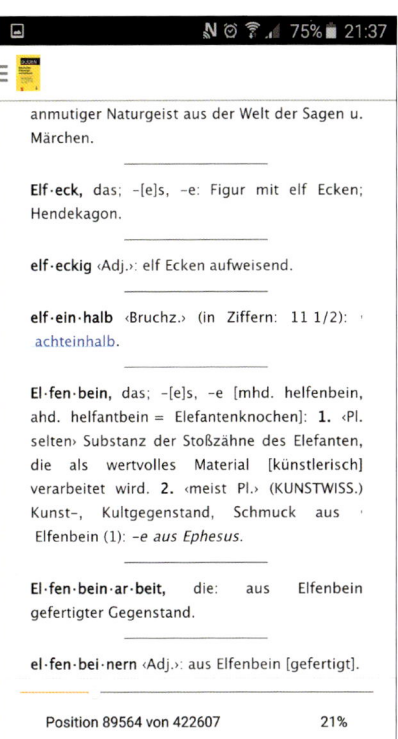

Wikipedia und Duden Universalwörterbuch in der Kindle-App.

Google Play Bücher

Google Play bietet neben Apps, Musik und Hardware auch einen Downloadshop für E-Books an. Für die hier gekauften Bücher gibt es eine eigene Reader-App, die auf dem Samsung Galaxy S6 bereits vorinstalliert ist. Damit lassen sich die im eigenen Google-Konto gespeicherten Bücher direkt online lesen oder auch zum Offlinelesen auf dem Gerät zur Verfügung stellen.

Die Startseite der App zeigt die im eigenen Google-Konto heruntergeladenen oder gekauften Bücher an. Im Bereich *Bücher kaufen* ist der Google-E-Book-Store fest integriert. Bei vielen Büchern gibt es kostenlose Leseproben, die auch ohne Angabe von Zahlungsdaten gelesen werden können.

Öffnen Sie ein Buch durch Antippen. Es wird im Hintergrund heruntergeladen, und Sie können sofort mit dem Lesen beginnen. Im Buch kann man mit Fingergesten blättern. Statt mit dem Finger über den Bildschirm zu wischen, reicht auch ein kurzes Antippen am rechten Bildschirmrand, um eine Seite weiterzublättern. Tippt man auf den linken Bildschirmrand, kommt man wieder eine Seite zurück. Tippen Sie kurz in die Bildschirmmitte, erscheint oben eine Symbolleiste und unten ist ein Balken zu sehen, der die aktuelle Position im Buch anzeigt. Hier können Sie auch rasch zu einer beliebigen Position springen.

E-Books in der App Google Play Bücher.

Das Lupensymbol oben blendet ein Suchfeld zur Volltextsuche nach einem beliebigen Wort im ganzen Text ein – eine Funktion, die in gedruckten Büchern undenkbar ist. Die Schaltfläche neben dem Lupensymbol blendet das Inhaltsverzeichnis des Buches ein. Hier können Sie schnell direkt zu einer Überschrift springen. In den Anzeigeoptionen über das *A*-Symbol können Sie die Helligkeit einstellen und zum Lesen im Dunkeln auf einen augenfreundlichen schwarzen Nachtmodus umschalten. Außerdem lassen sich hier Schriftgröße, Zeilenhöhe und Schriftart festlegen. Um nur kurz zu zoomen, ohne gleich die Schriftgröße zu verändern, tippen Sie doppelt in die Bildschirmmitte.

Halten Sie den Finger länger auf ein Wort, wird dieses markiert und es erscheint eine Symbolleiste, mit deren Hilfe Sie eine Notiz anfügen, den markierten Text im Buch, im Web oder im Wörterbuch suchen lassen können. Dieses Wörterbuch kann zur Offlinenutzung heruntergeladen werden. Schieben Sie dazu den Kasten mit der Definition etwas nach oben.

Wort markieren und im Buch suchen.

Das Menüsymbol rechts oben bietet weitere nützliche Funktionen und Lesehilfen. Hier können Sie unter anderem festlegen, dass PDF-Dokumente aus E-Mails und anderen Apps in das Google-Konto hochgeladen werden und so mit der App *Google Play Bücher* betrachtet werden können.

TIPP: Der Google Play Bücher Reader kann auch eigene E-Books in den Formaten EPUB und PDF darstellen, solange diese keinen Kopierschutz haben. Laden Sie Ihre E-Books vom PC über die Seite *play.google.com/books/uploads* in Ihr Google-Konto hoch. Sie können auch E-Books aus Ihrer persönlichen Google-Drive-Ablage in Ihre E-Book-Bibliothek übernehmen. Bei E-Books im EPUB-Format stehen alle Funktionen des E-Book-Readers zur Verfügung, wie unter anderem die Volltextsuche, das Inhaltsverzeichnis, Notizen, die Einstellung der Schriftgröße. Im PDF-Format können Sie nur Lesezeichen setzen.

Gesundheit und Fitness

Ein Smartphone, das man immer bei sich hat, ist ideal dafür geeignet, Fitness- und Gesundheitsdaten zu erfassen. Samsung liefert auf dem Galaxy S6 die App *S Health* vorinstalliert mit, mit der man Fitnessziele festlegen und die erzielten Fortschritte überprüfen kann. Durch regelmäßiges Erfassen von Gesundheitsinformationen kann man seinen eigenen Gesundheitszustand im Blick behalten.

S Health beinhaltet einen Schrittzähler, der über den Bewegungssensor die gelaufenen Schritte mitzählt, wenn das Samsung Galaxy S6 in der Tasche steckt. Weitere Fitness- und Trainingsdaten können direkt in der App eingetragen werden. Zusätzlich besteht die Möglichkeit, Daten eines Fitnessarmbands automatisch zu erfassen oder die App mit einer Samsung Gear Smartwatch zu verbinden.

 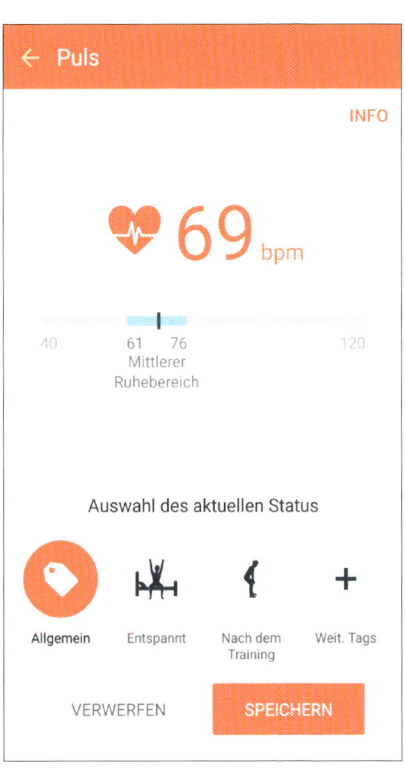

S Health mit Herzfrequenzmessung.

Im Samsung Galaxy S6 ist auf der Rückseite unterhalb der Kamera ein Herzfrequenzsensor eingebaut. Legen Sie einen Finger auf diesen Sensor und halten Sie das Smartphone möglichst ruhig, um einen genauen Wert zu messen. Die Messwerte werden automatisch in der App gespeichert und können jederzeit als Tabelle oder Grafik – wie die anderen Fitnessdaten auch – angezeigt werden.

Die App kann auch die täglich gegessenen Lebensmittel auswerten. Allerdings besteht die mitgelieferte Lebensmitteldatenbank vorrangig aus Fertiggerichten der großen Supermarktketten. Auch Nutella und Coca-Cola weit oben in den Favoritenlisten der Lebensmittelvorschläge lassen doch deutliche Zweifel an der Seriosität dieser Gesundheits-App aufkommen.

KAPITEL 9

Insidertipps zur Bedienung

Die Bedienung der TouchWiz-Oberfläche auf dem Samsung Galaxy S6 erfolgt weitgehend intuitiv, sodass man kaum etwas falsch machen kann. Aber natürlich gibt es einige Tricks, auf die man nicht sofort kommt, zumal Samsung die Oberfläche gegenüber dem klassischen Android deutlich verändert hat.

Hintergrundbilder

Das Hintergrundbild des Bildschirms, sei es auf dem PC oder auf dem Smartphone, ist ein höchst emotionales Thema. Die einen vertreten äußerst vehement die Meinung, der Bildschirmhintergrund sei das Unwichtigste überhaupt, anderen liegt dieses Bild so am Herzen, dass es je nach Tageslaune ständig geändert werden muss.

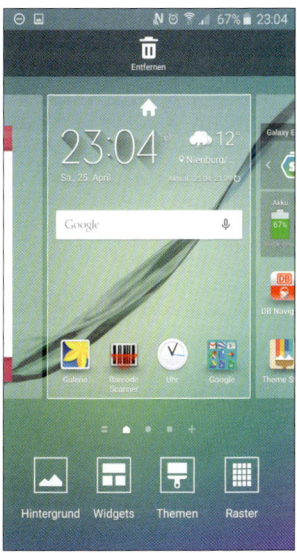
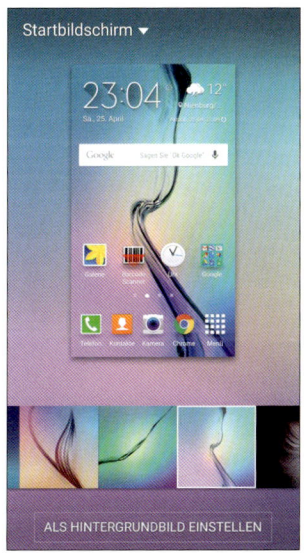

Mitgelieferte Hintergrundbilder auf dem Samsung Galaxy S6 auswählen.

Auf dem Samsung Galaxy S6 stehen einige vorinstallierte Hintergrundbilder zur Auswahl, aber wer möchte schon, dass sein Handy aussieht wie alle?

Tippen Sie etwas länger auf den Startbildschirm und dann auf das Symbol *Hintergrund*. Oben links legen Sie fest, ob das neue Hintergrundbild für den Startbildschirm oder den Sperrbildschirm verwendet werden soll. Wählen Sie dann in der Leiste am unteren Bildschirmrand ein Hintergrundbild aus und tippen Sie auf *Als Hintergrund einstellen*. Damit wird es automatisch als Hintergrundbild übernommen.

Eigene Hintergrundbilder aus der Galerie

Noch wesentlich persönlicher ist ein eigenes selbst fotografiertes Hintergrundbild auf dem Smartphone. Wählen Sie dazu bei den Hintergrundbildern ganz links das Symbol *Aus Galerie*. Jetzt werden alle auf dem Smartphone gespeicherten Fotos angezeigt. Wählen Sie das gewünschte Foto aus. Die meisten Fotos haben ein anderes Seitenverhältnis, als für das Hintergrundbild benötigt wird. Wählen Sie den passenden Bildausschnitt, indem Sie das Bild einfach waagerecht verschieben. Jetzt brauchen Sie nur noch auf *Fertig* zu tippen und das Foto wird als Hintergrund auf dem Startbildschirm übernommen.

Foto aus der Galerie als Hintergrundbild verwenden.

Betrachten Sie gerade Fotos in der Galerie und finden dabei eines, das Sie gerne jeden Tag als Bildschirmhintergrund sehen möchten, brauchen Sie nicht den Umweg über den Startbildschirm zu gehen. Tippen Sie oben rechts auf *Mehr* und wählen Sie den Menüpunkt *Als Hintergrundbild festlegen*.

In der Auswahlliste können Sie den *Startbildschirm*, den *Sperrbildschirm* oder gleich beide wählen. Auch hier haben Sie noch die Möglichkeit, den Bildausschnitt durch Verschieben zu wählen.

Neue Bildschirmthemen

Über Bildschirmthemen lässt sich die Oberfläche des Samsung Galaxy S6 noch stärker verändern als nur über Hintergrundbilder. Themen verändern Farben, Symbole und Schriftarten und wirken sich nicht nur auf den Startbildschirm und die Apps-Liste aus, sondern auch auf einige der vorinstallierten Samsung-Apps.

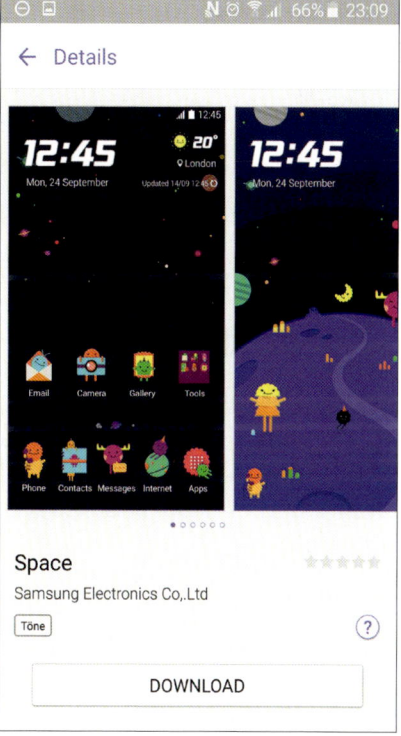

Bildschirmthemen auswählen und herunterladen.

Tippen Sie etwas länger auf den Startbildschirm und dann auf das Symbol *Themen*. Hier werden zunächst nur ein paar wenige Themen angezeigt. Tippen Sie oben rechts auf *Store*, können weitere Themen heruntergeladen werden.

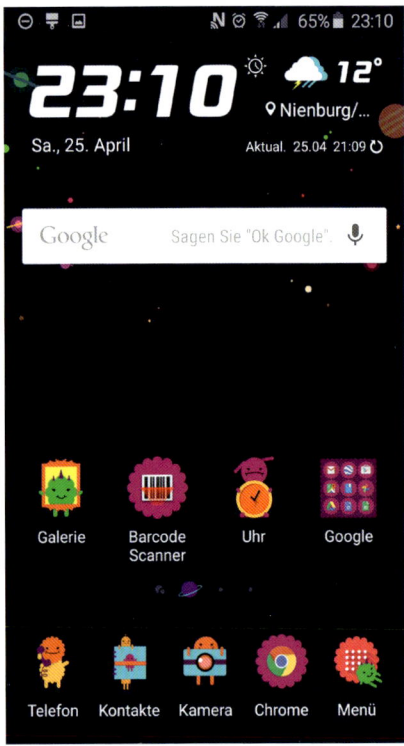 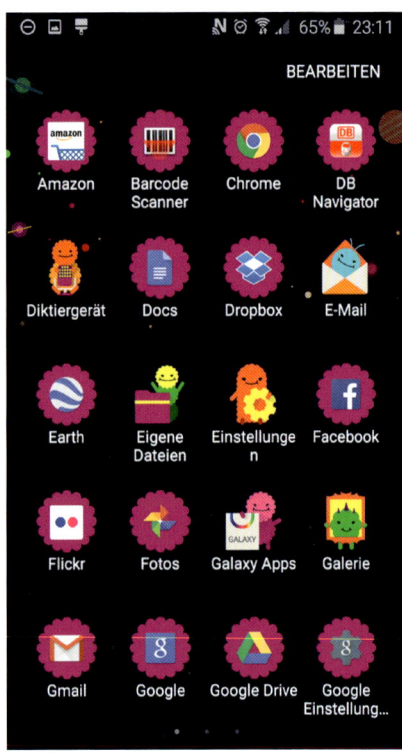

Alle Apps mit einem neuen Symbol werden durch das ausgewählte Thema verändert.

Widgets für schnelle und persönliche Infos

Widgets sind kleine interaktive Elemente, die bestimmte Informationen oder Daten zum schnellen Zugriff auf den Startbildschirm bringen. Android liefert eine Liste nützlicher Widgets bereits mit. Viele Apps installieren weitere Widgets, wie zum Beispiel Facebook, Twitter, diverse Wetter-Apps oder Google+.

Widgets auf den Startbildschirm legen

Tippen Sie länger auf den Startbildschirm und dann auf das Symbol *Widgets*. Jetzt erscheint eine mehrere Bildschirmseiten lange Liste von Widgets. Um ein Widget auf den Startbildschirm zu bringen, ziehen Sie es einfach wie eine App aus der Liste heraus und platzieren es an der gewünschten Stelle auf einem der Startbildschirme. Bei jedem Widget ist die Größe in Rastereinheiten angezeigt, die dieses Widget belegt. Eine Rastereinheit entspricht der Größe eines App-Symbols.

Einige Widgets sind in verschiedenen Größen verfügbar, manche lassen sich auch interaktiv in der Größe verändern. Je nach freiem Platz auf dem Startbildschirm können Sie bei einigen Widgets unterschiedlich viele Informationen anzeigen lassen.

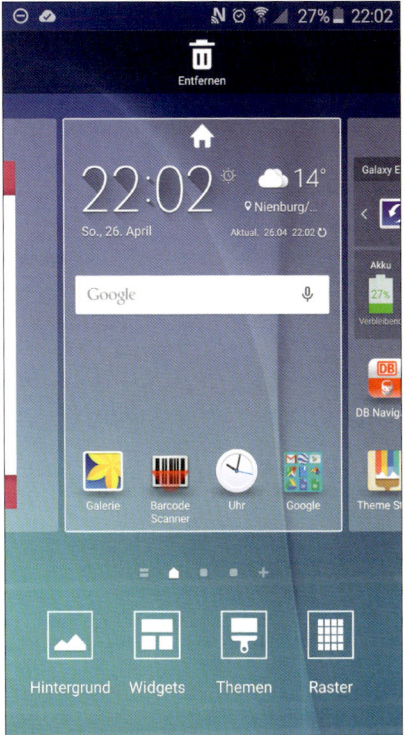 

Widgets auf den Startbildschirm legen.

Rastergröße ändern

Um mehr App-Symbole gleichzeitig auf dem Startbildschirm zu sehen, können Sie die dort verwendete Rastergröße ändern. Tippen Sie länger auf den Startbildschirm und dann auf das Symbol *Raster*.

Jetzt können Sie zwischen drei Rastergrößen wählen, die statt der üblichen maximal 16 App-Symbole 20 oder gar 25 darstellen können. Diese Einstellung wirkt sich nur auf die Startbildschirmseiten aus, nicht auf die Apps-Liste.

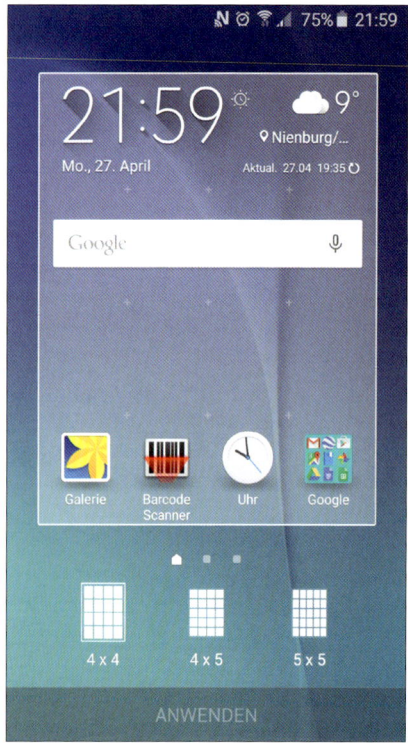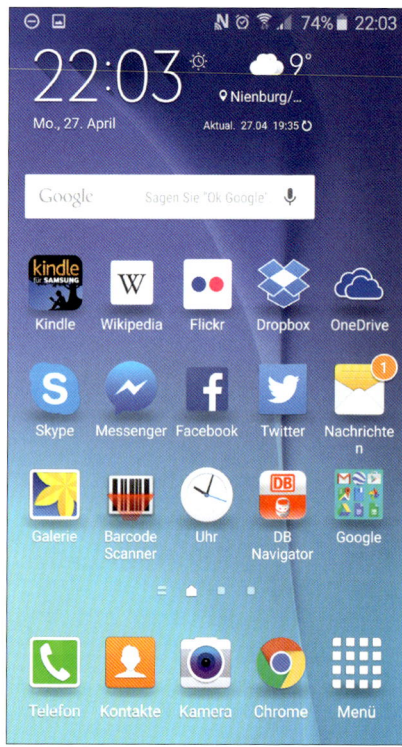

Raster des Startbildschirms ändern.

Tipps zur schnellen Texteingabe

Anstatt auf der Bildschirmtastatur einen Text einzutippen, bietet das Samsung Galaxy S6 noch weitere Texteingabemethoden an.

Wischen statt tippen

Nach einer gewissen Eingewöhnungszeit schreibt man mit Wischbewegungen auf der Tastatur noch viel schneller, als jeden Buchstaben einzeln anzutippen. Tippen Sie auf der Tastatur unten links auf das Zahnradsymbol, tippen Sie auf dem nächsten Bildschirm auf *Tastatur wischen* und schalten dann die *Durchgehende Eingabe* ein.

Schreiben Sie jetzt ein Wort, indem Sie den ersten Buchstaben antippen, dann den Finger auf der Tastatur lassen und einfach von Buchstabe zu Buchstabe wischen. Die Texterkennung erkennt meist recht schnell das gewünschte Wort, selbst wenn Sie die Buchstabentasten nicht genau treffen, sodass Sie längst nicht alle Wörter zu Ende schreiben müssen.

- Zur Eingabe eines doppelten Buchstabens wischen Sie mit dem Finger auf der Taste kurz hin und her oder verlassen sich auf die Texterkennung, die viele Wörter auch erkennt, wenn doppelte Buchstaben nur einfach geschrieben werden.

- Am Ende eines Wortes wird automatisch ein Leerzeichen eingefügt.

- Zur Eingabe von Großbuchstaben am Wortanfang brauchen Sie keine ⇧-Taste mehr. Tippen Sie auf den ersten Buchstaben, wischen Sie kurz aus dem Tastaturfeld in den oberen Bildschirmbereich und dann, ohne abzusetzen, auf den nächsten Buchstaben.

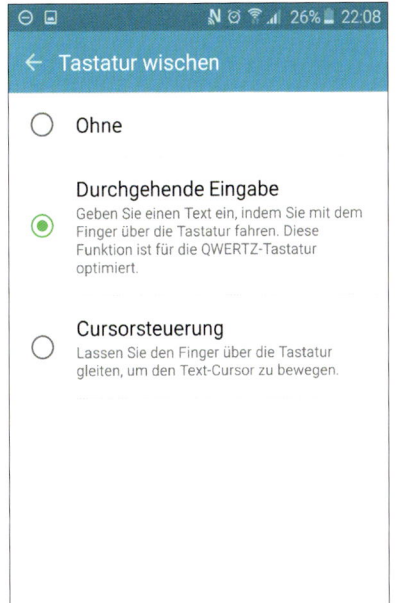
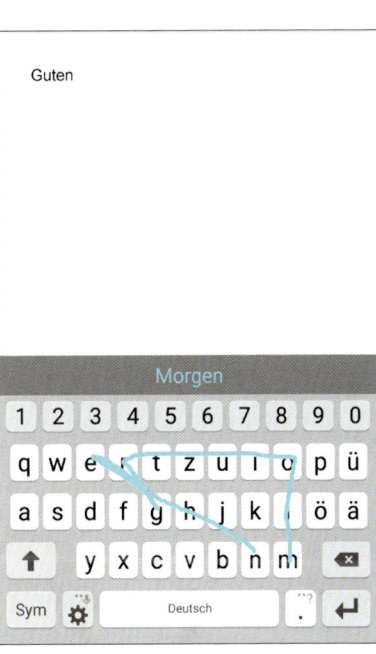

Mit durchgehender Eingabe schreibt es sich schneller.

Einfachere Cursorsteuerung zum Markieren

Oftmals ist es schwierig, den Anfangspunkt richtig zu setzen, um einen Textbereich genau zu markieren. Zu leicht trifft man mit dem Cursor daneben. Das Samsung Galaxy S6 hat zwar auf der Tastatur keine Cursortasten wie manche andere Android-Smartphones, bietet aber eine komfortable Möglichkeit, über Wischbewegungen auf der Tastatur den Cursor zu versetzen.

Schalten Sie in den Tastatureinstellungen unter *Tastatur wischen* die *Cursorsteuerung* ein. Wischen Sie dann mit dem Finger über die Tastatur, um den Cursor genau zu positionieren. Natürlich lässt sich diese Art der Cursorsteuerung nicht nutzen, wenn die *Durchgehende Eingabe* verwendet wird.

Handytastatur wie früher

Auf klassischen Handys mit Zifferntastatur gibt es wahre Künstler, was das schnelle – und oft auch fehlerfreie – Tippen von SMS-Texten angeht. Jede Zifferntaste war damals mit drei bis vier Buchstaben belegt. Mithilfe der Texterkennung T9 (Text mit 9 Tasten) brauchte trotzdem jede Taste nur einmal gedrückt zu werden, die passenden Wörter wurden automatisch erkannt. Ein bestimmtes der vier Zeichen gibt man an der Worterkennung vorbei durch langes Antippen einer Taste ein. Auf die gleiche Weise werden auch Umlaute eingegeben.

Für diese Schnelltipper bietet das Samsung Galaxy S6 anstelle der typischen QWERTZ-Computertastatur auch eine T9-Handytastatur an, die zusätzlich den Vorteil deutlich größerer Tasten hat.

Tippen Sie auf der Tastatur unten links auf das Zahnradsymbol und schalten Sie auf dem nächsten Bildschirm bei *Eingabesprachen/Deutsch* von *Deutsche Tastatur* auf *3x4-Tastatur* um. Jetzt wird die Zifferntastatur jedes Mal automatisch angezeigt, wenn man in ein Texteingabefeld tippt. Mit der Taste 123 Sym kommt man zur Eingabe von Sonderzeichen kurzfristig zurück zur QWERTZ-Tastatur.

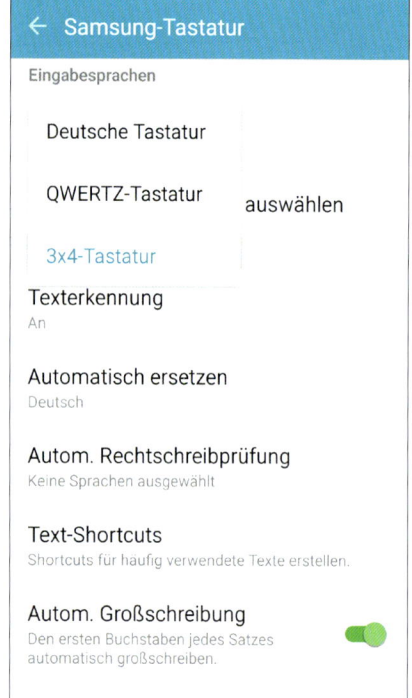 

Die Zifferntastatur als Alternative zur Standardtastatur.

Verbesserungen der TouchWiz-Oberfläche

Die TouchWiz-Oberfläche war auf früheren Samsung-Smartphones bei vielen Nutzern unbeliebt. Sie galt als träge und mit unnützen Funktionen überfrachtet. Samsung hat die Benutzeroberfläche auf dem Samsung Galaxy S6 deutlich schlanker gestaltet und wenig gebrauchte Funktionen weggelassen. Einige davon werden jetzt über *Galaxy Apps* zum nachträglichen Download angeboten. Gegenüber der Standard-Android-Oberfläche bietet TouchWiz einiges an zusätzlichem Bedienkomfort.

S Finder

Der *S Finder* bietet eine globale Suchfunktion auf dem Smartphone. Damit finden Sie Kontakte, Apps, besuchte Webseiten, Dokumente und vieles mehr. Ziehen Sie die Benachrichtigungsleiste nach unten und tippen Sie auf das Symbol *S Finder*. Geben Sie jetzt einen Suchbegriff

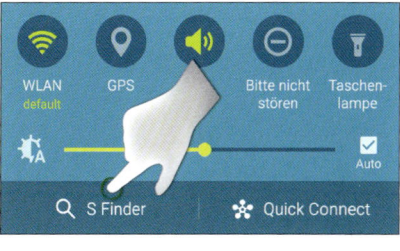

ein. Schon während des Tippens werden mögliche Ergebnisse angeboten.

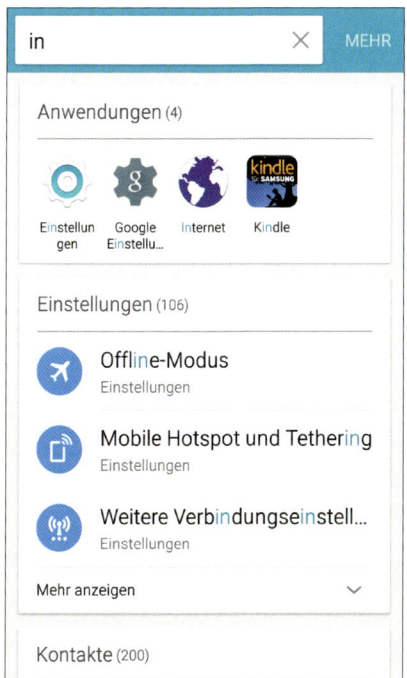

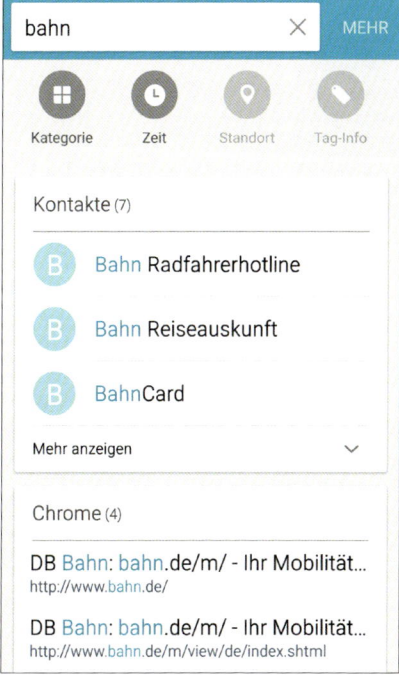

Suche mit dem S Finder.

Der *S Finder* sucht nicht bei Google, sondern lokale Inhalte auf dem Smartphone. Webseiten werden über gespeicherte Lesezeichen oder den Browserverlauf gefunden. Über die Filtersymbole ganz oben können Sie die Suchergebnisse nach Kategorien filtern, um das Gesuchte besser zu finden.

Neue Einstellungen mit Suchfunktion

Die *Einstellungen* wurden in Android 5 Lollipop auf dem Samsung Galaxy S6 grundlegend überarbeitet und übersichtlicher gestaltet. Ziehen Sie die Benachrichtigungsleiste vom oberen Bildschirmrand herunter und tippen Sie oben rechts auf das *Einstellungen*-Symbol.

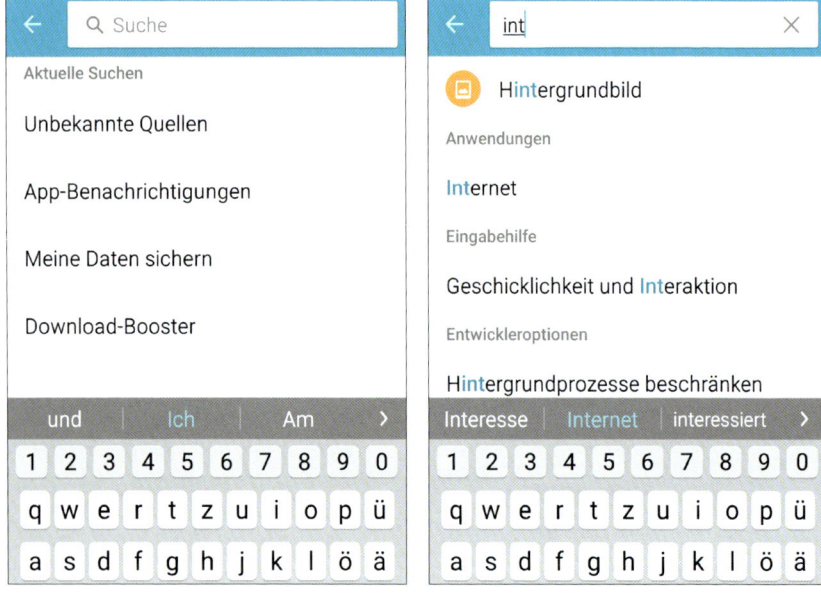

In den Einstellungen suchen.

Nicht immer ist es ganz einfach, eine bestimmte Einstellung innerhalb der verschachtelten Struktur zu finden. Auf dem Hauptbildschirm der *Einstellungen* finden Sie oben rechts das Symbol *Suche*. Tippen Sie darauf, können Sie einen Suchbegriff eingeben. Schon während der Eingabe werden passende Einstellungen vorgeschlagen.

Wichtige Einstellungen ganz oben

Der Startbildschirm der *Einstellungen* zeigt standardmäßig oben sechs Symbole zum Schnellzugriff auf häufig benötigte Einstellungen. Tippen Sie oben rechts auf *Bearbeiten*, können Sie selbst festlegen, welche Einstellungen hier zu sehen sein sollen.

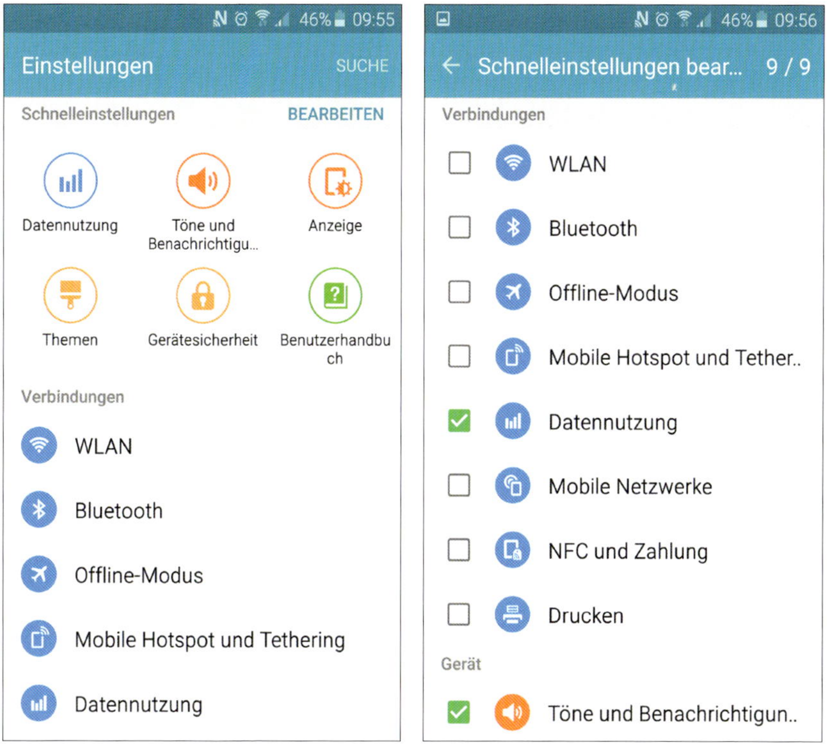

Schnelleinstellungen auf dem Einstellungen-Bildschirm anpassen.

Geräteoptionen über die Einschalttaste

Vor der Smartphone-Ära boten alte Handys bei längerem Drücken der Einschalttaste die Möglichkeit, Profile auszuwählen, um zum Beispiel das Handy lautlos zu stellen oder den Offline-Modus zu aktivieren. Samsung hat diese nützliche Funktion auch bei Android eingebaut.

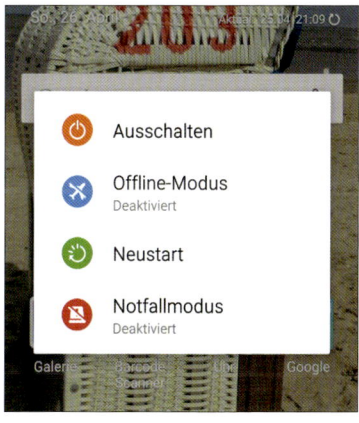

Drücken Sie länger auf die Einschalttaste, können Sie das Samsung Galaxy S6 nicht nur ausschalten oder neu starten, sondern auch in den Offline-Modus oder Notfallmodus versetzen.

Geräteoptionen beim Drücken der Einschalttaste.

Der Offline-Modus schaltet alle Funkverbindungen des Handys ab. Das gilt für Telefon, WLAN und auch Bluetooth. Der Offline-Modus wird mit einem Flugzeugsymbol in der Statusleiste dargestellt und oft auch als Flugmodus bezeichnet, da man ihn überall dort verwenden kann, wo die Nutzung von Handys nicht zulässig ist, wie zum Beispiel in wissenschaftlichen Labors, Krankenhäusern oder eben in Flugzeugen.

Das Smartphone kann im Offline-Modus weiterhin als Terminkalender, Uhr, E-Book oder Taschenrechner genutzt werden. Nur Apps, die eine Onlineverbindung benötigen, funktionieren nicht.

Der Offline-Modus kann auch über ein Symbol in der erweiterten Benachrichtigungsleiste aktiviert werden.

Download-Booster

Das Samsung Galaxy S6 unterstützt drahtlose Internetverbindungen über LTE, die schneller sind als manche WLAN-Verbindung. Normalerweise wird die Mobilfunkdatenverbindung getrennt, wenn sich das Handy im WLAN befindet. Mit dem Download-Booster können Sie über 30 MByte große Dateien schneller herunterladen, wenn Sie WLAN und LTE gleichzeitig nutzen. Allerdings wird das verbrauchte Datenvolumen dann auch auf Ihre LTE-Flatrate angerechnet.

Der Download-Booster kann in den *Einstellungen* unter *Verbindungen/Weitere Verbindungseinstellungen/Download-Booster* jederzeit ein- und ausgeschaltet werden. Wenn diese Funktion aktiviert ist, nutzen auch alle Apps, die auf *Nur über WLAN herunterladen* eingestellt sind, WLAN und LTE gleichzeitig. Das gilt jedoch nicht für Downloads aus Google Play oder dem Samsung Apps Store.

Der Smart Manager

Der *Smart Manager* ist eine neue App, die auf dem Samsung Galaxy S6 vorinstalliert ist und auf einen Blick eine Übersicht über den Akkuladestand sowie freien und verfügbaren Speicherplatz liefert. Zusätzlich sind Funktionen enthalten, die das Smartphone auf Malware und Phishing-Angriffe prüfen.

Akkuverbrauch anzeigen

Wie bei jedem batteriebetriebenen Gerät ist auch auf dem Samsung Galaxy S6 der Akku immer viel zu schnell leer. Bei keiner anderen Zahl in den Datenblättern oder der Werbung für Smartphones beweisen Hersteller so viel Fantasie wie bei Stand-by- und Gesprächszeiten. Angaben von mehreren Hundert Stunden können nur unter extremen Laborbedingungen gelten, wenn optimaler Netzempfang besteht und keine einzige App sich im Hintergrund Daten holt. Um im Alltag Laufzeiten von mehr als einem Tag zu erreichen, ist bewusstes Akkusparen mit den richtigen Einstellungen wichtig.

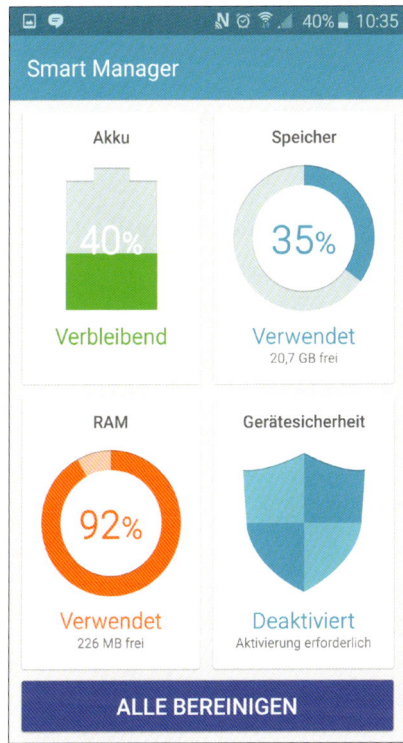 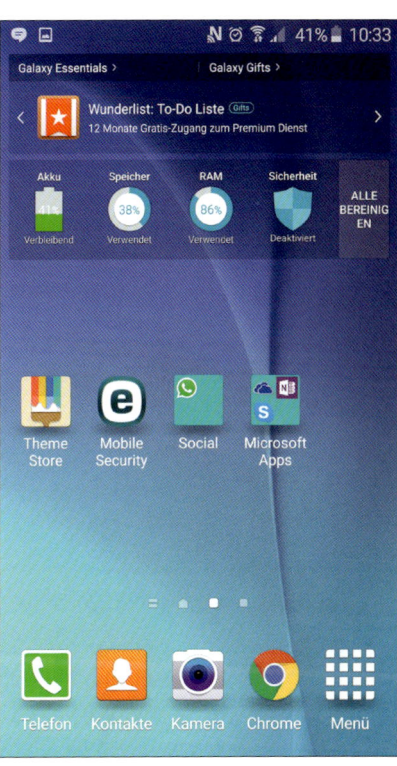

Der Smart Manager lässt sich auch über ein vorinstalliertes Widget starten, das die Daten direkt auf dem Startbildschirm zeigt.

Der *Smart Manager* zeigt sehr detailliert an, welche Apps oder Systemkomponenten den Akku leer saugen. Neben den großen Stromfressern GPS, Bluetooth und WLAN sorgen auch die Hintergrundbeleuchtung sowie einige Apps mit viel Hintergrundaktivität, wie zum Beispiel Live-Hintergründe, dafür, dass der Akku nicht so lange hält wie erwartet.

Auf diese Weise lassen sich Stromfresser gezielt abschalten oder betreffende Apps bei Akkuknappheit nicht mehr nutzen. Neu in Android 5 Lollipop ist die Vorhersage, wie lange es noch dauern wird, bis der Akku voraussichtlich wieder voll aufgeladen ist. Sie finden diese Anzeige zusätzlich auch in den *Einstellungen* unter *Akku*.

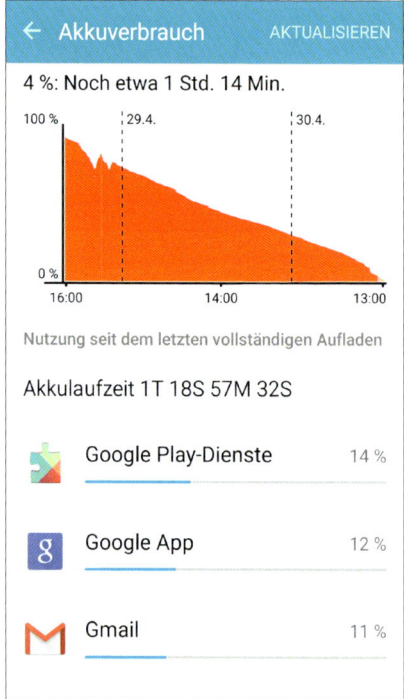

Anzeige der Komponenten, die den meisten Strom verbrauchen.

Tipps für sparsamen Akkuverbrauch

▪ Wenn Sie sich außerhalb eines WLANs befinden, schalten Sie die WLAN-Funktion aus. Wer nicht immer daran denken will, WLAN ein- und auszuschalten, sollte zumindest in den WLAN-Einstellungen den Schalter *WLAN immer erlauben* ausschalten.

▪ Der Flugmodus spart noch mehr Strom.

▪ Schließen Sie die App *Maps* und andere Karten-Apps, wenn Sie sie nicht nutzen. Laufen diese Apps im Hintergrund, verwenden sie GPS und verbrauchen somit mehr Strom.

▪ Verringern Sie die Bildschirmhelligkeit. Ziehen Sie dazu die Benachrichtigungsleiste herunter und schieben Sie den Helligkeitsregler ein Stück nach links.

▪ Schalten Sie die automatische Synchronisation in den Einstellungen des Google-Kontos für alle Dienste ab, die Sie nicht so oft benötigen. Das spart Strom, allerdings zulasten des Komforts, da Sie jetzt die Datensynchronisierung manuell vornehmen müssen.

▪ Laden Sie größere Dateien, vor allem System-Updates nur herunter, wenn das Smartphone an die Stromversorgung angeschlossen ist.

Speicherauslastung optimieren

Der *Smart Manager* bietet zwei Speicheranzeigen, die grundsätzlich unterschiedliche Daten anzeigen:

- **Speicher** – gespeicherte Dateien im Gerätespeicher, Apps, Bilder, Musik, zwischengespeicherte Dateien.
- **RAM** – Speicherauslastung des Arbeitsspeichers durch laufende Apps.

Im Bereich *Speicher* können Sie sich detailliert anzeigen lassen, welche Arten von Dateien wie viel Platz im Benutzerspeicher verbrauchen. Die Schaltfläche *Löschen* löscht nur den Cache und Temporärdateien. Hier gehen keine persönlichen Daten verloren. Allerdings ist der Speicherplatzgewinn im Verhältnis zum Gesamtspeicher auch sehr gering. Deutlich mehr bringt es, in regelmäßigen Abständen nicht mehr benötigte große Dateien wie z. B. Videos über den Dateimanager zu löschen.

Speicheranzeige im Smart Manager.

Von Apps belegten Arbeitsspeicher freigeben zu können, hört sich auf den ersten Blick gut an und wird von Samsung auch werbewirksam vermarktet, bringt aber kaum etwas. Beim Beenden von Apps wird der Speicher kurzfristig freigegeben, Apps mit Hintergrundaktivitäten starten aber gleich danach automatisch wieder neu und belegen den Speicherplatz wieder. Die einzige

erkennbare Wirkung ist ein deutlich erhöhter Akkuverbrauch durch den Neu-
start der Apps und die vermehrten Schreibzugriffe auf das RAM.

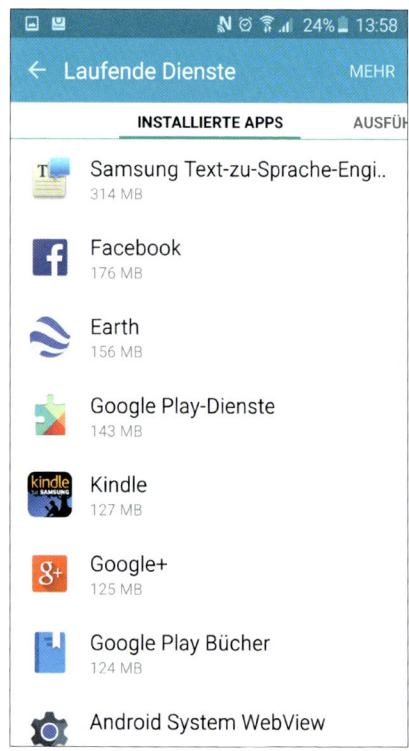

Laufende Apps im Smart Manager anzeigen.

Ganz uninteressant ist diese Funktion der Smart-Manager-App aber nicht.
Tippen Sie auf *Detail* und wechseln Sie auf die Seite *Installierte Apps*, werden
alle Apps und ihr aktueller Speicherbedarf im Gerätespeicher angezeigt. Über
die Option *Mehr* rechts oben können Sie die Apps nach der Größe sortieren
und so Speicherfresser finden und die, die Sie nicht wirklich benötigen, direkt
deinstallieren.

Der Energiesparmodus

Um Akku zu sparen, kann auf dem Samsung Galaxy S6 ein Energiesparmodus eingerichtet werden, bei dem je nach persönlichem
Nutzerverhalten bestimmte Funktionen abgeschaltet werden.

Tippen Sie lange auf das Symbol *Energie sparen* in der erweiterten
Benachrichtigungsleiste oder auf *Energiesparmodus* in den *Einstellungen* unter *Akku*, um den Energiesparmodus einzurichten.

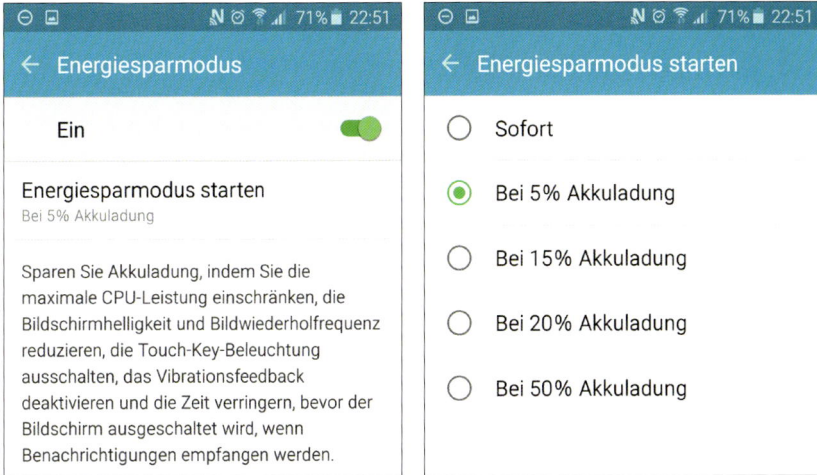

Einstellungen für den Energiesparmodus.

Im Energiesparmodus wird die maximale CPU-Leistung eingeschränkt, die Bildschirmhelligkeit und Bildwiederholfrequenz werden herabgesetzt, die Touchtastenbeleuchtung sowie Vibrationsrückmeldung werden ganz abgeschaltet.

Sie können den Energiesparmodus manuell ein- und ausschalten oder auch festlegen, dass dieser bei schwacher Akkukapazität automatisch aktiviert wird. Sowie das Samsung Galaxy S6 an ein Ladegerät angeschlossen wird, wird der Energiesparmodus wieder deaktiviert. Die App *Smart Manager* schätzt die Zeit, wie lange das Smartphone im Energiesparmodus noch genutzt werden kann. Allerdings ist diese Schätzung sehr ungenau und zeigt oft eine nur unwesentlich längere Laufzeit als im normalen Modus.

Der Ultra-Energiesparmodus

Das Samsung Galaxy S6 bietet einen sogenannten Ultra-Energiesparmodus an, mit dem Sie noch einige Stunden erreichbar sind, selbst wenn der Akku schon fast leer ist. In diesem Modus zeigt der Startbildschirm nur noch Graustufen in einer stark vereinfachten Darstellung, die mobile Datenverbindung wird ausgeschaltet,  solange der Bildschirm aus ist, und WLAN sowie Bluetooth werden komplett deaktiviert. Weiterhin wird die Nutzung auf wenige vorher ausgewählte Apps begrenzt, um im Hintergrund laufende Stromfresser zu deaktivieren.

Der *Ultra-Energiesparmodus* kann über ein Symbol in der erweiterten Benachrichtigungsleiste oder in den *Einstellungen* unter *Akku* aktiviert werden. Beim Antippen dieses Symbols werden zunächst die Akkuladung und die geschätzte maximal mögliche Stand-by-Zeit im Ultra-Energiesparmodus angezeigt.

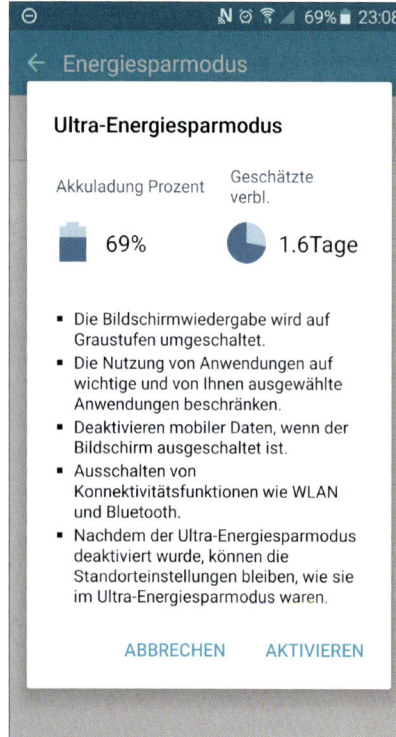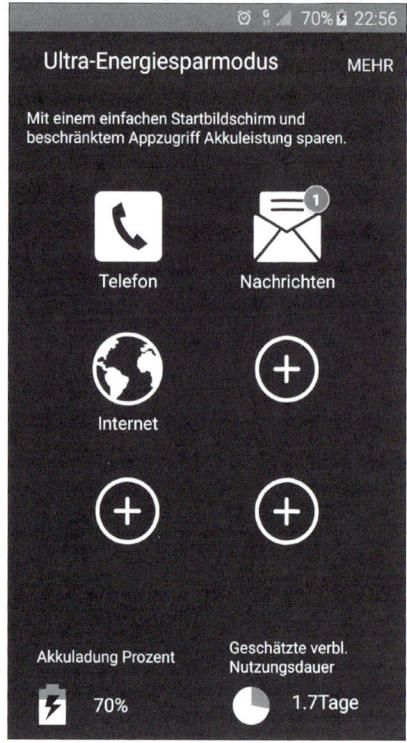

Der Ultra-Energiesparmodus.

Im Ultra-Energiesparmodus kann das Smartphone auch bei geringer Akkukapazität noch mehrere Stunden eingeschränkt verwendet werden. In den
Einstellungen können Sie Netzwerkverbindungen und die Bildschirmhelligkeit
begrenzen, um noch weiter Strom zu sparen.

Der schlanke Startbildschirm ist extrem stromsparend gestaltet. Tippen Sie
auf eines der Plussymbole, um weitere Apps zuzulassen. Hier werden nur
wichtige Apps angeboten, die zur Kommunikation nötig sein könnten, sowie
Memo, Rechner und Uhr, die keine Internetverbindung brauchen und damit
sehr stromsparend laufen.

Der Notfallmodus

Ich wünsche keinem, in einen derartigen Notfall zu geraten und möglicherweise tagelang auf das Handy angewiesen zu sein, ohne die Möglichkeit zu
haben, an eine Steckdose zu kommen. Manövrierunfähig auf See oder ver-
letzt in einer unwegsamen Gegend kann ein Handy lebensrettend sein – nur
halten die Akkus heutiger Smartphones im Fall der Fälle oft nicht mal mehr
einen Tag.

Samsung hat dieses Problem erkannt und einen eigenen Notfallmodus in das Samsung Galaxy S6 eingebaut. Der Notfallmodus kombiniert die Akkusparfunktionen des Ultra-Energiesparmodus mit wichtigen Funktionen, die in einem Notfall lebensrettend sein können und die man unter Stress auf dem Smartphone nur mühsam findet.

Wenn Sie in einen Notfall geraten, drücken Sie länger auf den Ausschalter des Samsung Galaxy S6. Auf diesem Bildschirm kann der *Notfallmodus* aktiviert werden.

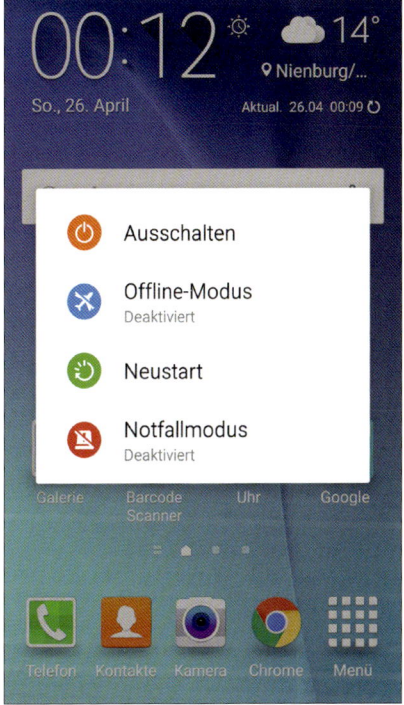 

Notfallmodus aktivieren.

Der Notfallmodus zeigt einen äußerst stromsparenden Schwarz-Weiß-Bildschirm und schaltet WLAN, Bluetooth und andere Stromfresser aus. Solange der Bildschirm ausgeschaltet ist, wird auch sämtlicher Datenverkehr im Hintergrund deaktiviert.

Notruf

Probieren Sie den Notfallmodus einmal in Ruhe aus, damit er in einem tatsächlichen Notfall vertraut ist, aber tippen Sie auf keinen Fall zum Ausprobieren auf das Notrufsymbol. Hier wird ein echter Notruf ausgelöst!

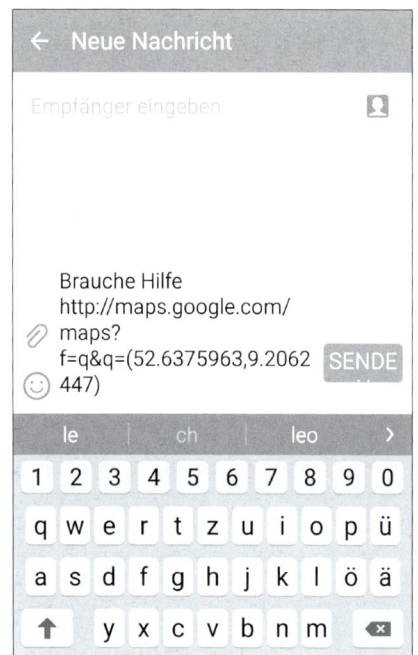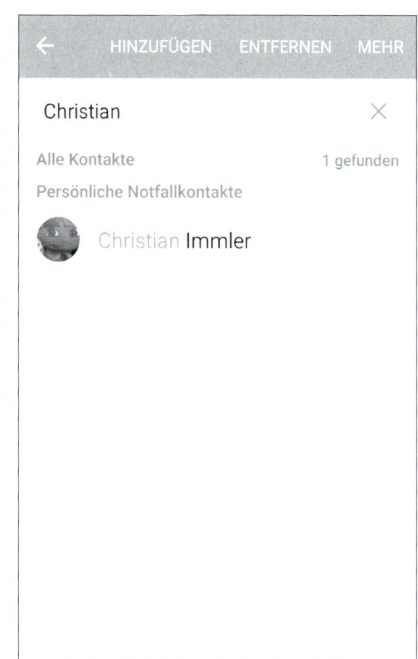

Hilfenachricht und persönliche Notfallkontakte im Notfallmodus.

Der Startbildschirm im Notfallmodus gleicht weitgehend dem Ultra-Energie-sparmodus und zeigt unten jederzeit die verbleibende Akkukapazität sowie die geschätzte Stand-by-Zeit an. Wichtige Funktionen für den Notfall sind bereits auf dem Startbildschirm angeordnet.

▪ Die *Taschenlampe* schaltet die Foto-LED ein. Diese sollte allerdings mit Bedacht verwendet werden, da sie relativ viel Strom verbraucht.

▪ Der *Notfallalarm* lässt eine laute Sirene ertönen, mit der man sich in einer unübersichtlichen Umgebung, wie zum Beispiel nach einem Erdbeben, Brand oder Hochwasser, den Hilfskräften bemerkbar machen kann.

▪ Das Symbol *Eigener Standort* sendet eine SMS mit den Google-Maps-Koordinaten des eigenen Standorts an vorher festgelegte Notfallkontakte. Hier können Sie auch selbst noch andere Personen auswählen, die diese SMS bekommen sollen.

▪ Über das Pluszeichen können Sie eine weitere App auf den Startbildschirm bringen. Hier werden nur Apps angeboten, die im Notfall wichtig sein könnten, unter anderem Google Maps oder Facebook.

Legen Sie über das Menü *Mehr* die wichtigsten Kontakte fest, die die Standortnachricht im Notfall durch einfaches Antippen bekommen, ohne dass Sie extra noch Kontakte auszuwählen brauchen.

SOS-Nachrichten

Wenn Sie in den *Einstellungen* unter *Datenschutz & Sicherheit* die Option *SOS-Nachrichten senden* aktivieren, können Sie, indem Sie schnell dreimal hintereinander auf den Ein-/Ausschalter drücken, automatisch einen Hilferuf an wichtige Kontaktpersonen senden. Dies funktioniert auch im Normalmodus. Dazu muss nicht eigens der Notfallmodus aktiviert sein. Diese Hilfenachricht kann auch Bild- und Tonaufnahmen enthalten. Dazu werden automatisch Kamera und Mikrofon aktiviert.

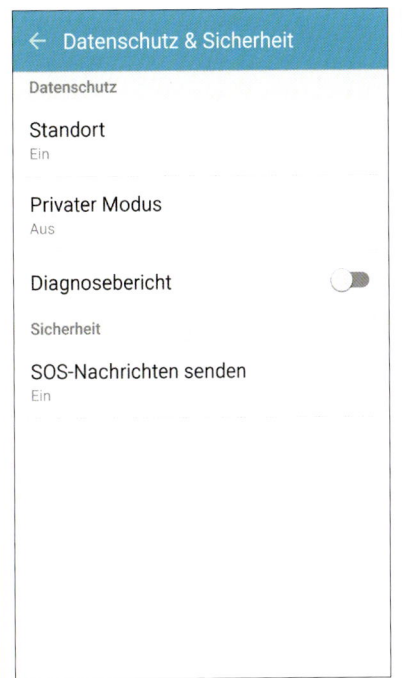
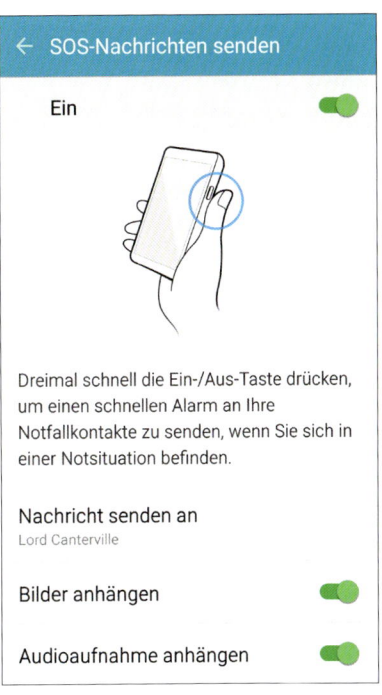

Einstellungen für SOS-Nachrichten.

Die SOS-Nachrichten sind kein Ersatz für einen Notruf an eine Notrufzentrale. Sie dienen nur dazu, eine vertraute Person über die eigene Notlage zu informieren. Diese Person kann dann weitere Hilfsmaßnahmen einleiten.

Gesten- und Bewegungssteuerung

Das Samsung Galaxy S6 lässt sich nicht nur über den Touchscreen steuern, sondern auch mit verschiedenen Bewegungsgesten. Je nach persönlichen Vorlieben schalten Sie nur bestimmte Steuerungsmöglichkeiten ein oder aus. Ungewohnte Steuermechanismen können leicht zu unbeabsichtigten Reaktionen des Gerätes führen.

Mit Gesten steuert man das Smartphone, ohne den Bildschirm zu berühren. Oberhalb des Bildschirms neben der LED befindet sich der Sensor für die Gestenerkennung. Gesten werden aus einer Entfernung von etwa 7 cm am besten erkannt. Bei größerem Abstand oder bei dunklen Handschuhen versagt die Gestenerkennung.

Tippen Sie in den *Einstellungen* unter *Bewegung* auf *Bewegungen und Gesten*, kommen Sie zum Einstellungsbildschirm, über den Sie einzelne Gesten aktivieren oder deaktivieren können.

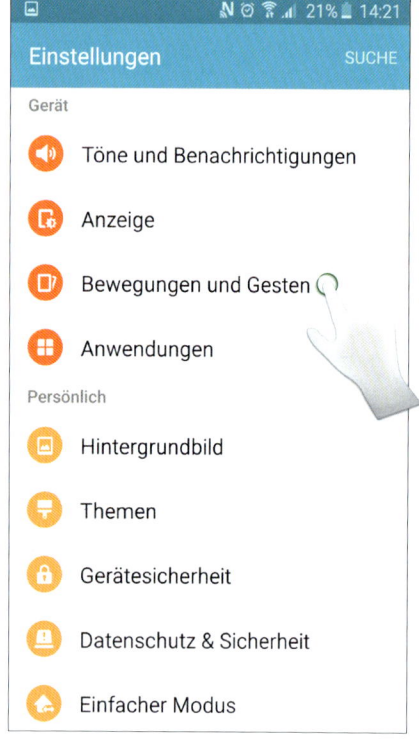
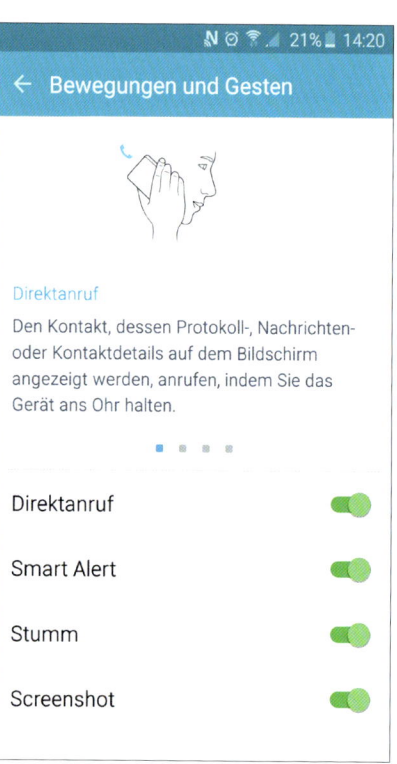

Einzelne Gesten ein- und ausschalten.

Direktanruf

Wird auf dem Bildschirm gerade eine Seite mit Kontaktdetails einer Person angezeigt, kann man diese Person direkt anrufen, indem man das Samsung Galaxy S6 ans Ohr hält. Haben Sie bei einer Person mehrere Telefonnummern eingetragen, wird die Standardnummer gewählt.

Tippen Sie in der Kontakte-App länger auf die gewünschte Telefonnummer einer Person. Hier erscheint ein Auswahlmenü.

Wählen Sie dort *Als Standard markieren*. Bei der Nummer wird ein blaues Häkchen angezeigt, das sie als Standard kennzeichnet.

Smart Alert

Lag das Gerät mit ausgeschaltetem Bildschirm auf dem Tisch, meldet sich ein Vibrationsalarm, wenn Sie Anrufe oder Nachrichten verpasst haben und Sie es das nächste Mal in die Hand nehmen.

Stumm

Klingelt das Telefon in einer unpassenden Situation, legen Sie es einfach mit dem Bildschirm nach unten auf den Tisch. Damit verstummt das Klingeln, ohne dass der Anrufer etwas davon bemerkt. Mit der gleichen Bewegung lassen sich auch Alarmtöne des Weckers und laufende Musik zum Schweigen bringen. Musik wird dabei nicht nur stumm geschaltet, sondern pausiert automatisch. Sie können später an der gleichen Stelle weiterhören.

Screenshot

Mit dieser Einstellung können Sie Screenshots des aktuellen Bildschirminhalts erstellen, indem Sie mit der Handkante quer über den Bildschirm streichen.

Bildschirm drehen

Die automatische Bildschirmdrehung wird über ein Symbol in der erweiterten Symbolleiste ein- und ausgeschaltet. Drehen Sie das Gerät in die Waagerechte, dreht sich der Bildschirminhalt abhängig von der angezeigten App automatisch. Wer im Liegen auf dem Smartphone Texte liest, kennt das Problem, dass sich der Bildschirm oft ungewollt dreht, wenn die automatische Bildschirmdrehung aktiviert ist. Hier können Sie diese Funktion einfach ausschalten.

Smart Stay

Smart Stay in den *Einstellungen* unter *Anzeige* sorgt dafür, dass der Bildschirm sich nicht ausschaltet, solange man darauf blickt. Zur Augenerkennung wird die Frontkamera verwendet. Es muss also ausreichend Umgebungslicht vorhanden sein, damit die Option *Smart Stay* funktioniert. Auch diese Funktion lässt sich über ein Symbol in der erweiterten Benachrichtigungsleiste ein- und ausschalten.

Geste zur Aktivierung

Wenn das Samsung Galaxy S6 auf dem Tisch liegt und sich der Bildschirm automatisch ausgeschaltet hat, können Sie ihn mit einer Bewegung der flachen Hand über dem Annäherungssensor wieder einschalten. Schalten Sie dazu in den *Einstellungen* im Bereich *Persönlich* über das Symbol *Eingabehilfe/Geschicklichkeit und Interaktion* die *Geste Aktivierung* ein.

Sprachsteuerung S Voice

Steuerungsbefehle für häufig verwendete Apps lassen sich auf dem Samsung Galaxy S6 auch einfach sprechen – ganz ohne den Touchscreen zu verwenden. Tippen Sie dazu auf das Symbol *S Voice*.

Beim ersten Start von S Voice müssen Sie einen Aktivierungsbefehl einrichten, indem Sie diesen viermal sprechen. Dieser Aktivierungsbefehl aktiviert die Sprachsteuerung auch ohne einen Tastendruck. Standardmäßig wird der Weckbefehl *Hallo Galaxy* vorgeschlagen.

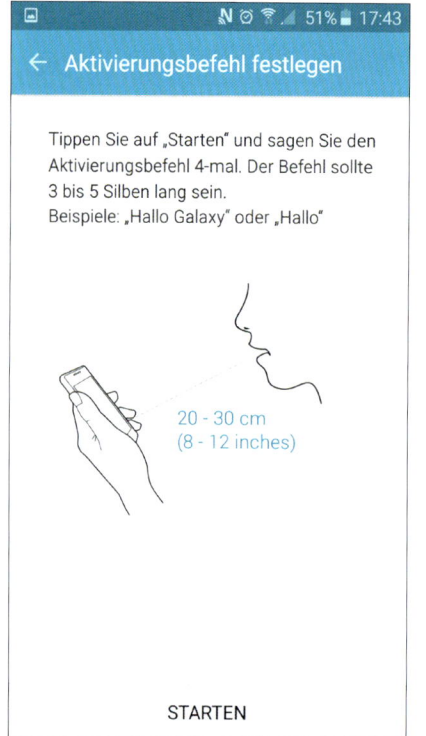
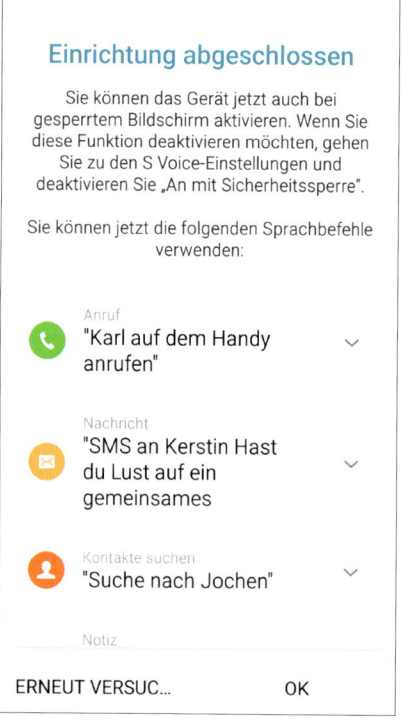

Die Sprachsteuerung S Voice einrichten.

Die Sprachsteuerung zeigt bei der Einrichtung am Anfang ein paar Beispielsätze, die Sie verwenden können. Sprechen Sie jetzt klar, deutlich und dialektfrei eine kurze Anweisung, was Sie tun möchten, z. B. *SMS an...*, *Neues Ereignis*, *Wie ist das Wetter heute*, *Browser öffnen*. Die Erkennung funktioniert relativ gut. Sollte eine Anweisung nicht erkannt werden, wird automatisch eine Suche nach dem erkannten Wort bei Google durchgeführt.

Nachdem Sie den Aktivierungsbefehl gesprochen haben, erscheint am unteren Bildschirmrand eine Leiste, die erkannte Geräusche zeigt. Über das Zahnradsymbol links kommen Sie in die *Einstellungen*, in denen Sie unter anderem die Sprache festlegen. Sollte hier etwas anderes als *Deutsch* ausgewählt sein, ist das der Grund, warum Ihre Anweisungen nicht erkannt werden.

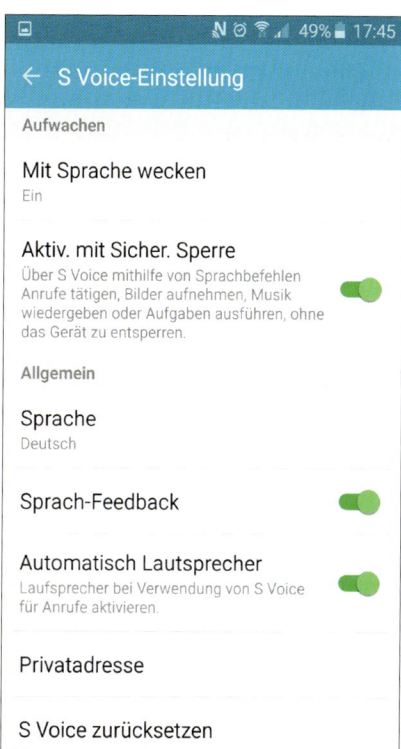

Die Sprachsteuerung S Voice in Aktion.

Da das ständige Warten auf den Aktivierungsbefehl viel Akkuleistung verbraucht, sollten Sie die Option *Mit Sprache wecken*, wenn Sie sie nicht wirklich nutzen, einfach deaktivieren. Über den Schalter *Aktiv. mit Sicher. Sperre* können Sie S Voice auch nutzen, wenn der Bildschirm gesperrt ist, ohne das Gerät mit der Hand entsperren zu müssen. Diese Option verbraucht allerdings noch mehr Strom.

Um einen Sprachbefehl zu wiederholen oder etwas anderes zu sagen, wenn ein Sprachbefehl nicht erkannt wurde, tippen Sie auf das Mikrofonsymbol. Die Leiste verschwindet automatisch, nachdem Sie einige Zeit nicht gesprochen haben.

Google Sprachsuche

Neben S Voice enthält das Samsung Galaxy S6 wie alle aktuellen Android-Smartphones auch noch eine Google-Sprachsuche, die im Wesentlichen zur Suche im Browser verwendet wird.

Das Google-Suchfeld auf dem Startbildschirm zeigt ganz rechts ein Mikrofonsymbol. Tippen Sie darauf und sprechen Sie den Suchbegriff ins Mikrofon. Google setzt das gesprochene Wort in Text um und sucht den Begriff. Dazu wird automatisch die Google-Suche geöffnet. Anstatt auf das Mikrofonsymbol zu tippen, können Sie die Sprachsuche auch aktivieren, indem Sie einfach *Ok Google* sagen.

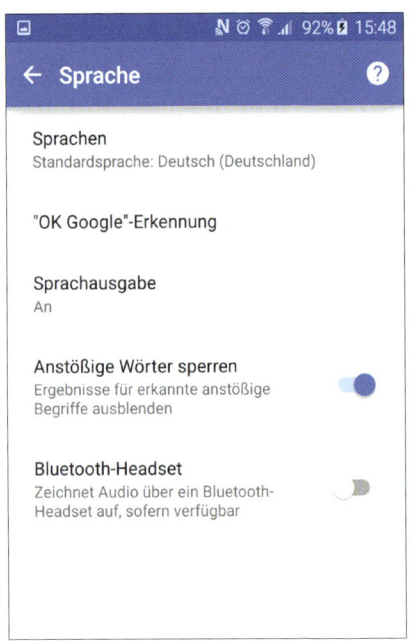

Sprachsuche und Einstellungen.

Die Einstellungen der Sprachsuche finden Sie in den Google-Einstellungen unter *Suche & Google Now/Sprache*. Achten Sie darauf, dass hier Deutsch als Sprache eingestellt ist, sonst wird die Sprachsuche alles fehlerhaft erkennen. Zusätzlich können Sie hier anstößige Wörter aus der Suche ausblenden.

> **Achtung Datenvolumen**
>
> Die Sprachsuche erfolgt bei Google wie auch bei S Voice nicht direkt auf dem Smartphone, sondern das gesprochene Wort wird als Audiodatei an einen Google-Server übertragen, wo die Auswertung stattfindet. Hier fällt erheblich mehr Datenvolumen an als bei der Eingabe eines Suchbegriffs mit der Bildschirmtastatur. Die gesprochenen Antworten stammen aus einer lokal installierten Sprachdatei.

Daten zwischen zwei Smartphones übertragen

Für die Verbindung zweier Geräte per WLAN braucht man üblicherweise einen Router, der unterwegs allerdings nicht überall vorhanden ist. Es gibt jedoch auch Möglichkeiten, Daten zwischen zwei Smartphones ohne Internetverbindung zu übertragen.

Daten per Bluetooth übertragen

Bluetooth ist eine drahtlose Übertragungstechnik mit einer Reichweite von wenigen Metern, mit der Sie Daten zwischen verschiedenen Geräten übertragen können. Fast alle Smartphones unterschiedlichster Betriebssysteme und selbst ältere Handys unterstützen Bluetooth. Per Bluetooth können Sie auch Daten auf PCs oder die Fotodruckautomaten in Drogerie- und Elektronikmärkten übertragen. Bei Bluetooth verwendet jedes Gerät einen eigenen Namen, unter dem es von anderen Geräten identifiziert werden kann. Damit sich die Geräte gegenseitig finden, müssen sie auf sichtbar geschaltet werden.

Da Bluetooth viel Strom frisst, empfiehlt es sich, es nur einzuschalten, wenn es wirklich benutzt wird. Ein Symbol in der erweiterten Benachrichtigungsleiste ermöglicht es, Bluetooth jederzeit ein- und wieder auszuschalten.

1. Um ein Foto oder eine andere Datei vom Samsung Galaxy S6 per Bluetooth auf ein anderes Handy zu übertragen, schalten Sie auf beiden Geräten Bluetooth ein und auf sichtbar.

2. Wählen Sie in der entsprechenden App das zu sendende Objekt, zum Beispiel ein Foto, und tippen Sie auf das *Teilen*- bzw. *Senden*-Symbol in der App. Wählen Sie hier *Bluetooth*.

3. Jetzt erscheint eine Liste der sichtbaren Geräte in der Nähe. Wählen Sie hier das Gerät aus, an das das Foto gesendet werden soll.

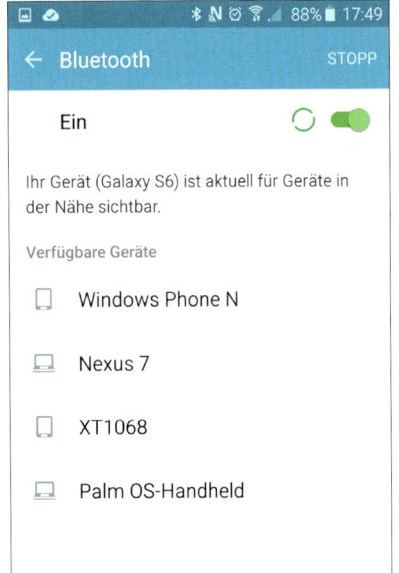 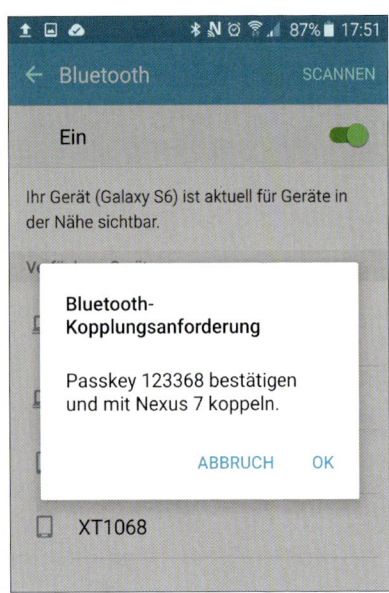

Bluetooth einschalten und Gerät koppeln.

4. Auf dem empfangenden Gerät müssen Sie die Annahme der Datei noch bestätigen. So wird verhindert, dass jemand unbemerkt per Bluetooth auf das eigene Smartphone zugreift.

Nach zwei Minuten wird das Smartphone aus Sicherheitsgründen automatisch wieder unsichtbar. Um zu verhindern, dass vertrauenswürdige Geräte vor jeder Datenübertragung wieder sichtbar geschaltet werden müssen, tippen Sie in der Liste auf das gewünschte Gerät und koppeln es.

Diese Kopplung muss auf beiden Geräten noch bestätigt werden, danach können Sie jederzeit eine Verbindung herstellen, auch wenn das andere Gerät nicht sichtbar ist. Bluetooth muss natürlich eingeschaltet sein, und der Empfang von Daten muss weiterhin bestätigt werden.

Daten per Quick Connect/Wi-Fi Direct übertragen

Wi-Fi Direct ist ein noch relativ neuer Standard zur Übertragung von Daten direkt zwischen zwei WLAN-fähigen Geräten, ohne dass ein Router dazwischengeschaltet ist. Wi-Fi Direct ist eine schnelle Alternative zum altbekannten Bluetooth, wird aber bis jetzt nur von wenigen Geräten unterstützt.

Da Wi-Fi Direct wie auch Bluetooth für viele Anwender immer noch umständlich zu bedienen ist, hat Samsung auf aktuellen Smartphones die Funktion *Quick Connect* eingeführt. Damit lassen sich Daten ganz einfach zwischen zwei Smartphones übertragen, ohne dass man sich Gedanken um die Übertragungstechnologie machen muss. *Quick Connect* überträgt wenn möglich über Wi-Fi Direct. Kann diese Verbindungsart zwischen den gewählten Geräten nicht genutzt werden, wird automatisch auf Bluetooth umgeschaltet.

1. Wählen Sie in einer App die zu übertragende Datei aus, zum Beispiel ein Foto in der Galerie oder einen Weblink im Browser.

2. Ziehen Sie dann die Benachrichtigungsleiste herunter und tippen Sie auf *Quick Connect.*

3. Legen Sie fest, ob das Samsung Galaxy S6 für andere Geräte unter *Quick Connect* immer sichtbar sein soll oder nicht. Immer sichtbar zu sein, hat den Vorteil, dass Sie *Quick Connect*, wenn Sie es häufig nutzen, nicht jedes Mal aktivieren müssen. Allerdings verbraucht diese Einstellung im Hintergrund viel Strom.

4. Wählen Sie auf dem nächsten Bildschirm das gewünschte Gerät aus. Die Datei wird übertragen. Auf dem empfangenden Gerät erscheint eine Verbindungsanfrage, die zuerst noch bestätigt werden muss.

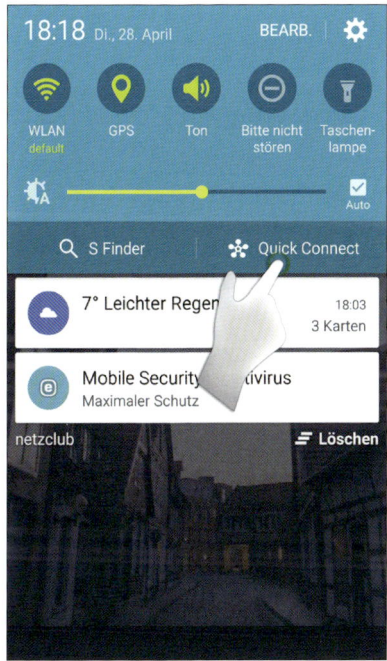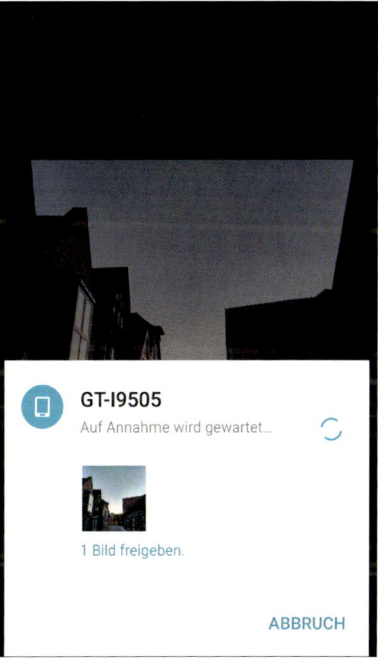

Datenübertragung mit Quick Connect.

Ist kein Inhalt ausgewählt, der per *Quick Connect* übertragen werden kann, erscheint automatisch eine Liste aller Apps mit Inhalten, die gesendet werden können. Hier können Sie jetzt die gewünschten Objekte wählen.

285

Daten per NFC übertragen

Die Abkürzung NFC steht für **N**ear **F**ield **C**ommunication, ein Verfahren zur Datenübertragung über wenige Zentimeter. NFC wird zum drahtlosen Bezahlen an Kassenterminals und für Zugangskontrollen verwendet. Die Deutsche Bahn nutzt dieses Verfahren für die elektronischen Fahrkarten im System Touch & Travel. Das Samsung Galaxy S6 kann wie viele aktuelle Android-Smartphones NFC nutzen, um kleine Informationen wie einen Weblink, Google-Maps-Koordinaten oder eine Visitenkarte auf ein anderes Handy zu übertragen. Zur Übertragung größerer Datenmengen ist NFC wegen seiner langsamen Übertragungsrate von nur 424 KBit/s nicht geeignet.

1. Tippen Sie auf das *NFC*-Symbol in der erweiterten Benachrichtigungsleiste oder schalten Sie in den *Einstellungen* unter *NFC und Zahlung* NFC ein. NFC benötigt im Ruhezustand so wenig Strom, dass es bedenkenlos immer eingeschaltet bleiben kann.

2. Starten Sie die gewünschte App und lassen Sie sich dort die Daten anzeigen, die übertragen werden sollen, beispielsweise einen Adressbucheintrag, einen Weblink oder einen Kartenausschnitt in Google Maps. Wählen Sie die *Teilen*-Funktion der App und dort *Android Beam*.

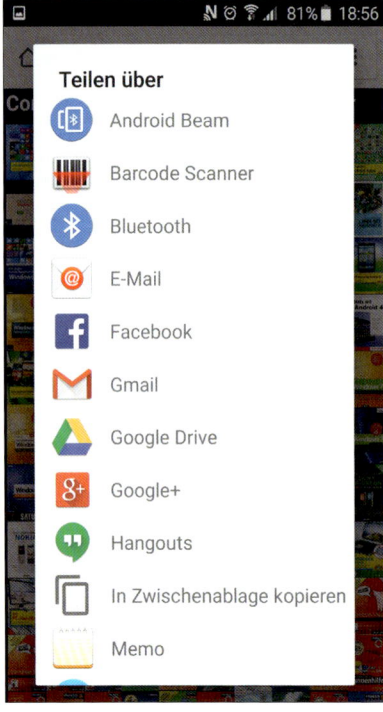

Daten per NFC übertragen – Beispiel Weblink im Browser.

3. Halten Sie jetzt die beiden Smartphones mit den Rückseiten gegeneinander, bis sie sich berühren. Auf dem Bildschirm erscheint *Berühren, um zu senden*. Tippen Sie auf den verkleinerten Screenshot.

4. Auf dem anderen Smartphone erscheint eine Meldung, wie die Daten angenommen werden sollen. Gibt es nur eine Möglichkeit, weil z. B. nur ein Browser installiert ist oder ein Standardbrowser eingerichtet ist, wird dieser sofort gestartet.

NFC für Bezahlung verwenden

NFC ermöglicht sicheres Bezahlen mit dem Handy an Supermarktkassen, ohne dass eine Mobilfunkverbindung benötigt wird, da die Daten nur auf dem Smartphone gespeichert werden und über eine verschlüsselte NFC-Verbindung mit dem Kassenterminal ausgetauscht werden. Wegen der Reichweite von nur wenigen Zentimetern ist dieses Übertragungsverfahren sehr gut vor Missbrauch geschützt.

Allerdings hat sich diese Bezahlweise in Deutschland noch nicht durchgesetzt. Die vier großen Mobilfunkanbieter bieten jeweils eigene Bezahldienste auf Basis von NFC an, der von Samsung mit dem Samsung Galaxy S6 gelieferte Bezahldienst *Samsung Pay* wird in Deutschland nicht unterstützt. In Berlin haben einige große Ladenketten die Initiative *www.zahl-einfach-mobil.de* gestartet und bieten in 500 Filialen das Bezahlen per NFC-Smartphone an.

Samsung Smart Switch Mobile

Für die meisten Nutzer ist das Samsung Galaxy S6 nicht ihr erstes Android-Handy, oft nicht einmal das erste von Samsung. Natürlich will man seine persönlichen Daten vom alten Smartphone auf das neue übertragen – und das gilt nicht nur für die Daten, die über das Google-Konto automatisch synchronisiert werden.

Kontakte und Termine, die nur auf dem Telefon gespeichert sind, Notizen, Fotos, Musik und Dokumente werden über das Google-Konto nicht synchronisiert und müssten sonst mühsam über einen PC auf das neue Handy übertragen werden.

Samsung bietet über Google Play und auch über Galaxy Essentials ein kostenloses Tool an, mit dem sich beim Umstieg von einem anderen halbwegs aktuellen Android-Smartphone die persönlichen Daten ganz einfach per Wi-Fi Direct vom alten auf das neue Smartphone übertragen lassen – oder auch beim Umstieg von einem iPhone auf das Samsung Galaxy S6 aus Apples iCloud.

Samsung Smart Switch Mobile vereinfacht den Datenumzug auf das neue Smartphone, indem die beiden Geräte per NFC gekoppelt werden. Anschließend werden die Daten über eine deutlich schnellere Wi-Fi-Direct-Verbindung   übertragen. Damit Samsung Smart Switch Mobile funktioniert, muss auf beiden Smartphones NFC eingeschaltet sein.

1. Installieren und starten Sie die App auf beiden Geräten.

2. Wählen Sie für eine Datenübertragung von einem alten Android-Smartphone auf beiden Geräten Android zu Galaxy. Legen Sie dann beide Geräte unmittelbar nebeneinander, sodass sie sich am besten direkt berühren.

3. Nachdem die Geräte sich per NFC erkannt haben, ist ein Signalton zu hören. Wählen Sie auf dem alten Smartphone die Option Sendendes Gerät, auf dem neuen Samsung Galaxy S6 die Option Empfangendes Gerät.

 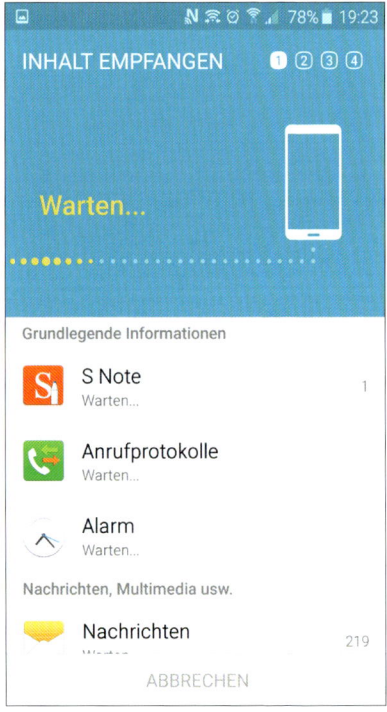

Daten von einem älteren Android-Smartphone auf einem Samsung Galaxy S6 empfangen.

4. Jetzt erscheint die Aufforderung *Verbinden*. Tippen Sie darauf, wird die Verbindung aufgebaut.

5. Wählen Sie auf dem nächsten Bildschirm auf dem alten Gerät die Inhalte, die auf das neue Smartphone übertragen werden sollen, und tippen Sie dann auf *Senden*.

6. Bestätigen Sie danach auf dem neuen Smartphone die Meldung über zu empfangende Inhalte. Danach startet die eigentliche Datenübertragung, die je nach Datenmenge einige Minuten dauert. Jetzt brauchen die beiden Smartphones nicht mehr Rücken an Rücken aneinander zu liegen, da die eigentliche Datenübertragung per Wi-Fi Direct erfolgt.

Mit dem Notebook über das Handy ins Internet

Moderne Smartphones liefern zumindest in Großstädten mit guter HSDPA-Versorgung Datenübertragungsraten, die mit DSL über Telefonkabel durchaus mithalten können. Da bietet es sich an, unterwegs das Handy als mobilen Internetzugang für das Notebook zu nutzen. Allgemein wird dieses Verfahren als Tethering bezeichnet, abgeleitet von dem englischen Wort für »anbinden«.

> **INFO:** Mobilfunkbetreiber sehen das Tethering gar nicht gerne, da es auf dem Handy auf einmal ein Vielfaches an Datenvolumen erzeugt. Am Anfang versuchte man, Tethering technisch zu verhindern, was aber allein über die SIM-Karte nur schwer möglich ist, da das Handy eine normale Internetverbindung aufbaut und der PC von außen nicht zu sehen ist. Einige US-amerikanische Netzbetreiber lesen den User-Agent-String des Browsers aus und verhindern damit Netzwerkdatenverkehr, der von PC-Browsern verursacht wird. Auch hierzulande kursieren Gerüchte, Mobilfunkanbieter wollten in Zukunft die Modemnutzung in den preisgünstigen Tarifen technisch unterbinden.
>
> Bei den meisten günstigen Flatratetarifen für Smartphones wird nach wenigen Hundert MByte – zum Handysurfen in einem Monat meist ausreichend – auf unattraktive GPRS-Geschwindigkeit abgebremst. Per Tethering mit dem Notebook kann man dieses Datenvolumen schon nach wenigen Stunden erreichen. Für den Rest des Monats hat man dann keinen Spaß mehr an der Flatrate. Die teureren Datenflatrates für Surfsticks beinhalten deutlich mehr Übertragungsvolumen. Natürlich spricht nichts dagegen, eine solche SIM-Karte in ein Smartphone zu stecken und dieses für das Tethering zu nutzen. Allerdings haben die typischen Notebook-Surftarife meist höchst unattraktive Preise beim Telefonieren.

Smartphone als mobiler WLAN-Hotspot

Das Samsung Galaxy S6 bietet eine Möglichkeit, einen mobilen WLAN-Hotspot einzurichten. Sie können sich dann mit anderen Geräten wie Notebooks, Tablets, Spielkonsolen, E-Book-Readern per WLAN am Smartphone anmelden und die Mobilfunkverbindung des Smartphones als Internetzugang nutzen.

1. Tippen Sie in den *Einstellungen* unter *Verbindungen* auf *Mobile Hotspot und Tethering*.

2. Schalten Sie hier die Option *Mobiler WLAN-Hotspot* ein. Ein Symbol in der Statusleiste markiert den aktiven WLAN-Hotspot. Er wird sofort auf den anderen Geräten als verfügbar angezeigt. Der Bildschirm zeigt den Namen des Hotspots sowie ganz unten einen zufällig generierten Schlüssel an, der auf den Geräten eingegeben werden muss.

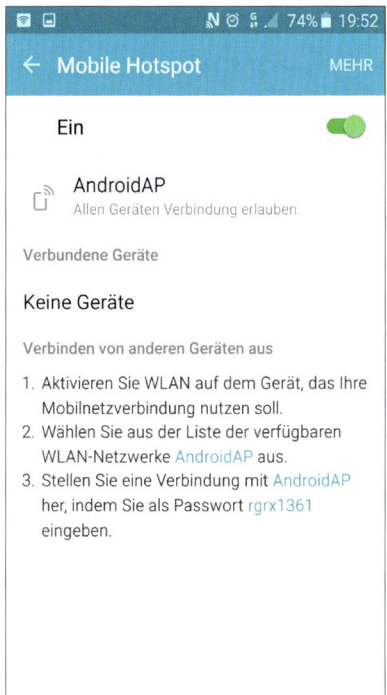

WLAN-Hotspot auf dem Smartphone einrichten.

3. Über den Menüpunkt *Mobile Hotspot konfigurieren* im Menü *Mehr* können Sie den Namen des Hotspots, das Passwort und den WLAN-Kanal ändern.

Stromverbrauch und Reichweite

Bedenken Sie, dass die Reichweite bei Weitem nicht so groß ist wie die eines klassischen WLAN-Routers. Außerdem verbraucht die Nutzung als WLAN-Hotspot sehr viel Strom des Smartphone-Akkus. Schließen Sie am besten das Smartphone die ganze Zeit ans Ladegerät an und beenden Sie den WLAN-Hotspot, sobald Sie ihn nicht mehr benötigen.

Betriebssystem des Smartphones aktualisieren

Im Laufe der kurzen Geschichte des Betriebssystems wurde Android ständig weiterentwickelt. Es waren und sind verschiedene Versionen auf dem Markt. Für längst nicht alle Smartphones wird die jeweils neuste Android-Version angeboten, denn bei Android sind die Gerätehersteller für die Updates verantwortlich und nicht Google oder eine andere zentrale Stelle.

Welche Android-Version installiert ist, finden Sie ganz einfach heraus: Scrollen Sie in den *Einstellungen* ganz nach unten bis zum Punkt *Geräteinformationen*. Hier steht die installierte Android-Version.

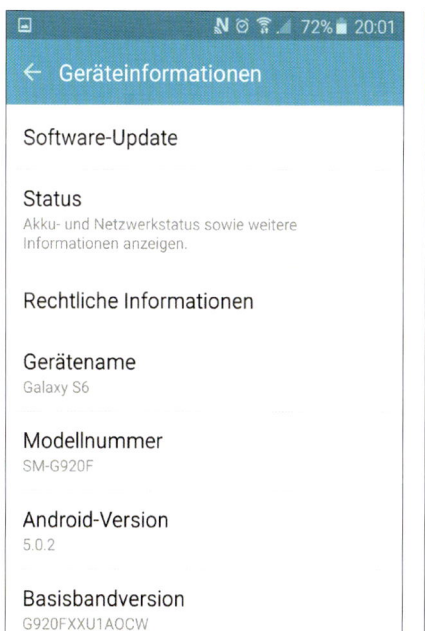
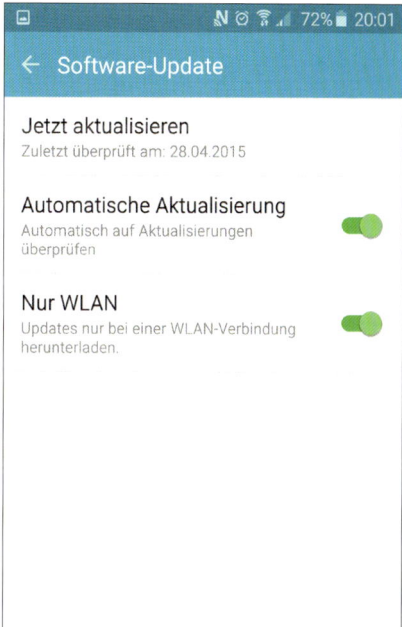

Anzeige der installierten Android-Version (5.0.2) und Einstellungen für Software-Updates.

Werden Updates zur Verfügung gestellt, können diese direkt auf das Smartphone heruntergeladen werden. Wegen der großen Datenmenge sollten diese nicht über Mobilfunk, sondern ausschließlich über WLAN heruntergeladen werden.

Tippen Sie dazu auf die Zeile *Software-Update* und schalten Sie den Schalter *Nur WLAN* ein. Aktivieren Sie auch noch die *Automatische Aktualisierung*, dann werden Sie automatisch benachrichtigt, wenn ein Update zur Verfügung steht. Sie können aber auch gezielt nach einem Update suchen.

> **ACHTUNG:** Beim Betriebssystem-Update muss unbedingt sichergestellt sein, dass der Akku nicht während des Update-Vorgangs leer wird. Lassen Sie das Smartphone am besten während des gesamten Update-Vorgangs am Ladegerät hängen. Sorgen Sie auch für ein Backup wichtiger Daten und Dateien, denn größere Updates können in Ausnahmefällen das Smartphone schon mal in den Auslieferungszustand zurückversetzen.
>
> Die Update-Installation dauert üblicherweise einige Minuten bis eine halbe Stunde. Während dieser Zeit kann man keine Telefongespräche führen. Die deutsche Notrufverordnung schreibt vor, dass Benutzer ausdrücklich darauf hingewiesen werden, dass ihr Handy während des Update-Vorgangs nicht für Notrufe genutzt werden kann.

Das Smartphone mit dem PC verbinden

Das Samsung Galaxy S6 muss nicht mehr unbedingt mit dem PC verbunden werden, um Daten zu synchronisieren. Fast alle Daten lassen sich auch drahtlos über Cloud-Dienste austauschen. Die Synchronisation von Adressbuch und Kalender erfolgt automatisch über das Google-Konto. Weitere Daten wie Anrufprotokolle, SMS oder Notizen, die Google nicht synchronisiert, lassen sich mit dem Samsung-Konto synchronisieren.

Es gibt aber auch noch Fälle, in denen eine USB-Verbindung mit einem PC durchaus nützlich sein kann, zum Beispiel um eine größere Musiksammlung vom PC aufs Handy zu bringen oder umgekehrt Fotos von der Handykamera auf den PC zu übertragen. Auch lassen sich Smartphones mit ihrer großen Speicherkapazität als tragbarer Datenspeicher statt eines USB-Sticks oder gar als Sicherungsmedium für persönliche Daten nutzen. Vom PC hat man per USB-Kabel Zugriff auf den internen Gerätespeicher im Samsung Galaxy S6.

Alle aktuellen Android-Smartphones haben einen Micro-USB-Anschluss zur Verbindung mit dem PC, der auch zum Aufladen des Akkus genutzt wird.

1. Schließen Sie das Samsung Galaxy S6 über ein USB-Kabel an den PC an. Verwenden Sie am besten das mitgelieferte Kabel. Bei Kabeln von ganz billigen USB-Ladegeräten fehlen teilweise die für die Datenübertragung notwendigen Adern.

2. Auf dem Samsung Galaxy S6 wird automatisch der Verbindungsmodus *Mediengerät (MTP)* ausgewählt. In diesem Modus können Sie Fotos importieren, Dateien öffnen und auch digitale Medien zwischen PC und Smartphone synchronisieren.

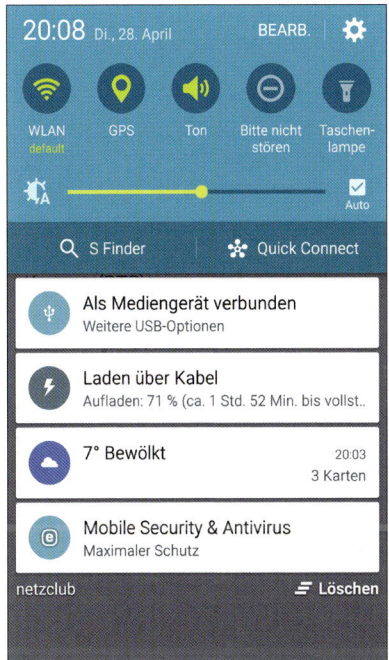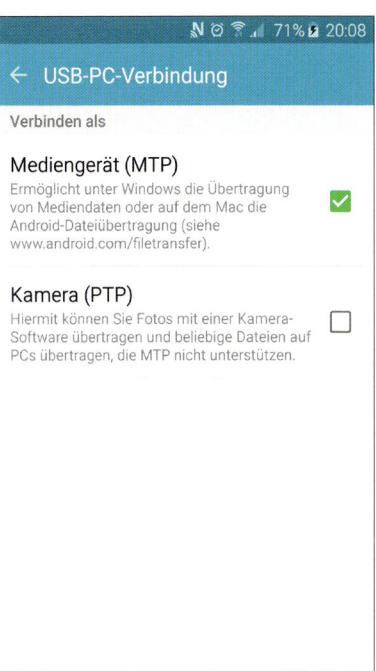

USB-Verbindung auf dem Samsung Galaxy S6.

3. In der Benachrichtigungsleiste erscheint eine Benachrichtigung. Ziehen Sie diese Leiste nach unten, können Sie auf die USB-Verbindung tippen, um alternativ das Gerät als Kamera mit dem PC zu verbinden, falls dieser MTP-Verbindungen nicht unterstützt.

4. Bei der ersten Verbindung mit dem PC werden spezielle USB-Treiber installiert.

5. Jetzt können Sie direkt Medien synchronisieren oder Fotos vom Smartphone auf den PC importieren. Das interne Speicherlaufwerk des Samsung Galaxy S6 erscheint im Windows-Explorer auf dem PC. Jetzt können Sie Daten in beide Richtungen kopieren.

SideSync

Das Programm SideSync, das
Samsung allen Nutzern aktueller
Galaxy-Smartphones kostenlos
zur Verfügung stellt, bietet die
Möglichkeit, das Smartphone
vom PC aus zu bedienen.

Umgekehrt können auch Elemente des PC-Bildschirms auf dem Smartphone
dargestellt werden. Dateien und auch Texte aus der Zwischenablage können
per Drag-and-drop zwischen PC und Smartphone ausgetauscht werden. PC
und Smartphone können zur Verwendung von SideSync über ein USB-Kabel
oder per WLAN miteinander verbunden sein.

SideSync besteht aus zwei Komponenten:

▪ Installieren Sie die App über den QR-Code oder aus dem Samsung Apps
  Store auf dem Smartphone.

▪ Laden Sie sich bei *www.samsung.com/sidesync* das Windows-Programm
  herunter und installieren Sie es auf dem PC.

Starten Sie anschließend SideSync auf dem PC und dem Smartphone und
wählen Sie auf dem PC die gewünschte Verbindung: WLAN oder USB. Nachdem die Verbindung hergestellt wurde, erscheint eine Abbildung des Smart-
phone-Displays auf dem PC-Bildschirm. Jetzt können Sie Ihr Samsung Galaxy S6 mit Tastatur und Maus interaktiv bedienen.

Das Symbol links oben blendet ein Menü ein. Hier können Sie das Smartphone ins Querformat drehen und Screenshots anfertigen, die allerdings eine
geringere Auflösung als der Originalbildschirm haben.

Das oberste Symbol dieses Menüs schaltet auf den Tastatur-/Maus-Freigabe-
modus um. Hier erscheint der Mauszeiger direkt auf dem Smartphone, und
Tastatureingaben werden auch direkt auf dem Gerät ausgeführt.

Um wieder zurück in den Bildschirmfreigabemodus auf dem PC zu gelangen,
klicken Sie mit der rechten Maustaste auf das SideSync-Symbol im Infobereich der Taskleiste auf dem PC und wählen im Menü *Bildschirm* die Option
Bildschirmfreigabemodus oder drücken die Tastenkombination Strg+Tab.

Das Samsung Galaxy S6 auf dem PC.

Hard Reset – Zurücksetzen auf Werkseinstellungen

Möchten Sie das Smartphone verkaufen, sollten Sie es vorher auf die Werkseinstellungen zurücksetzen, um sicherzugehen, dass alle Daten gelöscht werden. Umgekehrt sollte man ein gebraucht gekauftes Smartphone auch als Erstes auf die Werkseinstellungen zurücksetzen, um eventuell darauf gespeicherte bösartige Software zu beseitigen.

Tippen Sie in den *Einstellungen* auf *Sichern und zurücksetzen* und wählen Sie auf dem nächsten Bildschirm *Auf Werkseinstellungen zurücksetzen*.

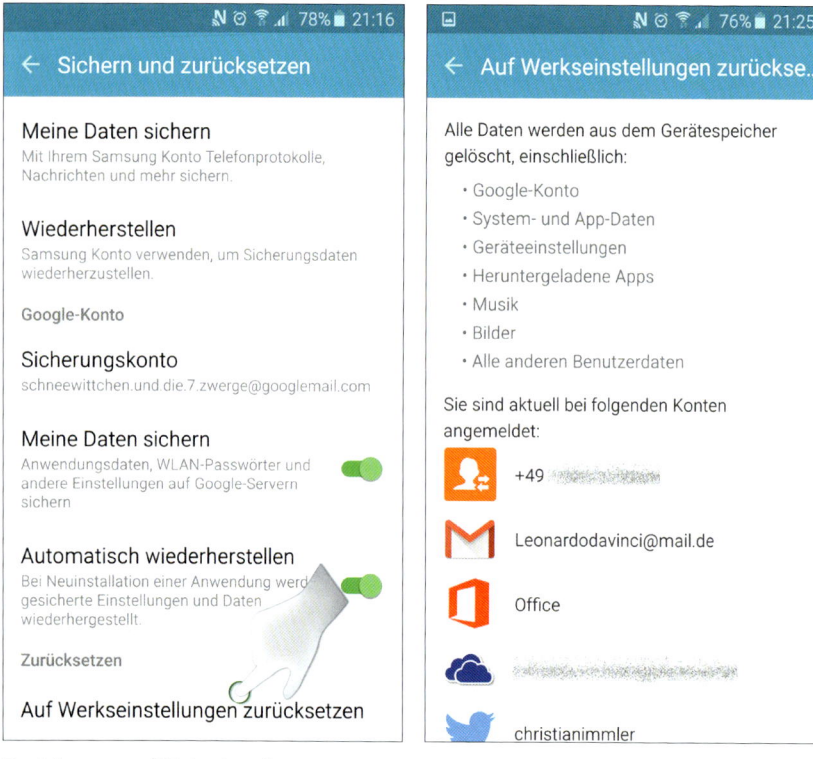

Zurücksetzen auf Werkseinstellungen.

Jetzt sehen Sie noch einmal eine Übersicht aller Konten, bei denen Sie mit dem Smartphone angemeldet sind. Die Verbindungen zu diesen Konten werden gelöscht, die Daten der Konten selbst bleiben in der Cloud erhalten. Erst nach einer weiteren Sicherheitsabfrage wird das Samsung Galaxy S6 tatsächlich unwiderruflich zurückgesetzt.

KAPITEL 10

Die Sicherheitsfrage bei Android

Onlinekriminelle greifen dort an, wo es sich lohnt – und das sind nicht mehr nur PCs. Daher ist es nicht verwunderlich, dass Android-Smartphones und -Tablets immer stärker in den Fokus der Malware-Autoren rücken, denn nur wenige Anwender haben eine Sicherheitslösung installiert. Das macht es den Tätern leicht, Angriffe mit relativ geringem Aufwand erfolgreich umzusetzen und persönliche Daten und wertvolle Firmeninformationen zu stehlen.

Die Angreifer setzen auf Varianten von Schadcode-Apps, die bereits in Umlauf waren, und auf manipulierte Kopien von eigentlich harmlosen Applikationen. Die Kriminellen versenden Kurznachrichten an teure Rufnummern und haben es auf persönliche Daten der Nutzer abgesehen, beispielsweise Kontakte und Telefonnummern, sowie das Anmelden bei kostenpflichtigen Diensten. So kann ein Angriff auf dem Smartphone sehr schnell viel teurer werden als ein Virus auf dem PC. In letzter Zeit hat sich die Anzahl gefährlicher Apps für Android nach Medienberichten um ein Vielfaches erhöht. Allerdings sind diese Berichte mit Vorsicht zu lesen, dort werden häufig schon Werbe-Apps, die Standortdaten auslesen, als gefährlich eingestuft.

Android macht es Malware-Autoren deutlich leichter als andere Plattformen, Schadcode zu verbreiten. Google bietet mit seinem Play Store zwar eine wichtige und von einem Großteil der Anwender auch vorrangig genutzte Quelle zur Installation von Apps. Hersteller können Apps aber auch über eigene Webseiten oder alternative Downloadportale anbieten. Im Gegensatz zu anderen Plattformen ist auch eine Installation von Apps über einfache Downloadlinks im Browser, E-Mail-Anhänge oder per USB-Kabel vom PC möglich. Sicherheitskritische und bösartige Anwendungen können ungehindert ihren Weg auf die Geräte finden. Keine zentrale Qualitätskontrolle kann das verhindern oder solche Apps gar nachträglich von den Geräten entfernen. Google prüft im Play Store hochgeladene Apps nicht automatisch auf technische

Risiken – erst dann, wenn ein konkreter Verdachtsfall vorliegt. Selbst wenn der Google Play Store eine App sperrt, heißt das noch lange nicht, dass sie damit von allen Handys dieser Welt verschwindet. Da jeder Gerätehersteller selbst für die Betriebssystem-Updates verantwortlich ist, kommt es hier teilweise zu erheblichen Verzögerungen beim Schließen kritischer Sicherheitslücken.

Die größten Sicherheitsprobleme

▪ Das größte Sicherheitsproblem bei Smartphones sind die Nutzer und weniger die Technik. Installieren Sie nicht, ohne nachzudenken, irgendwelche Apps. Besonders kostenlose Apps, die Funktionen versprechen, die das Smartphone technisch gar nicht leisten kann, sind extrem verdächtig.

▪ Auch ein zweites Problem ist eher menschlich: Phishing in E-Mails und sozialen Netzen. Auf dem Smartphone sind gefälschte Links schwerer zu erkennen als in einem E-Mail-Programm auf dem PC. Lesen Sie E-Mails noch genauer. Besonders falsche Rechtschreibung und einfältiges Deutsch deuten auf Phishing hin.

▪ Das größte Sicherheitsrisiko ist Rooting. Viele Medien versprechen unbedarften Nutzern damit Wunder. Tatsächlich öffnen Sie mit Rooting alle sicherheitskritischen Bereiche des Smartphones und machen es damit extrem anfällig für Malware.

Gestohlenes oder verlorenes Handy wiederfinden

Die Gefahr eines Virus ist bei Android sehr gering, wesentlich höher ist das Risiko, dass das neue Smartphone gestohlen wird oder man es einfach irgendwo liegen lässt. Sie können sich einigen Ärger sparen und die Chance erhöhen, das Gerät wiederzubekommen, wenn Sie rechtzeitig Vorsorge treffen.

▪ Schreiben Sie die Seriennummer und die IMEI des Smart-  phones auf. Diese brauchen Sie, um es im Notfall eindeutig zu identifizieren. Sie finden diese Angaben meistens auf dem Strichcode-Aufkleber auf der Schachtel sowie in den *Einstellungen* unter *Geräteinformationen/Status*.

▪ Schreiben Sie für ehrliche Finder Ihren Namen, die E-Mail-Adresse sowie eine Telefonnummer, unter der Sie auch ohne dieses Gerät erreichbar sind, auf den Sperrbildschirm. Android bietet dazu in den *Einstellungen* unter *Gerätesicherheit/Informationen anzeigen/Info über Besitzer* eine Möglichkeit, einen persönlichen Text als Laufschrift auf dem Sperrbildschirm einzublenden, auch wenn eine Bildschirmsperre aktiv ist, der Finder das Gerät also nicht in Betrieb nehmen kann.

- Schalten Sie in den Google-Einstellungen unter *Standort* den *Standortzugriff* und *Standortverlauf* ein, um die Ortung über Google optimal nutzen zu können. Unter *Standortverlauf* sehen Sie die Zeitpunkte, wann Ihre Geräte zum letzten Mal den Standort gespeichert haben.

- Schalten Sie in den Google-Einstellungen unter *Sicherheit* die Option *Remote-Ortung* ein. Möchten Sie im äußersten Notfall das Smartphone aus der Ferne auf die Werkseinstellungen zurücksetzen, wenn Sie nicht mehr davon ausgehen können, es zurückzubekommen, aktivieren Sie auch die Option *Remote-Sperre und Löschen zulassen*. Dazu müssen Sie auch noch Geräteadministrator-Berechtigungen zulassen. Bedenken Sie dabei: Nach dem Zurücksetzen auf die Werkseinstellungen kann das Smartphone über Google nicht mehr geortet werden.

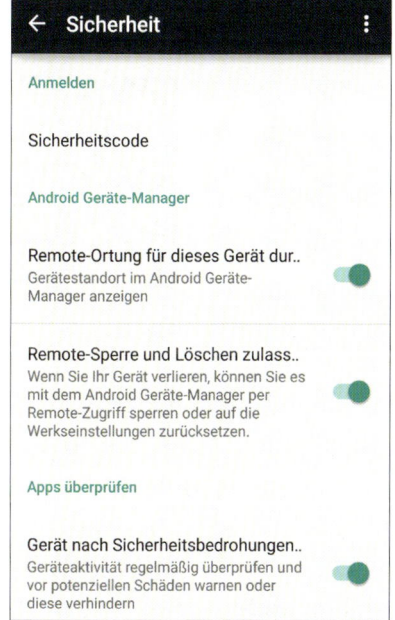
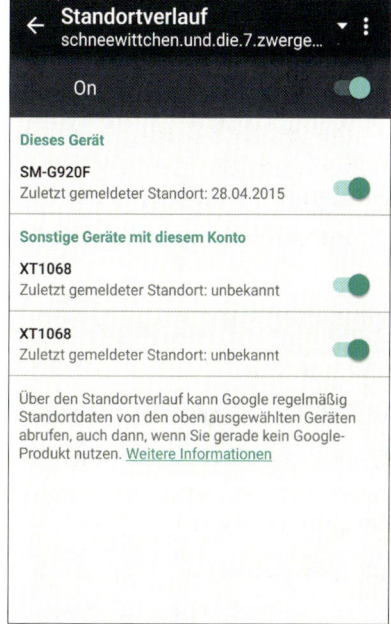

Sicherheitseinstellungen und Standortverlauf in der Google-Einstellungen-App.

Auf der Seite *android.com/devicemanager* finden Sie nach der Anmeldung mit dem persönlichen Google-Konto auf dem PC alle Android-Geräte, die für dieses Google-Konto registriert sind. Mit einem Klick auf *Klingeln lassen* können Sie das Gerät klingeln lassen, um es zu finden, wenn Sie es irgendwo in der Nähe verlegt haben. Das funktioniert auch, wenn das Smartphone lautlos gestellt ist. Voraussetzung ist natürlich, dass das Gerät eine Internetverbindung hat. Aus Sicherheitsgründen muss – auch wenn Sie auf dem PC mit Ihrem Google-Konto angemeldet sind – das Passwort noch einmal eingegeben werden.

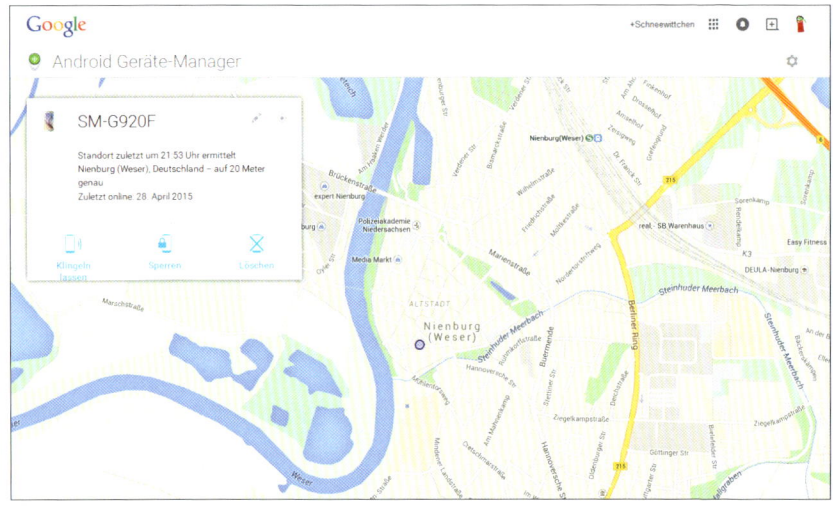

Smartphone über den Android-Geräte-Manager auf dem PC orten.

Der *Geräte-Manager* von Android ist auch als App erhältlich. Damit können Sie vom Smartphone aus Ihre anderen Android-Geräte finden, die mit dem gleichen Google-Konto angemeldet sind.

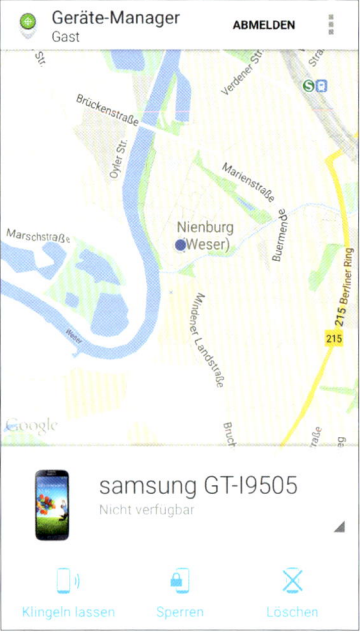

Der Geräte-Manager auf dem Smartphone.

Über den Gastzugang in der App können Sie Freunden helfen, ihre Geräte zu finden. Hier können Sie sich zeitweilig mit einem anderen Google-Konto anmelden, das nur auf den Geräte-Manager Zugriff hat, nicht aber auf die anderen Daten.

Schutz vor mechanischer Beschädigung

Die meisten Smartphones, die irgendwann kaputtgehen, werden nicht durch elektronische Probleme unbrauchbar, sondern durch defekte Akkus oder schlicht durch mechanische Beschädigungen. Dabei stehen Brüche des Bildschirms an erster Stelle.

Im Internet angebotene Bildschirmschutzfolien sollen das Glas vor Kratzern schützen. Allerdings überwiegen die Nachteile, da der Bildschirm hinter der Folie deutlich an Farbbrillanz einbüßt und das verwendete Glas weitgehend kratzfest ist. ZAGG InvisibleShield HDX (*www.zagg.com*) ist eine relativ harte glasartige Folie, die mit einem speziellen Werkzeug blasenfrei auf das Smartphone aufgebracht wird. Diese Folie bietet absolut klare Durchsicht und soll nach Herstellerangaben die Bruchsicherheit auf das Dreifache erhöhen und somit den Bildschirm nicht nur vor Kratzern, sondern auch bei Stürzen schützen.

*ZAGG InvisibleShield HDX
(Foto: ZAGG).*

Besonders sichere Bildschirmsperre

Der Sperrbildschirm dient nicht nur als Schutz vor versehentlichem Berühren, er kann auch als Zugangssperre eingesetzt werden, um Fremden die Nutzung des Smartphones zu verweigern.

In den *Einstellungen* haben Sie unter *Gerätesicherheit/Sperrbildschirmtyp* verschiedene Möglichkeiten, einen Zugangsschutz einzurichten. Die Standardeinstellung wird hier als *Streichen* bezeichnet.

PIN/Passwort

Wer es vom PC gewohnt ist, bei jedem Einschalten ein Passwort oder eine PIN einzugeben, kann dies auch auf dem Smartphone tun.

Beim Festlegen der PIN oder des Passwortes muss diese/dieses zweimal eingegeben werden, um Tippfehler zu vermeiden. Danach müssen Sie noch festlegen, ob auf dem Sperrbildschirm weiterhin Benachrichtigungen erscheinen oder ob diese aus Datenschutzgründen ausgeblendet werden sollen. Auf dem Sperrbildschirm erscheint nach dem gewohnten Wischen nach oben ein Eingabefeld für die PIN. Möchten Sie später wieder auf eine andere Methode der Bildschirmsperre umschalten, muss aus Sicherheitsgründen die PIN noch einmal eingegeben werden.

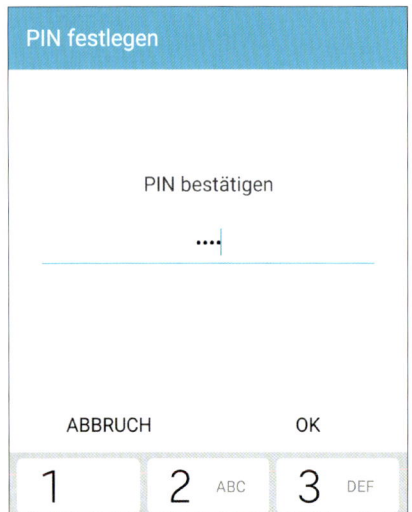 

Links: PIN festlegen, rechts: PIN-Eingabe auf dem Sperrbildschirm.

> **INFO:** Eine PIN (persönliche Identifikationsnummer) ist eine Zahlenkombination, ein Passwort kann aus beliebigen Zeichen bestehen. Android unterscheidet diese beiden Verfahren, um bei einer PIN-Eingabe eine Zifferntastatur mit deutlich größeren Tasten einzublenden, als sie die Buchstabentastatur für die Passworteingabe hat.

Die Option *Mit Ein-/Aus sofort sperren* unter *Sichere Sperreinstellungen* legt fest, ob ein kurzes Drücken des Ausschalters das Gerät direkt sperrt oder ob erst eine Weile gewartet wird, bis die Sperre zuschlägt. Manchmal kann es auch lästig sein, jedes Mal wieder eine PIN oder ein Passwort einzugeben, wenn man das Smartphone kurz ausgeschaltet hat.

Sperrmuster

Viel eleganter und einfacher als die Eingabe eines Passwortes ist ein grafisches Sperrmuster. Hier muss man Rasterpunkte auf dem Bildschirm mit einer Linie verbinden. Um Fehler zu vermeiden, muss auch dieses Muster beim Einrichten zweimal gezeichnet werden.

Auf dem Sperrbildschirm erscheint dann ein Punktraster, auf dem man das zuvor definierte Muster zeichnen muss, um die Bildschirmsperre zu lösen.

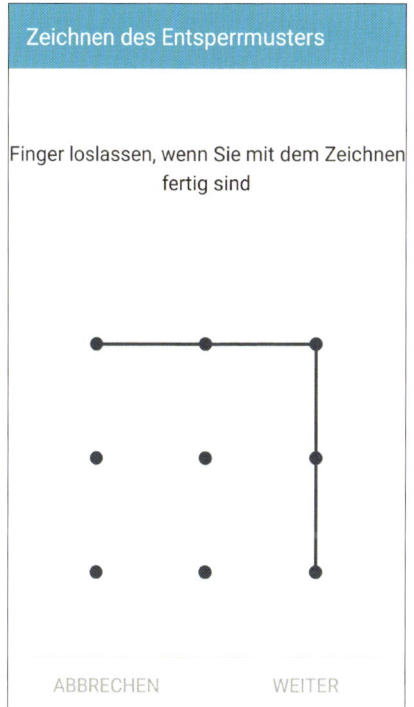
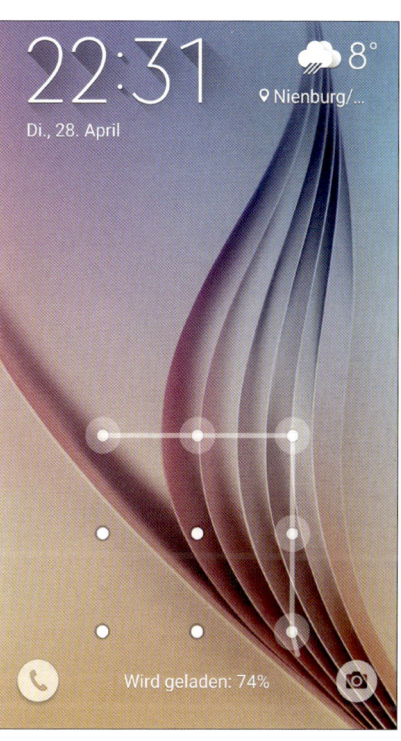

Muster als Bildschirmsperre.

Der Fingerabdruckscanner

Das Samsung Galaxy S6 kann auch einen Fingerabdruck zum Entsperren verwenden. Auf der Home-Taste ist dazu ein Fingerabdruckscanner eingebaut. Der Fingerabdruck kann zusätzlich auch zur Anmeldung beim Samsung-Konto genutzt werden.

Zuerst müssen Sie Ihren Fingerabdruck registrieren. Tippen Sie dazu in den *Einstellungen* unter *Gerätesicherheit* auf *Fingerabdrücke* und auf dem nächsten Bildschirm auf *Fingerabdruck hinzufügen*. Legen Sie dann den Finger, den Sie zum Entsperren

verwenden möchten, auf die Home-Taste und heben ihn wieder an. Dieses Verfahren müssen Sie so oft durchführen, wie die Fingerabdruckerkennung Sie dazu auffordert, bis der Fingerabdruck erkannt wurde. Wichtig ist natürlich, dass Sie immer denselben Finger verwenden. Danach legen Sie noch ein alternatives Sicherungspasswort fest, mit dem Sie das Smartphone entsperren können, wenn die Erkennung des Fingerabdrucks versagt.

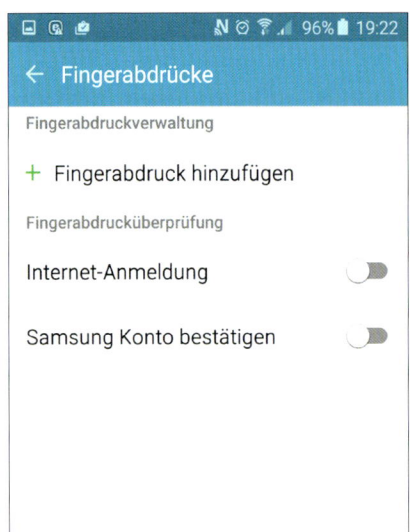

Fingerabdruck hinzufügen.

Jetzt können Sie die Fingerabdrucksperre aktivieren. Auf dem Sperrbildschirm erscheint unten oberhalb der Home-Taste eine Meldung, die den Benutzer darauf hinweist, seinen Fingerabdruck zu scannen. Danach wird das Smartphone entsperrt. Alternativ kann man auch das Sicherungspasswort eingeben. Bei mehreren Fehlversuchen mit dem Fingerabdruckscanner erscheint die Passwortabfrage automatisch.

In den *Einstellungen* können Sie unter *Gerätesicherheit/Fingerabdrücke* weitere Fingerabdrücke registrieren, damit Sie das Smartphone mit beiden Händen entsperren können oder wenn Sie kurzzeitig eine Verletzung an einem Finger haben, die die Erkennung beeinträchtigt. Durch langes Tippen auf einen Fingerabdruck können Sie diesen auch wieder entfernen.

Android Smart Lock

Smart Lock ist eine neue Methode in Android 5 Lollipop zum sicheren Zugriff auf ein Gerät, ohne jedes Mal ein Passwort oder ein Entsperrmuster einzugeben.

Zunächst muss ein Passwort oder ein Entsperrmuster eingerichtet sein, da sonst das Gerät nicht gesperrt ist. Nur dann ist in den *Einstellungen* unter *Gerätesicherheit/Sichere Sperreinstellungen* die Option *Smart Lock* aktiv. Hier können Sie jetzt vertrauenswürdige Bluetooth-Geräte wie zum Beispiel Smartwatches hinzufügen. Wenn diese in der Nähe sind, entsperrt sich das Smartphone automatisch. Zusätzlich können auch Orte über Google Maps festgelegt werden, an denen das Gerät automatisch entsperrt wird.

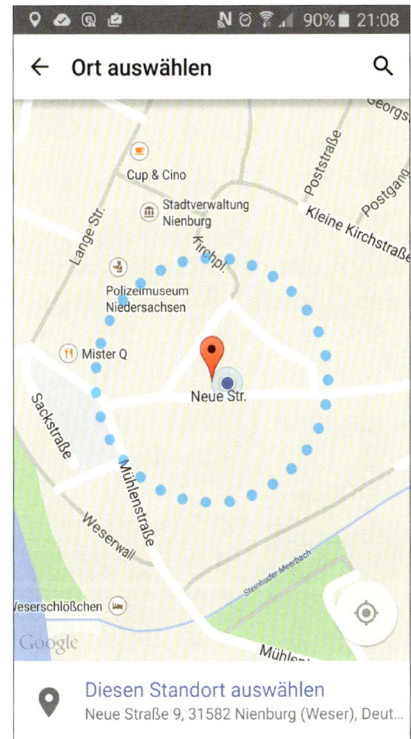 

Links: vertrauenswürdigen Ort hinzufügen – rechts: automatisches Entsperren mit Smart Lock.

Um Smart Lock zu aktivieren, verlassen Sie die Einstellungen-App und drücken einmal auf den Einschalter, um das Gerät zu sperren. Jedes Mal, wenn Sie an den Smart-Lock-Einstellungen etwas verändern, müssen Sie das Entsperrmuster oder Passwort eingeben.

ACHTUNG: Damit Smart Lock funktioniert, muss wie beim Geräte-Manager in den Google-Einstellungen unter *Standort* der *Standortzugriff* eingeschaltet sein. Weiterhin muss in den *Einstellungen* unter *Gerätesicherheit/Andere Sicherheitseinstellungen/Trust Agents* der Schalter *Smart Lock* aktiviert sein.

Der private Modus

Smartphones sind sehr persönliche Geräte, die man besonders wegen der darauf befindlichen Informationen nur ungern aus der Hand gibt. Das Samsung Galaxy S6 bietet erstmals einen privaten Modus, in dem man Zugriff auf bestimmte Daten begrenzen kann. Solange der private Modus aktiv ist, haben Sie vollen Zugriff, im normalen Modus bleiben private Daten unsichtbar.

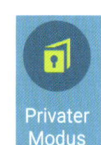

Der private Modus kann über ein Symbol in den Schnelleinstellungen oder über *Datenschutz & Sicherheit/Privater Modus* in den *Einstellungen* eingeschaltet werden.

Wenn Sie den privaten Modus zum ersten Mal aktivieren, müssen Sie ein Entsperrmuster, PIN, Passwort oder einen Fingerabdruck festlegen, um den privaten Modus später aktivieren zu können.

In den *Einstellungen* können Sie auch festlegen, dass der private Modus automatisch deaktiviert wird, wenn der Bildschirm gesperrt wird. So sind Ihre privaten Daten immer geschützt, wenn das Smartphone irgendwo herumliegt, wo jemand anders Zugriff haben könnte.

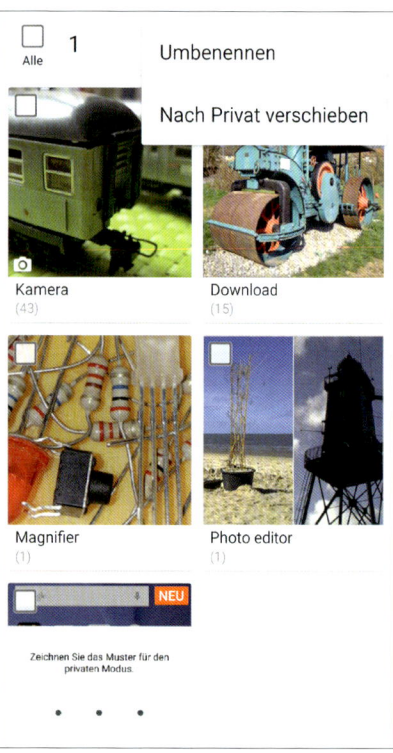

Privaten Modus aktivieren und Fotos nach Privat verschieben.

Um Fotos, Videos, Musik oder eigene Dateien im öffentlichen Modus aus-
zublenden und nur noch im privaten Modus anzuzeigen, markieren Sie in
der jeweiligen App die entsprechenden Daten, z. B. ein Fotoalbum in der
Galerie, tippen auf *Mehr* und dann auf *Nach Privat verschieben*. Wenn Sie
jetzt den privaten Modus beenden, sind diese Daten nicht mehr sichtbar.
Auf dem gleichen Weg können Sie im privaten Modus diese Daten wieder
allgemein zugänglich machen.

Apps sperren – Fenster anheften

Möchten Sie das Smartphone aus der Hand geben, um jemand anderes ein
Spiel spielen, ein E-Book lesen oder Musik hören zu lassen, und möchten
dabei verhindern, dass diese Person – mehr oder weniger versehentlich – in
einer anderen App landet, sperren Sie den Wechsel zwischen Apps mit der
neuen Funktion *Fenster anheften*.

1. Wählen Sie in den *Einstellungen* unter *Gerätesicherheit* den Punkt *Andere Sicherheitseinstellungen* und schalten Sie dort die Option *Fenster anheften* ein.

2. Wechseln Sie jetzt in die App, die Sie zur einzigen Verwendung freigeben
   möchten.

 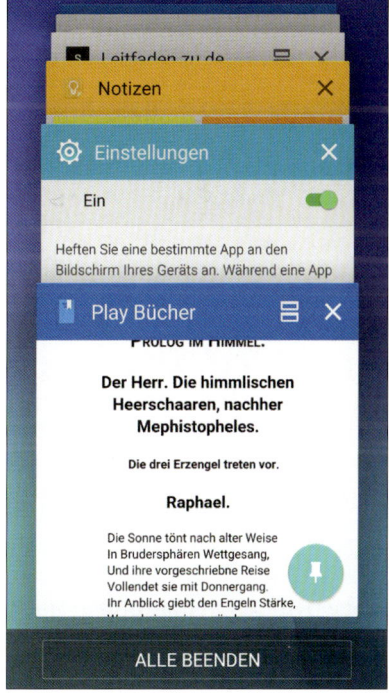

Fenster anheften aktivieren.

3. Tippen Sie auf die *Aktuelle Apps*-Taste und danach in der Übersicht der Apps auf das Pinsymbol.

4. Bevor Sie die App auf dem Bildschirm fixieren, können Sie noch festlegen, dass zum Freigeben das Sperrmuster eingegeben werden muss. Diese zusätzliche Sicherheit brauchen Sie nur, wenn Sie verhindern wollen, dass eine andere Person bewusst die Sperre umgeht und zu einer anderen App wechseln möchte. Um nur versehentliches Verlassen der angehefteten App zu verhindern, reicht die einfache Bildschirmfixierung.

5. Möchten Sie die Bildschirmfixierung später wieder aufheben und wieder andere Apps nutzen, tippen Sie gleichzeitig mit zwei Fingern auf die Aktuelle-Apps-Taste und die Zurück-Taste.

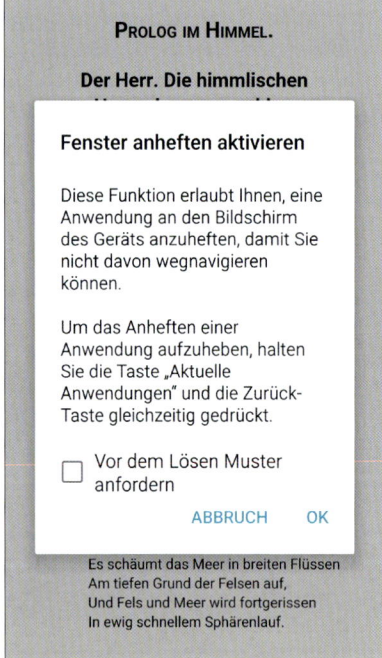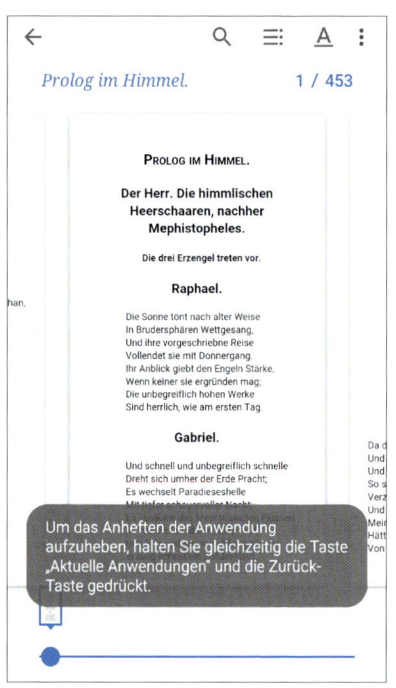

Die Funktion Fenster anheften in Aktion.

Persönliche Daten auf dem Telefon verschlüsseln

Wer ein Android-Smartphone klaut, kommt auch an die darauf gespeicherten Daten heran. Selbst wenn das Smartphone über eine PIN oder ein Entsperrmuster geschützt ist, sind die Daten über einen Entwicklerzugang per USB-Kabel auslesbar.

Wer auf seinem Smartphone höchst vertrauliche Daten speichert, kann die für Benutzer zugänglichen Teile des Dateisystems verschlüsseln. Ohne das Passwort kommt man dann auch über externe Wege nicht an die Daten heran.

Die Verschlüsselung funktioniert nur, wenn eine Passwortsperre auf dem Smartphone eingerichtet ist. Das Passwort muss, da es direkt zur Verschlüsselung verwendet wird, aus mindestens sechs Zeichen bestehen, darunter mindestens eine Ziffer.

Die Optionen zur Verschlüsselung finden Sie in den *Einstellungen* unter *Gerätesicherheit/Andere Sicherheitseinstellungen*. Beachten Sie dabei die Sicherheitshinweise auf dem Bildschirm.

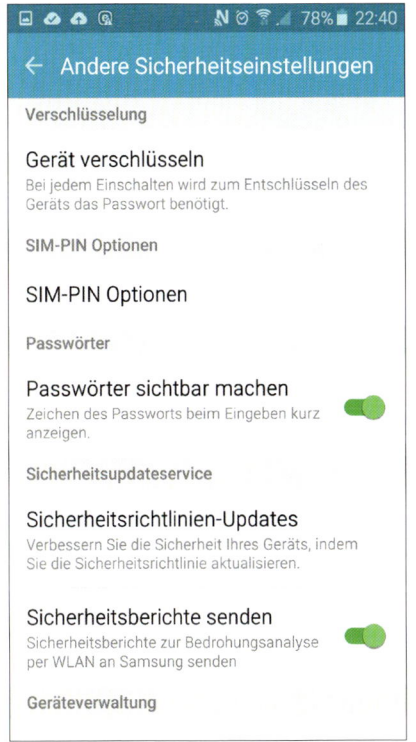 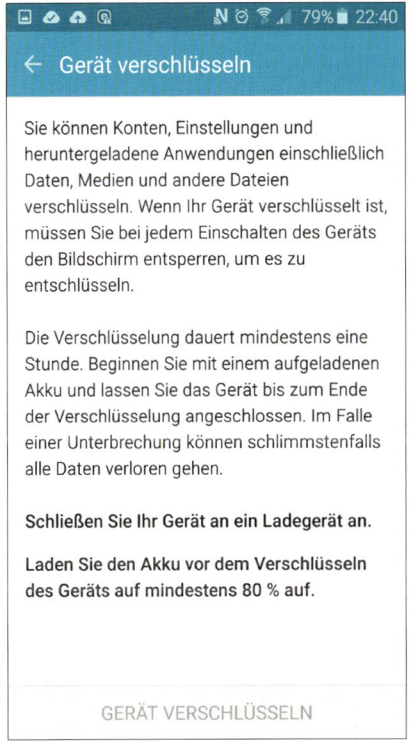

Daten auf dem Smartphone verschlüsseln.

Nur mit Datenverlust rückgängig zu machen

Die Verschlüsselung lässt sich nur durch Zurücksetzen auf die Werkseinstellungen rückgängig machen. Dabei gehen alle auf dem Gerät gespeicherten Daten und Apps verloren. Hat man das Passwort vergessen, gibt es keine Möglichkeit, an die Daten zu kommen.

KNOX-Sicherheitsüberprüfung im Smart Manager

Samsung liefert in der App *Smart Manager* einen einfachen Malware-Scanner mit, der nicht autorisierte Systemänderungen erkennt und meldet. Hier können Sie bei Bedarf den KNOX-Aktivschutz einschalten, der die Integrität der Daten in der Systempartition des Flash-Speichers sicherstellt und damit verhindert, dass kritische Teile des Betriebssystems durch Malware-Angriffe beschädigt werden.

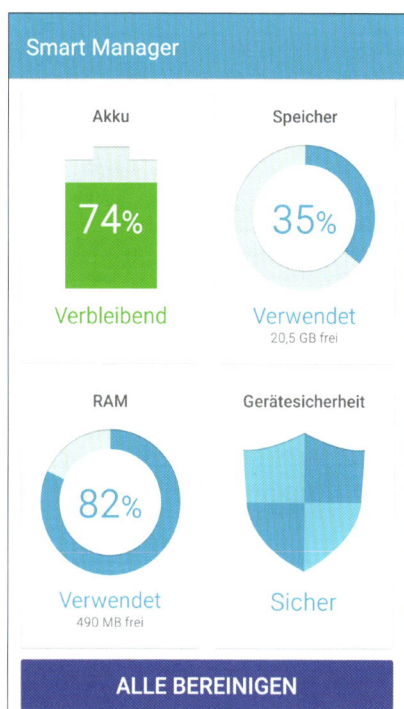
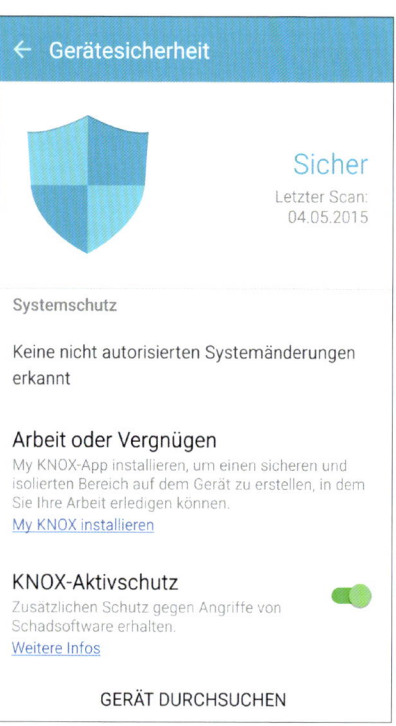

KNOX-Systemschutz im Smart Manager.

Eset Mobile Security & Antivirus

Eset, ein bekannter Hersteller von Sicherheitssoftware für PCs, liefert auch eine Sicherheitslösung für Android.

Eset Mobile Security & Antivirus schützt Android-Smartphones vor Viren, Trojanern, Spyware, Backdoors und anderer Malware und auch gegen Diebstahl.

Kostenlose Premium-Version für Leser

Als Leser dieses Buches bekommen Sie für ein Jahr die Premium-Version von Eset Mobile Security & Antivirus für ein Smartphone kostenlos. Wählen Sie dazu in der Installation die Option *Probe starten* und später in der App über das Menüsymbol rechts oben die Option *Lizenz* und geben Sie unter *Anwendung aktivieren* Ihren persönlichen Aktivierungscode ein, den Sie am Ende dieses Buches finden.

 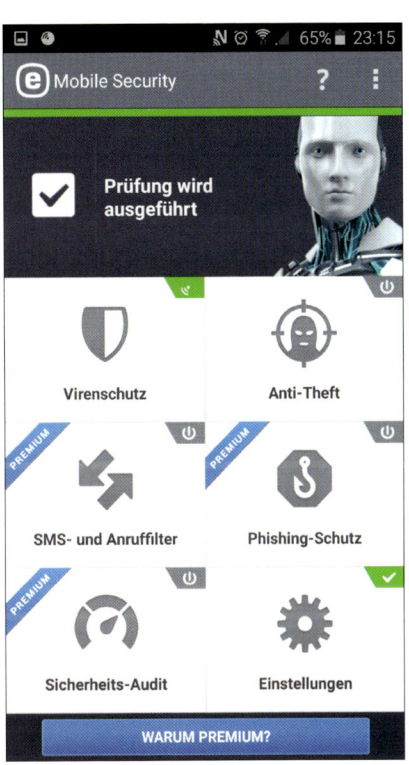

Installation und Hauptbildschirm von Eset Mobile Security & Antivirus.

Eset Mobile Security & Antivirus scannt jede App bei der Installation und überprüft auch im Hintergrund das Smartphone auf gefährliche Aktivitäten. Aktivieren Sie dazu während der Installation die Erkennung unerwünschter Anwendungen. Zusätzlich kann man jederzeit bei Verdacht einer Malware-Infektion das Gerät komplett überprüfen lassen.

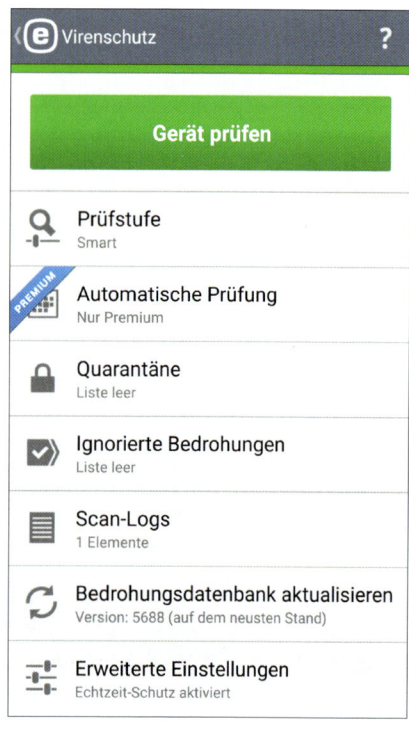

Prüfung auf verdächtige Apps.

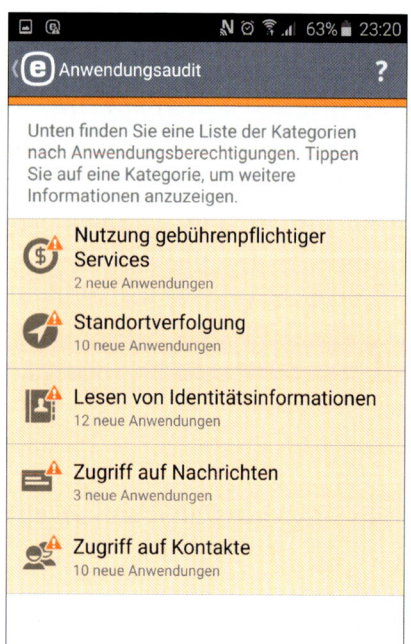
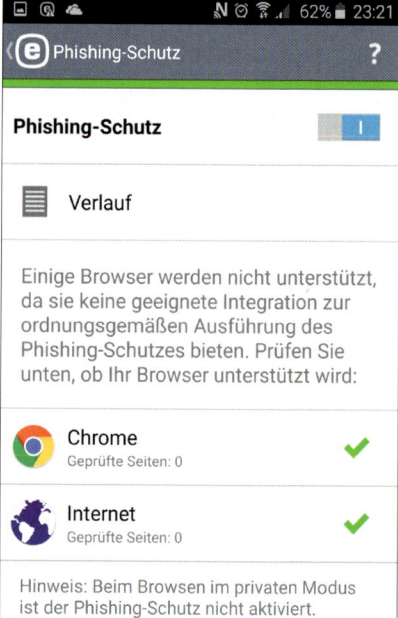

Anwendungsaudit und Phishing-Schutz.

Neben dem relativ geringen Risiko eines Virus überprüft die Funktion *Sicherheits-Audit* das Smartphone auch auf Einstellungen und Apps, die möglicherweise ein Risiko für die Sicherheit darstellen.

Es werden Apps angezeigt, die die Berechtigung haben, gebührenpflichtige Dienste zu nutzen, Standortinformationen, Identitätsdaten, Nachrichten oder Kontakte auszulesen. In den meisten Fällen sind diese Apps allerdings nicht bedenklich, sondern die jeweiligen Daten sind für das Funktionieren der Apps erforderlich.

Eset Mobile Security & Antivirus kann in den meisten Browsern einen Phishing-Schutz installieren, der aber nur gegen bekannte Phishing-Seiten helfen kann und keineswegs dem Benutzer die Verantwortung abnimmt.

Diebstahlschutz installieren

Das Modul *Anti-Theft* bietet einen erweiterten Diebstahlschutz, der auf einem als vermisst gemeldeten Smartphone verdächtige Aktivitäten wie zum Beispiel den Wechsel der SIM-Karte oder die mehrfache Falscheingabe eines Entsperrpasswortes protokolliert und das Gerät auch aus der Ferne sperren kann.

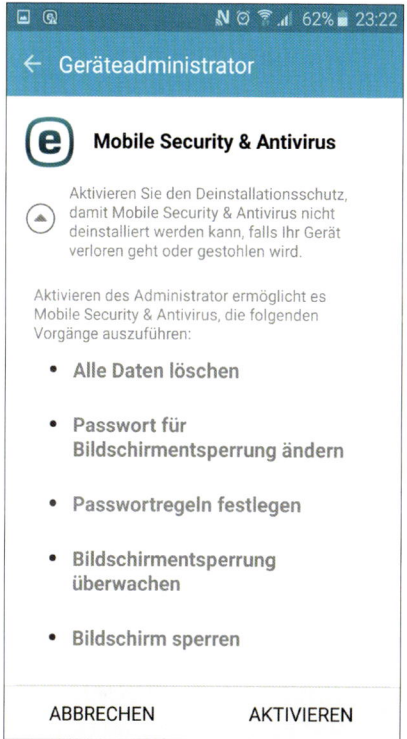

Diebstahlschutz aktivieren.

Dabei wird der Gerätestandort aufgezeichnet, um das Gerät zu orten, und die Frontkamera fotografiert den unrechtmäßigen Benutzer. Über ein Web-Interface bei *my.eset.com* kann man das Smartphone als vermisst melden und die gesammelten Daten einsehen.

Dieser Diebstahlschutz muss einmal installiert werden, um im Fall der Fälle zur Verfügung zu stehen. Die App benötigt dazu erweiterte Berechtigungen, die im Betriebssystem als *Geräteadministrator* bezeichnet werden. Damit kann verhindert werden, dass ein Dieb die Software deinstalliert.

Geben Sie dann noch die Telefonnummer eines vertrauenswürdigen Freundes an, dessen Handy berechtigt ist, per SMS das Passwort zurückzusetzen, falls Sie es selbst einmal vergessen haben sollten. Zusätzlich können weitere SMS-Codes definiert werden, mit denen das Smartphone aus der Ferne gesperrt oder gesucht werden kann oder auch die Daten gelöscht werden können.

Hoffen wir, dass Sie diese Funktion niemals wirklich brauchen – in diesem Sinne, viel Spaß mit Ihrem Samsung Galaxy S6!

Stichwortverzeichnis

 ESET®

MOBILE
SECURITY

*Schützt Smartphones
und Tablets*

Android

1 Jahr Premium
kostenlos

- ✔ Antivirus
- ✔ Anti-Phishing
- ✔ Proaktives Anti-Theft
- ✔ GPS-Ortung
- ✔ SMS- und Anruffilter

Ihr Aktivierungscode für Premium-Features:

DEAS-W334-8TBP-PEFV-NCU3

Hier downloaden:
www.ESET.de/EMS-S5